孙健　赵涛◎主编

用制度管人

最新企业规范化管理推行实务

组织人事卷

立信会计出版社
LIXIN ACCOUNTING PUBLISHING HOUSE

图书在版编目（CIP）数据

用制度管人/孙健，赵涛主编. —上海：立信会
计出版社，2013.8

ISBN 978-7-5429-3994-4

Ⅰ.①用… Ⅱ.①孙… ②赵… Ⅲ.①企业管理–人
力资源管理 Ⅳ.①F272.92

中国版本图书馆CIP数据核字（2013）第167724号

策划编辑 蔡伟莉
责任编辑 蔡伟莉
封面设计 久品轩

用制度管人

出版发行	立信会计出版社
地　　址	上海市中山西路2230号　　邮政编码　200235
电　　话	(021) 64411389　　传　　真　(021) 64411325
网　　址	www.lixinaph.com　　电子邮箱　lxaph@sh163.net
网上书店	www.shlx.net　　电　　话　(021) 64411071
经　　销	各地新华书店

印　　刷	固安县保利达印务有限公司
开　　本	787毫米×1092毫米　　　1/16
印　　张	34.5　　　　插　　页　1
字　　数	500千字
版　　次	2013年8月第1版
印　　次	2019年7月第8次
书　　号	ISBN 978-7-5429-3994-4/F
定　　价	68.00元

如有印订差错，请与本社联系调换

前　言

随着 20 世纪 90 年代经济全球化的不断深入,特别是中国加入 WTO 以后,中国经济与国际化接轨的速度和压力也越来越大,越来越多的中国企业走向国际市场参与竞争,而中国也迫切需要培育一批具有国际化运作水平的企业来提高中国企业在国际市场上的竞争力。因此,中国企业面临着制度化、规范化的严峻挑战,需要中国的企业管理者以改革的勇气摒弃人治思想,把制度化、规范化作为企业发展的重要战略,只有依靠规范化的制度才能使企业与国际接轨,才能增强竞争力,从而在激烈的国际竞争中立于不败之地。

我们曾对海尔等知名企业进行深入研究,也发现用制度管人、按制度办事是所有成功企业共同的特点,规范与制度是企业必不可少的软件设施,也是企业得以正常运转的基石。因为企业是由各类人员组成的组织,而人的复杂多样的价值取向和行为特质,要求企业必须营造出有利于企业理念和价值观形成的制度和文化环境,并约束、规范、整合人的行为,"用制度管人""按制度办事",使其达成目的的一致性,有助于企业共同利益的实现。同时,企业作为一种特殊的组织,不仅有着它相应的管理模式,而且相应的管理模式必须与相应的管理制度相配。按照一定的制度来管人和办事,遵循一定的流程,不仅能够提高工作效率,而且能减少和降低因人为因素而造成的失误。如果企业没有合理的执行体系和标准化的工作制度,没有把日常管理中的每个细节通过制度的方式落到实处,就会形成表面化的管理,从而影响组织效率进而削弱企业的竞争力。

我们编写《用制度管人》《按制度办事》的初衷也在于此。本书正是站在企业管理者的角度,充分考虑企业管理的方方面面,聚焦在企业管理最为关键的环节,借鉴国际通用的管理制度和文案,详细论述了企业管理中普遍涉及的工作标准化、流程化、工具化,并提供了具体工作的相关理论知识、执行方法或流程、实用工具表格,使之具有可操作性,可在实践的层面上提高企业效率。

当然每个企业都有其自身的特点,所以对于我们提供的制度范本、流程、实用表格,读者可以根据所在企业的具体情况适当修改或者重新设计,使之更适用于自己的企业。同一个企业随着技术的创新,产品的更新,制度也需要创新,它并不是一成不变的,因此读者要在实践过程中不断改进已经形成的制度,以期达到高效管理、高效工作的目的。

目　录

第一章

公司治理结构和用章程管人

《用制度管人》

一、法人治理结构的基本框架

根据《公司法》,股份有限公司、有限责任公司法人治理结构分为决策层、执行层、监督层。其关系如图1-1:

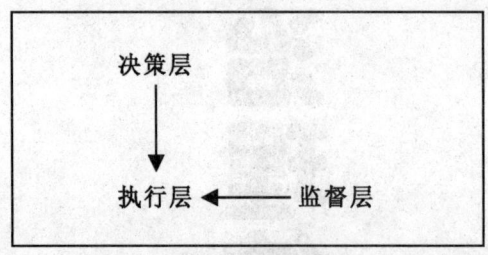

图1-1　法人治理结构关系

在法人治理结构中,股东会为企业的决策机构,董事会为企业执行机构,监事会为企业监督机构,所以图1-1也可以用图1-2表示:

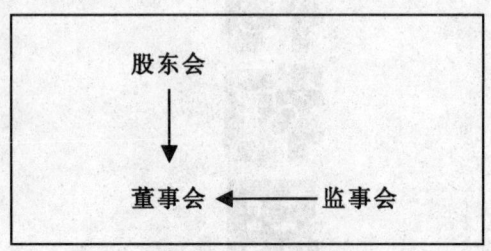

图1-2　法人治理结构"新三会"

股东会、董事会、监事会又称"新三会"。以上公司各机构责、权、利和运作均由企业章程规定。

股份合作制企业基本上具有相同的法人治理结构。股份合作制企业规模较小时,不必一律设置"新三会",由企业章程规定设或不设董事会,但股东会为必设机构。

二、股东会

股东会为企业最高权力机构,由全体股东组成,股东会一般为非常设机构,以常务会议和临时会议出现，通常仅对企业重大决策问题行使决策权，一股一票。当股东规模较小时，宜设股东（全体）会，有利于培育民主参与精神，当规模较大时，宜设股东代表大会，以提高决策效率。但在现实经济中，股东会地位和作用呈下降趋势，许多权力转向董事会。

股东类型可分为法人股东、自然人股东和其他股东三种。法人股东包括企业法人、社会团体法人、事业单位法人，事业单位法人中的自收自支事业单位法人按国家有关规定应先完善自身企业法人登记（即自身先行转变为企业法人）才能成为有限责任公司的股东。自然人指具有中国国籍的中国公民。外国公民及港、澳、台自然人（含取得外国或地区永久居住权的中国籍人士，但不包括留学生）出资，仍按办理外商投资企业注册登记。其他股东包括个人独资企业、合伙企业、居民委员会、村民委员会、员工持股会等。

（一）个体独资企业

由一个自然人出资经营，归个人所有和控制，业主对企业债务承担无限责任的企业形态。

个体独资企业的股东只有出资者一人，即自然人股东。所得利润归个人所有，不需与人分摊；自然人股东可避免企业、个人所得税双重征税；经营自主，容易对企业财务经营状况保密。但同时因为个人独资企业是无限连带责任，自然人股东难以在风险较大的行业经营；且因业主资金、精力有限等问题，导致企业难以大规模成长、寿命有限。

（二）合伙企业

全部由自然人做股东，且股东中有人负无限责任所投资组建的企业。股东既是所有者又是经营管理者，只有征得全体股东同意，个别股东才能转让其股份。企业的信用主要基于股东个人的信用，每当企业因负债过多或亏损破产时，如企业财产不足清偿，无限责任股东须负连带责任，以自己的其他财产抵偿。

自然人股东分为：

普通合伙人。对企业债务负无限责任，且从事企业经营业务，在企业中起骨干作用。股东中至少须有一名普通合伙人。

有限合伙人。以投资额为限，对企业债务负有限责任，一般在管理中不起多大作用。

合伙企业适用于中小企业，多见于广告、会计师、律师、咨询、投资银行业。股东人数不多便于股东间协调和发挥专长，但是股东的投资风险大，企业破产可能引起倾家荡产。

（三）股份合作制

股份合作制是指两个以上劳动者或投资者按照章程或协议，以资金、实物、技术、土地使用权等作为股份，自愿组织起来依法从事生产经营活动，实行民主管理，按劳分配和按股分配相结合，并留有公共积累的一种新型的企业制度。股份合作制是股份制与合作制的有机结合，它同时兼容股份制按股分红与合作制按劳分配的特点，是资金联合与劳动联合相结合的一种经济组织形式。股份合作制企业资金全部或绝大部分由员工共同出资入股组成，员工利益共享，风险均担，并以企业财产独立承担民事责任。

股份合作制是全员入股，企业员工全体入股形成企业运行所需的全部或大部分资本，当然国家外部法人也可入股，所以股份合作制存在自然人股东和法人股东。员工股东大会是企业的最高权力机构。员工具有重大决策的表决权，采取"一人一票"，而不是股份制的"一股一票"。

（四）有限责任公司

有限责任公司是人们创办企业最常应用的方式。由2～50个股东共同出资，每个股东以其认缴出资额对公司负责，公司以其全部资产对其债务负责的企业法人。

这种企业组织形式一般用于中小企业或股东较少的情况。其中主要是合资企业、民营、私营企业组建公司，较适合家族控制的公司体制。

有限责任公司具有独立法人地位，法人实体与其股份持有者相分离，股东承担有限责任，不必担心因生意方面债务或问题而危及私人财产；股东常常出任董事、经理，直接参与经营管理；在公司和股东两个层面纳税，即公司缴纳法人所得税，股东从公司取得的收入另计入个人总收入中纳税。

（五）国有独资公司

这是一种特殊的有限公司形态，它只有一个股东，一般由国家授权投资的机构组建。

这类企业组织按法律规定主要在涉及国家安全、国防尖端技术、能源、交通、通讯、金融等基础性、国家垄断性行业，以及盈利性较差或其他限制私人投资或私人无力投资的行业。国家承担有限责任，规避风险。

（六）股份有限公司

股份有限公司是由一定数量（如5人）以上的股东发起，注册资本由等额股份组成，并通过发行股票筹集资本，公司以及全部资产对公司债务承担有限责任的一种公司形式。

股份有限公司注册资本须1 000万元以上，国内分为发起和募集（上市公司）两种设立方式。这种企业组织形式股权高度分散，股东众多，已被少数控股股东垄断操作而损害多数小股东利益，股东流动性大，缺乏对公司的责任。

三、股东与股份种类

（一）股东种类

1. 国有股

国有股是指国有资产投资形成股份，又分为国家股和国有法人股。国家股是国有资产管理部门、行政主管部门持有；国有法人股是国有控股公司或企业集团持有。

2. 社区股

社区股是指企业性质的资产股份，或称联社股、集体股。社区股主要由乡镇、街道、区县的集体资产管理机构持有。社区股来源包括集体经济组织直接投资、土地使用权入股、地方财政无偿扶持的资金形成的资产及企业历年积累增值的一部分。

3. 外资股

外资股是指外国及港澳台地区企业或个人投资的股份。超过一定比例（25%）以上可享受中外合资企业待遇，有些企业和行业对外资进入有限制。

4. 社会法人股

社会法人股是指一般性国内企事业法人单位对外投资持有的股份。

5. 员工持股会

员工持股会是指由本企业员工投资且依托工会注册成立的社团法人机构。它仅限于在职员工对本企业投资参股。

6. 个人股

个人股是指国内自然人投资持有的股份。又分为：社会个人股、员工个人股。

（二）企业形态与股东的一般关系

企业形态与股东的一般关系可用表1-1表示：

表1-1　企业形态与股东的一般关系

企业形态 \ 股东种类	股份有限公司	有限责任公司	股份合作制
国有股	可以有	可以有	可以有（不提倡）
社区股	可以有	可以有	可以有
外资股	可以有	可以有	可以有（不提倡）
社会法人股	必须有	可以有	可以有
职工持股会	可以有	可以有	无
社会个人股	发起式，无募集式，可以有	可以有	必须有（占一定比例以上）

（三）股份种类

1. 普通股

普通股是最基本和数量最大的股票种类，是投资人浮动收益投资的凭证。持有普通股的股东具有选举权、被选举权、投票表决权、收益分配权、资产分配权、优先购股权和股份转让权。

由于普通股股票的收益的不确定性和波动性，所以普通股承担较大的风险，它的收益主要取决于企业经营的好坏，并且是在偿还公司债务及优先股的股息之后分得。

2. 优先股

优先股是指相对于普通股而拥有"优先"权利的股票，就是可以优先于普通股股东分取公司收益和剩余资产的权利。优先股承担的风险小，在普通股分配之前分得固定股息，不随公司盈利状况变化。但是优先股的权利小于普通股的权利，一般不参与经营决策，没有选举权、被选举权及投票表决权。

优先股因其所包含的权利不同，有各种类别。累积优先股、非累计优先股、参加优先股、非参加优先股、可转换优先股、不可转换优先股等等。

四、合伙协议

（一）总则

合伙企业名称_____（字号）_____（简称企业）

股东合作章程主要包括《合伙协议》《联营合同书》《公司章程》，具体操作细节可参考以下范例。

　　企业住所：_____

　　合伙宗旨：_____

　　合伙企业经营范围：_____

　　(二)合伙人、出资及出资方式：

　　1.合伙人的姓名及住所：_____

　　(1)_____

　　(2)_____

　　(3)_____

　　(4)_____

　　(5)_____

　　2.合伙人的出资额及出资方式。

　　合伙企业出资本总额_____万元人民币。

　　(1)出资额_____出资方式为_____

　　(2)出资额_____出资方式为_____

　　(3)出资额_____出资方式为_____

　　(4)出资额_____出资方式为_____

　　(5)出资额_____出资方式为_____

　　本合伙人承认用货币、实物、土地使用权、劳务、工业产权、专有技术出资的有效性。

　　(三)合伙人权利和义务

　　1.本合伙企业为(普通合伙/有限合伙)企业，由合伙人共同出资、共同经营，对合伙债务承担无限连带责任，对其出资额承担有限责任。

　　2.合伙人在合伙正常经营范围内的一切行为，由全体合伙人承担民事责任。如某人超越权限的行为所产生的民事责任则由该合伙人个人承担。

　　3.本合伙推举企业负责人，合伙负责人依照合伙章程或合伙人授权进行经营活动，对全体合伙人负责。

　　4.在执行合伙业务过程中，因合伙人的过错致使他人遭受人身伤害或者财产损失的，由全体合伙人承担连带责任。

　　5.合伙人不能成为其他合伙企业的合伙人。

　　6.合伙存续期间，各合伙人积累的财产和权益为合伙财产，为共有并为合伙经营使用。

　　7.合伙财产在普通合伙清算前不得分割。

　　8.各合伙人对合伙事务按一人一票方式行使表决权。

　　9.合伙事务决定权由简单多数法则决定，但以下事项须全体同意：

　　(1)修改合伙协议；

　　(2)申请贷款；

　　(3)接纳新合伙人；

　　(4)处分合伙财产；

　　(5)解散合伙。

　　(四)利益分配

　　1.利润分配按照分享_____分享_____分享_____的比

例分配。

2.合伙人按其分享利润比例承担民事责任。

3.合伙人不得自营或者为他人经营与合伙相同性质的业务,不得从事与合伙利益有冲突的活动。

4.合伙人对合伙债务承担无限连带责任;偿还合伙责任超出自己应负数额的,有权向其他合伙人追偿。

5.合伙人为合伙经费垫支的费用,以合伙财产偿还,执行合伙业务,不得要求支付报酬。

（五）入伙和退伙

1.经全体合伙人一致同意,可以吸纳他人加入合伙,并处于同等地位,对入伙前合伙债务承担连带责任。

2.合伙人可以退伙,应于两个月前通知其他合伙人。

3.发生下列情形之一,合伙人即退伙:

（1）合伙人死亡;

（2）合伙人解散;

（3）合伙人在合伙中权益全部被法院判令执行;

（4）合伙人丧失民事行为能力;

（5）合伙人被除名。

4.合伙人死亡,经全体合伙人同意,可以由其继承人继承其权利和义务,继承之日取得合伙人资格。

5.退伙人的财产结算,以退伙时合伙财产状况为准,对尚未了结的合伙业务,了结时分配损益;对合伙债务,仍负连带责任。

6.退伙而引起的损失,应由退伙人赔偿。

7.退伙可用现金或其他协商方式支付,可以一次或分期退还。

（六）解散和清算

1.因下列原因之一,可以解散:

（1）经营期满,合伙人不再要求延期;

（2）合伙人一致同意解散;

（3）合伙只剩一名合伙人;

（4）因违法被吊销营业执照;

（5）其他各方认可的原因。

2.合伙解散时应进行清算。

（1）清偿后的剩余部分,按_____比例分配给合伙人;

（2）清偿后的债务,按_____比例由合伙人个人财产清偿。

（七）经营期限

1.本合伙企业经营期限为_____年,自合伙协议被批准之日起算。

2.合伙变更字号、经营场所、范围、修改合伙协议,延长经营期限,入伙和退伙等均应到原登记机关办理变更登记,并自批准之日起算。

（八）附则

1.本合伙协议由全体合伙人一致制定,生效后对全体合伙人具有约束力。

2.经全部合伙人协商一致,就未尽事宜和以上条款修订、补充合伙协议。

3. 本章程经全体合伙人签字后生效。

五、协作型联营合同书

订立协议单位：_____

甲方（单位名称）：_____

经济性质：_____

乙方（单位名称）：_____

经济性质：_____

（注：若有两个以上联营单位，依次称丙、丁……方）。

双方本着互利互惠、共同发展的原则，经充分协商，一致决定联合出资共同经营_____公司（企业）（以下简称公司），特订立本协议。

1. 联营宗旨：

2. 联营企业名称：_____市（县）_____公司地址：_____隶属：_____经济性质_____（所有制）联营。核算方式：共同经营、统一核算、共负盈亏。

3. 联营项目：_____。

4. 经营范围与经营方式：_____。

5. 联合出资方式、数额和投资期限：

公司投资总额为人民币_____元

甲方投资_____元，占投资总额_____。

甲方以下列作为投资：

现金：_____元：

厂房：_____元，折旧率为每年_____%；

机械设备：_____元，折旧率为每年_____%；

专用工具：_____元，折旧率为每年_____%；

土地征用补偿费_____元；

专利权：_____元；

商标权：_____元；

技术成果：_____元。

乙方投资：（略）

投资缴付日期：

6. 公司资金增减由董事会决定，并报请联营成员协商，根据资金增减合理调整本协议有关分配比例的规定。

7. 公司财产为全体联营成员所共有，任何一方不经全体联营成员一致通过，不得处分公司的全部或任何部分财产、资产、权益和债务。

8. 联营成员出资额及其因参加本联营获得之权益不得转让。

9.联营成员的权利和义务：

甲方：_____。

乙方：_____。

10.利润分配与风险承担：

公司实行(所得)税前分利的原则,即,依法缴纳产品税、营业税后,由投资各方将分得利润并入投资方企业利润,一并缴纳所得税。

公司所得,在提取储备基金、企业发展基金及员工福利奖励基金后,按下述比例分配：

甲方：_____%；

乙方：_____%；

双方按上述比例承担公司亏损或风险。

前款所列储备基金、企业发展基金及员工福利奖励基金所提取比例由董事会制定,但不得超过毛利的_____%。

11.联营企业的组织机构：

公司实行董事会领导下的经理负责制,董事会为公司最高决策机构,定期举行董事会会议,决定公司的一切重大事宜。

董事会由_____名董事组成,其中甲方委派_____名,董事长由甲方委派,副董事长由乙方委派。董事会成员任期_____年,经委派方继续委派可以连任,董事会成员如有临时变动,可由该董事的原单位另派适当人选接替。

董事长、副董事长、董事可以兼任公司的经理、副经理或其他职务。

12.公司的经营管理：

公司由出资各方共同经营管理。公司的经营方针,重大决策(包括生产销售计划、利润分配、提留比例、人事任免等)采取董事会一致通过的原则。

公司设经营管理机构,负责公司的日常经营管理工作,经营管理机构设经理一人,由_____方推荐,副经理_____人,由_____方推荐,经理、副经理由董事会聘请,任期_____年。

公司的主管会计由_____方推荐,_____方推荐_____名协助之。

公司的财务会计账目受联营成员监督检查。

13.违约责任：

(1)联营成员任何一方未能按本协议规定依期如数提交出资额时,每逾期(时间)违约方应缴付应出资额的_____%作为违约金给守约方。如逾期(时间)仍未提交,除累计缴付应出资额的_____%的违约金外,守约方有权要求终止协议,并要求违约方赔偿损失。如双方同意继续履行协议,违约方应赔偿因违约行为给公司造成的经济损失。

(2)对不可抗力情况的处理：

(3)协议履行中如发生纠纷,由各方派代表协商解决,或请双方主管部门调解解决及请求仲裁机关仲裁。

(4)联营成员不得中途退出联营,如中途退出,除赔偿造成的全部损失外,另付出资额的_____%作为违约金。

(5)联营成员在本联营存续期间不得加入其他半紧密型联营,如违反本规定,视为中途退出,按前款处理。

14.本协议经双方代表签字后,报请有关主管部门审批后生效,协议中如有未尽事宜,由联营成员共同协商做出补充规定。

15.本协议生效日,即公司董事会成立之时,由公司董事会负责监督检查各方履约情况。

16.本协议正本一式_____份,双方各执一份,公司存一份,协议副本一式_____份,送_____、_____各一份。

甲方:　　　　　(公章)
法定代表人:　　　(盖章)
银行账户:
地址:
乙方:　　　　　(公章)
法定代表人:　　　(盖章)
银行账户:
地址:
　　　　　　　　　　　年　月　日
公证或鉴证机关　　(公章)
　　　　　　　　　　　年　月　日

六、有限公司章程范本

□　总则

第一条　为规范公司的行为,保障公司股东的合法权益,根据《中华人民共和国公司法》和有关法律、法规规定,结合公司的实际情况,特制定本章程。

第二条　公司名称:　　　　　公司住所:

第三条　公司由××××××、×××××××、×××××××共同投资组建。

第四条　公司依法在_____工商行政管理局登记注册,取得企业法人资格。公司经营期限为_____年(以登记机关核定为准)。

第五条　公司为有限责任公司,实行独立核算,自主经营,自负盈亏。股东以其出资额为限对公司承担责任,公司以其全部资产对公司的债务承担责任。

第六条　公司应遵守国家法律、法规及本章程规定,维护国家利益和社会公共利益,接受政府有关部门监督。

第七条　公司的宗旨:×××××。

第八条　经营范围:×××××(以登记机关核定为准)。

□　注册资本及出资方式

第九条　公司注册资本为人民币_____万元。

第十条　公司各股东的出资方式和出资额为:

（一）××××××以＿＿＿＿＿＿＿出资,为人民币＿＿＿＿元,占＿＿＿＿%。

（二）××××××以＿＿＿＿＿＿＿出资,为人民币＿＿＿＿元,占＿＿＿＿%。

（三）××××××以＿＿＿＿＿＿＿出资,为人民币＿＿＿＿元,占＿＿＿＿%。

第十一条　股东应当足额缴纳各自所认缴的出资,股东全部缴纳出资后,必须经法定的验资机构验资并出具证明。以非货币方式出资的,应由法定的评估机构对其进行评估,并由股东会确认其出资额价值,并依据《公司注册资本登记管理暂行规定》在公司注册后＿＿＿＿个月内办理产权过户手续,同时报公司登记机关备案。

□　股东和股东会

第十二条　股东是公司的出资人,股东享有以下权利:

（一）根据其出资份额享有表决权;

（二）有选举和被选举董事、监事权;

（三）有查阅股东会记录和财务会计报告权;

（四）依照法律、法规和公司章程规定分取红利;

（五）依法转让出资,优先购买公司其他股东转让的出资;

（六）优先认购公司新增的注册资本;

（七）公司终止后,依法分得公司的剩余财产。

第十三条　股东负有下列义务:

（一）缴纳所认缴的出资;

（二）依其所认缴的出资额承担公司债务;

（三）公司办理工商登记后,不得抽回出资;

（四）遵守公司章程、规定。

第十四条　公司股东会由全体股东组成,是公司的权力机构。

第十五条　股东会行使下列职权:

（一）决定公司的经营方针和投资计划;

（二）选举和更换董事,决定有关董事的报酬事项;

（三）选举和更换由股东代表出任的监事,决定有关监事的报酬事项;

（四）审议批准董事会的报告;

（五）审议批准监事会或者监事的报告;

（六）审议批准公司的年度财务预、决算方案;

（七）审议批准公司的利润分配方案和弥补亏损方案;

（八）对公司增加或者减少注册资本做出决议;

（九）对发行公司债券做出决议;

（十）对股东向股东以外的人转让出资做出决议;

（十一）对公司合并、分立、变更公司形式、解散和清算等事项做出决议;

（十二）修改公司章程。

第十六条　股东会会议一年召开一次。当公司出现重大问题时,代表1/4以上表决权的股东,1/3以上的董事或者监事,可提议召开临时会议。

第十七条　股东会会议由董事会召集,董事长主持。董事长因特殊原因不能履行职务时,由董事长指定的副董事长或者其他董事主持。

第十八条　股东会会议由股东按照出资比例行使表决权。一般决议必须经代表过半数表决权的股东通过。对公司增加或者减少注册资本,分立、合并、解散或变更公司形式以及修改章程的决议,必须经代表 2/3 以上表决权的股东通过。

第十九条　召开股东会会议,应当于会议召开 15 日以前通知全体股东。股东会对所议事项的决定做出会议记录,出席会议的股东在会议记录上签名。

□　董事会

第二十条　本公司设董事会,是公司经营机构。董事会由股东会选举产生,其成员为_____人(2～13 人,单数)。

第二十一条　董事会设董事长 1 人,副董事长_____人、董事长和副董事长由董事会全体董事选举产生。董事长为公司的法定代表人。

第二十二条　董事会行使下列职权:

(一)负责召集股东会,并向股东会报告工作;

(二)执行股东会的决议;

(三)决定公司的经营计划和投资方案;

(四)制定公司的年度财务预、决算方案;

(五)制定公司的利润分配方案和弥补亏损方案;

(六)制定公司增加或者减少注册资本的方案;

(七)拟订公司合并、分立、变更公司形式、解散的方案;

(八)决定公司内部管理机构的设置;

(九)聘任或者解聘公司经理,根据经理的提名,聘任或者解聘公司副经理、财务负责人,决定其报酬事项;

(十)制定公司的基本管理制度。

第二十三条　董事任期_____年(每届最长不超过 3 年)。董事任期届满,可连选连任。董事在任期届满前,股东会不得无故解除其职务。

第二十四条　董事会会议每半年召开一次,全体董事参加。召开董事会会议,应当于会议召开 10 日以前通知全体董事。董事因故不能参加,可由董事或股东出具委托书委托他人参加。1/3 以上的董事可以提议召开临时董事会会议。

第二十五条　董事会会议由董事长召集和主持,董事长因特殊原因不能履行职务时,由董事长指定副董事长或者其他董事召集主持。

第二十六条　董事会议定事项须经过半数董事同意方可做出,但对本章程第二十二条第(三)、(八)、(九)项做出决定,须有 2/3 以上董事同意。

第二十七条　董事会对所议事项做成会议记录,出席会议的董事或代理人应在会议记录上签名。

第二十八条　公司设经理,对董事会负责,行使下列职权:

(一)主持公司的生产经营管理工作,组织实施董事会决议;

(二)组织实施公司年度经营计划和投资方案;

(三)拟订公司内部管理机构设置方案;

(四)拟定公司的基本管理制度;

(五)制定公司的具体规章;

(六)提请聘任或者解聘公司副经理、财务负责人;

(七)聘任或者解聘除应由董事会聘任或者解聘以外的负责管理人员;

（八）公司章程和董事会授予的其他职权。经理列席董事会会议。

□　监 事 会

第二十九条　公司设监事会，是公司内部监督机构，由股东代表和适当比例的公司员工代表组成。

第三十条　监事会由监事3名组成（不得少于3人，单数），其中员工代表＿＿＿＿名。监事任期为3年。监事会中股东代表由股东会选举产生，员工代表由公司员工民主选举产生。监事任期届满，连选可以连任。

第三十一条　监事会设召集人一人，由全部监事2/3以上选举和罢免。

第三十二条　监事会行使下列职权：

（一）检查公司财务；

（二）对执行董事、经理执行公司职务时违反法律、法规或者公司章程的行为进行监督；

（三）当董事和经理的行为损害公司的利益时，要求董事和经理予以纠正；

（四）提议召开临时股东会。监事列席董事会会议。

第三十三条　监事会所做出的议定事项须经2/3以上监事同意。

股东转让出资的条件

第三十四条　股东之间可以相互转让其全部出资或者部分出资，不需要股东会表决同意，但应告知。

第三十五条　股东向股东以外的人转让出资的条件：

（一）必须要有半数以上（出资额）的股东同意；

（二）不同意转让的股东应当购买该转让的出资，若不购买转让的出资，视为同意转让；

（三）在同等条件下，其他股东有优先购买权。

□　财 务 会 计 制 度

第三十六条　公司应当依照法律、行政法规和国务院财政主管部门的规定建立本公司的财务、会计制度。

第三十七条　公司应当在每一会计年度终了时制作财务会计报告，依法经审查验证、并在制成后15日内，报送公司全体股东。

第三十八条　公司分配当年税后利润时，应当提取利润的10％列入公司法定公积金，并提取利润的5％至10％列入公司法定公益金。当公司法定公积金累计为公司注册资本的50％以上的，可不再提取。但法定公积金转为资本时，所留存的该项公积金不得少于注册资本的25％。

第三十九条　公司法定公积金不足以弥补上一年度公司亏损的，在依照前条规定提取法定公积金和法定公益金之前，先用当年利润弥补亏损。

第四十条　公司弥补亏损和提取法定公积金、法定公益金后所余利润，按照股东出资比例分配。

□　公 司 的 解 散 和 清 算 办 法

第四十一条　公司有下列情形之一的，应予解散：

（一）营业期限届满；

（二）股东会决议解散；

（三）因公司合并和分立需要解散的；

（四）违反国家法律、行政法规，被依法责令关闭的；

（五）其他法定事由需要解散的。

第四十二条　公司依照前条第（一）、（二）项规定解散的，应在15日内成立清算组，清算组人选由股东确定；依照前条第（四）、（五）项规定解散的，由有关主管机关组织有关人员成立清算组，进行清算。

第四十三条　清算组应按国家法律、行政法规清算，对公司财产、债权、债务进行全面清算，编制资产负债表和财产清单，制定清算方案，报股东会或者有关主管机关确认。

第四十四条　清算结束后，清算组应当制作清算报告并出具清算期内收支报表和各种财务账册、经注册会计师或执业审计师验证，报股东会或者有关主管部门确认后，向原工商登记机关申请注销登记，经核准后，公告公司终止。

□　附　则

第四十五条　本章程经股东签名、盖章，在公司注册后生效。

第四十六条　本章程修改时，应提交章程修正案或章程修订本，经股东签名，在公司注册后生效。

第四十七条　本章程由全体股东于＿＿＿＿＿＿＿签订。

代表签字　　　　　　（盖章）

代表签字　　　　　　（盖章）

代表签字　　　　　　（盖章）

年　月　日

七、股份有限公司章程

□　总　则

第一条　本章程依照《中华人民共和国公司法》和有关法律、法规及地方政府的有关规定，为保障公司股东和债权人的合法权益而制定。本章程是＿＿＿＿＿＿＿股份有限公司的最高行为准则。

第二条　公司业经＿＿＿＿＿＿＿人民政府批准成立，是在工商行政管理部门登记注册的股份有限公司，具有独立法人资格；其行为受国家法律约束，其经济活动及合法权益受国家有关法律、法规保护；公司接受政府有关部门的管理和社会公众的监督，任何机关、团体和个人不得侵犯或非法干涉。

第三条　公司名称：＿＿＿＿＿＿＿股份有限公司。

公司英文名称：

第四条　公司法定地址：_____。

第五条　公司注册资本为人民币_____元。

第六条　公司是采取募集方式设立的股份有限公司。

□ 宗旨、经营范围及方式

第七条　公司的宗旨：（略）

第八条　公司的经营范围：主营：（略）兼营：（略）

第九条　公司的经营方式：（略）

第十条　公司的经营方针：（略）

□ 股份

第十一条　公司股票采取股权证形式。公司股权证是本公司董事长签发的有价证券。

第十二条　公司的股本分为等额股份，注册股本为_____股，即_____元人民币。

第十三条　公司的股本构成：发起人股：_____股，计_____万元，占股本总数的_____。其中：社会法人股_____万股，占股本总数的_____。内部员工股_____万股，占股本总数的_____。

第十四条　公司股票按权益分为普通股和优先股。公司已发行的股票均为普通股。

第十五条　公司股票为记名股票。每股面值_____元。法人股每一手为_____股；内部员工股每一手为_____股。

第十六条　公司股票可以用人民币或外币购买。用外币购买时，按收款当日外汇价折算人民币计算，其股息统一用人民币派发。

第十七条　公司股票可用国外的机器设备、厂房或工业产权、专有技术等有形或无形资产作价认购，但必须符合下列条件：

（一）为公司必需的；

（二）必须是先进的、并具有中国或外国著名机构或行业公证机构出具的技术评价资料（包括专利证书或商标注册证书）、有效状况及其有效期限；

（三）作价低于当时国际市场价格，并应有价格评定所依据的资料；

（四）经董事会批准认可的。以工业产权、专有技术等无形资产（不含土地使用权）作价所折股份，其金额不得超过公司注册资本的____%。

第十八条　公司的董事和经理在任职的 3 年内未经董事会同意，不得转让本人所持有的公司股份。3 年后在任职期内转让的股份不得超过其持有公司股份额的 50%，并需经过董事会同意。

第十九条　公司发行的股票须由公司加盖股票专用章和董事会董事长签字方为有效。

第二十条　公司股票的发行、过户、转让及派息等事宜，由公司委托专门机构办理。

第二十一条　公司股东所持有的股票如有遗失或毁损，持股股东应以书面形式告知公司并在公司指定的报刊上登载 3 天，从登报之日起 30 天内无人提出异议，经公司指定的代理评判机构核实无误，可补发新股票并重新办理登记手续，原股票同时作废。

第二十二条 公司的股票可以买卖、赠与、继承和抵押。但自公司清算之日起不得办理。股票持有人的变更应在45天内到公司或公司代理机构办理过户登记手续。

第二十三条 根据公司发展,经董事会并股东大会决议,可进行增资扩股,其发行按下述方式进行:

(一)向社会公开发行新股;

(二)向原有股东配售新股;

(三)派发红利股份;

(四)公积金转为股本。

第二十四条 公司只承认已登记的股东(留有印鉴及签字式样)为股票的所有者,拒绝其他一切争议。

□ 股东、股东大会

第二十五条 公司的股份持有人为公司的股东。

第二十六条 法人作为公司股东时,应由法定代表人或法定代表人授权的代理人代表其行使权利,并出具法人代表的授权委托书。

第二十七条 公司股东享有以下权利:

(一)出席或委托代理人出席股东大会并按其所持股份行使相应的表决权;

(二)依照国家有关法律法规及公司章程规定获取股利或转让股份;

(三)查阅公司章程、股东会议记录及会计报告,监督公司的经营,提出建议或质询;

(四)优先认购公司新增发的股票;

(五)按其股份取得股利;

(六)公司清算时,按股份取得剩余财产;

(七)选举和被选举为董事会成员、监事会成员。

第二十八条 公司股东履行下列义务:

(一)遵守公司章程;

(二)执行股东大会决议,维护公司利益;

(三)依其所认购股份和入股方式认缴其出资额;依其持有股份对公司的亏损和债务承担责任;

(四)向公司提交本人印鉴和签字式样及身份证明、地址,如变动应及时向公司办理变动手续;

(五)在公司办理工商登记手续后,不得退股。

第二十九条 公司股份的认购人逾期不能交纳股金,视为自动放弃所认股份,因此对公司造成的损失,认购人应负赔偿责任。

第三十条 股东大会是公司的最高权力机构,对下列事项做出决议,行使职权:

(一)审议、批准董事会和监事会的工作报告;

(二)批准公司的利润分配及亏损弥补;

(三)批准公司年度预、决算报告,资产负债表,利润表及其他会计报表;

(四)决定公司增减股本,决定扩大股份认购范围,以及批准公司股票交易方式等方案;

(五)对公司发行债券、拍卖资产的决定;

(六)选举或罢免董事会成员和监事会成员,并决定其报酬和支付方法;

（七）修订公司章程；

（八）对公司其他重大事项做出决议。股东大会决议内容不得违反我国法律、法规及本公司章程。

第三十一条　股东大会分股东年会和股东临时会议。股东年会每年举行一次，两次股东年会期间最长不得超过 15 个月。

第三十二条　有下列情形之一，董事会应召开股东临时大会：

（一）董事缺额 1/3 时；

（二）公司累计未弥补亏损达到实收股本总额的 1/3 时；

（三）占股份总额 10% 以上股东提议时；

（四）董事会或监事会认为必要时。

第三十三条　股东大会应由董事会召集，并于开会日的 30 日以前通告股东，通告应载明召集事由。股东临时会不得决定通告未载明事项。

第三十四条　股东大会由公司股东名册已登记、拥有或代表普通股_____股以上的股东组成。

第三十五条　股东出席股东会，应持有本公司当届股东会的出席证。出席证应载有股东姓名、拥有股数、大会时间、公司印鉴、签发人和签发日期。

第三十六条　股东可书面委托自己的代表（以第三十条为限）出席股东大会并代行权利，受委托的股东代表出席股东大会，持股东的出席证书、委托书和本人身份证。

第三十七条　股东大会决议分普通决议和特别决议两种：

（一）普通决议应由持公司普通股份总数 1/2 以上的股东出席，并由出席股东 1/2 以上的表决权通过。

（二）特别决议应由代表股份总额的 2/3 以上的股东出席，并以出席股东 2/3 以上表决权通过。

上款特别决议，是指本章程第三十条第（二）、（四）、（五）、（八）所列事项做出决议。

第三十八条　出席股东大会的股东代表的股份达不到第三十七条所规定数额时，会议应延期 15 日举行，并向未出席的股东再次通知；延期后召开的股东会，出席股东所代表的股份仍达不到规定的数额，应视为已达到法定数额，决议即为有效。

第三十九条　股东大会进行表决时，每一普通股拥有一票表决权。

第四十条　股东大会会议记录、决议由董事长签名，10 年内不得销毁。

□　董事会

第四十一条　公司董事会是股东大会的常设权力机构，向股东大会负责。在股东大会闭会期间，负责公司的重大决策。

第四十二条　公司董事会由_____名董事组成，其中董事长 1 名、董事_____名。

第四十三条　董事会由股东大会选举产生。每届董事任期 3 年，可以连任。董事在任期内经股东大会决议可罢免。从法人股东选出的董事，因法人内部的原因需要易人时，可以改派，但须由法人提交有效文件并经公司董事会确认。

第四十四条　董事会候选人由上届董事会提名；由达到公司普通股份总额_____以上的股东联合提名的人士，亦可作为候选人提交会议选举。

第四十五条　由股东大会授权，董事会可在适当时候，增加若干名工作董事，并于下届股东大会追认。工作董事由公司管理机构高层管理人员担任，其职责、权利及待遇与其他董事同等。

第四十六条 董事会行使下列职权：

（一）决定召开股东大会并向股东大会报告工作；

（二）执行股东大会决议；

（三）审定公司发展规划和经营方针，批准公司的机构设置；

（四）审议公司年度财务预、决算，利润分配方案及弥补亏损方案；

（五）制定公司培养股本、扩大股份认购范围，以及公司股票交易方式的方案；

（六）制定公司债务政策及改造公司债券方案；

（七）决定公司重要财产的抵押、出租、发包和转让；

（八）制定公司分立、合并、终止的方案；

（九）任免公司高级管理人员，并决定其报酬和支付方法；

（十）制定公司章程修改方案；

（十一）审批公司的行政、财务、人事、劳资、福利等各项重要管理制度和规定；

（十二）聘请公司的名誉董事及顾问。

（十三）其他应由董事会决定的重大事项。

董事会做出前款决议事项，除第（五）、（六）、（七）、（八）、（十）的决议时须由出席董事会的2/3以上董事表决同意外，其余可由半数以上的董事表决同意，董事长在争议双方票数相等时有两票表决权。

第四十七条 董事会议至少每半年召开一次，会议至少有1/2的董事出席方为有效。董事因故不能出席会议时，可书面委托他人出席会议并表决。董事长认为有必要或半数以上董事提议时，可召集董事会临时会议。

第四十八条 董事会会议实行一人一票的表决制和少数服从多数的组织原则。决议以出席董事过半数通过为有效。当赞成和反对的票数相等时，董事长有权多投一票。在表决与某董事利益有关的事项时，该董事无权投票。但在计算董事的出席人数时，该董事应被计入在内。

第四十九条 董事长由全部董事的1/2以上选举和罢免。

第五十条 董事长为公司法定代表人。董事长行使下列职权：

（一）召集和主持股东大会；

（二）领导董事会工作，召集主持董事会会议；

（三）签署公司股票、债券、重要合同及其他重要文件；

（四）提名总经理人选，供董事会会议讨论和表决；

（五）在发生战争、特大自然灾害等紧急情况下，对公司行使特别裁决权和处置权，但这种裁决和处置必须符合法律规定和符合公司利益，并在事后向董事会和股东大会报告。

第五十一条 董事长因故不能履行其职责时，可指定其他董事行使职权。

第五十二条 董事对公司负有诚信和勤勉的义务，不得从事与本公司有竞争或损害本公司利益的活动。

□ 监事会

第五十三条 公司设立监事会，对董事会及其成员和经理等公司管理人员行使监督职能。监事会对公司股东大会负责并报告工作。

第五十四条 监事会成员为＿＿＿＿＿＿人，其中＿＿＿＿＿＿人由公司员工推举和罢免，另外_____人由股东大会选举和罢免。监事任期3年，可连选连任。监事不得兼任董事、总经理及其他高级管理职务。

第五十五条　监事会设监事会主席一人，由监事会2/3以上监事同意当选和罢免。监事会成员的2/3以下（含2/3），但不低于1/2，由股东大会选举和罢免。

第五十六条　监事会行使下列职权：

（一）监事会主席或监事代表列席董事会议；

（二）监督董事、经理等管理人员有无违反法律、法规、公司章程及股东大会决议的行为；

（三）监督检查公司业务及财务状况，有权查阅账簿及其他会议资料，并有权要求有关董事和经理报告公司的业务情况；

（四）核对董事会拟提交股东代表大会的工作报告、营业报告和利润分配方案等财务资料，发现疑问可以公司名义委托注册会计师帮助复审；

（五）建议召开临时股东大会；

（六）代表公司与董事交涉或对董事起诉。

第五十七条　监事会决议应由2/3以上（含2/3）监事表决同意。

第五十八条　监事会行使职权时，聘请法律专家、注册会计师、执业审计师等专业人员的费用，由公司承担。

□　公司经营管理机构

第五十九条　公司实行董事会领导下的总经理负责制，设总经理1名，副总经理____名。总经理由董事长提名，董事会聘任，其他高级管理人员（副总经理、财务主管、审计主管、律师）由总经理提名，董事会聘任，对总经理负责。

第六十条　总经理的主要职责：

（一）执行股东大会和董事会决议，并向董事会报告工作；

（二）拟订公司发展计划，年度生产经营计划，年度财务预、决算方案以及利润分配和弥补亏损方案；

（三）任免和调配公司管理人员（不含高级管理人员）和工作人员；

（四）决定对员工的奖惩、升降级、加减薪、聘任、招聘、解聘及辞退；

（五）全面负责公司经营管理，代表公司处理日常经营管理业务和公司对外业务；

（六）由董事会或董事长授权处理的其他事宜。有权拒绝非经董事会授权的任何董事对公司经营管理工作的干预。

第六十一条　董事、经理的报酬总额必须在年度报告中予以说明并公告。

第六十二条　董事、经理以及本公司高级职员因违反法律、公司章程、徇私舞弊或失职造成本公司重大经济损失时，根据不同情况，经股东大会或董事会决议可给予下列处罚：

（一）限制权力；

（二）免除现任职务；

（三）负责经济赔偿。触犯刑律的，提交有关部门追究法律责任。

□　财务、审计和利润分配

第六十三条　公司的财务会计制度遵照《中华人民共和国企业会计制度》及国家其他

法律、法规条例的有关规定。

第六十四条 公司会计年度采用公历年制,自公历每年1月1日起至12月31日止为一个会计年度。

第六十五条 公司以人民币为记账本位币。公司一切凭证、账簿、报表用中文书写。

第六十六条 公司财务报表按有关规定报送各有关部门。

公司编制的年度资产负债表、利润表、财务状况变动表和其他有关附表,在股东大会召开20日前置于公司住所,供股东查阅。年度会计报告须经注册会计师验证,并出具书面证明,由财务委员会向股东大会报告。

第六十七条 公司依法向税务机关申报并交纳税款,税后利润按下列顺序分配:

1. 弥补亏损;

2. 提取法定盈余公积金;

3. 提取公益金;

4. 支付优先股股利;

5. 提取任意盈余积金;

6. 支付普通股股利。

第六十八条 公司税后利润分配的比例为:

1. 法定盈余公积金提取比例为10%;

2. 公益金提取比例为5%～10%;

3. 任意盈余公积金提取比例为(略);

4. 用于支付股利的比例为(略)。

以上具体分配比例由董事会根据公司状况和发展需要拟定,经股东大会通过后执行。

第六十九条 公司股利每年支付一次或两次,按股份分配,在公司决算后进行。分配股利时,采用书面通告或在指定报刊公告。

第七十条 公司分配股利采用下列形式:

1. 现金;

2. 股票。

第七十一条 公司实行内部审计制度,设立内部审计机构或配备内部审计人员,依公司章程规定在监事会或董事会领导下,对公司的财务收支和经济活动进行内部审计监督。

□ 劳动人事和工资福利

第七十二条 公司员工的雇用、解雇、辞职、工资、福利、劳动保险、劳动保护及劳动纪律等事宜按照《股份制试点企业人事管理暂行办法》及《股份制试点企业劳动工资管理暂行规定》执行,并依照上述有关规定制定公司规章细则。如国家法律、法规有新的变化,应依据其变化相应修改。

第七十三条 公司招聘员工,由公司自行考核,择优录用。

第七十四条 公司根据国家有关法律、法规及政策,分别制定企业用工、员工福利、工资奖励、劳动保护和劳动保险等制度。

第七十五条 公司与员工发生劳动争议,按照国家有关劳动争议处理的规定办理。

□ 章程的修改

第七十六条 公司章程根据需要可进行修改,修改后的章程不得与法律法规相抵触。

第七十七条　修改章程的程序如下：

（一）由董事会提出修改章程的建议；

（二）按规定将上述修改条款通知股东，召开股东大会进行表决；

（三）依股东大会通过的修改章程的决议，拟定公司章程的修改方案。

第七十八条　公司变更章程，涉及变更名称、住所、经营范围、注册资本、法定代表人等登记注册事项，以及要求公告的其他事项，应予公告。

□　终止与清算

第七十九条　公司有下列情形之一时，可申请终止并进行清算：

（一）因不可抗力因素致使公司严重受损，无法继续经营；

（二）违反国家法律法规，危害社会公共利益被依法撤销；

（三）公司设立的宗旨业以实现，或根本无法实现；

（四）公司宣告破产；

（五）股东会决定解散。

第八十条　公司宣告破产终止时，参照《中华人民共和国企业破产法（试行）》的有关规定执行。

第八十一条　公司不接受任何破产股东因债权而提出接管公司的财产及其他权益的要求。但破产股东在公司的股份和权益，可根据有关法规和本章程，由破产股东与债权人办理转让手续。

第八十二条　公司依第七十九条第（一）、（二）、（三）项终止的，董事会应将终止事宜通知各股东，召开股东大会，确定清算组人选，发布终止公告。公司应在终止公告发布之后 15 日内成立清算组。

第八十三条　清算组成立后，应于 10 日内通知债权人，并于两个月内至少公告三次，债权人应自通知书送达之日起 30 日内，未接通知书的自公告之日起 90 日内向清算组申报其债权。债权人逾期申报债权不列入清算之列，但债权人为公司明知而未通知者不在此限。

第八十四条　清算组行使下列职权：

（一）制定清算方案，清理公司财产，并编制资产负债表和财产清单；

（二）处理公司未了结业务；

（三）收取公司债权；

（四）偿还公司债务，解散公司从业人员；

（五）处理公司剩余财产；

（六）代表公司进行诉讼活动。

第八十五条　清算组在发现公司财产不足以清偿债务时，应立即停止清算，并向人民法院申请宣告破产。公司经人民法院裁定宣告破产后，由人民法院按破产程序对公司进行处理，清算组应将清算事务向其移交。

第八十六条　公司决定清算后，任何人未经清算组批准，不得处理公司财产。

第八十七条　公司财产优先拨付清算费用后，清算组应按下列顺序进行清偿：

（一）自清算之日起前 3 年所欠公司员工工资和社会保险费用；

（二）所欠税款和依法律规定应交纳的税款附加、基金等；

（三）银行贷款、公司债券及其他债务。

第八十八条　清算组未依前款顺序清偿,不得将公司财产分配给股东。违反前款所作的财产分配顺序,债权人有权要求退还,并可请求赔偿所受的损失。

第八十九条　公司清算后,清算组应将剩余财产分配给各股东。

第九十条　清算结束后,清算组应提交清算报告并出具清算期内收支报表和各种财务账册,经注册会计师验证,报政府授权部门批准后,向工商行政管理机关和税务机关办理注销登记,并公告公司终止。

□　附则

第九十一条　公司股东大会通过的有关章程的补充和修订之决议,以及董事会根据本章程制定的实施细则和有关规定制度,视为本章程的组成部分。

第九十二条　本章程的解释权属于公司董事会。

第九十三条　本章程条款如有与法律和现行国家政策不符之处,以法律和有关政策为准,并应按法律和政策之规定及时修改本章程。

第九十四条　本章程经创立会议特别决议通过,并经_____人民政府有关部门批准,自公司注册登记之日起生效。

八、中外合资公司章程

□　总则

第一条　根据《中华人民共和国中外合资经营企业法》和中国的有关法规,中国____公司(以下简称甲方)与_____国(或地区)_____公司(以下简称乙方)于____年____月____日签订合资经营合同,组成了_____合资经营有限责任公司(以下简称合资公司),制定本公司章程。

第二条　合资公司名称为_____有限责任公司。

外文名称为:_____。

合资公司的法定地址为:

_____省_____市_____区_____路_____号。

第三条　合营各方的名称、法定地址、法定代表分别为:

甲方:中国_____公司。

_____省_____市_____路_____号。

法定代表的姓名_____职务_____国籍_____。

乙方:_____国(或地区)_____公司。

_____国(或地区)_____。

法定代表的姓名_____职务_____国籍_____。

第四条　合资公司为有限责任公司。

第五条　合资公司为中国法人,受中国法律管辖和保护。其一切活动必须遵守中国的法律、法规和有关条例规定。

□　宗旨、经营范围

第六条　合资公司宗旨为:使用×××先进技术,生产和销售××产品,达到××水平,获取合营各方满意的经济效益(注:每个合资公司都可以根据自己的特点表述)。

第七条　合资公司经营范围为:设计、制造和销售××产品以及提供技术服务。

第八条　合资公司生产规模为:

_____年_____。(表示量的单位)

_____年_____。

_____年_____。

第九条　合资公司向国内、国外市场销售其产品,国内、国外销售比例和数量。

_____年:向国外和港澳地区销售_____%,在国内销售_____%。

_____年:向国外和港澳地区销售_____%,在国内销售_____%。

_____年:向国外和港澳地区销售_____%,在国内销售_____%。

销售渠道、方法、责任(可根据各自情况而定)。

□　投资总额和注册资本

第十条　合资公司的投资总额为人民币_____元(或另一种货币)。

合资公司注册资本为人民币_____元(或另一种货币)。

第十一条　合营各方出资如下:

甲方:认缴出资额为_____元,占公司注册资本_____%。

其中:现金_____元

机械设备_____元

厂房_____元

土地使用权_____元

工业产权_____元

其他_____元

乙方:认缴出资额为_____元,占公司注册资本_____%。

其中:现金_____元

机械设备_____元

工业产权_____元

其他_____元

第十二条　合营各方应按合营合同规定的期限缴清各自出资额。

第十三条　合营各方缴足出资额后,经合资公司聘请的会计师验资,出具验资报告后,由合资公司据以发给出资证明书。出资证明书主要内容是:合资公司名称,成立日期,合营者名称及出资额,出资日期,发给出资证明书日期等。

第十四条　合营期内,合资公司不得减少注册资本数额。

第十五条　合资公司注册资本增加须经合营各方一致同意,并报原审批机构批准。

第十六条　任何一方转让其出资额,不论全部或部分,都须经合营他方同意,一方转让时,他方有优先购买权。

第十七条　合资公司注册资本的增加、转让,董事会一致通过后,报对外经济贸易部(或其委托的审批机构,以下同)批准,并向国家工商行政管理局办理变更登记手续。

□　董事会

第十八条　合资公司设董事会。董事会是合资公司的最高权力机构。

第十九条　董事会决定合资公司的一切重大事宜,其职权主要如下:

(一)决定和批准管理部门提出的重要报告(如生产规划、年度营业报告、资金、供销等);

(二)批准年度财务报表、收支预算与年度利润分配方案;

(三)通过公司的重要规章制度;

(四)订立劳动合同;

(五)决定设立分支机构;

(六)讨论通过本公司章程的修改;

(七)讨论决定合资公司停产、终止或与另一个经济组织合并;

(八)决定聘用总经理、副总经理、总工程师、总会计师、审计师等高级职员;

(九)负责合资公司终止和期满时的清算工作;

(十)其他应由董事会决定的重大事宜。

第二十条　董事会由_____名董事组成,其中甲方委派_____名董事,乙方委派_____名董事,董事任期为4年,可以连任。

第二十一条　董事会设董事长1名,副董事长_____名。董事长由甲方委派,副董事长由乙方委派。

第二十二条　合营各方在委派和更换董事人选时,须书面通知董事会。

第二十三条　董事会例会每年召开一次,经1/3以上的董事提议,可以召开董事会临时会议。

第二十四条　董事会会议原则上在公司所在地举行。

第二十五条　董事会会议由董事长召集并主持,董事长缺席时由副董事长召集并主持。

第二十六条　董事长应在董事会会议召开前_____天发出召集会议的书面通知,写明会议内容、时间和地点。

第二十七条　董事因故不能出席董事会会议,可以书面委托代理人出席。如届时未委托他人出席,则作为弃权。

第二十八条　出席董事会会议的法定人数为全体董事的2/3,不够2/3人数时,其通过的决议无效。

第二十九条　董事会每次会议,须做详细的书面记录,并由全体出席董事签字,代理人出席时,由代理人签字。记录文字使用中文或中文_____文同时使用。该记录归档保存,并由董事会指定专人保管。在合资经营期限内任何人不得涂改或销毁。

第三十条　下列事项须经董事会一致通过。

1. _____。

2. _____。

3. _____。

(注:每个合资公司可根据各自情况而定)

第三十一条　下列事项须董事会 2/3 以上董事或过半数董事通过。

1. _____。
2. _____。
3. _____。

（注：每个合资公司可根据各自情况而定）

□　管理部门

第三十二条　合资公司设经营管理部门（可根据该公司的具体情况），下设生产、技术、劳资、财务、行政等部门。

第三十三条　合资公司设总经理 1 人，副总经理_____人，由董事会聘请。首届总经理由_____方推荐，副总经理由_____方推荐。

第三十四条　总经理直接向董事会负责，执行董事会的各项决定，组织领导合资公司的日常生产、技术和经营管理工作。副总经理协助总经理工作，当总经理不在时，代理行使总经理的职责。

第三十五条　合资公司日常工作的重要问题的决定，须由总经理和副总经理联合签署方能生效，需要联合签署的事项，由董事会具体规定。

第三十六条　总经理、副总经理的任期为_____年。经董事会聘请，可以连任。

第三十七条　经董事会聘请，董事长、副董事长、董事，可兼任合资公司总经理、副总经理及其他高级职员。

第三十八条　总经理、副总经理不得兼任其他经济组织的总经理或副总经理，不得参与其他经济组织对本公司的商业竞争行为。

第三十九条　合资公司设总工程师、总会计师和审计师各 1 人，由董事会聘请。

第四十条　总工程师、总会计师、审计师由总经理领导。

总会计师负责领导合资公司的财务会计工作，组织合资公司开展全面经济核算，实施经济责任制。审计师负责合资公司内部审计工作，审查、稽核合资公司的财务收支和会计账目，向总经理并董事会提出报告。

第四十一条　总经理、副总经理、总工程师、总会计师、审计师和其他高级职员请求辞职的，应提前_____天向董事会提出书面报告。

以上人员如有营私舞弊或严重失职行为的，经董事会决议，可随时解聘，如触犯刑律，要追究法律责任。

□　财务会计

第四十二条　合资公司的财务会计应遵照中华人民共和国财政部制定的中外合资经营企业财务会计制度规定办理。

第四十三条　合资公司会计年度采用万历年制，自 1 月 1 日起至 12 月 31 日止为一个会计年度。

第四十四条　合资公司的一切凭证、账簿、报表，用中文书写。如他方提出要求，可加注_____文。

第四十五条　合资公司采用人民币为记账单位，人民币同其他货币折算按实际发生之日中华人民共和国国家外汇管理局公布的汇价计算。

第四十六条　合资公司应在中国银行或中国银行同意的其他银行开立人民币及外币

账户。

第四十七条　合资公司采用国际通用的权责发生制和借贷记账法记账。

第四十八条　合资公司财务会计账册上应记载如下内容：

（一）合资公司所有的现金收入、支出数量；

（二）合资公司所有物资出售及购入情况；

（三）合资公司注册资本及负债情况；

（四）合资公司注册资本的缴纳时间、增加及转让情况。

第四十九条　合资公司管理部门应在每一个会计年度头3个月编制上一个会计年度的资产负债表和损益计算书，经审计师审核签字后提交董事会会议通过。

第五十条　合资各方有权自费聘请审计师查阅合资公司账簿，查阅时，合资公司应提供方便。

第五十一条　合资公司，应按照《中华人民共和国中外合资经营企业所得税法施行细则》的规定，由董事会决定其固定资产的折旧年限。

第五十二条　合资公司的一切外汇事宜，均按照《中华人民共和国外汇管理暂行条例》和有关规定以及合营合同的规定办理。

□　利润分配

第五十三条　合资公司按法律规定提取储备基金、公司发展基金和员工奖励及福利基金。以上基金在合资公司依法缴纳所得税后的利润中提取，提取的比例由董事会确定。

第五十四条　合资公司依法缴纳所得税和提取各项基金后的利润按合营各方出资额在注册资本中的比例进行分配。但经董事会一致同意另行规定者除外。

第五十五条　合资公司每年分配利润一次。每个会计年度后3个月内公布利润分配方案及各方应分的利润额。

第五十六条　合资公司上一个会计年度亏损未弥补前，不得分配利润。上一个会计年度未分配的利润，可并入本会计年度利润分配。

□　员工

第五十七条　合资公司员工的雇用、解雇、辞职、工资、福利、劳动保险、劳动保护、劳动纪律等事宜，按《中华人民共和国中外合资经营企业劳动管理规定》及其实施办法办理。

第五十八条　合资公司招雇员工，由当地劳动部门推荐，或者经当地劳动部门同意，由合资公司自行招雇，经考核，择优录用。

第五十九条　合资公司有权对违反合资公司的规章制度和劳动纪律的员工，给予警告、记过、降薪的处分，情节严重，可予以开除。对开除、处分的员工，须报当地劳动部门备案。

第六十条　员工的工资待遇，参照＿＿＿＿＿特区的有关规定，根据合资公司具体情况，由董事会确定，并在劳动合同中具体规定。随着生产的发展、员工业务能力和技术水平的提高，合资公司应适当提高员工工资。

第六十一条　员工的福利、奖金、劳动保护和劳动保险等事宜，合资公司将分别在各项制度中加以规定，确保员工在正常条件下从事生产和工作。

□　工会组织

第六十二条　合资公司员工有权按照《中华人民共和国工会法》的规定，建立工会组织,开展工会活动。

第六十三条 合资公司工会是员工的代表,它的任务是维护员工的切身利益,与公司商谈有关事项,团结教育员工,搞好生产,遵守纪律,执行劳动合同。

第六十四条 合资公司工会可指导、帮助员工同合资公司签订个人劳动合同,或代表员工同公司签订集体劳动合同,并监督合同的执行。

第六十五条 合资公司工会负责人有权列席有关讨论员工工资、奖惩、福利、劳动保护、劳动保险、劳动纪律等问题的董事会会议,反映员工意见和要求。

第六十六条 合资公司工会参加调解员工和合资公司之间发生的争议。

第六十七条 合资公司每月按合资公司员工实际工资总额的2%拨交工会经费。合资公司工会经费按照中华全国总工会制定的《工会经费管理办法》使用。

□ 期限、终止、清算

第六十八条 合资公司合营期限为_____年。自营业执照签发之日起计算。

第六十九条 合营各方如一致同意延长合营期限,经董事会会议做出决议,并在合营期满六个月前,向对外经济贸易部提交书面申请,经批准后方能延长,并向国家工商行政管理局办理变更登记手续。

第七十条 合营各方如一致认为终止合营符合各方最大利益时可提前终止合营。合资公司提前终止合营,需董事会召开全体会议做出决定,并报送对外经济贸易部批准。

第七十一条 发生下列情形之一时,合营一方有权终止合营(每个合资公司可根据自己的情况而定)。

第七十二条 合营期满或提前终止合营时,应按照《中华人民共和国中外合资经营企业法实施条例》的有关规定,组成清算委员会,对合资公司财产进行清算。

第七十三条 清算委员会的任务是对合资公司的财产、债权、债务进行全面清算、编制资产负债表和财产目录、制定清算方案,提请董事会通过后执行。

第七十四条 清算期间,清算委员会代表公司起诉和应诉。

第七十五条 清算费用和清算委员会成员的酬劳应从合资公司现存财产中优先支付。

第七十六条 清算时,清算委员会对合资公司的资产应根据账面折旧程度,参考当时的价格重新估价。

第七十七条 清算委员会对合资公司的债务全部清偿后,其剩余的财产按合营各方出资额在注册资本中的比例进行分配。

第七十八条 清算结束后,合资公司应向对外经济贸易部提出报告,并向国家工商行政管理局办理注销登记手续,缴回营业执照,同时对外公告。

第七十九条 合资公司结业后,其各种账册,由原中国合营者保存。

□ 规章制度

第八十条 合资公司通过董事会制定的规章制度有:

(一)经营管理制度,包括管理部门的职权与工作规程;

(二)员工守则;

(三)劳动工资制度;

(四)员工考勤、升级与奖惩制度;

（五）员工福利制度；

（六）财务制度；

（七）公司解散时的清算程序；

（八）其他必要的规章制度。

□ 附 则

第八十一条 本章程的修改，必须经董事会会议一致通过决议，并报原审批机构批准。

第八十二条 本章程用中文和_____文书写，两种文本具有同等效力。上述两种文本如有不符，以中文本为准。

第八十三条 本章程须经中华人民共和国对外经济贸易部（或其委托的审批机构）批准才能生效。

第八十四条 本章程于____年____月____日由甲、乙双方的授权代表在中国_____省_____市签字。

甲方：_____公司　　　　乙方：_____公司

代表_____（签字）　　　　代表_____（签字）

九、发起设立式股份有限公司章程

□ 总 则

第一条 为使公司建立现代产权制度，保障公司股东和债权人的合法权益，依照《中华人民共和国公司法》、_____市《关于发展发起设立式股份有限公司的若干意见》《____非上市股份有限公司管理暂行办法》规定的原则，结合实际，制定本章程。

第二条 本公司按发起设立式股份有限公司组建，是独立企业法人。公司全部资本分为等额股份，股东以其所持股份为限对公司承担责任，公司以全部资产对公司的债务承担责任。

第三条 公司名称为：_____。

公司地址：_____。

公司注册资本：人民币_____万元。

公司经营范围：_____。

公司法定代表人：_____。

第四条 公司宗旨：遵守国家法律法规，维护社会经济秩序；诚信经营，注重经济效益；提高员工收入，保障股东和债权人的合法权益。

☐ 股东出资方式及出资额

第五条 公司的股本金总额为_____元,总股份为_____股,每股金额为____元人民币。

第六条 本公司股东姓名(名称)出资方式及出资额如下:

_____首期以(现金或其他资产)投资____元,折____股,占公司股本的____%。

_____首期以(现金或其他资产)投资____元,折____股,占公司股本的____%。

_____首期以(现金或其他资产)投资____元,折____股,占公司股本的____%。

……(上述股东为发起人,不少于5人,可为企事业法人、社团法人、自然人,发起人出资总额与股本金总额一致)。

☐ 股东的权利和义务

第七条 公司的股份持有人为公司股东。股东按其持有股份份额,对公司享有权利、承担义务。法人作为公司股东时,应由法定代表人或经法定代表人授权的代理人代表其行使权利,并出具法人的授权委托书。

第八条 公司股东享有以下权利:

(一)出席或委托代理人出席股东大会,并按其所持股份行使相应的表决权;

(二)依照公司章程、规则转让股份;

(三)查阅公司章程,股东大会记录及会计报告,对公司经营管理提出建议或质询;

(四)当公司依照国家政策法律上市时可优先认购公司发行的股票;

(五)按股份取得股利;

(六)公司终止清算时,按股份取得剩余财产;

(七)选举和被选举为董事会或监事会成员。

第九条 公司股东承担下列义务:

(一)遵守公司章程;

(二)服从和执行股东大会决议;

(三)按认购股份和出资方式认缴出资额,按持有股份对公司的亏损和债务承担有限责任;

(四)支持公司改善经营管理,提出合理化建议,促进公司发展;

(五)维护公司利益,反对和抵制损害公司利益的行为。

☐ 股权管理

第十条 公司股权管理基本规则如下:

(一)公司依本章程制定股权管理规则(或实施细则),设立股权管理办公室,在董事长领导下,负责股权管理工作。

(二)发起人认购公司股份后即缴纳股金,以实物、工业产权、非专利技术、土地使用权抵作股金的,依法办理财产权的转移手续。

(三)各发起人股金缴足后,经法定验资机构验资并出具证明,在30日内召开公司创立大会。创立大会对公司成立重大事项决策时,对发起人抵作股金的财产的作价进行审核。创立大会决定设立公司后,股东不得抽回其股本。公司不能成立时,发起人对设立公司所产生的债务、费用负连带责任,发起人因过失致使公司利益受损,应承担赔偿责任。

（四）公司对发起人缴足的股份颁发股权证，作为出资凭证和行使股东权利的依据。公司股份按权益分为普通股和优先股。普通股同股同权、同股同利，按出资比例或出资额承担公司的风险责任。优先股不参与公司经营决策，享有收益权和优先受偿权。

（五）公司股份可以用人民币或外币购买。用外币购买时，按收款当日外汇汇价折算人民币计算，其股息统一用人民币派发。

（六）公司的董事和经理在任职的 3 年内，未经董事会同意不得转让本人所持有的公司股份。3 年后在任期内转让的股份不得超过其持有股份额的 50％，并需经过董事会同意。

（七）股东协议转让股份须向公司股权管理办公室提交转让协议书等相关文件和资料。股份的无偿划转须向公司股权管理办公室提交原股东同意所持股份无偿划转的文件。

（八）公司根据发展需要，决定增资扩股，按程序报批后，可向原有股东配售新股、派发红利股份、以公积金转增股本，也可吸收新股东入股。由董事会制定增资扩股方案，经股东大会审议通过后施行。新增、配送、派发、转增的股份，与首期股份同股同权、同股同责。公司增资扩股间隔时间原则上不低于 1 年。

（九）公司根据发展需要，决定缩减股份，按程序报批后，可由全部股东按比例缩股，也可由部分股东按比例缩股，由董事会制定缩股方案，经股东大会审议通过后施行。缩减股份与减少注册资本同步，按工商管理机构规定办理减资手续。

（十）股东可按本章程的公司股权管理规则转让股权。股东转让其全部出资或者部分出资的条件如下：①转让后股东人数不得少于 5 人；②双方自愿，不得以任何方式胁迫股东转让股权；③股东向公司内股东转让股权，须经股权管理机构确认后办理过户手续；④股东向股东以外的人转让其出资时，必须经全体股东过半数同意，不同意转让的股东应当购买该转让的出资，如果不购买该转让的出资，视为同意转让。股东依法转让其出资后由公司将受让人的姓名或受让人的名称、住所及受让人的出资额记载于股东名册。经股东同意转让的出资，在同等条件下，公司其他股东对该出资有优先购买权。

（十一）持股员工遇到退休、调离、辞职或被辞退、除名等情况，本着自愿的原则，先在企业内向其他股东转让股权，本企业内转让不成，可向企业外法人或自然人转让股权，不能如期转让股权的，具备条件的可由企业公积金收购员工股权，企业无力收购的，可由普通股转为优先股管理。

（十二）自然人所持股份可委托相关机构（人员）托管。

（十三）公司根据发展需要上市时，按上市公司要求进行资产重组，按国家规定办理审批手续。

□ 股东大会

第十一条 股东大会是公司的最高权力机构。股东人数超过 100 人以上的经创立大会决定可实行股东代表大会制，其职权和行使职权的规则与股东大会相同（以下均以股东大会表示）。由____名股东推举 1 名代表，参加股东大会，行使权力。

股东大会行使下列职权：

（一）决定公司的经营方针和投资计划；

（二）审议批准董事会和监事会的工作报告；

（三）审议批准公司的利润分配方案及弥补亏损方案；

（四）审议批准公司年度预算方案和决算方案；

（五）对公司增减注册资本和重大股权变更做出决议；

（六）对公司合并、分立、变更财产组织形式、终止清算等重大事项做出决议；

（七）选举或更换董事会成员和监事会成员，并决定其报酬事项；

（八）修改公司章程并做出决议；

（九）对公司其他重大事项做出决定。

第十二条 股东大会议事规则如下：

（一）股东大会每年召开一次，股东大会间隔最长不超过15个月。

（二）有下列情形之一时，董事会应召开股东临时大会：1.董事缺额1/3时；2.公司累计未弥补亏损超过实收资本总额的1/3时；3.占股份总额30％以上股东提议时；4.董事会或监事会做出提议时。

（三）股东大会应由董事会召集，由董事长主持。董事长因故不能履行职务时，由董事长指定的副董事长或者其他董事主持。

（四）召开股东大会，应当将会议审议的事项于会议召开30日以前通知各股东，召开股东临时大会不得对通知中未列明的事项做出决定。

（五）股东出席股东大会，所持每一股份有一表决权。股东大会做出决议时（指前条第（五）、（六）、（八）款），必须经出席会议的股东所持表决权的2/3以上通过。股东大会选举和审议决定的事项（指前条第（一）、（二）、（三）、（四）、（七）、（九）款），必须经出席会议的股东所持表决权的半数以上通过。

（六）股东可委托代理人出席股东大会，代理人应向股东大会提交股东授权委托书，并在受权范围内行使表决权。

（七）出席股东大会的股东所代表的股份达不到2/3数额时，会议应延期15日举行，并向未出席的股东再次通知。延期后召开的股东会，出席股东所代表的股份仍达不到规定数额，应视为已达到法定数额，决议有效。

（八）股东大会应当对所议事项及决定做出会议记录，由出席会议的董事签名。会议记录、决议应当与出席股东的签名册及代理出席的委托书一并保存。

二 董事会

第十三条 董事会是股东大会的常设权力机构，向股东大会负责。在股东大会闭会期间，负责公司重大事宜的决策。董事会由（5名以上单数）董事组成，董事会设董事长1名、副董事长1~2名，设董事会秘书1名。董事长为公司的法定代表人。董事任期3年，可连选连任。董事长和副董事长由董事会选举产生，一般应推选最大股东方的董事出任董事长。董事在任期内经股东大会决议可罢免，但不得无故解除其职务。从法人股东中选出的董事，因该法人内部的原因需要易人时，可以改派，但须由法人股东提交有效文件并经公司董事会确认。董事会成员中有公司员工代表1名（根据企业情况可聘独立董事1名）。

第十四条 董事会行使下列职权：

（一）召集股东大会，向股东大会报告工作；

（二）执行股东大会决议；

（三）决定公司的经营计划和投资方案；

（四）制定公司年度财务预算方案、决算方案、利润分配方案、弥补亏损方案；

（五）制定公司增减注册资本方案、重组上市方案、发行债券方案；

（六）决定公司重要财产的抵押、出租、发包；

（七）制定公司合并、分立、股权结构重大调整、财产组织形式变更、终止清算等方案；

（八）决定公司内部管理机构的设置；

（九）制定公司章程修改方案；

（十）制定公司的重要管理制度和基本规则；

（十一）聘任和解聘公司经理或总经理（以下简称经理），根据经理提名，聘任和解聘副经理或副总经理（以下简称副经理）及其他高级管理人员；

（十二）股东大会授予的其他职权。

第十五条　董事会的议事规则如下：

（一）董事会每年至少召开两次会议，每次会议应当于会议召开10日以前通知全体董事。董事会会议应有1/2以上的董事出席方可举行。董事因故不能出席会议，可书面委托他人出席会议并表决，委托书中应载明授权范围。

（二）董事长认为有必要或半数以上董事提议对，可召集董事会临时会议。

（三）董事会会议实行一人一票的表决制和少数服从多数的原则。董事会选举、做出决议、决定以出席董事过半通过为有效。当赞成和反对的票数相等时，董事长有权多投一票。在表决与某董事利益有关系的事项时，该董事无权投票。但在计算董事的出席人数时，该董事应被计入在内。

（四）董事会议决议应由出席会议董事签名，董事会决定事项的会议记录应由出席会议的董事和记录员签名。董事应当对董事会的决议承担责任，董事会决议因违反国家法律政策和本章程，致使公司遭受严重损失的，参与决策的董事对公司负赔偿责任。但经证明在表决时曾表明异议并记载于会议记录的，该董事可以免除责任。

第十六条　董事长行使下列职权：

（一）主持召开股东大会，代表董事会向股东大会报告工作；

（二）召集和主持董事会会议，领导董事会工作，检查董事会决议实施情况，向董事会报告工作；

（三）签署公司股权证、重要合同及其他重要文件；

（四）在董事会闭会期间，对公司的重要业务活动给予指导。

第十七条　董事长因故不能履行职责时，可授权副董事长及其他董事行使部分和全部职权。

第十八条　董事会秘书为公司高级管理人员，对董事会负责，履行以下职责：

（一）负责股东大会、董事会会议的具体筹备、组织工作，负责会议记录；

（二）保管股东名册和董事会印章；

（三）董事会授权的其他职责。

第十九条　股东大会、董事会的决议违反法律、法规，侵犯股东合法权益的，股东有权提出异议并向人民法院提请要求停止违法行为和侵害行为的诉讼。

□　监事会

第二十条　公司设立监事会，对股东大会负责，对董事会及其成员和经理等公司管理人员行使监督职能。监事会由1名成员（不低于3人）组成，监事任期3年，可连选连任。监事不得兼任董事、经理及其他高级管理职务。

第二十一条 监事会行使下列职权：

（一）向股东大会报告工作；

（二）监事会主席或监事代表列席董事会议；

（三）对董事、经理等管理人员执行职务时有违反法律、法规或本章程行为进行监督；

（四）当董事和经理的行为损害公司的利益时，要求董事和经理予以纠正；

（五）检查公司的财务；

（六）提议召开临时股东大会；

（七）股东大会授予的其他职权。

第二十二条 监事会的议事规则如下：

（一）监事会决议应由 2/3 以上（含 2/3）监事表决同意；

（二）监事会主席或召集人由 2/3 以上（含 2/3）监事推选和罢免；

（三）监事会成员中有 1 名公司员工代表，监事由股东大会推选和罢免；

（四）监事不得泄露公司秘密（除依照法律规定和股东大会同意外），监事在执行公司职务时，违反法律法规和本章程规定，给公司造成损失的应当承担赔偿责任；

（五）监事会行使职权时，聘请法律专家、会计师、审计师等专业人员的费用，由公司承担。

□ 经理

第二十三条 公司实行董事会领导下经理负责制、设经理 1 名，副经理 1 名。经理由董事长提名，董事会聘任。

第二十四条 经理的主要职责：

（一）主持公司生产经营管理工作，组织实施董事会决议；

（二）组织实施公司年度生产经营计划和投资方案；

（三）列席（经理不是董事的）董事会会议，向董事会汇报工作；

（四）拟订公司内部管理机构设置方案和重要管理制度、规则；

（五）制定公司经营管理的具体规章制度；

（六）提请聘任或解聘公司副经理、财务负责人等高级管理人员；

（七）聘任或解聘除应由董事会聘任或解聘以外的负责管理人员；

（八）董事会授权的其他职权。

第二十五条 经理执行职务的规则如下：

（一）经理执行公司职务时违反法律、法规或者公司章程的规定，给公司造成损害的，应当承担赔偿责任。

（二）经理忠实履行职务，维护公司利益，不得利用在公司的职权为自己谋取私利。不得挪用公司资金或者将资金借贷给他人。不得将公司资产以个人名义或者以其他个人名义开立账户存储。不得以公司的资产为本公司的股东或者其他个人债务提供担保。

（三）经理不得自营或者为他人经营与本公司同类的营业或者从事损害本公司利益的活动。从事上述营业或者活动的，所得收入归公司所有。

（四）因犯有贪污、贿赂、侵占财产、挪用财产罪或者破坏社会经济秩序罪，被判处刑罚，执行期满未逾 5 年，不得担任本公司经理。

（五）曾担任因经营不善破产清算企业的董事或者厂长、经理，并对该企业的破产负有个人责任的，自该企业破产清算完结之日起未逾 3 年，不得担任本公司经理。

（六）曾担任因违法被吊销营业执照企业的法定代表人，并负有个人责任的，自该企业被吊销营业执照之日起未逾 3 年，不得担任本公司经理。

第二十六条　董事、经理以及本公司高级职员因违反法律、公司章程，徇私舞弊或失职造成本公司重大经济损失时，根据不同情况，经股东大会或董事会决议可给予下列处罚：①限制权力；②免除现任职务；③负责经济赔偿；④触犯刑律的提交司法部门追究法律责任。

□　劳动保障与分配

第二十七条　公司尊重员工的劳动权利，按国家法律政策合理解决员工劳动合同、劳动纪律、劳动保护、社会保障、职业培训、工资、福利待遇等事宜。公司员工有辞职的自由，但必须在辞职前 3 个月提出申请，经公司经理批准后履行手续，否则，须赔偿因辞职造成的经济损失。公司不得违法辞退员工。公司应按规定提取员工社会保障基金并上交有关机构。

第二十八条　公司税后利润，在按规定弥补亏损后，按下列顺序分配：

（一）提取法定公积金 10%，当法定公积金达到注册资本的 50% 时可不再提取；

（二）提取公益金 5% ~ 10%，主要用于公司集体福利设施支出；

（三）提取任意公积金_____%，主要用于弥补亏损和扩大生产经营；

（四）支付优先股红利；

（五）按股份比例对普通股进行分红。

第二十九条　公司以未分配利润及公积金向股东配送股份，由董事会制定方案，经股东大会审议通过后实行。

□　补亏与终止清算

第三十条　公司发生亏损，先用税后利润弥补，不足以弥补须用自有资金弥补亏损时，首先用公积金弥补，不足部分由各种股份按比例弥补。

第三十一条　公司有下列情形之一时，经股东大会决议，予以终止清算：

（一）因不可抗拒因素，公司无法继续经营；

（二）公司因违法经营被依法撤销、责令关闭；

（三）公司设立期限到期，无意继续经营；

（四）公司因合并或分立需要终止；

（五）公司因不能清偿到期债务依法宣告破产。

第三十二条　公司宣告破产时，依照《中华人民共和国企业破产法（试行）》有关规定执行。公司在宣告终止后，发布终止公告，在终止公告发布后 15 日内成立清算组，由股东大会确定清算组人选。此间，任何个人或单位不得哄抢、侵占公司财产。

第三十三条　清算组成立后，应于 10 日内通知债权人，并于两个月内至少公告 3 次，债权人应自通知书送达之日起 30 日内，未接通知书的自公告之日起 90 日内，向清算组申报其债权，说明债权有关事项，提供证明材料，清算组对债权进行登记。

第三十四条　清算组行使下列职权：

（一）制定清算方案，清理公司财产，编制资产负债表和财产清单；

（二）通知或者公告债权人；

（三）处理与清算有关的公司未了结业务；

（四）清缴所欠税款；

（五）清理债权、债务；

（六）处理公司清偿债务后的剩余财产；

（七）代表公司处理有关诉讼事宜。

第三十五条 公司终止的清算方案经股东大会或者主管机关审议确认后实施。清算资产按下列顺序支付清偿：

（一）清算费用；

（二）所欠公司员工工资、集资款及社会保障费用；

（三）所欠税款；

（四）公司债券、银行贷款、其他债务。

第三十六条 公司清偿后，剩余财产先偿还优先股，再偿还普通股，如不能足额退还出资，按股东出资比例分配剩余财产。

第三十七条 清算结束后，清算组提交清算报告，编制清算收支报表和各种财务账册，经会计师事务所审计验证，报有关部门批准后向公司登记机关申请注销登记，公告公司终止。

□ 附则

第三十八条 本章程经股东大会通过后生效，报上级单位或政府管理部门备案，向工商局登记注册后实施。本章程对公司股东及非股东在职员工具有约束力。本章程由公司董事会负责解释。

注：发起设立式股份有限公司不是上市公司，不能向社会定向募集股份。集体资本参股需以事业法人、社团法人作为投资主体，也可授权企业法人代行投资主体，约定双方责权利关系。本章程示范性选择性条款、内容，企业在制定章程时，必须具体化。本章程有些内容在一些企业涉及不到，可删、可减、可改动。

十、董事会

（一）董事会释义

董事会是依照有关法律、行政法规和政策规定，按公司或企业章程设立并由全体董事组成的业务执行机关。具有如下特征：

1. 董事会为企业执行机构，是股东会常设机构。一般董事长出任企业法定代表人。在董事长不能出任企业法定代表人的特殊情况下，由公司章程规定。

2. 对股份有限公司、有限责任公司、股份合作制而言，董事会由股东会选举组成；对国有独资公司而言，由于无股东会，董事会由国家授权投资机构或政府部门委派、更换。

3. 董事会成员可以是自然人，也可以是法人，且法人须指定 1 名有行为能力的自然人为其代理人。

4. 董事会人数须为奇数,以便于投票表决。董事一人一票,在双方争议票数相等时董事长有两票表决权。

5. 为保证企业经营方针上的连续性,每年轮换部分董事,不能每 3 年换届时全班人马更迭。

6. 公司股东人数或规模较小时,不设董事会,改设一名执行董事。

7. 董事会可向经理层派出财务总监,加强财务监管。

8. 董事会议事由企业章程确定,也可专门制定《董事会工作条例》

对股份有限公司、有限责任公司、股份合作制而言,董事会由股东会选举组成。

（二）董事会的基本职责

1. 决定和批准合作公司提出的重要报告。

2. 批准年度财务收支预算与年度利润分配方案。

3. 通过公司的重要规章制度。

4. 订立劳动合同。

5. 决定设立分支机构和投资开发新项目。

6. 讨论通过本公司章程的修改。

7. 决定聘用总经理、副总经理、总工程师、总会计师等高级职员。

8. 负责合作公司终止和期满时的清算工作。

9. 其他应由董事会决定的重大事宜。

十一、大型企业董事会的机构设置

根据公司章程的基本规定以及公司的组织机构设置,董事会机构和经营机构是一个公司的重要组成部分,大型企业的董事会机构设置如下:

（一）董事长

董事长是公司的法定代表人和重大经营事项的主要决策人,具体职责如下:

1. 主持召开股东大会、董事会议,并负责上述会议决议的贯彻落实;

2. 召集和主持管理委员会会议,组织讨论和决定公司的发展规划、经营方针、年度计划以及日常经营工作中的重大事项;

3. 提名公司总裁和其他高级管理人员的聘用和解职,并报董事会批准和备案;

4. 决定公司内高层管理人员的报酬、待遇和支付方式并报董事会备案;

5. 定期审阅公司的财务报表和其他重要报表,全盘控制全公司系统的财务状况;

6. 签署批准调入公司的各级管理人员和一般干部;

7. 签署对外上报、印发的各种重要报表、文件、资料;

8. 处理其他由董事会授权的重大事项。

根据公司目前的实际工作需要,董事会设常务董事一人,协助董事长开展上述工作。

董事长外出期间,由常务董事协调董事会各机构的日常工作。

（二）管理委员会

管理委员会是董事会议闭会期间,由董事长负责召集和主持,由公司高层管理人员参加,对公司经营管理重大事项进行会议决策的机构。管理委员会会议参加人员有:董事长、总裁、执行董事、各委员会正副主任、副总裁、总会计师和董事会秘书。管理委员会会议的职权如下:

1. 审议、通过公司的发展战略、规划、经营方针和年度计划;

2. 审议、通过公司内部的机构设置、调整、职责划分;

3. 审议、通过公司的工资、奖罚方案、内部管理制度和年终分配方案;

4. 审议、通过公司新发展项目、更新改造项目、股权收购和转让;

5. 审议、通过公司的证券发行、分红派息方案;

6. 讨论、决定各业务部门负责人的年工作责任指标;

7. 协调、处理各业务部门之间的纠纷和冲突;

8. 讨论、决定经营管理工作中的其他重要事项。

管理委员会会议原则上每月召开一次,特殊情况可临时召集,会议由董事会秘书负责提前通知并做好会议记录。

管委会主任由董事长担任,副主任由总裁和常务董事担任,管委会核心领导小组由执行董事构成,执委主任担任秘书长。

（三）执行委员会

执行委员会(简称"执委会"),是董事会所属日常工作机构,执委会设主任一人,其工作直接对董事长负责,具体职责如下:

1. 组织研究和拟订公司中长期发展规划、业务架构、经营方针和年度利润计划;

2. 组织研究、拟订公司的机构设置、职权划分、倡导和落实公司规范化管理工作;

3. 组织拟定或修改公司章程、管理制度和业务工作程序;

4. 组织新上项目的可行性研究及项目报批;

5. 组织拟订和修改工资、奖励方案;

6. 与财委会筹备召开股东大会和董事会,并负责准备上述会议材料;

7. 主持执委会各部室日常工作,向董事长提名各部室主任(经理)人选;

8. 完成董事会交办的其他工作。

执委会在工作需要时可设置副主任,协助执委会主任开展上述工作,执委会下设投资发展室和经济研究室。

（四）投资发展室

投资发展室是负责引进和开发新项目的职能机构,日常工作对执委会主任负责,具体职责如下:

1. 洽谈、引进符合公司发展政策的投资项目,负责项目的前期调查工作;

2. 预审全系统各企业新上项目的可行性;

3. 负责新上项目的可行性报告、协议书、合同、章程的起草;

4. 负责新上项目的申报、立项、可行性论证、评估和预审、领取批文和营业执照以及项目移交工作;

5. 负责跟踪新上项目的投资效果分析,并从中总结经验和教训;

6. 负责所有项目的文件、资料的收集、归档和管理;

7. 完成执委会主任交办的其他工作。

（五）经济研究室

经济研究室是负责国内外经济政策和动态研究的专职机构，日常工作对执委会主任负责，具体职责如下：

1. 调查、跟踪、整理国内外有关经济政策、信息、编辑发行有关资料；

2. 研究跨国经营战略，组织海外贸易和投资的机会分析和可行性研究工作，促进公司业务的国际化；

3. 组织公司管理人员的"经济沙龙"活动，负责落实每次活动的讨论专题和主讲人；

4. 组织各种与公司业务发展和内部管理相关的课题研究；

5. 负责公司系统各语种的翻译工作；

6. 负责收集公司的史料，撰写公司发展史和大事记；

7. 负责公司的图书、杂志和有关资料的采购、登记、保管、借阅；

8. 负责筹划企业文化建设。

（六）财务委员会

财务委员会（简称"财委会"），是董事会行使财务宏观监控、资金筹措及证券和外汇投资职能的机构，财委会实行总监负责制，日常工作直接对董事长负责。其具体职责如下：

1. 组织拟订全公司系统的年度利润计划、资金计划和费用预算计划；

2. 组织拟定公司系统的财务管理和核算制度；

3. 组织编制并签署公司每月、季、半年、全年的会计财务报告及其他有关报表；

4. 参与投资项目的可行性论证工作，并负责新项目的资金保障；

5. 拟订总公司的年度利润分配方案、派息方案以及下属企业的年度利润分配方案；

6. 负责组织证券和外汇投资业务；

7. 负责下属公司财务负责人的考核工作，拟定下属企业财务负责人的任免名单；

8. 主持财务线的日常工作，负责财务部、资金部和金融证券部的协调工作，向董事长提出上述部室的经理人选；

9. 完成董事长交办的其他工作。

财务委员会可设财务副总监、总会计师、财务顾问等职，协助财务总监开展上述工作。财务委员会下设财务管理部、资金部和金融证券部。

（七）财务管理部

财务管理部是公司系统综合管理部门，日常工作对财务总监负责，具体职责如下：

1. 负责建立全系统的会计核算和统计的制度和体系；

2. 负责全系统的会计、统计报表的汇编和上报；

3. 负责全系统的资产评估、固定资产管理和核算；

4. 负责组织编制全系统财务成本和利润计划；

5. 负责对本部所属企业利润完成情况的检查、考核和利润分配；

6. 对公司集团内部企业经济效果进行财务分析，给决策机构提供综合性财务分析报告；

7. 审批报销各种发票、单据。

（八）金融证券室

金融证券室是负责证券策划运作和外汇投资的机构，日常工作对财务总监负责，具体职责如下：

1．负责股票、债券的发行和管理事务,拟订和实施资本融资方案;

2．负责股东咨询事务及股市、股民心理分析调查,并定期向董事长及其办公会议提出分析意见和建议;

3．分析国内外金融、证券市场行情走势,并就汇率、利率、股市交易等问题向董事长及其办公会议提出分析意见;

4．负责组织证券和外汇投资业务;

5．与执委会共同筹备和组织召开股东大会和董事会,并起草有关会议资料。

（九）资金管理部

资金管理部是负责全系统资金分配、使用、管理、结算、调剂的职能管理部门,日常工作对财务总监负责,具体职责如下:

1．负责拟订各下属企业的年度贷款限额计划及担保贷款限额计划;

2．负责办理全系统企业的存款和结算业务;

3．负责办理全系统企业的贷款审查、发放、收回及担保工作;

4．办理全系统企业外汇调剂业务;

5．定期对下属各企业现存库存、银行存款和资金部存款进行安全性、效益性、流动性检查;

6．负责汇总各下属企业资金使用情况的旬报表,并提出分析意见;

7．负责对银行搞好公共关系,保障融资渠道的畅通。

（十）人事监察部

人事监察部是负责本公司各级经营管理干部的聘用、考核、监察、调动的职能部门,日常工作直接对董事长负责。具体职责如下:

1．组织拟订全公司机构的人员编制计划;

2．负责全公司系统干部调动指标的申办工作;

3．对拟调入本公司系统的各级干部进行调查,并办理有关调动手续;

4．定期组织对各级管理干部的考核、评议,向公司领导推荐优秀人才;

5．组织全公司系统内的职称评定工作;

6．负责全系统企业的党务工作;

7．负责赴港出国人员的手续办理工作;

8．负责调查、核实、处理系统内部各种检举信件;

9．负责落实执行公司的奖惩制度。

（十一）审计室

审计室是负责对全系统各企业、各部门的财务收支及经济活动进行审计、监督的职能机构,日常工作直接对董事长负责,具体职责如下:

1．负责审查全系统各企业经理人员任期目标和责任指标;

2．负责审查全系统各企业的财务账目和会计报表;

3．负责对本部和所属企业的经理人员和财会人员进行离任审计;

4．负责对有关合作单位和项目的财务审计;

5．负责对公司总部财务部、资金部、证券部和各业务部的财务状况进行审计;

6．协助各有关企业和部门进行财务清理、整顿和提高。

十二、董事会工作条例

（一）总则

为规范董事会工作行为和秩序，保证董事会依法行使权力，履行职责，承担义务，根据《中华人民共和国公司法》和其他有关法律法规，以及本公司章程，特制定本条例。

（二）董事会的组成及任期

1. 本公司董事会由＿＿位（奇数）成员组成（有限公司应为 3～13 人；股份有限公司为 5～19 人；中小企业不设董事会，只设 1 名执行董事）。

2. 董事人选由各股东按股份比例委托或选派。

3. 董事会可聘请社会知名人士、专家、会计师、银行家作为外部董事。依照《公司法》，具有国有企业投资主体的公司应由公司员工民主选举产生员工代表出任董事。

4. 董事每届任职为 3 年，可连选连任。

5. 董事会设董事长 1 人，副董事长 1～2 人。

（三）董事的资格规定

1. 董事人选必须品行端正，具有企业管理、行业技术经验、法律知识、并且具有较强议事决策能力等多种优良素质。

2. 董事的年龄限制为＿＿岁。

3. 因下列情形，不得担任公司董事：

（1）无民事行为能力或者限制民事行为能力；

（2）因犯有贪污、贿赂、侵占财产、挪用财产罪或者破坏社会经济秩序罪，被判处刑罚，执行期满未逾 5 年；

（3）担任因经营不善破产清算的公司、企业的董事或厂长、经理、并对该公司、企业的破产负有个人责任的，自该公司、企业破产清算完结之日起未逾 3 年；

（4）担任因违法被吊销营业执照的公司、企业的法定代表人，并负有个人责任的，自该公司、企业被吊销营业执照之日起未逾 3 年；

（5）个人所负数额较大的债务到期未清偿。

4. 国家公务员不得兼任本公司的董事；

5. 董事在任期届满前，不得无故解除其董事职务，自动辞职者除外。

（四）董事的权利和义务

1. 董事在董事会会议上充分发表意见，对表决事项行使表决权。

2. 董事有权对提交会议的文件、材料提出质疑，要求说明。

3. 董事有向董事长提出召开临时会议或特别会议的建议权。

4. 为了查询或调查董事会的专项工作，董事有权调阅公司档案、文件或约见公司经理人员了解情况。

5. 董事应当遵守公司章程、本条例和其他公司规章制度，忠实履行职务，维护公司利益,不得利用在公司的职权为自己谋取私利。董事不得利用职权收取贿赂或者其他非法收入,不得侵占公司财产。

6.董事不得挪用公司资金或者将公司资金贷给他人;不得将公司资产为本公司股东或者其他个人名义开设账户存储;不得以公司资产为本公司的股东或者其他个人债务提供担保。

7.董事不得自营或者为他人经营与本公司同类的业务,或者从事损害本公司利益的活动。

8.董事负有按规定不泄露公司商业秘密的义务。

9.董事违反本条例的非法所得归本公司所有,造成的损失应当赔偿。

10.董事在执行职权时超越权限或没有依照董事会决议,致使公司遭受损害的,应当进行赔偿。

（五）董事长

1.董事长为本公司法定代表人(董事长因故不能担任法定代表人时,可由公司章程做出特别规定,由其他人担任法定代表人)。

2.董事长由董事会2/3以上董事选举产生或解聘。

3.董事长任期与董事相同,可连选连任。

4.董事长人选应具有更高素质要求,须众望所归,经验丰富,资历深厚,公正无私,博采众议。

5.董事长的职权如下:

(1)召集并主持董事会、股东会;

(2)检查董事会决议实施情况,并向董事会报告;

(3)要求公司高级管理人员定期或不定期报告工作,对执行情况提出指导性意见;

(4)签署公司出资证明,股权证或股票;

(5)经董事会授权对外代表公司处理有关问题,对内代表董事会签署有关文件;

(6)在发生战争、特大自然灾害和重大经济案等紧急情况下,对公司事务行使特别裁决权和处置权,并在事后向董事会及时报告;

(7)管理董事会内设机构;

(8)在董事会闭会期间,代行董事会的职权。

6.董事长的责任如下:

(1)检查董事会决议执行情况,并向董事会报告;

(2)指导而不干预总经理的日常经营管理活动;

(3)以各种方式保持与董事们的联系,听取意见和建议;

(4)做好董事会会议准备工作,定期召集会议;

(5)作为法定代表人,代表企业负有法律责任。

7.董事会对股东会负责,行使下列职权:

(1)负责召集股东会,并向股东会报告工作;

(2)执行股东会的决议;

(3)拟订或修改公司章程方案;

(4)决定公司的中长期发展规划和年度经营、投资方案;

(5)制定公司的年度财务预算、决算方案;

(6)制定公司的利润分配方案和弥补亏损方案;

（7）制定公司增减注册资本的方案；

（8）拟订公司合并、分立、收购、变更公司形式、解散、终止等方案；

（9）提出公司破产申请；

（10）决定公司内部组织结构设置；

（11）聘任、解聘公司总经理；根据总经理提名，聘任、解聘副总经理、财务负责人等高级职员，决定其报酬事项；

（12）制定公司的基本管理制度；

（13）核准签订公司重大合同和协议，处置重要资产；

（14）听取和审议总经理的工作报告；

（15）公司章程和股东会授予的其他职权。

（六）董事会的议事规则

1. 董事会实行会议制，每年定期召开两次董事会会议，分别在＿＿＿＿月和＿＿＿＿月召开；

2. 经公司董事会1/3以上董事提议可以召开临时董事会会议。

3. 董事会会议由董事长召集和主持；董事长因特殊原因不能履行职务时，由董事长指定副董事长或者其他董事召集和主持。

4. 召开董事会会议，应当于会议召开10日前将载明会议事由、时间、地点、议程的通知送达全体董事。

5. 董事会会议，应由董事本人出席；董事因故不能出席，可以书面委托其他董事代为出席董事会，委托书中应载明授权范围。

6. 董事会应当对所议事项决定做成会议记录。出席会议的董事应当在会议记录上签名。会议记录指定专人妥善保存。必要时整理出会议纪要分发各董事。

7. 董事应当对董事会的决议承担责任。董事会的决议违反政府法律、法规或公司章程，致使公司遭受严重损失的，参与决议的董事对公司负有赔偿责任；但经证明，表决时曾持有异议记载于会议记录的，可以免除责任。

8. 董事会应由2/3以上董事出席方可举行，出席者须包括有关各方的代表。

9. 董事会决议有效原则：

（1）重大问题的表决，须经出席董事会的董事一致通过方能有效；

（2）其他表决事项采取简单多数法则通过，即出席人数的过半数同意即为有效；

（3）董事会不同意见对等时，董事长有两票权。

（七）董事会机构设置

1. 公司董事会设立董事长办公室或董事会办公室，由董事会秘书负责，为董事长办理日常事务（不设常设机构，可由公司总经办设兼职秘书）。

2. 规模较大的企业董事会可以设立工作机构（专门委员会），根据董事会的指示，从事某些专门事项的调查研究，向董事会提供决策方案。

3. 可分设的委员会有：

（1）执行委员会（行政委员会）；

（2）财务和预算委员会；

（3）投资与规划委员会；

（4）人事任免委员会；

（5）研发与创新委员会；

（6）审计和监督委员会；

（7）情报与信息委员会；

（8）公共关系委员会；

（9）劳工和薪酬委员会；

（10）仲裁委员会；

（11）特别事件调查委员会。

各个委员会设主席 1 名，由董事出任，每个委员会 3～5 人，可吸收非董事的专家和公司高级人员参加。专门就某一范围问题分工负责，进行前期研究，将各种议案，事件提交董事会决策。

（八）董事会费用和董事报酬

1. 董事会的费用包括会议费用、办公费、调研费、差旅费等。董事会费用列入公司的管理费用。

2. 本公司董事会费用：

方案一：每年定额＿＿＿＿＿＿万元；

方案二：实报实销；

方案三：从年经营额中提取＿＿＿＿＿＿％。

3. 董事报酬。

（1）在本公司担任经营管理工作的董事，其工资待遇：方案一，从属公司正常工资制度；方案二，从属公司董事会工资制度。

（2）公司的外部董事，公司支付董事补助金。

（九）附则

1. 本条例未尽事宜，依照有关规章制度和另行补充文件办理。

2. 本条例解释权属于公司董事会。

3. 本条例在股东会通过后生效。

十三、监事会

监事会是由股东会选举产生直接对股东会负责，不受董事会管辖的企业监督机构。有以下几个特点：

1. 监事不得兼任董事、经理及其他高级职务；

2. 公司股东人数或规模较小时，不设监事会，仅设一两名监事；

3. 监事会议事规则由企业章程确定，也可专门制定《监事会工作条例》；

4. 对国有独资公司，其监事会成为外部监事会，是依据《国有企业财产监督管理条例》规定，由授权的政府机构组织派出的。

十四、监事会工作条例

（一）总则

为规范监事会工作行为和秩序，保证监事会依法行使权力，履行职责，承担义务，根据《中华人民共和国公司法》和其他有关法律法规，以及本公司章程，特制定本条例。

（二）监事会的组成及任期

本公司监事会由____位（奇数）成员组成（不少于 3 人，中小企业可不设监事会，只设监事 1 名）。

监事人选由各股东代表和适当比例的公司员工代表组成。

监事会可聘请社会经济、金融、财务、法律、会计、管理方面的专家出任外部监事。依照《公司法》，监事会的员工代表由公司员工民主选举产生。

监事每届任期为 3 年，可连选连任。

监事会设监事 1 名（或称为监事会主席）。

（三）监事的资格规定

1. 监事人选必须具备的条件：

（1）能够维护公司权益；

（2）坚持原则，清正廉洁，办事公正；

（3）熟悉企业财务和资产监管法规、政策等。

2. 监事的年龄限制为____岁。

3. 因下列情形，不得担任公司监事：

（1）无民事行为能力或者限制民事行为能力；

（2）因犯有贪污、贿赂、侵占财产、挪用财产罪或者破坏社会经济秩序罪，被判处刑罚，执行期满未逾 5 年；

（3）担任因经营不善破产清算的公司、企业的董事或者厂长、经理、对该公司、企业的破产负有个人责任的，自该公司、企业破产清算完结之日起未逾 3 年；

（4）担任因违法而被吊销营业执照的公司、企业的法定代表人，并负有个人责任的，自该公司、企业被吊销营业执照之日起未逾 3 年；

（5）个人所负数额较大的债务到期未偿还。

4. 公司高级管理人员（如经理）、董事及财务负责人不得兼任本公司的监事。

5. 监事在任期届满前，不得无故解除其监事职务，自动辞职者除外。

（四）监事的权利和义务

1. 监事在监事会会议上充分发表意见，对表决事项行使表决权。

2. 监事有权对提交会议的文件、材料提出质疑，要求说明。

3. 监事有向监事长提出召开临时会议或特别会议的建议权。

4. 为了查询或调查监事会的专项工作，监事有权调阅公司档案、文件或约见公司经理人员了解情况。

5. 监事必须严格遵守国家法律、法规、财经政策和有关规定。

6. 监事必须严格遵守国家章程、本条例和其他公司规章制度,忠实履行职责,维护公司利益,不得利用职权收取贿赂或者其他非法报酬。

7. 监事不得开展与本公司相竞争的业务,或者从事损害本公司利益的活动。

8. 监事负有按规定不泄露公司商业秘密的义务。

9. 监事违反本条例的非法所得归本公司所有,造成的损失应当进行赔偿。

10. 监事在执行职权时超越权限或没有依照监事会决议,致使公司遭受损害的,应当进行赔偿。

（五）监事长

1. 监事长由监事会 2/3 以上监事选举产生或解聘。

2. 监事长任期与监事相同,可连选连任。

3. 监事长人选应具有更高素质要求,须众望所归,严于律己,资历深厚,公正无私。

4. 监事长的职权如下:

（1）召集并主持监事会;

（2）检查监事会决议实施情况,并向监事会报告;

（3）就有关问题听取公司高级管理人员报告;

（4）向公司员工调查了解经营情况;

（5）在监事会闭会期间,代行监事会的职权。

5. 监事长的责任如下:

（1）检查监事会决议执行情况,并向监事会报告;

（2）以各种方式保持与监事们的联系,听取意见和建议;

（3）做好监事会会议准备工作,定期召集会议。

（六）监事会职权、义务和责任

1. 监事会行使如下职权:

（1）审查公司财务报表和资料,评价公司业绩和经营状况;

（2）对董事、经理执行公司职务时违反法律、法规或公司章程的行为进行监督;

（3）当董事、经理的行为损害公司的利益时,要求董事和经理予以纠正;

（4）必要时提请召开临时股东会;

（5）监事工或监事代表列席董事会会议;

（6）代表公司与董事交涉或对董事起诉;

（7）应公司经理要求,提供咨询意见;

（8）其他规定的职权。

2. 监事会义务:

（1）向股东会报告的义务。为股东会准备的监事会工作报告内容有:①汇报监事会工作情况;②对股东会决议执行情况进行报告;③检查公司财务、业务状况并得出结论;④对董事、经理的监督情况报告;⑤对董事会提交股东会的报表审查意见提出报告;⑥公司授予监事会其他职权,报告履行义务情况。

（2）建议召开临时股东会议的义务。

（3）其他规定义务。

3. 监事会的责任:

（1）对公司的责任：监事会对公司负有监督与检查的责任。若因监事会没有尽责造成公司损害的，要对公司负连带赔偿责任。

（2）对第三者的责任：若监事在执行业务中因违反法令造成他人损害的，对他人应负连带赔偿责任。

（七）监事会的议事规则

1. 监事会实行会议制，每年定期召开 1～2 次监事会会议，分别在____月和____月召开。

2. 经公司监事会主席或 1/3 以上监事提议，可以召开临时监事会会议。

3. 监事会会议由监事长召集和主持；监事长因特殊原因不能履行职务时，由监事长指定其他监事召集并主持。

4. 召开监事会会议，应当于会议召开 10 日前将载明会议事由、时间、地点、议程的通知送达全体监事。

5. 监事会会议，应由监事本人出席；监事因故不能出席，可以书面委托其他监事代为出席监事会，委托书中应载明授权范围。

6. 监事会应当对所议事项决定做成会议记录，出席会议的监事应当在会议记录上签名。会议记录指定专人妥善保存。必要时整理出会议纪要分发各监事。

7. 监事应当对监事会的决议承担责任。监事会的决议违反政府法律、法规或公司章程，致使公司遭受严重损失的，参与决议的监事对公司负有赔偿责任。但经证明在表决时曾持有异议并记载于会议记录的，可以免除责任。

8. 监事会应由 2/3 以上监事出席方可举行，出席者须包括有关各方的代表。

9. 监事会决议有效原则：

（1）对特别决议，须经出席监事会的监事一致通过方能有效；

（2）对普通决议，采取简单多数法则通过，即出席人数的过半数同意即为有效；

（3）监事会不同意见对等时，监事长有两票表决权。

（八）监事会机构设置

公司监事一般均为兼职，通常不设立监事会办公室。可委托公司行政部代为处理日常事务。

（九）监事会费用和监事报酬

1. 监事行使职权的费用，包括聘请律师、注册会计师、审计师、调研、文印等费用，由公司承担，在管理费用列支。

2. 监事报酬为支付监事补助金，具体标准另行商定。

（十）附则

1. 本条例未尽事宜，依照有关规章制度和另行补充文件办理。

2. 本条例解释权在公司监事会。

3. 本条例在股东会通过后生效。

第二章

机构设计和用部门职责管人

《用制度管人》

一、组织结构设计的内容

(一)设计内容

1. 部门结构。

2. 职责、职位和职权结构。

3. 人员结构。

(二)设计要点

1. 确定部门间的隶属关系和协作关系。

2. 按部门业务确定部门职责。

3. 明确部门内的职位,再授予相应的职权。

(三)什么是组织系统图

组织系统是指企业内部各个有机的组成要素以一定结构形式联结构成的有机整体。

组织系统图可以分为组织机构图和岗位图。

(四)组织结构图

组织结构图是指确定对工作任务如何分工、分组和协调合作而形成的组织各部门、各层次之间的一种相对稳定的关系模式的图形。

(五)岗位图

岗位图是指描述特定的组织中,各工作岗位之间相互分工、协调联系并具有相对稳定性的关系模式。

二、组织结构设计的一般方法

(一)组织结构设计的内容

1. 明确各部门承担的工作内容、职责和权限。

2. 确定各机构岗位数。

(二)设计要点

1. 部门间职能既不重叠又无空白。

2. 界定部门责权边界须上级的协调或裁决。

3. 制定相应的管理规章。

4. 按岗位工作量确定岗位人员数量。

（三）部门职责范围描述书

一个完整的部门职责范围描述书包括：

1. 部门名称。

2. 直接上级。

3. 下属部门或岗位。

4. 核心职能。

5. 主要职责。

6. 次要职责。

7. 横向协作。

三、行政部职责范围描述书

1. 负责贯彻公司领导指示。做好上下联络沟通工作，及时向领导反映情况/反馈信息；搞好各部门间相互配合、综合协调工作；实施对各项工作和计划的督办和检查。

2. 严格执行公司规章制度，认真履行其工作职责。

3. 负责行政后勤、保卫工作管理制度拟定、检查、监督、控制和执行。

4. 负责组织编制年、季、月度行政后勤、保卫工作计划。本着合理节约的原则，编制年、季、月度后勤用款计划，搞好行政后勤决算工作，并组织计划的实施和检查。

5. 负责员工生活费用管理和核算工作。建立健全员工生活费用成本核算制度，制定合理的生活费用标准，对盈亏超标准进行考核。

6. 负责做好公司经营用水、用电管理工作。认真抓好水、电的计量基础管理工作，定期检查和维修计量器具，抓好电器设备和线路的保养维修工作，加强用水、用电费用核算，及时交纳水、电费。

7. 负责员工就餐的卫生管理工作。定期询问公司员工对就餐质与量的要求，以确保员工就餐的安全。

8. 负责公司内部治安管理工作。维护内部治安秩序，搞好治安综合治理，预防犯罪、刑事案件和灾害事故的发生，保护公司财产的安全，确保生产、工作的顺利进行。

9. 负责建立和完善安全责任制。建立以防火、防盗、防灾害事故为主要内容的安全保卫责任制，做到组织落实、制度落实和责任落实。

10. 严格门卫登记制度。一切进出公司的物资，门卫严格检查、验证，物证相符方能进出，凡无证或证物不符门卫有权扣留，由保卫科查处。

11. 建立和完善后勤岗位责任制，加大考核力度，提高服务质量。

12. 加强部门人员的培训教育工作。协同人事、企管等职能部门，做好管理员、炊事员、保卫人员、维修工等日常安全教育和职业道德教育工作，定期开展岗位优质服务评比活动。

13. 按时完成公司领导交办的其他工作任务。

四、人事部职责范围描述书

1. 制定公司统一的劳动人事管理政策,根据公司发展战略制订公司人力资源需求计划和编制定员定编方案,提出机构调整和岗位增减的提案。

2. 严格执行公司规章制度,认真履行其工作职责。

3. 负责组织对人力资源发展、劳动用工、劳动力利用程度指标计划的拟订、检查、修订及执行。

4. 负责制定公司人事管理制度。设计人事管理工作程序,研究、分析并提出改进工作意见和建议。

5. 负责对本部门工作目标的拟订、执行及控制。

6. 负责人事考核、考查工作。建立人事档案资料库,规范人才培养、考查选拔工作程序,组织定期或不定期的人事考证、考核、考查的选拔工作。

7. 编制年、季、月度劳动力平衡计划和工资计划。抓好劳动力的合理流动和安排。

8. 制定劳动人事统计工作制度。建立健全人事劳资统计核算标准,定期编制劳资人事等有关的统计报表;定期编写上报年、季、月度劳资、人事综合或专题统计报告。

9. 负责做好公司员工劳动纪律管理工作。定期或不定期抽查公司劳动纪律执行情况,及时考核,负责办理考勤、奖惩、差假、调动等管理工作。

10. 严格遵守劳动法及地方政府劳动用工政策和公司劳动管理制度,负责招聘、录用、辞退工作,组织签订劳动合同,依法对员工实施管理。

11. 负责核定各岗位工资标准。做好劳动工资统计工作,负责对日常工资、加班工资的报批和审核工作。

12. 负责对员工劳动保护用品定额和计划管理工作。

13. 配合有关部门做好安全教育工作。参与员工伤亡事故的调查处理,提出处理意见。

14. 负责编制培训大纲,抓好员工培训工作。在抓员工基础普及教育的同时,逐步推行岗前培训与技能、业务的专业知识培训,专业技术知识与综合管理知识相结合的交替教育培训模式及体系。

15. 认真做好公司领导交办的其他工作任务。

五、计划发展部职责范围描述书

1. 负责组织制定公司长远发展战略、经营规划和年度的综合性、各种专业性的计划执行的过程中进行协调和调整,并及时向公司领导汇报各业务部门计划实施进展和指标完成情况。严格审核、汇总和统一上报各项业务报表并留存归档。

2. 负责公司经营管理大纲、目标的制定,主持推行全公司的目标责任制,与下属单位进行目标责任书的洽谈、签订,并以此进行考核、奖惩。

3. 负责公司经营各类投资项目的立项、可行性论证、评估和预审,包括项目谈判、审核材料,做好项目决策前后的一切相关工作。

4. 为公司重大决策提供咨询意见和策划方案,充当公司的决策参谋角色。

5. 负责对下属的全资子公司、控股子公司、参股子公司及其他关联企业的经营管理、业务指导,及时掌握公司经营动态。

6. 对公司经营管理重大问题进行调研,提出咨询意见。

7. 负责收集、整理、归档与公司发展目标相关的信息资料,结合公司情况加以分析预测,提出与公司业务有关的地区、行业、产品发展前景对策报告。

8. 及时了解、掌握和不断追踪国家和地区的相关法律、法规和政策动态,向公司领导提出应对建议。

9. 负责制订公司新产品服务开发计划,定期检查、监督研发进展和协调解决存在问题。

10. 受总经理委托,管理公司专家顾问委员会。

11. 完成总经理交办的其他任务。

六、财务部职责范围描述书

1. 严格遵守国家财务工作规定和公司规章制度,认真履行其工作职责。

2. 组织编制公司年、季度成本、利润、资金、费用等有关的财务指标计划。定期检查、监督、考核计划的执行情况,结合经营实际,及时调整和控制计划的实施。

3. 负责制定公司财务、会计核算管理制度。建立健全公司财务管理、会计核算、稽核审计等有关制度,督促各项制度的实施和执行。

4. 负责按规定进行成本核算。定期编制年、季、月度种类财务会计报表,搞好年度会计决算工作。

5. 负责编写财务分析及经济活动分析报告。会同信息部、经营部等有关部门，组织经济行动分析会，总结经验，找出经营活动中产生的问题，提出改进意见和建议。同时，提出经济报警和风险控制措施，预测公司经营发展方向。

6. 有权参加各类经营会议，参与公司生产经营决策。

7. 负责固定资产及专项基金的管理。会同经营、技术、行政、后勤等管理部门，办理固定资产的购建、转移、报废等财务审核手续，正确计提折旧，定期组织盘点，做到账卡物相符。

8. 负责流动资金的管理。会同营销、仓库等部门，定期组织清查盘点，做到账卡物相符。同时，区别不同部门和经营部门，层层分解资金占用额，合理地有计划地调度占用资金。

9. 负责对公司低值易耗品盘点核对。会同办公室、信息、行政、后勤、技术等有关部门做好盘点清查工作，并提出日常采购、领用、保管等工作建议和要求，杜绝浪费。

10. 负责公司产品成本的核算工作。制定规范的成本核算方法，正确分摊成本费用。制定适合公司特点和管理要求的核算方法，逐步推行公司内部二级或三级经济核算方式，指导各核算单位正确进行成本费用及内部经济核算工作，力争做到成本核算标准化、费用控制合理化。

11. 负责公司资金缴、拨，按时上交税款。办理现金收支和银行结算业务。及时登记现金和银行存款日记账，保管库存现金，保管好有关印章、空白收据、空白支票。

12. 负责公司财务审计和会计稽核工作。加强会计监督和审计监督，加强会计档案的管理工作，根据有关规定，对公司财务收支进行严格监督和检查。

13. 负责进销物资货款把关。对进销物资预付款要严格审核，采购货款支付除按计划执行外，还需经分管副总经理或总经理、董事长审核签字同意，方可支付。

14. 认真完成领导交办的其他工作任务。

七、采购部职责范围描述书

1. 制定公司同意的采购政策，对生产和工程原辅材料、物资、设备采购工作实行归口管理。根据公司年度工作计划制订相应的采购供应计划。

2. 根据生产计划安排或工程施工进度，按消耗定额和采购程序，编制每季、每月的采购供应计划，并努力按该计划执行以确保正常生产秩序。

3. 按公司的规定签订和履行采购合同，负责及时地订货、运输、质检验收、交料、结算和储存工作，办好验收交接手续，保证质量达到规定标准。

4. 对大宗采购逐步推行招标制，统一采购，加大批量，货比三家选择价廉物美的商品物资，以降低综合采购成本。

5. 对长期主要供应商进行资信调查，实行定期登记评估并进行调整。

6.负责供应物资的仓储管理,严格按规定办理入库、出库、储存、报损等手续、保证库存物资完好无损,做到账务卡相符,加强仓库安全保卫工作,防止贵重物资被盗。

7.负责定期或不定期地清理库存,压缩不合理库存量,回收多余剩余材料,做好材料的串换易物工作,盘活存量,减少浪费、加速资金周转。

8.负责推行计算机化的采购与物资管理,运用经济批量采购策略和 ABC 分类管理办法,降低物资成本。

9.负责与采购、物资相关的资料、账册、报表的收集、整理和归档工作,及时编制相关的统计报表。

10.积极主动追踪生产资料市场的供求状况、价格走向,提出最佳采购建议。密切关注新材料、新工艺、新技术、新设备动态,并及时反馈到研发、技术、设备部门,为其设计造型、改良和更新,提出参考意见。

11.完成总经理交办的其他任务。

八、营销部职责范围描述书

1.根据公司长远战略规划,提出相应的营销发展目标、规划和年度营销工作计划,并制订细化的季度、月度营销计划。

2.负责完成公司下达的年度销售指标及诸如销售额、合同履约率、销售计划完成率、销售成本和回款速度等考核指标。

3.积极开拓市场,运用各种有效促销方式,确保细分市场的占有率,及时做好应收款项回笼的工作。

4.负责建立营销网络和售后服务体系,遴选、培训、指导、评价、调整、淘汰、奖励与惩罚经销商和推销员队伍。

5.负责商品广告的费用预算、策划、委托设计、制作和发布,评估广告效果,并及时做出调整。

6.会同信息部开发互联网上营销和上网广告方案及其实施。

7.负责市场调研与市场预测工作,及时掌握市场行情动态并做出相应调整,对重大市场变动和政策变动情况及时上报公司领导。

8.负责各类销售原始资料的归类、整理、收集、存档的管理工作,及时编制销售统计报表和分析报告。

9.负责公司客户资料的建立、保存和分类管理,以及包装装潢、商标设计、使用管理。

10.完成总经理交办的其他任务。

九、信息部职责范围描述书

1. 认真执行上级工作指令,一切管理行为向分管领导负责。

2. 严格遵守公司规章制度,认真履行其工作职责。

3. 与人事部共同组织编制公司经营方针目标和生产经营计划(草案),编制信息开发、企业管理、行政后勤、安全保卫计划修改、检查、考核工作。

4. 负责组织公司专用管理标准和制度的制定、补充、修改、检查并组织考核,有权提出机构设置意见和建议。

5. 负责公司经济信息的收集、汇总、分析研究,定期编写信息分析报告,上报公司领导决策参考。

6. 负责制订公司计算机开发应用计划,有步骤地开发计算机应用软件,逐步实现企业管理现代化。

7. 负责公司微机网络系统的维护、管理、数据信息处理,管理系统保密口令,保证网络系统的正常运行,参与新程序、新系统的设计开发,制定计算机管理的各种规章制度及必要的操作规程。

8. 负责公司综合统计核算和基础管理工作。定期编制上报统计报表,开展统计分析,做好原始记录、统计台账、统计报表规范化核算及管理工作。

9. 加强公司统计管理工作。负责公司专、兼职统计员、车间核算员的业务指导和岗位培训。

10. 负责公司定额管理工作。组织公司各类定额的编制、抽查、修订、统一汇总工作,并定期组织对各类定额完成情况进行监督、检查和考核。

11. 与企划部共同负责制定公司经济责任制考核制度。在调查研究广泛收集和听取各职能部门、公司领导意见的基础上,认真组织制定经济责任制考核实施细则。

12. 与人事部共同负责执行经公司总经理办公会议通过的考核制度和实施细则。定期组织各职能部门开展自查、抽查、相互检查、考核、评比和月度奖金、年终奖金综合考核评分工作。

13. 督促、协助各部门制定与其相关的各项管理制度。

14. 督促、协助各部门及时编制上报各类年度、季度、月度计划,负责做好财务、人事、生产、质量、技术开发、原材料供应、经营、设备管理等各类计划的综合平衡工作。

15. 负责公司整体 CI 形象策划管理工作。认真做好策划整体构思和合理地编制广告投入计划。

16. 完成公司领导交办的其他工作任务。

十、公关部职责范围描述书

1. 负责公司范围内的公关归口管理和统一公关审查。在公司发展战略规划指导下，制订公关规划和年度公关工作计划。

2. 负责塑造公司良好的公众形象，提高企业知名度和美誉度。

3. 参与公司重大事件紧急处置和善后处理活动。

4. 开展对外公关活动，及时准确掌握社会公众对公司的意见，并反馈到公司，进而提出对策。参加相关协会、政府、传媒的活动。

5. 会同其他部门安排来宾采访、参观、学习、研讨的接待工作，负责统一对外信息披露，并做好具有新闻性和相关公关资料、图片、录音、录像、题词等收集、整理、记载存档工作。

6. 负责审阅所有对外发布的稿件，配合其他部门参与公关的有关活动。

7. 负责或协助开发导入 CIS、创建名牌、建立企业文化等活动。

8. 负责指导、管理、监督公关部下属人员的业务工作，改善工作质量和服务态度，做好下属人员的绩效考核和奖励惩罚等工作。

9. 完成总经理交办的其他任务。

十一、生产管理部职责范围描述书

1. 生产计划的设立与修订。

2. 订单的审核、登记及分段。

3. 订单交货期核定及异常反应。

4. 生产负荷统计及产销平衡调度。

5. 生产工厂人员的调度及团体公休的审核。

6. 生产进度安排及控制(含样品制作进度)。

7. 用料管理及异常的追踪、改善。

8. 交货期异常反应及处理。

9. 产销、交货期、质量等有关事项协调。

十二、技术工程部职责范围描述书

1. 各项产品标准工时的设立与修订(含样品制作)。
2. 各项操作规范的制定(含样品制作)。
3. 工作方法的改善、简化、策划与推行。
4. 各科年度预算编制及全公司汇编。
5. 制定对异常反应的处理及追踪。
6. 生产绩效奖金基准的设立与修订。
7. 生产日报表编制及重大异常安全交办改善追踪。
8. 每月生产绩效检查、资料编制及交办改善事项的追踪、报告。
9. 生产绩效奖金统计及比较。
10. 样品、原物料、标准用量计算。
11. 订单产品标准用量的设(修)订。

十三、品质管理部职责范围描述书

1. 坚决服从分管副总经理的指挥,认真执行其工作指令,一切管理行为须向主管领导汇报。
2. 严格执行公司规章制度,认真履行其工作职责。
3. 负责组织质量管理、计量管质量检验标准等管理制度的拟定、检查、监督、控制以及执行。
4. 负责组织编制年季月度产品质量提高、改进、管理、计量管理等工作计划。并组织实施、检查、协调、考核,及时处理和解决各种质量纠纷。
5. 负责建立和完善质量保证体系。制定并组织实施公司质量工作纲要,健全质量管理网络,制定和完善质量管理目标负责制,确保产品质量的稳定提高。
6. 配合人事部抓好全员质量教育工作。定期组织质量检查员、计量员、管理人员、各级领导、营销人员、维修人员、操作工等不同岗位的质量教育培训,强化质量管理,提高公司全员质量意识和质量管理水平,加强对计量、质量人员培训考核力度,建立和完善计量、质量员执证上岗制度。
7. 负责对公司产品、工作和服务质量进行监督、检查、协调和管理。

8. 负责搜集和掌握国内外质量管理先进经验,传递质量信息。

9. 负责公司质量事故的处理。参与由于产品出现质量问题引起质量异议、退货、索赔等质量事件的处理。牵头组织调查、分析、仲裁、协调各种质量纠纷,并明确地提出处理意见。一般质量事故,由本部全权处理,重大质量事故,本部提出处理意见,报主管副总签署意见后,报总经理办公会议讨论,经总经理签字同意批准后,下文处理。

10. 负责建立和健全质量岗位责任感。明确各岗位职责、权利和义务,及时制定或修改并严格贯彻执行各项操作规程,教育员工严格遵守技术纪律。

11. 负责收集公司产品售后质量服务资料。定期或不定期地进行市场调查、客户抽查,及时撰写质量市场调查分析报告,提出改进意见和建议,为公司领导决策提供依据。

12. 负责编制年、季、月度产品质量统计报表。建立和规范原始记录、台账、统计报表质量统计程序,培训专、兼职质量统计人员,提高其业务水平和工作质量。

13. 负责定期进行质量工作汇报。定期在年、季、月度的生产经营计划平衡会用口头或书面汇报,对于重大质量事故,组织专题分析会集中汇报,特殊应急情况向主管领导或总经理个别汇报。

14. 按时完成公司领导交办的其他工作任务。

十四、产品开发部职责范围描述书

1. 坚决服从分管副总经理的统一指挥,认真执行其工作指令,一切管理行为向分管领导负责。

2. 严格遵守公司规章制度,认真履行其工作职责。

3. 负责制定公司技术管理制度。负责建立和完善产品设计、新产品的试制、标准化技术规程、技术情报管理制度,组织、协调、督促有关部门建立和完善设备、质量、能源等管理标准及制度。

4. 组织和编制公司技术发展规划。编制近期技术提高工作计划,编制长远技术发展和技术措施规划,并组织对计划、规划的拟定、修改、补充、实施等一系列技术组织和管理工作。

5. 负责制定和修改技术规程。编制产品的使用、维修和技术安全等有关的技术规定。

6. 负责公司新技术的引进和产品开发工作的计划、实施,确保产品品种不断更新和扩大。

7. 合理编制技术文件,改进和规范工艺流程。

8. 研究和摸索科学的流水作业规律,认真做好各类技术信息和资料收集、整理、分析、研究、汇总、归档保管工作,为逐步实现公司现代化建设的目标,提供可靠的指导依据。

9. 负责制定公司产品的企业统一标准,实现产品的规范化管理。

10. 编制公司产品标准,按年度审核、补充、修订定额内容。

11. 认真做好技术图纸、技术资料的归档工作。负责制定严格的技术资料交接、保管工作制度。

12. 及时指导、处理、协调和解决产品出现的技术问题,确保经营工作的正常进行。

13. 及时搜集整理国内外产品发展信息,及时把握产品发展趋势。

14. 负责编制公司技术开发计划,抓好技术管理人才培养、技术队伍的管理。有计划地推荐、引进、培养专业技术人员,搞好业务培训和管理工作。

15. 组织技术成果及技术经济效益的评价工作。

16. 负责公司技术管理制度,制定检查、监督、指导、考核、管理工作。

17. 按时完成公司领导交办的其他工作任务。

十五、储运部职责范围描述书

1. 严格服从营销部的统一指挥,执行其工作指令,一切管理行为向营销部负责。

2. 严格遵守公司的各项管理制度,认真行使公司给予的管理权力,杜绝一切越权事件的发生。

3. 负责做好物资仓储保管管理工作。

4. 负责对进厂材料及外协产品的验收。

5. 负责材料发放管理,余料报告。

6. 负责材料保管及个人使用的工具管理与账务。

7. 负责对库检的规划与整理和安全维护。

8. 负责库存物资盘点工作。

9. 负责物资、产品的账、物、卡核对。

10. 负责公司的车辆和驾驶员人员管理。

11. 负责物资、产品的运送服务和管理工作。

12. 负责物资、产品搬运、装卸工作。

13. 负责做好仓库物资、产品和滞存品的动态统计报告。

14. 负责对运输途中物资的督促与管理。

15. 负责组织对所属人员的考核、评比。

16. 负责直销点订单的接收和汇总,并及时报生产部。

17. 加强进仓货物的验收和出库货物的清点工作。

18. 协助做好有关物资、产品事项的工作。

19. 完成临时交办的其他工作。

十六、物业管理部职责范围描述书

1. 负责公司所属物业的管理升级、达标工作。
2. 负责协助房产运营部门进行新物业的验收、移交工作。
3. 负责公司物业管理的清洁、绿化、保安、车辆管理工作。
4. 协助房产运营部进行房屋设施的维修、维护工作。
5. 定期完成所属物业一、二级水电表的计量工作，按规定上报有关部门。
6. 配合房产运营部进行所属物业内违章建筑的清理工作。
7. 配合综合办公室完成消防管理的事务性工作。
8. 完成公司领导交办的其他工作。

十七、工程维修部职责范围描述书

1. 负责公司所有物业的管理工作，代理公司对各项物业的使用行使管理、监督权。

2. 负责组织公司物业招租、洽谈、合同签订等工作，掌握物业的使用情况，监督检查各项物业租赁合同的履行情况，维护公司利益。

3. 增收节支，及时催收物业出租等各项款项，建立详细明确的收费账目，搞好成本核算，加快资金回收。

4. 建立健全物业管理制度，负责各项物业的小型维修、保养和改造工作，精心组织，严格管理，提高管理水平和管理效益。

5. 协助工商、税务等部门按照统一管理的原则，对大厦内所有商场商业柜台的经营进行管理，严把商品质量关，树立良好的商业形象。

6. 负责办理大厦所有商业证照报批换审工作。

十八、典型的组织结构类型

(一)职能型机构的企业组织结构设置模式

职能型企业组织结构如图 2－1 所示：

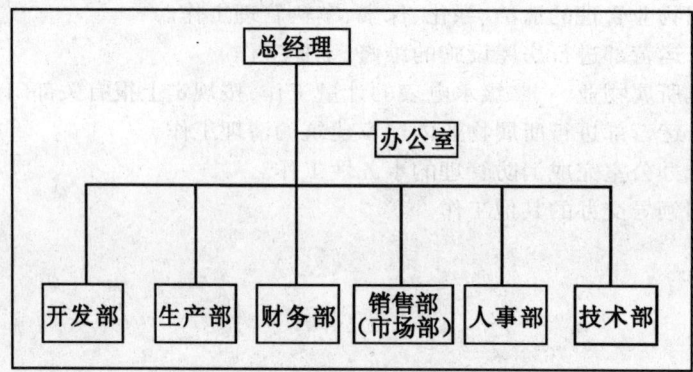

图 2－1　职能型企业组织结构

(二)实行垂直功能型管理的企业组织结构设置模式

垂直功能型企业组织结构如图 2－2 所示：

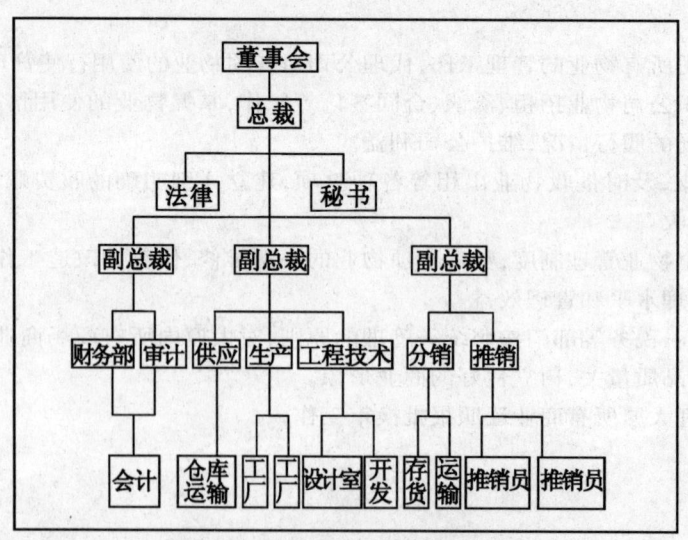

图 2－2　垂直功能型企业组织结构

(三)事业部分权企业的组织结构设置模式

事业部分权企业组织结构如图 2－3 所示：

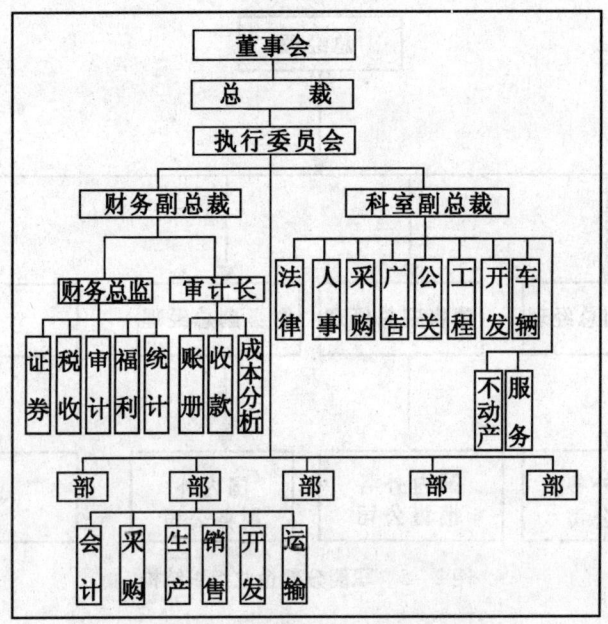

图 2-3 事业部分权企业组织结构

(四)分布结构型企业组织结构设置模式

分布结构型企业组织结构如图 2-4 所示：

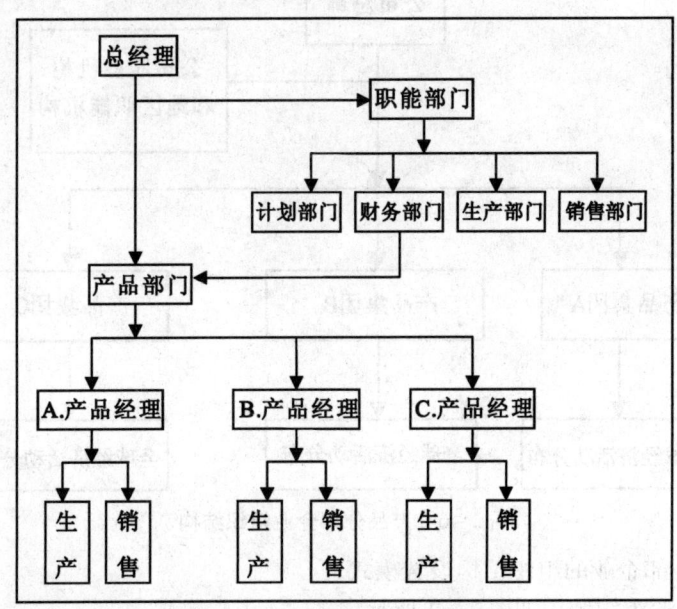

图 2-4 分布结构型企业组织结构

(五)职能分部的企业组织结构设置模式

职能分部企业组织结构如图 2-5 所示：

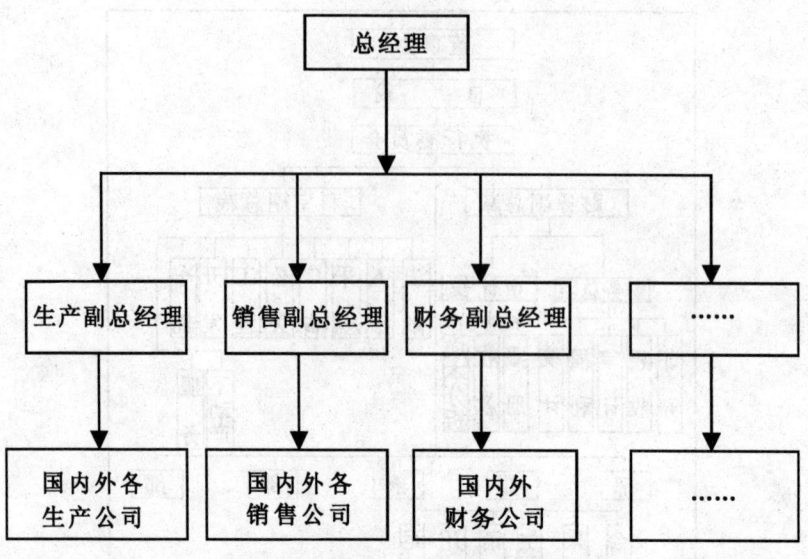

图2-5 职能分部企业组织结构

（六）产品分部企业的组织结构设置模型

产品分部企业组织结构如图2-6所示：

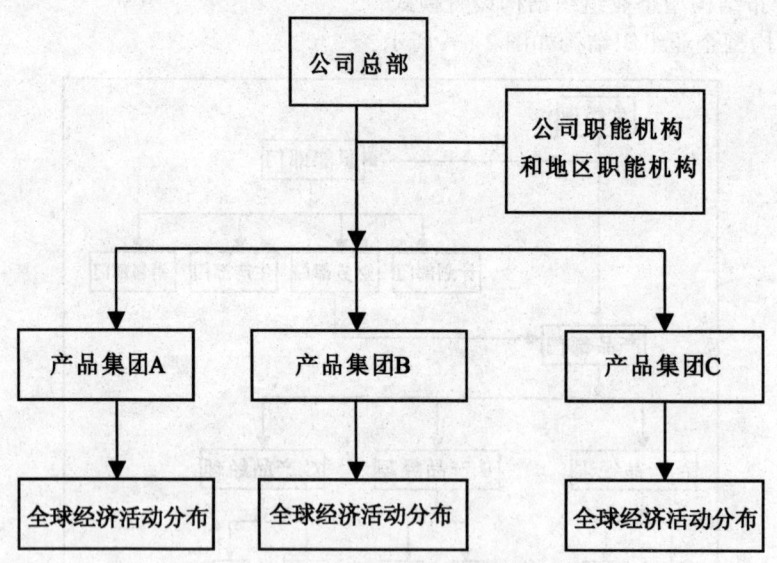

图2-6 产品分部企业组织结构

（七）地区分部企业的组织结构设置模式

地区分部企业组织结构如图2-7所示：

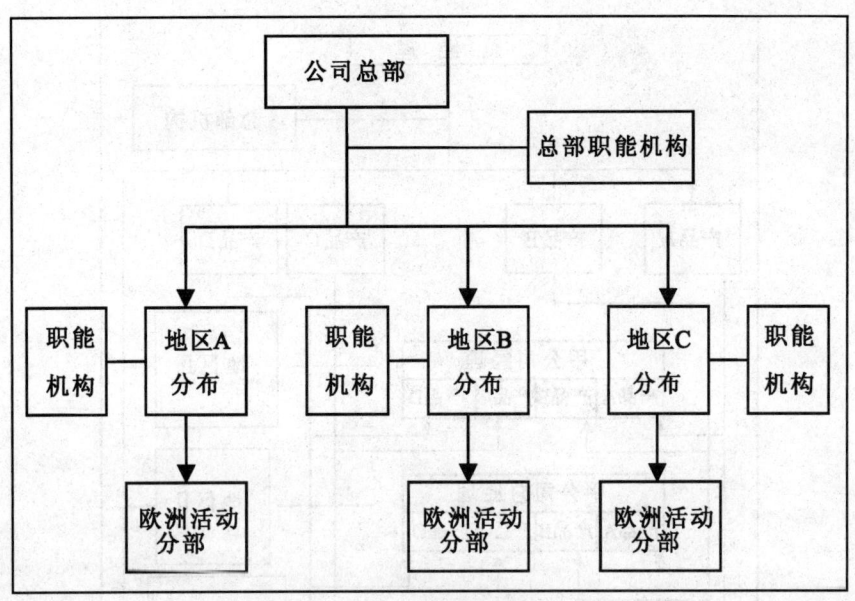

图 2-7　地区分部企业组织结构

(八)混合企业的组织结构设置模式

混合企业组织结构如图 2-8 所示：

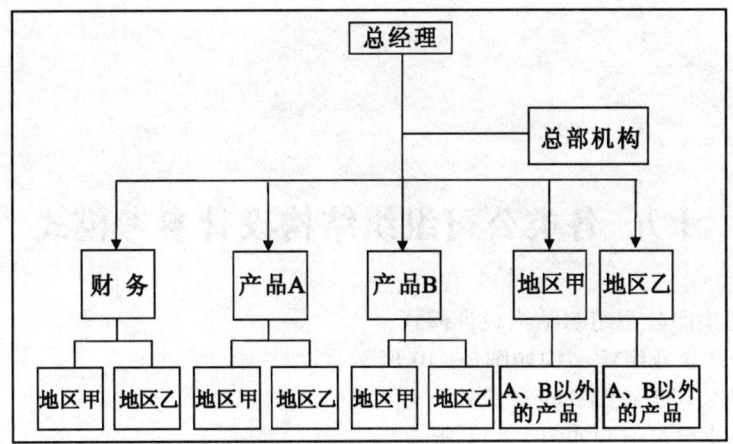

图 2-8　混合企业组织结构

(九)矩阵式的企业组织结构设置模式

矩阵式企业组织结构如图 2-9 所示：

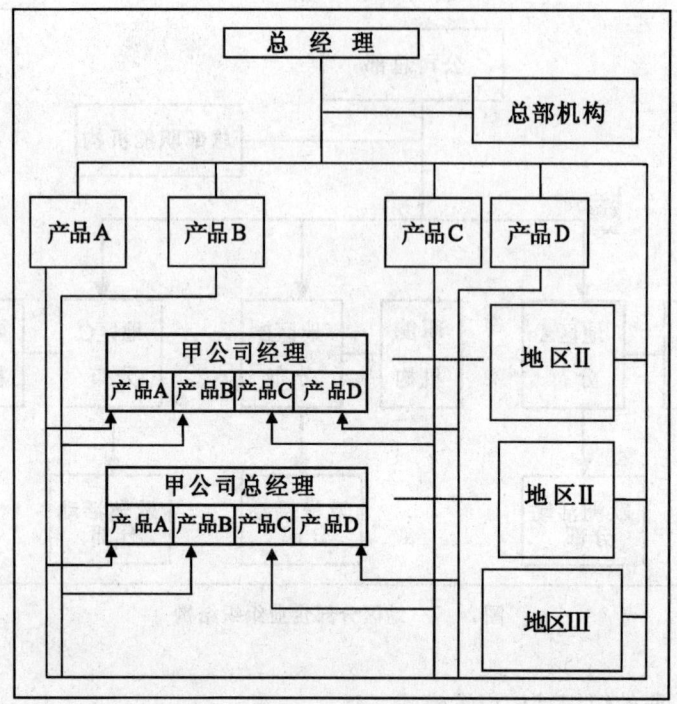

图2-9 矩阵式企业组织结构

十九、各类公司组织结构设计参考模式

（一）大型集团公司组织结构设计模式

大型集团式企业组织结构如图2-10所示。

（二）贸易公司组织结构设计模式

贸易型企业组织结构如图2-11所示。

（三）小型制造业公司组织结构设计模式

小型制造业企业组织结构如图2-12所示。

（四）大型制造业企业组织结构设计模式

大型制造业企业组织结构如图2-13所示。

（五）综合性企业组织结构设计模式

综合性企业组织结构如图2-14所示。

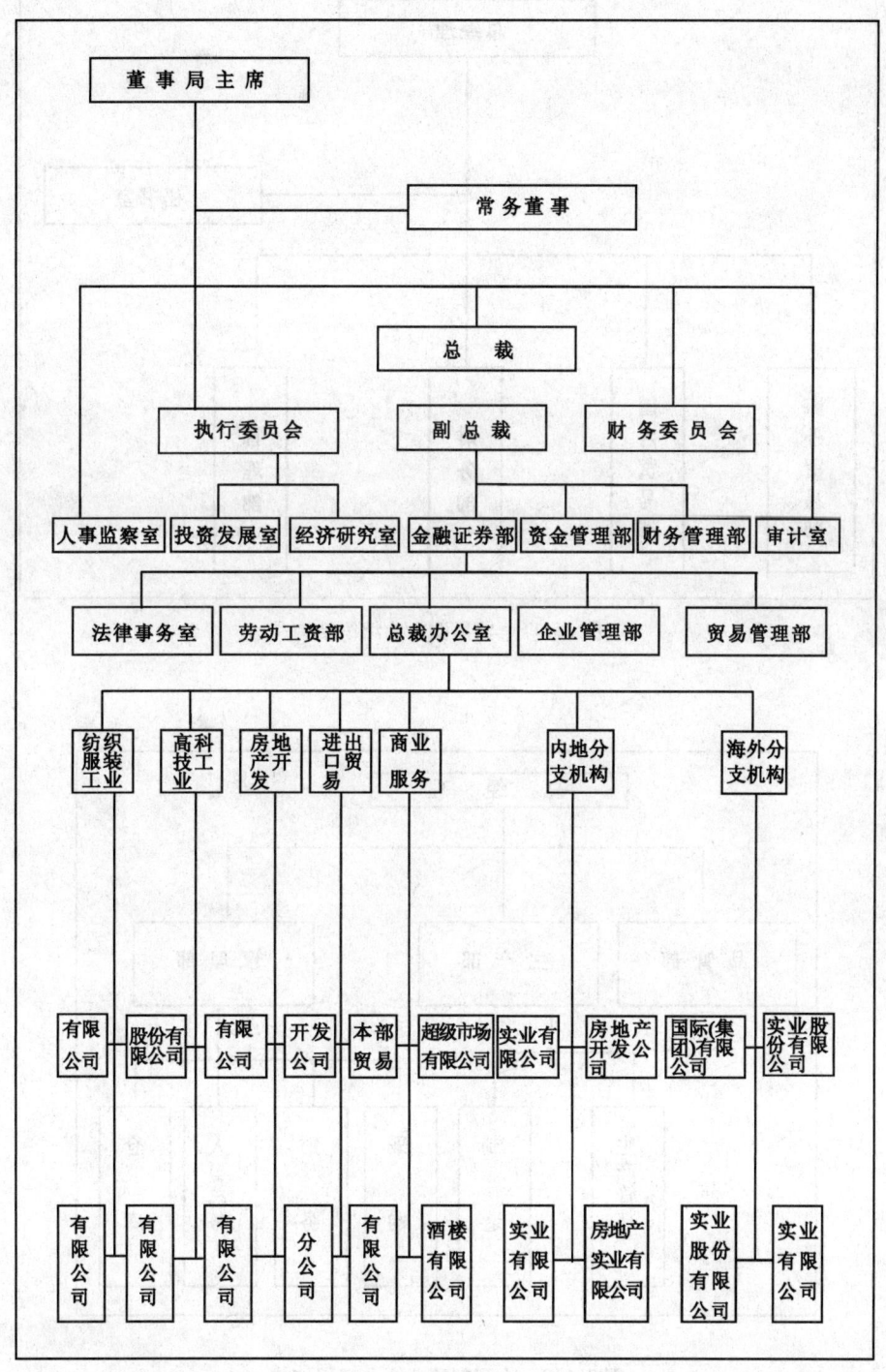

图 2 – 10　大型集团式企业组织结构

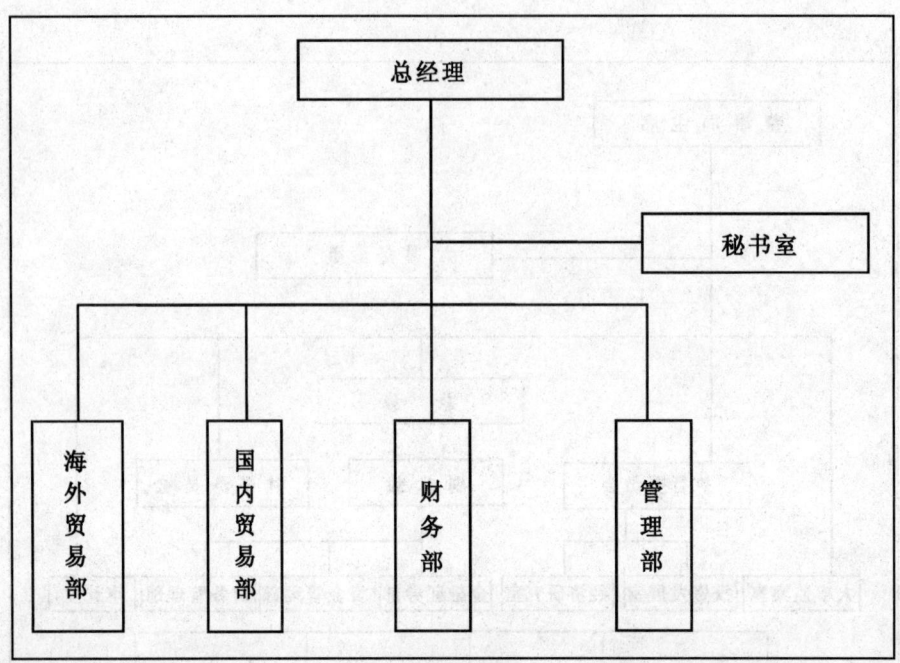

图 2 – 11　贸易型企业组织结构

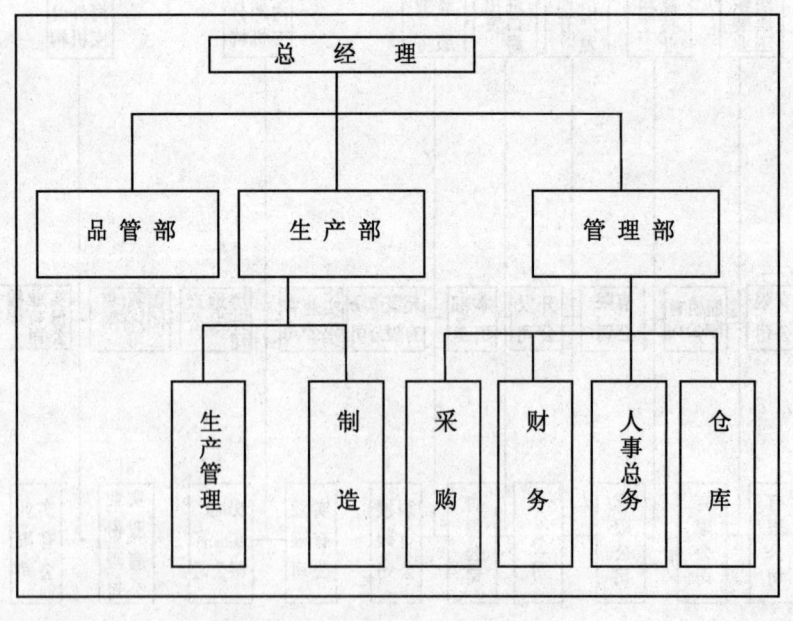

图 2 – 12　小型制造业企业组织结构

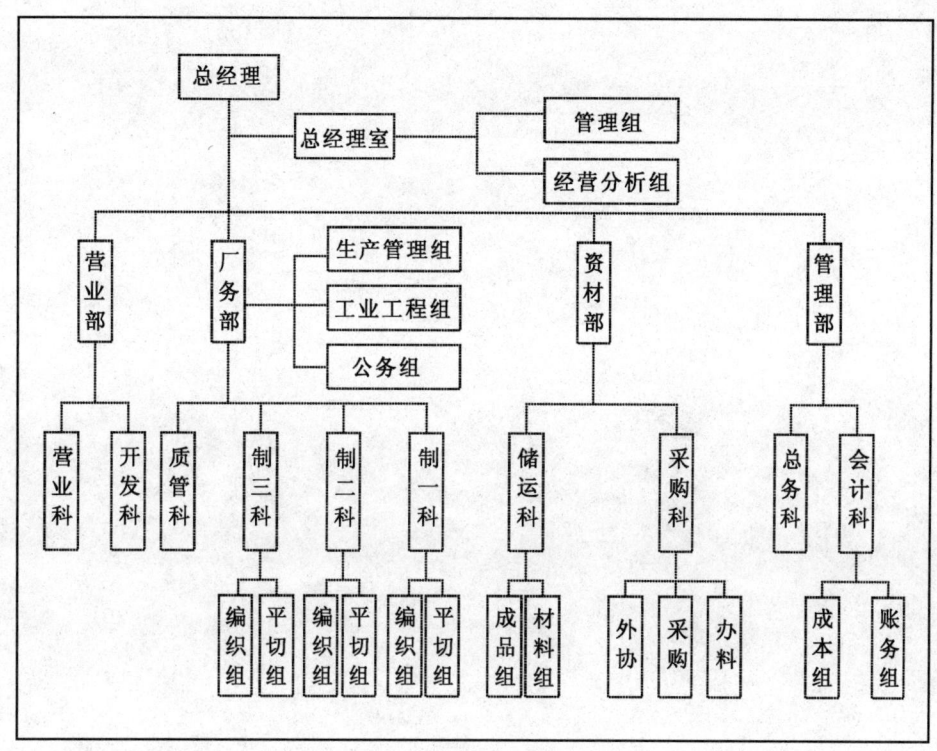

图 2 - 13　大型制造业企业组织结构

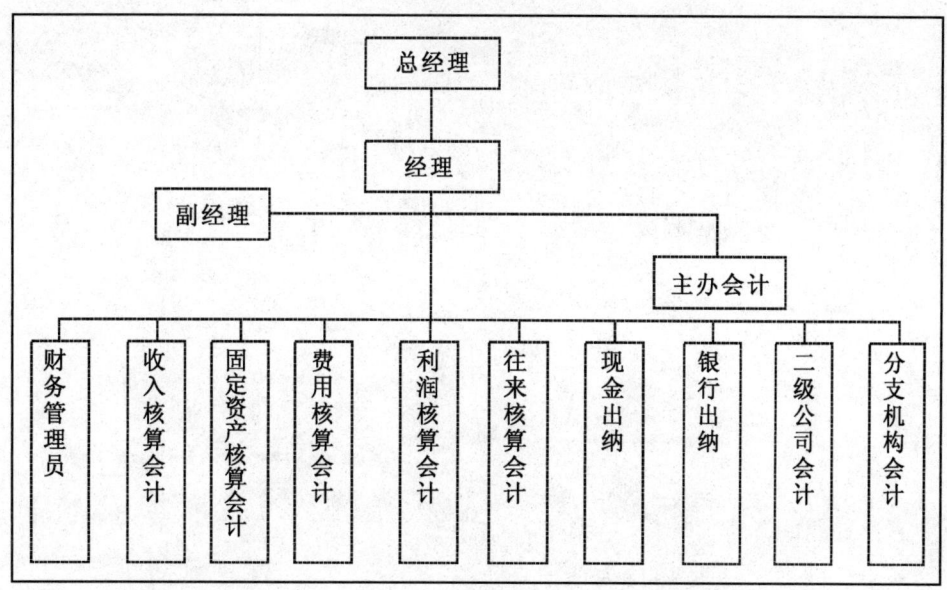

图 2 - 14　综合性企业组织结构

第三章

岗位设计和用岗位职责管人

《用制度管人》

一、岗位设计的五大原则

岗位设计也就是工作设计，即在完成组织机构设计的基础上，把单位的总任务合理分解、排序，形成员工的责任和任务，将这些责任和任务经过分类、整理、规范为一定的岗位，以利于整个组织能够顺利有效地运转。根据组织需要，规定某个岗位的责任、任务、权力以及在组织中与其他岗位关系的过程。岗位设计有五大原则。

（一）分工原则

分工原则是组织设计的第一个原则，分工的思想源于亚当·斯密的劳动分工，它是指并非让一个人完成全部的工作，而是将工作划分为若干步骤，由一个人单独完成其中的某一个步骤，也就是说，个人专门从事某一部分的活动而不是全部活动。经典的分工原则认为，劳动分工是增加生产率的一个不尽的源泉，分工越细，专业化水平越高，责任越明确，效率也越高。

（二）职权原则

所谓职权对等原则是指职责与权力必须相等。在进行岗位设计时，既要明确规定每一管理层次和各个部门的职责范围，又要赋予完成其职责所必需的管理权限。职责与职权必须协调一致，要履行一定的职责，就应该有相应的职权，这就是职权原则的要求。只有职责，没有职权或权限太小，则其职责承担者的积极性、主动性必然会受到束缚，实际上也不可能承担起应有的责任；相反，只有职权而无任何职责，或职责程度小于职权，将会导致滥用权力和"瞎指挥"，产生官僚主义等。因此，在实际的岗位设计中应尽量避免这两种倾向。科学的岗位设计应该是将职务、职责和职权形成规范，定出章程，使无论什么人，只要担任这项工作就得有所遵从。

（三）统一指挥的原则

统一指挥原则是指在企业厂长（经理）负责制下，企业里的每个岗位都要有人指挥并对其负责，企业里的每个人都应知道谁负责和有哪些人应该对自己负责，每一个人都只能接受一个上级的指挥并对其负责。这样，上下级之间层次清楚，上级下达路线明确，指挥和执行不易发生混乱。实行统一指挥原则，上下级之间联系单一，彼此之间较易熟悉对方的情况，有利于提高工作效率。同时，由于严格地实行"一元化"领导，能够有效地避免"政出多门"所造成的混乱局面，以及大家都负责但实际大家都不负责的现象。但是，这一原则在执行过程中也存在缺点，譬如，容易造成企业内部各部门或各生产单位之间缺乏横向联系和企业领导的盲目武断的问题。对此，需要从两个方面加以弥补，一是企业在统一指挥原则下，上级对下属授权，允许下属在工作上进行必要的横向直接联系，下属将其行动的结果及时报告各方上级。这样不但不会削弱统一指挥原则，而且有助于这一原则的贯彻实施。当然，上级向下级授权必须适度或合理，要做到合理授权。因为授权过小，一方面上级事必躬亲，缠身于琐碎事务，影响了领导职能的发挥，另一方面又束缚了下级的手脚，不利于工作的开展；但若授权过大，则容易出现因下属阳奉阴违而使该部门或整个企业失控的局面,轻则会影响企业的正常生产经营活动,重则会使该部门乃至整个企业亏损或破产。二是为了避免上级领导的瞎指挥和下级在执行任务过程中的阳奉阴违,必须使上下级从利益上都对企业总目标负责,上级对企业总目标的实现负有责任,下级为实现企业的总目标必须做好本职工作,谁完不成任务谁负责。统一指挥原则的实施,还可以通过诸如经济的、行政的、思想工作的方法加以保证。

（四）合理的管理幅度原则

合理管理幅度的原则是指在企业内部的各级管理层次上,一个指挥、监督或管理人员能够领导人员的最多数。如果一个人领导或监督的人员过多,会因为不能有效地管理而降低领导质量和降低被管理人员的工作效率;若领导或监督的人员过少,又会因浪费领导才能而浪费人才。那么,一个领导、监督和管理人员的管理幅度究竟应有多大? 有人做过调查,认为一个管理人员管辖人数的幅度可以在 1～24 人之间。一个管理人员的管理幅度受管理机构的层次高低、面对问题的种类、管理人员的才能和上级领导授权程度等的影响。譬如,管理机构层次越高,管理的幅度应该相对较小,一个企业的经理直接领导人员要比一个车间主任管理的人员要少得多,因为比较复杂的重大问题往往集中在高层,因此,高层领导人直接领导的人员不宜过多,而基层多属日常事务,则基层领导人可以多领导一些人员。

（五）部门划分原则

部门划分实质上是分工原则的继续,该原则称组织中的活动应当经过专业化分工而组合到部门去。部门的建立通常可依据所开展工作的职能、所提供的产品或服务、所设定的目标顾客、所覆盖的地理区域或者将投入转换为产出所使用的过程等。部门是构成科层组织的基本单位,部门的划分方法应反映最有利于实现组织目标的要求。

然而,问题是部门化的组织中常常会出现各部门追求部门自身的利益而看不到全局利益的情况,这尤其以按职能划分部门为甚,没有一项职能（部门）对最终结果负全部责任,每一职能领域的成员相互隔离,很少了解其他职能的人在干些什么,不同职能之间利益和视野的不同会导致职能之间不断地发生冲突,各自极力强调自己的重要性。由于各部门不对最终结果负全部责任,因而在发生错误的时候往往难以找到真正责任者。正如夏弗所强调认为的:组织部门划分得清清楚楚,正是最好的推诿过错的方法,凡是这方面的老手大概都知道,绩效不良几乎完全可以推到制度身上去,可以推到别的部门身上去,或是推到非我能控制的因素身上去。

不仅如此,组织设计在划分部门时往往强调采用统一的划分标准,以使企业各基层组织活动有一致的规范,便于管理。其实,部门划分的目的并不是为了建立一种各层次都平衡,而且又以一致性和等同基础为特征的僵硬的结构,只要有利于实现企业的目标,适当地采用多种标准来设立部门机构也应该是允许的。同时采用跨传统部门界限的团队组织,将使原来僵化的部门划分得到补充。

二、岗位设计的基本方法

确定了要分析的工作,并收集完背景资料后,就要收集与工作活动和职责有关的资料。收集工作资料的人员包括人事专家、工作者和工作者的上司。人事专家的工作是观察并分析各项工作,然后编写岗位说明书和岗位规范;工作者及上司要回答岗位分析问卷,然后再认可岗位分析人员得到的资料。在开展岗位分析时,收集岗位分析信息的方法有很多种,但是人力资源管理人员需要注意的是,各种方法都有自己的优缺点,没有一种收集信息方法能够提供非常完整的信息。因此,应该综合运用这些收集方法。下面介绍几种常用的岗位分析方法。

(一)观察法

观察法是岗位分析人员在工作现场运用感觉器官或其他工具,观察特定对象的实际工作动作和工作方式,并以文字或图表、图像等形式记录下来,来收集工作信息的方法。

观察法适用于体力工作者和事务性工作者,如搬运员、操作员、文秘等职位。

由于不同的观察对象的工作周期和工作突发性有所不同,所以观察法具体可分为直接观察法、阶段观察法和工作表演法。

1. 直接观察法

岗位分析人员直接对员工工作的全过程进行观察。直接观察适用于工作周期很短的岗位。如保洁员,他的工作基本上是以一天为一个周期,岗位分析人员可以一整天跟随着保洁员进行直接工作观察。

2. 阶段观察法

有些员工的工作具有较长的周期性,为了能完整地观察到员工的所有工作,必须分阶段进行观察。比如行政文员,需要在每年年终时筹备企业总结表彰大会。岗位分析人员就必须在年终时再对该岗位进行观察。有时由于各阶段跨度太长,岗位分析工作无法拖延很长时间,这时采用"工作表演法"更为合适。

3. 工作表演法

对于工作周期很长和突发性事件较多的工作比较适合。如保安工作,除了有正常的工作程序以外,还有很多突发事件需要处理,如盘问可疑人员等,岗位分析人员可以让保安人员表演盘问的过程,来进行该项工作的观察。在使用观察法时,岗位分析人员应事先准备好观察表格,以便随时进行记录。条件好的企业,可以使用摄像机等设备,将员工的工作内容记录下来,以便进行分析。另外要注意的是,有些观察的工作行为要有代表性,并且尽量不要引起被观察者的注意,更不能干扰被观察者的工作。

(二)访谈法

访谈法也称采访法,它是通过岗位分析人员与员工面对面的谈话来收集岗位信息资料的方法,可以是一对一访谈或集体访谈。在访谈之前,岗位分析人员应该准备好面谈问题提纲,一般在面谈时能够按照预定的计划进行。面谈法对岗位分析人员的语言表达能力和逻辑思维能力有较高的要求。岗位分析人员要能够控制住谈话的局面，既要防止谈话跑题，又要使谈话对象能够无所顾忌地侃侃而谈。岗位分析人员要及时准确地做好谈话记录，并且避免使谈话对象对记录产生顾忌。面谈法适合于脑力职务者，如开发人员、设计人员、高层管理人员等。

（三）问卷调查法

岗位分析人员首先要拟定一套切实可行、内容丰富的问卷，然后由员工进行填写，来获取工作信息的方法。问卷法适用于脑力工作者、管理工作者或工作不确定因素很大的员工，比如软件设计人员、行政经理等。调查问卷经过特别设计，调查问卷的内容要简明、扼要，不能过于复杂、烦琐。任职人员填写问卷前，最好就填写要领进行必要的辅导，任职人员独立填写。问卷法比观察法更便于统计和分析。要注意的是，调查问卷的设计直接关系着问卷调查的成败，所以问卷一定要设计得完整、科学、合理。

通常，问卷的内容是由工作分析人员编制的问题或陈述，这些问题和陈述涉及实际的行为和心理素质，要求被调查者对这些行为和心理素质在他们工作中的重要性（经常性）按给定的方法作答。一般而言，答案应具备3个层次：

（1）各种特殊品质的需要性：必须具备；需具备；不需具备。

（2）各种特殊品质在某种工作中应用的时间次数：常常应用到的；有时应用到的；从未应用到的。

（3）各种特殊品质如果加以训练可否收到效果：可大为进步；稍可进步；未必得到进步。

问卷法可以分成岗位定向和人员定向两种。岗位定向问卷比较强调工作本身的条件和结果；人员定向问卷则集中于了解工作人员的工作行为。

问卷法可以面面俱到，收集尽可能多的工作信息；可以收集到准确、规范含义清晰的工作信息；可以随时安排调查。但是问卷问题事先已经设定，调查难以深入；工作信息的采集受问卷设计水平的影响较大；对任职人员知识水平的要求较高。一般是以问卷法为主，以访谈法和观察法为辅，开展工作调查。

（四）参与法

参与法也称岗位实践法。顾名思义，就是岗位分析人员直接参与到员工的工作中去，扮演员工的工作角色，体会其中的工作信息。参与法适用于专业性不是很强的岗位。参与法与观察法、问卷法相比较，获得的信息更加准确。要注意的是，岗位分析人员需要真正地参与到工作中去，去体会工作，而不是仅仅模仿一些工作行为。

参与法可以克服一些有经验的员工并不总是很了解自己完成任务的方式等缺点。岗位分析人员通过实践掌握第一手资料，可以补充了解一些观察不到的内容。参与法的缺点也很明显，对于现代企业的很多高度专业化的工作，岗位分析人员往往不易参与其中。同时，这种方法适用于短期内可以掌握的工作，对那些需要大量训练方法能胜任或有害的工作不适用。

（五）典型事件法

如果员工太多，或者职位工作内容过于繁杂，应该挑选具有代表性的员工和典型的时间进行观察，从而提高岗位分析的效率。典型事件法的优点是直接描述任职者在工作中的具体活动，因此可以揭示工作的动态性质；其缺点是收集归纳典型事例并进行分类需要耗费大量时间。此外，由于描述的是典型事例，因此很难对通常的工作行为形成总体概念，而后者才是岗位分析的主要目的。

（六）工作日志法

是由员工本人自行进行的一种岗位分析方法，可以用于缺乏技术要求和规律性工作的岗位，如管理岗位和事务性岗位。事先应该由岗位分析人员设计好详细的工作日志单，让员工按照要求及时地填写岗位内容，从而收集工作信息。需注意的是，工作日志应该随时填写，比如以 10 分钟、15 分钟为一个周期，而不应该在下班前一次性填写，这样是为了保证填写内容的真实性和有效性。工作日志法最大的问题可能是工作日志内容的真实性问题。

在一般情况下，对同一岗位的工作，要进行 10 天以上的连续记录，才能在一定程度上把握该岗位工作的内容。

工作日志法的示例见表 3 - 1：

表 3 - 1　办公室秘书的工作日志

编号	工作活动名称	工作活动的程序和方法	权限	结果	时间消耗	备注
1	复印、打印文件	审阅内容—审核领导签字—登记	执行	90 页	60 分钟	
2	开介绍信	审核领导签字—开信盖章—登记	执行	2 份	30 分钟	
3	起草文件	领会领导意图—撰写—修改	须报审	1 份	90 分钟	
4	送文件	送达—收件人签收	委托负责	5 份	25 分钟	
5	一般信件处理	分拣—处理—归档或转发	全权负责	10 封	35 分钟	

（七）资料分析法

如果岗位分析人员手头有大量的岗位分析资料，比如类似的企业已经做过相应的岗位分析，比较适合采用本办法。资料包括现有岗位规范或责任制文书，员工关键事件的记录、工作日记等。这种办法最适合于新创办的企业。

岗位规范说明或相关责任制文书，可以获得很多岗位分析的信息，避免不少重复劳动，应该充分加以利用。在收集信息时，要审慎分析这些书面资料的适用性、客观性和时效性。

关键事件记录是要求工作执行者对其在一定时间内能观察到，并对工作的有效性和无效性造成显著影响的事件所做的记录。对关键事件记录进行收集分析，类似个案研究中的案例收集。从关键事件记录中可以获取的信息有：导致该事件发生的背景、原因；员工有效的或多余的行为；关键行为的后果以及员工控制上述后果的能力等。

工作日记是由员工按照格式和要求，定期汇总的工作记录。认真记录的工作日记可提供大量的信息，如员工实际工作内容、权利、责任、人际关系及工作负荷、工作效率等。

资料分析是一种间接分析方法。对第二手资料进行分析时，需要耗费大量时间从中甄别主观性因素和无效信息，然后进行分类汇总，以获取有用信息。

（八）专家讨论法

专家讨论法是指请一些相关领域的专家或者经验丰富的员工进行讨论，来进行岗位分析的一种方法。这种方法适合于发展变化较快或职位职责还未定型的企业。由于企业没有现成的观察样本，所以只能借助专家的经验来规划未来希望看到的岗位状态。

（九）秩序分析法

秩序分析法主要用于非管理工作的描述，是一种以工作为中心的岗位分析方法。岗位分析方法之一就是时间研究。时间研究的目的在于对工作中每项任务确定一个标准的完成时间,将工作中所有任务的完成时间相加得到工作完成所需要的总时间。这个时间可作为确定工资和奖金、新老产品成本的依据,可作为生产线和工作小组均衡生产的依据。但由于标准工作时间的确定受到员工个人及工作自身特性等多方面的影响,很难做到准确无误。因此,往往需要测量员工的"真实的努力程度"与"需要的努力程度"。

工作样板是工作标准时间确定的有效方法。该方法首先将工作中的活动进行分类,岗位分析专家再对在职者完成各类活动的时间进行平均化,所得到的完成各类活动的平均时间即可作为标准工作时间。

上述这些岗位分析方法既可单独使用,也可结合使用。由于每个方法都有自身的优点和缺点,所以每个企业应该根据本企业的具体情况进行选择。最终的目的是一致的:为了尽可能地得到详尽、真实的岗位信息。

三、岗位说明书内容

岗位说明书的基本内容主要由以下几个方面构成。

(一)基本资料

1. 岗位名称

2. 直接上级职位

3. 所属部门

4. 工资等级

5. 所辖人员

6. 定员人数

7. 工作性质

同时应列出岗位分析人员姓名、人数和岗位分析结果的批准人栏目。

(二)工作描述

1. 工作概要

用简练的语言说明工作的性质、中心任务和责任。

2. 工作活动内容

工作活动内容包括:

(1)逐项说明工作活动内容;

(2)说明各活动内容占工作时间的百分比;

(3)各活动内容的权限;

(4)各活动内容的执行依据;

(5)其他。

3. 工作职责

逐项列出任职者的工作职责。

4. 工作结果

说明任职者执行工作应产生的结果,以定量化为好。

5.工作关系

工作关系描述包括:

(1)说明此工作受谁监督;

(2)说明此工作监督谁;

(3)说明此工作可晋升的职位,可转换的职位,以及可升迁至此的职位;

(4)与哪些职位发生关系。

6.工作人员运用设备说明

它包括:

(1)说明工作人员主要运用的设备名称;

(2)说明工作人员运用信息资料的形式。

(三)任职资格说明

1.所需最低学历

2.需要培训的时间和科目

3.从事本职工作和其他相关工作的年限和经验

4.一般能力

如计划、协调、实施、组织、控制、领导、冲突管理、公共关系、信息管理等能力及需求强度等

5.兴趣爱好

即顺利履行工作职责所需的某种兴趣、爱好及需求强度。

(1)个性特征。如情绪稳定性、责任心、外向、内向、支配性、主动性等性格特点。

(2)职位所需的性别、年龄特征。

(3)体能需求。如:①工作姿势。如站、坐、跑、蹲、走动、躺等姿势以及各姿势的比重。②对视觉、听觉、嗅觉有何特殊要求。③精神紧张程度。④体力消耗大小。

(四)工作环境

1.工作场所

在室内、室外,还是其他特殊场所。

2.工作环境的危险

说明危险性存在的可能性,对人员伤害的具体部位、发生的频率,以及危险性原因等。

3.职业病

即从事本工作可能患的职业病及轻重程度。

4.说明工作时间特征

如正常工作时间、加班时间等。

5.说明工作的均衡性

即工作是否存在忙闲不均的现象及经常性程度。

6.工作环境的舒适程度

即是否在高温、高湿、寒冷、粉尘、有异味、噪声等工作环境中工作,工作环境使人是否愉快。

四、编写岗位说明书技巧

(一)岗位说明书编制的注意事项

1.岗位说明书的内容可依据岗位分析的目的加以调整,内容可简可繁

2.岗位说明书可以用表格形式表示,也可以采用叙述型

3.岗位说明书中,如有需个人填写的部分,应运用规范用语,字迹要清晰

4.使用浅显易懂的文字,用语要明确,不要模棱两可

5.岗位说明书应运用统一的格式书写

6.岗位说明书的编写最好由组织高层主管、典型任职者、人力资源部门代表、岗位分析人员共同组成工作小组或委员会,协同工作,共同完成

(二)岗位说明书的编写步骤

岗位说明书的编写是一项工程较大的基础管理工作,初次编写岗位说明书的企业,必须成立一个由公司主要领导担任组长的项目小组,进行统一的规划与协调。起草过程一般包含下列程序:

岗位任职人接受岗位分析—项目小组进行起草—岗位任职人初审—岗位任职人上级复审—项目小组进行会审(如是中层以上岗位)—公司签发执行。

(三)岗位说明书范例

表3-2是某公司人力资源部经理的岗位说明书:

表3-2 某公司人力资源部经理岗位描述

岗位名称:公司人力资源部经理 所属部门:人力资源部 直接上级岗位:公司行政副总经理 岗位代码:XL-HR-008 工作地点:公司总部 工作目的:负责本公司人力资源管理工作 工作要求:工作细致、服务意识强
工作责任 编写、执行公司人力资源规划。 招聘。制定招聘程序,组织社会招聘和学校招聘,安排面试、综合素质测试。 培训。组织员工岗前培训、协助办理培训进修手续。 绩效考评。制定考评政策、考评文件管理、考评沟通、不合格员工辞退。 激励与报酬。制定薪酬/晋升政策、组织加薪/晋升评审。 福利。制定福利政策、办理社会保险福利。 人力资源管理关系。办理员工各种人力资源管理关系转移,办理职称评定手续。 与员工进行积极沟通,了解员工工作、生活情况。

工作条件与环境 80%以上的时间在室内工作,不受气候影响;工作场地温度与湿度适中,无噪音,无有害气体,无生命及其他伤害危险。
衡量标准 工作报告的完整性; 公司其他员工对人力资源部工作的反馈意见。
工作难点 如何更好地为员工服务。
工作禁忌 服务意识差、行动缓慢。
职业发展道路 公司行政副总经理任职资格 工作经验:3年以上管理类工作经验; 专业背景要求:曾从事人力资源管理工作2年以上; 学历要求:本科以上; 年龄要求:35岁以上; 个人素质:积极热情、善于与人交往、待人公平、公正。

五、总经理(总裁)岗位职责描述书

1. 主持公司的经营管理工作,组织实施董事会决议。

2. 组织制订公司年度经营计划,经董事长办公会议批准后负责组织实施。

3. 拟订公司内部管理机构设置方案。

4. 拟定公司基本管理制度和制定公司的具体规章制度。

5. 主持公司经营班子日常各项经营管理工作。

6. 全面执行和检查落实董事长办公会议所做出的有关经营班子的各项工作决定。

7. 负责召集主持总经理办公会议,检查、督促和协调各部门的工作进展。

8. 提请聘任或者解聘公司各部门经理。

9. 签署日常行政、业务文件。

10. 负责处理公司重大突发事件。

11. 负责对各部门经理工作布置、指导、检查监督、评价和考核管理工作。

12. 行使公司章程和董事会授予的其他职权。

六、副总经理岗位职责描述书

1. 副总经理是总经理的高级助手,协助总经理工作。
2. 负责分管公司特定范围的管理职能,在分管职能上有较大自主决策权。
3. 参加公司常务办公会议,发表工作意见和行使表决权。
4. 在总经理缺席时,受委托代行总经理职务。
5. 常务副总经理协助总经理协调全面工作。
6. 总经理临时授权的其他工作任务。

七、总经理助理岗位职责描述书

1. 总经理助理为总经理助手,辅助总经理工作。
2. 主要在总经理授权下完成交办的日常或专项任务。
3. 对临时授权任务具有相应的权利和责任,而在该任务完成后相应的权利和责任自动消失。
4. 参加公司办公会议,发表意见和行使表决权。

八、财务总监岗位职责描述书

1. 在董事会和总经理的领导下,总管公司会计、报表、预算工作。
2. 负责制订公司利润计划、资本投资、财务规划、销售前景、开支预算或成本标准。
3. 制定和管理税收政策方案及程序。
4. 建立健全公司内部核算的组织、指导和数据管理体系,以及核算和财务管理的规章制度。
5. 组织公司有关部门开展经济活动分析,组织编制公司财务计划、成本计划,努力降低成本、增收节支、提高效益。

6. 监督公司遵守国家财经法令、纪律,以及董事会决议。

九、总工程师岗位职责描述书

1. 在总经理的领导下,主管公司技术工作。
2. 负责公司产品设计、新产品试制、技术改造、生产工艺、生产质量和研发等。
3. 负责贯彻执行国家科技法规和政策,建立健全相应的管理制度。
4. 对下属企业、部门的技术管理机构进行指导。
5. 对公司的主要技术项目的技术档案管理机构进行直接领导和指挥。
6. 公司的主要技术项目和技术文件须经总工程师的审查和签署方可生效。

十、总经济师岗位职责描述书

1. 在总经理的领导下,主管公司技术工作。
2. 负责为公司制定经营决策,组织市场调查和市场预测,提供有关资料或提出初步方案。
3. 协助总经理制订公司长期、中期、近期的生产经营计划。
4. 负责领导计划、劳动和销售等职能部门工作。
5. 对生产、技术、销售和财务等业务管理进行协调,以共同实现公司经营目标。

十一、行政部部长岗位职责描述书

1. 负责发挥行政部(总经办)的参谋、协调和综合管理职能,直接处理尚未分清职能的公司事务。
2. 负责行政会议和例会的组织工作,参加或列席会议并做会议记录,视情况整理出会议纪要或办理下文事宜。对会议讨论的重大问题,组织调研并提出报告。

3. 根据总经理指示,编排工作活动日程表,做好重大活动的组织和接待工作。

4. 负责抓好公司重要文稿的起草工作,包括月、季、半年、年度工作计划和总结报告。根据工作计划和目标责任指标,定期组织检查落实情况,及时向公司领导和其他部门反馈信息。

5. 及时处理重要来往文电信函的审阅、分送,督促检查领导批示、审核和修改以公司名义签发的有关文件,抓好文书归档和用印管理工作。

6. 协助各部门制定部门、岗位职责和各类规章的实施细则,配合公司协调各部门和下属企业的工作关系。

7. 严格控制行政办公经费的支出,加强办公财产和车辆的管理。

8. 负责指导、管理、监督行政部其他人员的业务工作,改善工作质量和服务态度,做好下属人员的绩效考核和奖励惩罚工作。

9. 完成总经理临时交办的工作。

十二、法律顾问岗位职责描述书

1. 协助公司领导正确执行国家法律、法规,对公司重大经营决策活动提供法律意见。

2. 参与起草、审核公司重要的规章制度,对公司规章制度及其条款的合法性负责。

3. 审核公司各种技术、经济、服务合同,参加重大合同的起草、谈判工作,协助财务部门管理合同,监督合同履约。

4. 参与公司的兼并、收购、分立、破产、反兼并、投资、租赁、资产转让及招标、投标等重要经济活动,提出法律意见,处理有关法律事务。

5. 主持或协助办理公司工商登记、变更、商标注册、专利申请、技术发明创造、技术贸易等有关法律事务,为公司知识产权保护提出法律建议。

6. 开展与公司生产经营有关的法律咨询,整理汇编公司业务需要的各种法律、法规和规章等。

7. 配合公司有关部门对员工进行法制宣传教育,在公司内普及法律知识,增强员工法制观念。

8. 负责与公司外聘律师(事务所)的选择、联络及相关工作。

9. 参加或列席公司召开的某些会议,就所议内容提供法律意见;负责审查内部各项指示、决定、决议、计划的规范性和合法性;为公司内劳动争议、民事调解提供法律帮助。

10. 接受公司法定代表委托,代理公司参加诉讼和非诉讼活动,帮助公司运用法律手段解决经济纠纷,维护公司的合法权益。

11. 参加和配合与公司有关的财务、税收、环保、劳动用工、安全生产、合同管理等执法检查,为公司提供法律意见;参与重大事故和危机处置活动,协助有关部门进行善后处理。

12. 在所审核的经济合同、拟订的法律文书和出具的法律意见书上签字,对上述业务以及办理的其他法律事务的合法性负责。

13．完成领导临时交办的其他法律任务。

十三、内务岗位职责描述书

1．负责公司办公设备的管理，计算机、传真机、长途电话、复印机的具体使用和登记，名片印制等工作。

2．负责低值易耗办公用品的发放、使用登记和离职时的缴回。

3．负责各类办公用品、固定资产的保养、维修，仓库保管，每月清点，年终盘存统计，做到入库有验收、出库有手续，保证账实相符。

4．按标准定额，做好添购办公用品、器具的计划编制和申购手续工作，做到既不脱档又不长期积存。

5．负责考勤登记和就餐人数统计。

6．负责来宾具体接待、日程和参观内容的安排，以及食宿地点、车辆安排和车船机票代购等事宜。

7．协助安排公司每天的派车用车计划，确保公司公务用车需要。

8．负责公司办公场所清洁卫生和室内外绿化、盆景状况的检查监督，保证舒适良好的工作氛围。

9．完成行政部长临时交办的其他任务。

十四、外勤岗位职责描述书

1．负责各类办公用品、器具与设备、劳防用品、车用材料和节日礼品及实物福利品的采购工作。

2．根据批准的采购计划，按时按量购进货品，要求货比三家、降低成本、秉公办事、不谋私利。

3．负责公司信纸、信封、名片、业务礼品和企业形象所需印刷的定制工作，确保质量和时间要求。

4．对购进物品保存质保书、保修单，对使用中的问题负责，并及时与厂商联系解决。

5．对购进物品做好移交验收工作，提供合法齐全的原始发票及附有的技术说明书。

6．主办或协办向有关政府部门的项目申报、年检、申领各类证照，完成批文手续及出境手续等事宜。

7. 具体办理来宾食宿安排、购票和迎送事宜，以及公司重大活动和联谊活动的后勤总务保障。

8. 必要时充任临时驾驶员完成紧急用车任务。

9. 完成行政部部长临时交办的其他任务。

十五、计算机工程师岗位职责描述书

1. 在部长领导下，按照公司计算机管理制度有关规定，负责拟定公司具体计算机管理实施细则，在上级批准后组织执行。

2. 负责管理公司的中心机房，制定统一的计算机使用操作程序和规范。

3. 主持或协助、指导综合或专业性信息系统的总体设计、功能划分、软件开发、运行、验收全过程的监督、管理工作。

4. 能够开发中小型管理软件，追踪计算机科技动态，提出软硬件升级换代的建议方案，在批准后组织实施。

5. 负责保障现有公司计算机运行能满足业务要求。

6. 负责制定公司计算机与国际互联网连通、网址注册、网页设计和制作、网上信息广告发布，以及员工上网管理监控等方案。

7. 负责对公司全体员工进行计算机知识和操作技能的培训，提高公司计算机应用水平和普及面。

8. 负责各计算机资料的管理，包括登记、分类、存贮、备份、转录，不得泄露公司机密，不得擅自修改、拷贝或让无关人员阅读。

9. 密切关注计算机病毒发展动态，提出切实可行的预防措施，谨防外带磁盘和网络上的病毒侵袭。

10. 协助有关人员做好计算机易耗品领用登记、保管和使用工作，提出采购建议。

11. 做好计算机机房的清洁管理工作，确保良好的运行环境和上机者身心健康。

12. 完成信息部部长临时交办的其他任务。

十六、计算机打字员岗位职责描述书

1. 负责公司计算机公文资料的登记、分类、备份、保存和整理，严格执行保密规定，不得随意传播公文信息。

2.未经许可,不得将公司资料擅自删除、修改、复制,不得未经授权或超权限查阅计算机文件资料。

3.在行政主管安排下,按时、按质、按量打印完成各种打字任务,做到打字文本规范、美观,控制错字率,及时安排文件责任人终校,并负责所需份数的复印和装帧。

4.负责所用计算机及相关办公设备的维护、保养,计算机易耗品的领用、登记和保管工作。

5.建立和执行计算机机房管理规定,做好室内的清洁工作,保持适宜的计算机工作环境。

6.完成行政部部长临时交办的其他任务。

十七、资料员岗位职责描述书

1.在部长的领导下,按照公司信息管理制度的有关规定,负责拟定具体管理实施细则和公司实用信息分类编码体系,在上级批准后组织执行。

2.负责对每日收到的图书资料、报刊进行分类、登录、上架。

3.负责图书资料保管、借阅、催还、整理、修补、合订装帧和淘汰处理。

4.负责按领导和部门委托要求定题剪报、文摘、建档、上网查询等信息收集、汇编工作。

5.负责国外新技术资料的翻译、涉外来往信函的拟稿互译工作,或参与外商业务洽谈的翻译工作。

6.协助部长做好部门内务工作,完成信息部部长临时交办的其他任务。

十八、驾驶员岗位职责描述书

1.认真完成公司的派车任务要求,服从派车调度人员指挥。

2.坚持行车安全检查,每次行车前检查车辆,发现问题及时排除,确保车辆正常运行。

3.安全驾驶,正确执行驾驶操作规程,听从交通管理人员的指挥,行车时集中精力驾驶,严禁酒后开车,不开"英雄车""赌气车"。

4.每次出车回来后,如实填写行车记录,向派车主管简要汇报出车情况。

5.车辆用毕后,车辆停泊在指定位置,锁好方向盘、门窗等。

6. 做好车辆的维护、保养工作,保持车辆常年整洁和车况良好。

7. 认真填写车辆档案,对车辆事故、违章、损坏等异常情况及时汇报,写好情况书面报告。对车辆运行里程和耗油情况进行统计分析,提出降低成本的合理化建议。

8. 驾驶员确保良好的休息、足够的睡眠,以充沛的精力和体力保证安全行车。

9. 驾驶员应有敬业精神,熟悉交通法规、路况和车辆性能,不断提高自己的技术水平和积累行车经验。

10. 驾驶员要衣着整洁、礼貌待人、热情服务,不藐视公司其他普通员工。

11. 单独为公司领导出车时,兼有驾驶员和警卫员、服务员职责。

12. 出车送达时,未经乘车人允许不得离开车辆,应听从乘车人的安排。

13. 驾驶员在工作中不该听的不听,不该看的不看,不该说的不说,不散播消息,保守机密,守口如瓶。

14. 完成行政部部长临时交办的其他任务。

十九、前台岗位职责描述书

1. 负责对进入公司办公场所的所有不定期客人的招呼、接待、登记、导引,对无关人员、上门推销和无理取闹者,应挡在外或协助保安人员处理。

2. 负责公司邮件的收取、分发工作。

3. 负责公司电话总机的接线工作。对来往电话驳接准确及时、声音清晰、态度和蔼,恰当使用礼貌用语;对未能联络上的记录在案并及时转告;对紧急电话设法接通,未通者速报行政部领导处理。

4. 定期维护、保养电话机,并保持前台环境清洁、安静。

5. 协助打字员、文秘兼做部分计算机打字、复印等行政工作。

6. 完成行政部部长临时交办的其他任务。

二十、员工食堂主管岗位职责描述书

1. 在部长的领导下,负责员工食堂的日常管理工作。

2. 负责每日就餐人数的统计(估计)及准备相应主食、蔬菜等物料,检查和维持就餐秩序。

3. 负责检查食堂卫生、用餐器具消毒情况,确保用餐安全,不发生食物中毒事故,并控制卫生消毒用品、洁具的耗用。

4. 合理安排员工倒班,做好每餐后的卫生清扫和定期大扫除工作。

5. 及时安排并完成行政部临时下达的客饭或领导宴请任务。

6. 主办或协助每日主副食料或其他物品的采购。

7. 负责下属人员的业务监督指导,做好绩效考核工作。

8. 完成行政部部长临时交办的其他任务。

二十一、员工食堂服务员岗位职责描述书

1. 提供员工就餐过程中的(被分配的)服务工作。

2. 及时回收、清洗用后的餐具,清理餐桌,清扫地面,确保用餐器具、场地的需要。

3. 协助维持就餐秩序,营造良好就餐环境。

4. 负责本工作区内所有用品、物品清洁工作,使之摆放有序,食物与清洁卫生用品须分开存放。

5. 完成责任区的卫生清扫,并符合有关清洁标准。

6. 爱护和节约粮食、副食品和易耗品,节约用水、用电、用煤(气)。

7. 协助做好淘米及拣、洗、切菜等前期准备工作。

8. 完成食堂主管临时交办的其他任务。

二十二、财务部部长岗位职责描述书

1. 在分管副总经理的领导下,负责主持本部的全面工作,组织并督促部门人员全面完成本部职责范围内的各项工作任务。

2. 贯彻落实本部岗位责任制和工作标准,密切与生产、营销、计划等部门的工作联系,加强与有关部门的协作配合工作。

3. 负责组织《会计法》及地方政府有关财务工作法律法规的贯彻落实。

4. 负责组织公司财务管理制度、会计成本核算规程、成本管理会计监督及其有关的财务专项管理制度的拟定、修改、补充和实施。

5. 组织领导编制公司财务计划、审查财务计划。拟订资金筹措和使用方案,全面平衡资金,开辟财源,加速资金周转,提高资金使用效率。

6. 组织领导本部门按上级规定和要求编制财务决算工作。

7. 负责组织公司的成本管理工作。进行成本预测、控制、核算、分析和考核,降低消耗、节约费用,提高赢利水平,确保公司利润指标的完成。

8. 负责建立和完善公司财务稽核、审计内部控制制度,监督其执行情况。

9. 审查公司经营计划及各项经济合同,并认真监督其执行,参与公司技术、经营以及产品开发、基本建设、技术改造和其他项目的经济效益的审议。

10. 参与审查产品价格、工资、奖金及其涉及财务收支的各种方案。

11. 组织考核、分析公司经营成果,提出可行的建议和措施。

12. 负责财会人员的业务培训。规划会计机构、会计专业职务的设置和会计人员的配备,组织会计人员培训和考核,坚持会计人员依法行使职权。

13. 负责向公司总经理、主管副总汇报财务状况和经营成果。定期或不定期汇报各项财务收支和盈亏情况,以便领导及时进行决策。

14. 有权向主管领导提议下属人选,并对其工作考核评价。

15. 完成公司领导交办的其他工作任务。

二十三、主管会计岗位职责描述书

1. 根据国家财务会计法规和行业会计规定,结合公司特点,负责拟定公司会计核算的有关工作细则和具体规定,报经领导批准后组织实施。

2. 参与拟订财务计划,审核、分析、监督预算和财务计划的执行情况。

3. 在部长的领导下,准确、及时地做好账务和结算工作,正确进行会计核算,填制和审核会计凭证,登记明细账和总账,对款项和有价证券的收付,财物的收发、增减和使用,资产基金增减和经费收支进行核算。

4. 正确计算收入、费用、成本,正确计算和处理财务成果,具体负责编制公司月度、年度会计报表、年度会计决算及附注说明和利润分配核算工作。

5. 负责公司固定资产的财务管理,按月正确计提固定资产折旧,定期或不定期地组织清产核资工作。

6. 负责公司税金的计算、申报和解缴工作,协助有关部门开展财务审计和年检。

7. 负责会计监督。根据规定的成本、费用开支范围和标准,审核原始凭证的合法性、合理性和真实性,审核费用发生的审批手续是否符合公司规定。

8. 负责社会集团购买力的审查和报批工作。

9. 及时做好会计凭证、账册、报表等财会资料的收集、汇编、归档等会计档案管理工作。

10. 主动进行财会资讯分析和评价,向领导提供及时、可靠的财务信息和有关工作建议。

11. 协助部长做好部门内务工作,完成财务部部长临时交办的其他任务。

二十四、成本会计岗位职责描述书

1. 在部长的领导下，按照国家财会法规、公司财会制度和成本管理有关规定，负责拟定公司各处成本核算实施细则，由上级批准后组织执行。

2. 主动会同有关人员对公司重大项目、产品等进行成本预算、编制项目成本计划，提供有关的成本资料。

3. 当公司推行全面成本核算管理和内部银行等制度时，协助有关主管制定总体方案和实施办法，确定各类成本定额、标准，并协助各部门和下属企业的推广培训。

4. 不断监督、调查各部门执行成本计划情况，并就出现的问题及时上报。

5. 学习、掌握先进的成本管理和成本核算方法及计算机操作，提出降低成本的控制措施和建议。

6. 做好相关成本资料的整理、归档和数据库建立、查询、更新工作。

7. 完成财务部部长临时交办的其他任务。

二十五、核算会计岗位职责描述书

1. 在部长的领导下，按照公司财会制度和核算管理有关规定，负责公司各种核算和其他业务的记账工作。

2. 根据会计制度规定，设置科目明细账和使用对应的账簿，认真、准确地登录各类明细账，要求做到账目清楚、数字正确、登记及时、账证相符，发现问题及时更正。

3. 及时了解、审核公司原材料、设备、产品的进出情况，并建立明细账和明细核算，了解经济合同履约情况，催促经办人员及时办理结算和出入库手续，进行应收应付款项的清算。

4. 负责依税法规定做好印花税贴花工作及相应的缴纳记录。

5. 负责固定资产的会计明细核算工作，建立固定资产辅助明细账，及时办理记账登记手续。

6. 负责公司的各项债权、债务的清理结算工作。

7. 正确进行会计核算电脑化处理，提高会计核算工作的速度和准确性。

8. 协助主办会计等做好会计原始凭证、账册、报表等会计档案的整理、归档工作，就职责范围内的问题提出工作建议。

9. 完成财务部部长临时交办的其他任务。

二十六、出纳员岗位职责描述书

1. 在部长的领导下，按照国家财会法规、公司财会制度的有关规定，认真办理提取和保管现金，完成收付手续和银行结算业务。

2. 根据审核无误的手续，办理银行存款、取款和转账结算业务；登记银行存款日记账；及时根据银行存款对收单，在月末做出相应调整，做到银行对账单相符。

3. 登记现金和银行日记账，做到月结日清，保证账证相符、账款相符、账账相符，发现差错及时查清更正。

4. 认真审查临时借支的用途、金额和批准手续，严格执行市（县）内采购领用支票的手续，控制使用限额和报销期限。

5. 正确编制现金、银行的记账凭证，及时传递给财务登账。

6. 配合对应收款的清算工作。

7. 严格审核报销单据、发票等原始凭证，按照费用报销的有关规定，办理现金收支付业务，做到合法准确、手续完备、单证齐全。

8. 核算人事部提供的薪金发放名册，按时发放公司员工的工资、奖金。

9. 负责及时、准确解缴各种社会统筹保险、公积金等基金的工作。

10. 负责妥善保管现金、有价证券、有关印章、空白支票和收据，做好有关单据、账册、报表等会计资料的整理、归档工作。

11. 负责掌管公司财务保险柜。

12. 完成财务部长临时交办的其他工作。

二十七、审计员岗位职责描述书

1. 在部长的领导下，按照国家审计法规、公司财会审计制度的有关规定，负责拟定公司具体审计实施细则，在上级批准后组织执行。

2. 监督公司各部门及下属单位对各项财经规章制度的执行。

3. 控制、考核、纠正下属单位偏离公司整体财务目标计划的行为。

4. 负责或会同其他部门查处公司内滥用职权、有章不循、违反财务制度、贪污挪用财物、泄密、贿赂等行为和经济犯罪的情况。

5. 协助政府审计部门和会计师事务所对公司的独立审计活动。

6. 定期或不定期地进行必要的专项审计、专案审计和财务收支审计。

7. 负责或参与对公司重大经营活动、重大项目、重大经济合同的审计工作。

8. 负责对所有涉及的审计事项,编写内部审计报告,提出处理意见和建议。

9. 负责做好有关审计资料的原始调查的收集、整理、建档工作,按规定保守秘密和保护当事人的合法权益。

二十八、人事部部长岗位职责描述书

1. 协助总经理决定公司劳动人事政策,负责、研究贯彻执行公司劳动人事诸方面的方针、政策、指令、决议。

2. 就公司重大人事任免事项提供参考意见,负责拟订机构设置或重组方案、定编定员方案的上报。

3. 负责拟订每年的工资、奖金、福利等人力资源费用预算和报酬分配方案,上报公司批准后按计划执行。

4. 负责审核员工录用、晋升、调配、下岗、辞退、退休、培训、考绩、惩罚意见,并提交总经理决定。

5. 负责审核户口调动、职称评定、出国审查、住房分配等重大事项的方案,并提交总经理决定。

6. 负责编订和修改公司各项劳动、人事、劳保、安全、保险的标准、定额和工作计划,并及时监督、检查其执行情况。

7. 负责指导、管理、监督人事部下属人员的业务工作,改善工作质量和服务态度,做好下属人员的绩效考核和奖励惩罚事项。

8. 与党组织部门合并办公时,负责党员组织管理。协助党委(党总支)做好组织工作。

9. 完成总经理临时交办的其他工作。

二十九、人事主管岗位职责描述书

1. 在部长的领导下负责公司人事工作,起草有关人事工作管理的初步意见。

2. 负责按用人标准配备齐全各类人才,人尽其才,合理调配员工到最适当的岗位上,做好人才挖掘、引进工作。

3. 负责保存员工的人事档案,做好各类人力资源状况的统计、分析、预测、调整、查询和人才库建立等工作。

4. 具体负责办理招聘,劳动合同签订或续签,以及职务任免、调配、解聘、离退休的申请报批手续。

5. 具体负责员工户籍调动、职称评定、住房分配预案测算等管理工作及办理其申请报批手续。

6. 负责落实劳动安全保护,参与公司劳动安全、工伤事故的调查、善后处理和补偿。

7. 负责年终先进单位、个人的评选评比、授予荣誉称号的具体工作。

8. 完成人事部部长临时交办的其他任务。

三十、劳动工资员岗位职责描述书

1. 根据公司批准的报酬分配方案,负责审定各类员工的薪资标准和奖金发放标准。

2. 负责定期或不定期的全公司工资调整工作,以及因试用、转正、转岗、升降职、退休和奖励带来的个别员工工资变动。

3. 负责员工考勤、调休、请假、加班管理与统计,按考核规定具体审定各部门员工月工资、季度、年度奖金和津贴的发放。

4. 根据国家有关法规和政策,审定劳保、医疗、养老、失业和福利等项目和支出水平,为各有关人员办理相应的手续。

5. 细化劳动工资管理规章,加强检查和监督,对违反劳动纪律人员按规定给予教育、批评或处罚。

6. 建立工资台账,负责及时、准确地编制劳动工资方面的统计报表,提出有关的统计分析报告和改革建议。

7. 核发工作证、工号牌卡和劳保防护用品。

8. 配合有关部门和方面做好医疗保健、结婚、计划生育、人口统计、社区选举和劳动争议等具体工作。

9. 完成人事部部长临时交办的其他任务。

三十一、培训主管岗位职责描述书

1. 在部长的领导下,负责公司人力资源培训与教育工作。

2. 负责编写公司人力资源培训教育发展规划,拟订年度工作和预算计划,在领导批准后组织实施。

3. 指导各部门和下属企业制订多层次的培训教育计划,并协助其实施。

4. 负责组织公司内的新员工岗位培训、各类知识班、研讨班、讲座等活动,对参加人员进行考核。

5. 负责合理安排培训资源,对公司培训师进行合理分工,并适时聘用外部培训师,检查讲师培训质量和教学效果。

6. 组织收集、筛选、编写、翻译、审校各类培训教材和资料。

7. 负责教育仪器设备的保养、维修,以及审查新器材的选型、采购。

8. 安排和管理外派培训员工,审核公司员工业余学习费用报销申请。

9. 负责收集国内外企业培训信息资料,追踪其动态,分析总结现有培训政策效果,提出改进咨询意见。

10. 完成人事部长临时交办的其他任务。

三十二、企划部部长岗位职责描述书

1. 负责组织编写公司中长期发展规划和年度经营计划,拟定年度主要技术经济财务指标,指导各部门和下属企业制订相应的年度工作计划和年内分期工作目标。

2. 负责公司经营业务的宏观管理,及时把握经营动态,遇到重大问题及时向领导汇报。

3. 负责公司经营管理大纲、目标的制定,主持与下属单位进行目标责任书的洽谈、签订、考核、奖惩工作。

4. 负责公司各类投资项目的前期准备,可行性论证,评估和预审,提供初审意见供总经理和投资决策会议参考。

5. 参与公司重大项目的对外谈判和组织对重大决策论证与策划。

6. 负责对下属企业的经营管理、业务指导和配合服务工作。

7. 负责收集信息资料,加以分析预测,追踪国家和地区的相关法律、法规和政策动态,负责对公司经营管理重大问题进行调研,提出咨询意见。

8. 负责指导、管理、监督计划经营部下属人员的业务工作,改善工作质量和服务态度,做好下属人员的绩效考核和奖励惩罚工作。

9. 完成总经理临时交办的其他工作。

三十三、计划统计员岗位职责描述书

1. 负责组织编制公司生产经营计划。
2. 负责督促、检查、分析、考核计划的编制和执行情况。
3. 组织开展经济活动分析,根据反映的信息提出建议,拟定整改措施。
4. 负责统计报表的编制与上报工作,开展统计分析。
5. 负责健全公司各项统计原始记录、统计台账和内部统计报表,定期编制综合指标统计资料。
6. 负责保管计划统计资料,定期归档。
7. 完成企划部部长交办的其他工作。

三十四、经营企划专员岗位职责描述书

1. 在公司领导和部长的指导下,根据企业内外环境条件和发展战略,提出企业经营思路和策略的多个方案,供领导比较优选。
2. 主持和参与市场调研,情报收集,分析与预测,不断主动提出经营发展的建议和设想,指出发展方向。
3. 密切关注法律和体制环境的重大变化,以前瞻性的眼光提出相应对策。
4. 重点参与公司重大经营决策和投资项目的论证、总体规划、方案策划、协调实施过程。
5. 收集国内外主要竞争对手的商业资讯,解剖其案例,分析其优势,并与公司横向比较后提出竞争建议。
6. 汇总公司咨询专家的建议和员工的合理化意见,对其进行筛选和评估,组织成系统化的经营改进方案和专题报告。
7. 深入公司内部调研诊断,找出经营中存在的问题和弊病,提出改进方案,并追踪其效果。协助其他部门制定或审查营销、广告、宣传、公关、企业文化、购并、招聘、危机处置、诉讼等方面的策划。
8. 完成计划发展部部长临时交办的其他任务。

三十五、项目经理岗位职责描述书

1. 在公司领导和部长的指导下,负责对公司立项项目实行全过程管理。
2. 严格按国家建设程序和公司项目管理办法,控制项目质量,发现问题及时纠正或上报处理。
3. 为公司重大决策项目、新产品技术项目的开发研制专题提供背景材料或咨询意见。
4. 负责项目资料的收集、整理、建档、保存。
5. 因项目经理个人失误和人为虚假论证造成的损失负连带责任。
6. 完成计划发展部部长临时交办的其他任务。

三十六、采购部部长岗位职责描述书

1. 主持采购部全面工作,提出物资采购计划,报总经理批准后组织实施,确保各项采购任务完成。
2. 调查研究各部门物资需求及消耗情况,熟悉各种物资的供应渠道和市场变化情况,供需心中有数。指导并监督下属开展业务,不断提高业务技能,确保公司物资的正常采购量。
3. 审核年度各部呈报的采购计划、统筹策划和确定采购内容。减少不必要的开支,以有效的资金,保证最大的物资供应。
4. 要熟悉和掌握公司所需各类物资的名称、型号、规格、单价、用途和产地。检查购进物资是否符合质量要求,对公司的物资采购和质量要求负有领导责任。
5. 监督参与大批量商品订货的业务洽谈,检查合同的执行和落实情况。
6. 按计划完成各类物资的采购任务,并在预算内尽量减少开支。
7. 认真监督检查各采购员的采购进程及价格控制。
8. 在部门经理例会上,定期汇报采购落实结果。
9. 每月初将上月的全部采购任务完成及未完成情况逐项列出报表,呈总经理及财务部经理,以便于上级领导掌握全公司的采购项目。
10. 督导采购人员在从事采购业务活动中,要遵纪守法,讲信誉,不索贿,不受贿,与供货单位建立良好的关系,在平等互利的原则下开展业务往来。
11. 负责部属人员的思想、业务培训,开展职业道德、外事纪律、法制观念的教育,使所有员工适应市场经济的快速发展。

12.完成总经理临时交办的其他工作。

三十七、物料主管岗位职责描述书

1.在部长的领导下,根据生产或工程进展,具体编制各种年度、季度、月度的采购供应计划和用款计划,在批准后协助落实执行。

2.根据审核批准的每月原辅材料供应清单和用款计划,与财务部及时协调,确保采购用款。定期了解原辅材料库存情况,以及生产和销售情况;适时提出或修改下期采购计划,避免进料积压或进料短缺的现象。

3.负责采购物资原始发票、收料凭证、质检证明及付款结算单据等整理登记入账工作,进行统计和核查,发现问题及时上报。

4.及时与采购员、保管员核对到达、在途物料的价格、数量、总价,不断清理应付、应退和预付款项目、每月结清进、出、存明细账,做好统计报表。

5.具体了解、收集生产资料市场的供求状况、价格走向及消耗定额等信息,考察公司物料损耗水平,提出改进采购建议。

6.督促和配合保管员定期对物料仓库盘点清查,发现账、物、卡不符时,找出原因予以调账或上报处理。

7.具体进行采购物资的资料、账册、报表的收集、整理和归档工作,及时编制相关的统计报表,以及利用计算机管理采购物资的工作。

8.完成采购部部长临时交办的其他任务。

三十八、采购主管岗位职责描述书

1.认真贯彻执行公司采购管理规定和实施细则,努力提高自身采购业务水平。

2.按时按量按质完成采购供应计划指标,积极开拓货源市场,货(价)比三家,选择物美价廉的物资材料,完成下达的降低采购成本的责任指标。

3.负责与客户签订采购合同,督促合同正常如期地履行,并催讨所欠、退货或索赔款项。

4.严把采购质量关,选择样品供领导审核定样,对购进物料均须附有质保书或当场(委托)检验。协助有关部门妥善解决使用过程中出现的问题。

5. 负责办理物料验收、运输入库、清点交接等手续。

6. 收集一线商品供货信息，对公司采购策略、产品原料结构调整改进，对新产品开发提出参考意见。

7. 填写有关采购表格，提交采购分析和总结报告。

8. 做到以公司利益为重，不索取回扣，馈赠钱物上缴公司，遵守国家法律，不构成经济犯罪。

9. 完成采购部部长临时交办的其他任务。

三十九、采购员岗位职责描述书

1. 了解各部门物资需求及各种物资的市场供应情况，掌握财务部及采购部对各种物资采购成本及采购资金控制要求，熟悉各种物资采购计划。

2. 各部门急用的物品要优先采购，要做到按计划采购，认真核实各部的申购计划，根据仓库存货情况，定出采购计划，对定型、常用物资按库存规定及时办理，与仓管员经常沟通，防止物资积压，做好物资使用的周期性计划工作。

3. 采购物品应做到价廉物美、择优录取。时鲜、季节性物资如部门尚未提出申购计划，应及时提供样板、信息供经营部门参考选用。

4. 采购物资应严格把好质量关，对不符合质量要求的要坚决拒收，根据销售动向和市场信息，积极争取订购货源，根据"畅销多进、滞销不进"的原则，保证货源充足。

5. 认真贯彻执行合同法，严格审核合同款项，订购业务必须上报经理或主管级研究后，方可实施。

6. 经常到柜台和仓库了解商品销售情况，以销订购。积极组织适销对路的货源，防止盲目进货。尽量避免积压商品，提高资金周转率。经常与仓库保持联系，了解库存情况，对库存商品要做到"了如指掌"，有计划、有步骤地安排好日常工作。

7. 努力学习业务知识，提高业务水平，接待来访业务要热情有礼，外出采购时要注意维护公司的礼仪、利益和声誉，不谋私利。

8. 严格遵守财务制度、遵纪守法、不索贿、受贿，在平等互利的前提下开展业务活动。购进物资要尽量做到单据（发票）随货同行，交仓管员验收，报账手续要及时，不得随意拖账挂账。

9. 服从采购部部长临时分工安排。

四十、营销部部长岗位职责描述书

1. 在分管副总经理的领导下,负责主持本部的全面工作,组织并督促部门人员全面完成本部职责范围内的各项工作任务。

2. 贯彻落实本部岗位责任制和工作标准,密切与生产、人事、计划、财务、质量等部门的工作联系,加强与有关部门的协作配合工作。

3. 组织制定产品销售、入库、出库、库存保管制度。明确销售工作标准,建立健全销售管理网络,认真做好协调、指导、调度、检查、考核工作。

4. 负责组织编制年、季、月度销售计划,适时合理地签订供货合同,确保销售计划指标完成,节约销售费用,及时回笼资金,加速公司资金周转。

5. 加强仓库管理基础工作。认真办理产品出入库手续,定期进行清仓盘点工作,做好在库产品的安全消防工作。

6. 负责编制销售统计报表。做好销售统计核算基础管理工作,建立和规范各种原始记录、统计台账、报表的核算程序,汇总填报年、季、月度销售统计报表,及时写出销售统计分析报告,为公司领导决策服务。

7. 负责驻外分公司、营销网点销售调度及运输工作。及时汇总编制产品需求量计划,合理平衡产品供货,做好对外销售点联络工作,组织产品的运输、调配,完善发运过程的交接手续。

8. 负责抓好市场调查、分析和预测工作。做好市场信息的搜集、整理和反馈,掌握市场动态,积极适时、合理有效地开辟新的经销网点,努力拓展业务渠道,不断扩大公司产品的市场占有率。

9. 负责做好优质服务、售后服务工作。加强对营业人员的教育,走访用户,及时处理用户投诉,提高企业信誉。

10. 负责抓好营销人员的考核、考评与管理教育工作。关心营销人员的生活及思想动态,做好耐心细致的思想教育工作,杜绝经济犯罪事件的发生。

11. 有权向主管领导提议下属科长、经理人选,对其工作考核评价。

12. 按时完成公司领导交办的其他工作任务。

四十一、营销主管岗位职责描述书

1. 在部长的指导下，编制各种销售计划、目标责任和考核指标，并协助落实。

2. 重点负责相关的市场调研与分析预测工作，负责与委托的调研机构保持正常联络，提出市场研究报告供领导参考。

3. 重点负责公司产品或服务的广告业务，负责与委托的广告公司、发布媒体保持正常联络，提交广告方案供领导选择，并评估广告效果，提出改进建议。

4. 不断追踪国内外先进的营销理念和营销技巧，收集和剖析案例并与公司比较，对公司营销战略和策略进行调整，提出有价值的建议，在获得肯定后，负责编制实施方案。

5. 负责对推销员的业务培训、绩效考核和督促，在市场态势突变时对推销人员和地区进行重新分配。

6. 负责对公司商标和品牌的管理，主持或会同其他部门处理假冒商品问题。

7. 负责对超标的重大工程项目评估和夺标的具体方案策划，争取最大中标的可能。

8. 完成营销部部长临时交办的其他任务。

四十二、地区销售经理岗位职责描述书

1. 根据部长制定的营销方针，全面、具体地负责管理指定地区的营销工作。

2. 掌握所辖地区的市场动态和发展趋势，并根据市场变化规律，提出具体的区域营销计划方案，以及个体营销工作流程和细则。

3. 扩大所辖地区的销售网络，熟悉该地区的市场特点、营销特点，与该地区的主要经销商、客户建立长期稳定的合作关系。

4. 重点负责所辖地区的市场调研与分析预测工作，以及公司产品或服务的广告业务；负责与相关的调研机构、广告公司、发布媒体保持正常联络；评估市场调研、广告效果，提出改进建议或研究报告供领导参考。

5. 负责对地区销售机构的行政管理和下属推销员的业务培训、绩效考核和督促，并根据市场变化对推销人员和营销资源进行动态优化分配。

6. 负责主持或会同其他部门对所辖地区处理假冒商品问题。

7. 负责协调公司整体营销方针与所辖地区营销特点的矛盾冲突，灵活运用公司营销和价格政策。

8. 完成营销部部长临时交办的其他任务。

四十三、销售业务员岗位职责描述书

1. 认真贯彻执行公司销售管理规定和实施细则,努力提高自身推销业务水平。
2. 积极完成规定或承诺的销售量指标,为客户提供主动、热情、满意、周到的服务。
3. 负责与客户签订销售合同,督促合同正常如期履行,并催讨所欠应收销售款项。
4. 对客户在销售和使用过程中出现的问题、须办理的手续,帮助或联系有关部门或单位妥善解决。
5. 收集一线营销信息和用户意见,对公司营销策略、广告、售后服务、产品改进、新产品开发等提出参考意见。
6. 填写有关销售表格,提交销售分析和总结报告。
7. 做到以公司利益为重,不索取回扣,馈赠钱物上交公司,遵守国家法律,杜绝经济犯罪。
8. 完成营销部部长临时交办的其他任务。

四十四、销售助理岗位职责描述书

1. 负责公司销售合同及其他营销文件资料的管理、归类、整理、建档和保管工作。
2. 负责各类销售指标的月度、季度、年度统计报表和报告的制作、编写,并随时答复领导对销售动态情况的质询。
3. 负责收集、整理、归纳市场行情、价格,以及新产品、替代品、客源等信息资料,提出分析报告,为部门业务人员、领导决策提供参考。
4. 协助销售人员做好上门客户的接待和电话来访工作;在销售人员缺席时,及时转告客户信息,妥善处理。
5. 负责客户、顾客的投诉记录,协助有关部门妥善处理。
6. 协助部长做好部内内务、各种部内会议的记录等工作。
7. 逐步推广使用电脑信息系统处理营销资料,妥善保管电脑资料,不泄露销售秘密。
8. 完成营销部部长临时交办的其他工作任务。

四十五、办公室主任岗位职责描述书

1. 在总经理的领导下,负责主持本室的全面工作,组织并督促全室人员全面完成本室职责范围内的各项工作任务。

2. 贯彻落实本室岗位责任制和工作标准,密切各部门工作关系,加强协作配合,做好衔接协调工作。

3. 组织汇总公司年度综合性资料、草拟公司年度总结、工作计划和其他综合性文稿,及时撰写总经理的发言稿和其他以公司名义发言的文稿审核工作,严格按行文程序办理,保证文稿质量。

4. 组织收集和了解各部门的工作动态,协助总经理及公司领导协调各部门之间有关的业务工作,掌握公司主要活动情况,为公司领导决策提供意见和建议,负责编写公司年度大事记。

5. 负责召集公司办公会议,检查督促办公会议和公司领导布置的主要工作任务的贯彻落实情况。

6. 负责监督公司印章的使用。

7. 参与公司发展规划、年度经营计划的编制和公司重大决策事项的讨论。

8. 负责组织公司通用管理标准及规章制度的拟定、修改和编写工作,协助参与专用管理标准及管理制度的拟定讲座和修改工作。

9. 负责组织公司投资项目的洽谈、调研、立项、报批、工程投标、开工、竣工、预决算等有关基建项目管理工作,及时组织编制项目计划和项目进度统计报表,认真做好项目的监督管理工作。

10. 负责组织物资的供应计划,组织物品的供应、采购工作,做好物品进、出、存统计核算工作。

11. 负责组织全公司员工大会工作,开展年度总结评比和表彰工作。

12. 负责做好公司来宾的接待安排,统一负责对上级主管部门的联系、有关的法律咨询等工作。

13. 有权向直属领导提议下属人选,并对其工作考核评价。

14. 完成公司领导交办的其他工作任务。

四十六、信息部部长岗位职责描述书

1. 经总经理授权负责统管公司信息工作,建立统一的信息管理方针政策。

2. 负责抓好信息规章制度和细则制定、信息系统规划和年度工作计划等工作,制定标准化、规范化的信息处理流程,经领导批准后监督执行。

3. 负责为重大决策事项提供信息支撑和专项研究报告。

4. 协调跨部门信息工作,确保公司信息系统整体功能的发挥,对重大问题上报公司领导裁决。

5. 负责部门和全公司信息投资预算方案、信息设备采购方案的确定,在批准后组织实施。

6. 主持公司信息系统总体设计方案、系统集成、选型、设备采购的确立和谈判工作。

7. 密切关注国际国内信息产业动向和趋势,评估重大信息技术的影响,为公司引进先进信息技术提出意见和建议。

8. 负责审查部门编辑的各种信息动态简报、分析预测报告。

9. 负责指导、管理、监督信息部下属人员的业务工作,改善工作质量和服务态度,做好下属人员的绩效考核和奖励惩罚。

10. 完成总经理临时交办的其他工作任务。

四十七、信息主管岗位职责描述书

1. 在部长的领导下,按照公司信息管理制度的有关规定,负责拟定公司具体信息管理实施细则,在上级批准后组织执行。

2. 主动或受命为公司重大决策提供背景材料,接受各部门长期或临时性的咨询服务。

3. 负责编辑定期或不定期的公司信息刊物,提出专题分析预测报告。

4. 参与综合或专业性信息系统的总体设计、功能划分、软件开发、运行、验收全过程的监督、管理工作。

5. 负责图书资料的筛选,提出采购计划,管理公司的资料室。

6. 就与国际互联网联网和上网事宜,与营销部门、公关部门、行政部门等沟通和协调,达成一致方案。

7. 完成信息部部长临时交办的其他任务。

四十八、公关部部长岗位职责描述书

1. 负责公司对内、对外的公共关系工作,负责制订年度公关活动计划和支出预算方案,在批准后组织执行。

2. 协助行政部做好重大活动的组织、协调和接待工作。

3. 参与公司重大事件紧急处置和善后处理活动。

4. 经总经理正式任命,作为公司发言人。

5. 负责做好公司形象的新闻宣传,以及相关公关资料、图片、录音、录像、题词等收集、整理、记载存档工作。

6. 负责审阅所有对外发布的稿件,配合其他部门参与公关的有关活动。

7. 负责或协助开发导入 CIS、创建名牌、建立企业文化等活动。

8. 负责指导、管理、监督公关部下属人员的业务工作,改善工作质量和服务态度,做好下属人员的绩效考核和奖励惩罚等工作。

四十九、公关员岗位职责描述书

1. 在部长的领导下,按照公司公关管理制度的有关规定,负责拟定具体公关管理实施细则,在上级批准后组织执行。

2. 参与、主持或策划各项公关活动,提出公关方案预算,及时评价其效果。

3. 负责起草公关宣传材料,制作公关宣传品。

4. 配合其他部门做好来宾迎送、接待、陪同、参观、讲解、摄像工作。

5. 积极与新闻媒体、社会公众、各界人士、客户、政府机关、协会等保持广泛接触,通过各种联谊活动,扩大公司知名度。

6. 收集各类公关良策和典型案例,深入剖析和横向比较,对公司公关提出建议和策划方案。

7. 注意收集影响本公司形象、声誉、关系的因素和事件的信息,分析其后果,及时向部长提出对策建议。

8. 负责组织对公司全体员工公关意识和交往礼仪进行培训。

9. 具体做好公关资料、图片、录音、录像、题词等收集、整理、记载存档等工作。

10. 完成公关部部长临时交办的其他任务。

五十、工会主席岗位职责描述书

1. 负责公司工会管理工作,主持工会办公室日常事务。

2. 负责编写工会工作规划、重要文件、报告、文章和起草、定稿工作。

3. 指导开展与工会相关的调查、问卷和课题研究,及时掌握工会会员思想动态,并及时向党组织和行政领导汇报或提出建议。

4. 协助党组织和行政领导围绕每一时期中心任务开展工作;组织发动与本职相关的劳动竞赛和小革新活动;协助做好员工的政治思想工作,开展对员工的宣传教育活动,培养更多的"四有"员工,增强企业的凝聚力。

5. 审批年度工会活动方案,及每次活动的计划与预算。主持重要的、重大的或综合性工会活动。

6. 主管公司工会的机构设置、会费收缴与使用、印章管理、收发文件、档案保管与统计、年度总结与奖罚等事务审核、监督工作。

7. 协助公司党委和上级团组织配备好公司工会领导班子,主持基层工会干部的任免,对基层工会进行检查、监督、考核和培训。

8. 设立接待日,听取会员的意见、建议,及时反映基层问题,处理会员或员工的投诉,维护员工的合法权益。

9. 组织开展员工文化、娱乐、体育活动,做好职工及其家庭的生、老、病、死、贫、灾的慰问和善后处理工作。

10. 负责指导、管理、监督工会机关专职人员的业务工作,改善工作质量,做好下属人员的绩效考核和奖励惩罚工作。

五十一、工会干事岗位职责描述书

1. 热爱工会工作,认真贯彻执行《工会法》,树立全心全意为教职工服务的思想,勤勤恳恳、任劳任怨做好工作。

2. 协助工会主席、副主席做好工会日常工作,处理好工会文件的发放,做好工会会议记录,保管好工会的用品及会员档案。

3. 善于与各工会小组、工会联合组的沟通,及时反馈群众的意见和建议,与广大教职工交朋友,熟悉工会各项业务工作。

4. 愿意为离退人员服务,协助工会主席落实好老干部的有关政策,做离退休人员的贴心人。

5. 配合有关部门做好离退休人员各种补贴和福利发放工作。

6. 完成领导临时交办的各项具体工作。

五十二、安保部部长岗位职责描述书

1. 负责公司安全保卫消防工作,负责制订年度安保计划和支出预算方案,在批准后组织执行。

2. 负责领导(可能成立的)消防队、经警队、门卫室。

3. 经总经理授权,成为公司安全消防代理责任人。

4. 负责组织开展经常性、多样化安全教育活动,定期或不定期地进行消防检查、安全生产管理检查或其他专项检查。

5. 主持公司重大安全、保卫活动,参与公司紧急事件的处置工作。

6. 及时与政府公安、消防机关进行沟通和联络,协助其处理与公司有关的治安、灾害事故。

7. 负责加强安保人员政治、纪律、业务和反应能力的教育与培训。

8. 负责保安器械、设备的妥善保管、批准领用并监督其合法使用。

9. 负责相关安保资料等收集、整理、存档工作。

10. 就改善公司安保工作和装备设施,向公司提出意见和建议。

11. 负责指导、管理、监督安保部下属人员的业务工作,改善工作质量和服务态度,做好下属人员的绩效考核和奖励惩罚等工作。

12. 完成总经理临时交办的其他工作任务。

五十三、安保主管岗位职责描述书

1. 在安保部部长的领导下,负责本班保安人员所管辖责任区安全工作。

2. 带领本班保安人员,根据制定的各岗位责任制,严格认真地搞好安全保卫工作。

3. 根据责任制中的项目和要求,严格进行检查,督促本班保安人员落实岗位责任制。

4. 根据责任需要和部门主管的指示,有权调动本班的保安人员,加强某区段的安全保卫工作。

5.做好本职工作,以身作则,起模范带头作用

6.做好部门领导与基层保安人员协调工作,及时将保安人员反映的各种信息向上级汇报,为上级部门领导提供工作建议。同时,及时传达、落实上级的指示精神和工作安排。

7.要有法律知识和法律观念,熟悉保安业务,了解公司的规章制度,掌握管区内治安保卫工作的规律、特点,严格管理,做好安全保卫工作。

8.认真做好本班保安人员的考勤工作,如实记载工作中遇到、处理的各种情况,每天向主管部门汇报一次。

9.负责对本班保安人员的考核工作,对保安工作表现的好坏,有权进行表扬和批评。

10.完成安保部部长临时交办的其他任务。

五十四、监视员、保安员岗位职责描述书

1.24 小时严密监视保安对象的各种情况,发现可疑或不安全迹象,及时通知值班保安就地处理,通过对讲机向办公室报告,并随时汇报变动情况,直至查到问题处理完毕。

2.发现监视设备故障要立即通知值班保安加强防范,并立即设法修复。

3.要记录当班的监视情况,严格执行交接班制度。

4.提前做好上岗准备,按时接班,着装严整。

5.做好交接班手续工作,无遗漏、无差错、哨位设施无损坏、无丢失,执勤登记准确及时,内容清楚,如实记录和反映情况。

6.保持室内卫生整洁,交接班以后,上一班打扫卫生后才能离岗。

7.严禁无关人员进入,不准带亲戚朋友在工作场所聊天、嬉笑、打闹。

8.上班时精神集中,不准擅自离岗,不做与工作无关的事。

9.完成安保主管临时交办的其他任务。

五十五、消防员岗位职责描述书

1.认真学习有关消防知识,掌握各种器材的操作技术及使用方法。

2.积极认真做好防火宣传教育活动,提高责任区内全员防火意识。

3.做好消防器材、设备检查工作,保证设备处于完好状况,一旦发生火警即可投入使用。

4.检查电器、电线、电缆、煤气管道有无霉坏、锈坏、氧化、堵塞情况,防止因短路或爆

炸引起火灾。

5.制止任何违反消防安全的行为。

6.一旦发生火警,不论是上班还是下班,必须全力以赴投入抢救工作,不得临阵逃避。

7.发生火警事故时,不要惊慌,应采取下列应急措施:

(1)迅速报告有关部门、消防大队,拨打火警电话:119;

(2)组织人员抢救险情,力争把火扑灭,并注意查找起火原因;

(3)组织有关人员撤离危险地区,并做好妥善安排;

(4)做好现场安全保卫工作,严防坏人趁火打劫和搞破坏活动;

(5)协助有关部门查原因、查损失并做好善后工作;

(6)完成安保主管临时交办的其他任务。

五十六、大门门卫岗位职责描述书

1.着装、佩戴齐全,按规定上岗交接班。

2.执勤中不准擅自离岗,不准嬉笑打闹,不准看书报杂志、吃东西、睡觉或进行其他与执勤职责无关的事。

3.执勤要讲文明、讲礼貌,不刁难辱骂群众,处理问题要讲原则、讲方法,态度要和蔼,不急不躁。

4.认真检查出入车辆,指挥车辆按规定线路行驶,停放要指定位置,不准乱停乱放,确保通道畅通无阻,避免造成交通堵塞。

5.严格控制外来车辆及闲杂人员、小商贩进入管区;外来车辆进入管区,一律实行收费制度;按规定的标准收取,不准乱收费。

6.认真履行值班登记制度。值班中发生、处理的各种情况在登记簿上进行详细登记,交接班时移交清楚,责任明确。

7.执勤中玩忽职守,对工作不负责,造成一定损失的,要追究当班保安员的责任。

8.积极配合其他班组的保安员,做好安全防范工作,把好辖区大门。

9.完成安保主管临时交办的其他任务。

五十七、公司保安员岗位职责描述书

1.维持公司办公场所内外区域的正常工作秩序。

2. 维护公司内部治安秩序,消除隐患于萌芽状态,防患于未然。

3. 加强对重点部位的治安防范,加强防盗工作,及时发现可疑人和事,妥善处理。

4. 监督员工遵守安全守则和其他规则。

5. 加强防火活动,及时发现火灾苗头,并消除之。

6. 对违反治安条例的行为,查清事实,收集证据向公司或公安机关报告。

7. 配合领导做好下班后值班工作,检查公司办公场所留宿情况。

8. 支持、协助门卫履行职责。

9. 妥善保管配发的安保器械,不得丢失和擅自使用。

10. 正确记录值班日志和案件笔录,及时提出专案报告。

11. 保安人员应做到:

(1)服务领导,听从指挥。加强组织纪律性,遇事勤请示、报告;

(2)坚守岗位、恪尽职守,不脱岗睡岗、不闲聊;

(3)明辨是非,保持警惕,遇到复杂问题,多思多想,对周边情况仔细观察;

(4)遵守制度,文明服务。注意工作方法,着装整洁、态度和气;

(5)坚持原则,机智灵活,做到遇到情况反应快,解决问题快;

(6)不得超越法律私设公堂、打骂、搜身、体罚、拘留,不能触犯个人隐私权。

12. 完成安保部部长临时交办的其他任务。

五十八、巡逻保安员岗位职责描述书

1. 实行 24 小时(分为三或四个班)监视和巡察,防止不安全事件的发生。

2. 对于形迹可疑的人进行证件检查,必要时检查其所带物品。

3. 对于带出辖区或在辖区内装卸的较大物品,要检查单位证明、本人证件,并和单位联系核实,予以登记。

4. 制止在辖区内的打架斗殴。

5. 检查和制止在辖区内饲养家禽家畜,对于宠物要进行登记;如果其叫声干扰居民生活,应加以干涉、制止。

6. 制止在辖区内大声喧哗,影响他人工作休息,尤其是夜间遇此情形,保安人员要上前制止。

7. 接到报警,要立即向总值班室汇报,并立刻前去现场处理,同时和值班室联系。

8. 看管好所负责范围内的车辆,防止撬盗车事件发生。

9. 指挥并监视好所负责范围内行驶的车辆,防止交通事故的发生。

10. 监视所管辖区域,及时消灭火灾隐患。

11. 回答访客的咨询,必要时为其导向。

12. 完成安保主管临时交办的其他任务。

五十九、确定人员编制的程序

确定人员编制的过程实际上就是部门的工作划分和岗位配备,基本原则是确保每个定编人员均能分配到足够的工作量,以岗定人,不要以人定岗,如图 3 - 1 所示:

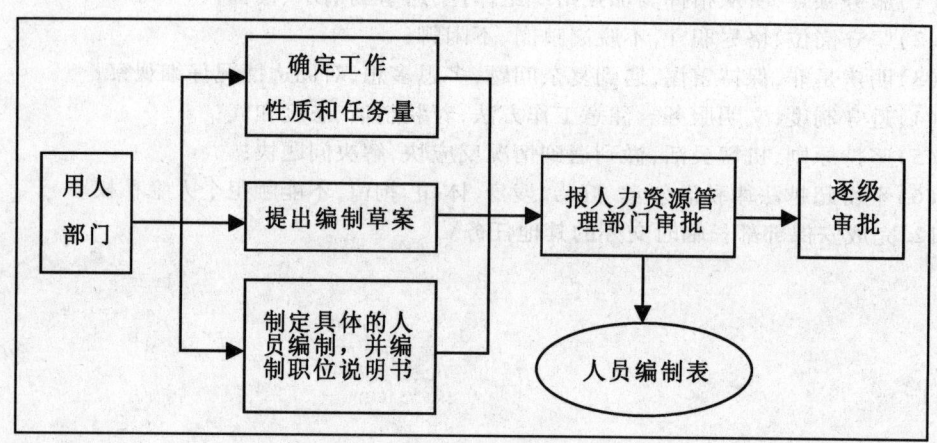

图 3 - 1 人员编制程序图

表 3 - 3 为某科技集团有限公司岗位设置总表:

表 3 - 3 某科技集团有限公司岗位设置总表

部门	岗位编号	岗位名称	职位人数(人)
公司总部	HT - G - Ⅰ	董事长	1
	HT - G - Ⅱ	总裁	1
	HT - G - Ⅲ	运营总监	1
	HT - G - Ⅳ	市场总监	1
	HT - G - Ⅴ	财务总监	1
	HT - G - Ⅵ	行政总监	1
	HT - G - Ⅶ	技术总监	董事长不计,合计:6
总裁办	HT - G - 1001	主任	1
	HT - G - 1002	秘书	1
	HT - G - 1003	司机	1
		合计	3

部门	岗位编号	岗位名称	职位人数（人）
企业管理部	HT－G－2001	部长	1
	HT－G－2002	企划专员	1
	HT－G－2003	企管专员	1
	HT－G－2004	网络专员	1
	HT－G－2005	法律专员	1
		合计	5
生产部	HT－G－3001	部长	1
	HT－G－3002	计划统计专员	1
	HT－G－3003	生产调度专员	1
	HT－G－3004	设备管理专员	1
	HT－G－3005	安全管理专员	1
		合计	5
资产管理部	HT－G－4001	部长	1
	HT－G－4002	资产管理专员	1
		合计	2
技术发展部	HT－G－5001	部长	1
	HT－G－5002	技术管理专员	1
	HT－G－5003	技术研发工程师	3
		合计	5
质量管理部	HT－G－6001	部长	1
	HT－G－6002	质控工程师	1
	HT－G－6003	认证工程师	1
	HT－G－6004	质检工程师	1
		合计	4
财务部	HT－G－7001	部长	1
	HT－G－7002	资金管理专员	1
	HT－G－7003	成本管理专员	1
	HT－G－7004	会计师	1
	HT－G－7005	出纳员	1
		合计	5
审计部	HT－G－8001	部长	1
	HT－G－8002	审计师	1
		合计	2
融投资管理部	HT－G－9001	部长	1
	HT－G－9002	融投资管理专员	1
		合计	2
人力资源部	HT－G－10001	部长	1
	HT－G－10002	人事培训专员	1
	HT－G－10003	薪酬福利专员	1
		合计	3
		职能部门总计（不含董事长）	42

注：1. 编号。规范化管理中，文件前面都有一个英文字母。例如岗位设置用 G，G 后面的数字表示一个部门，假如公司有 11 个部门，分别用 G－1、G－2 等表示，分别表示企管部、生产部等。如果是第一个部门的第一个岗位就叫 1001，第二个是 1002 等。这样编的好处是：实现计算机化、信息化管理的时候比较方便。

资料来源：尹隆森：《企业组织结构设计与部门职能划分》。

第四章

员工招聘与录用

《用制度管人》

一、招聘与录用工作总流程

组织人员招聘与录用是一个复杂、完整而又连续的程序化操作过程。这个系统运行的每一个组成部分都是为了保证人员招聘与录用工作的质量,为组织选拔出合格优秀的人才,它直接关系到企业人力资源的形成,是人力资源管理中培训、绩效评估、薪酬、激励、劳动关系、人员流动等工作环境的前提。在整个企业人力资源管理工作中起奠基作用。

工作的总流程及具体工作程序如图4-1所示:

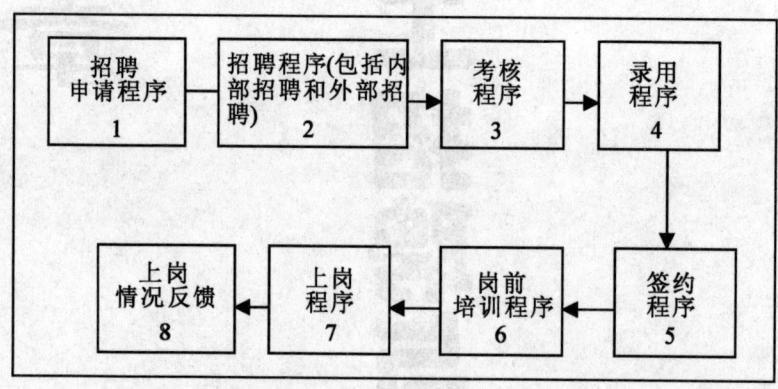

图4-1　招聘录用工作总流程图

二、招聘申请及其程序

招聘申请的目的在于发挥人力资源管理部门的监督控制作用,避免人员闲置与随意招聘人员。严格执行招聘申请工作,对于提高公司人力资源管理水平有很大的作用。

1. 有利于人力资源管理工作统一进行。有利于实施规范化管理,提高企业人力资源管理水平。

2. 有利于发挥专业人力资源管理人员的才能,招到更合适工作需要的人才,做到人尽其才。

3. 有利于高层领导及时准确地掌握公司人员需求情况,有利于公司的人力资源管理决策科学化。

（一）招聘申请注意事项

1. 严格把关，审核各部门的招聘申请情况。

2. 申请要具体、详尽。

3. 招聘申请工作要尽量集中进行，以减少招聘次数与招聘费用支出。

（二）招聘申请工作程序

人员选聘工作开始于组织中各种岗位产生职位空缺，由此而提出人员增补需求。各中心（部、室）招聘员工，要先向人力资源管理部门递交招聘申请表（包括拟招聘岗位、人数、具体要求等，如本章附表 4 - 1、4 - 2 所示），经人力资源管理部门审核同意后，由人事部统一安排、组织招聘工作。具体工作流程如图 4 - 2 所示：

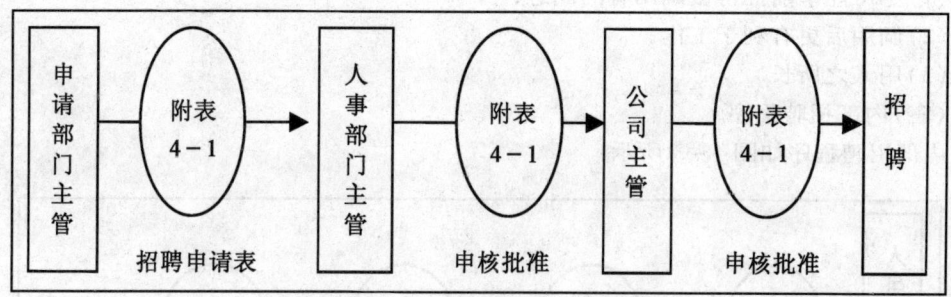

图 4 - 2　招聘申请工作程序图

三、内部招聘工作实施细则

人员选聘可以同时在两条路上展开：一是组织内部进行人员调整，最大限度发挥组织现有人力资源的潜力；二是从组织以外吸收适合组织需要的人才。从控制人力成本费用和发挥组织现有员工的工作积极性两个角度考虑，组织内部人员调整应先于组织之外的选聘工作。

内部招聘是指企业的职位空缺由企业内那些已经被确认为接近提升线的人员或通过平级调动来补充，由此造成的岗位空缺也要求确定可晋升的候选人。

（一）内部招聘的优缺点

内部招聘能够简化招聘程序，减少招聘费用和组织对员工进行岗位培训的费用，同时可以降低招聘风险，尤其是招聘一些关键的管理人员时，组织可以选拔内部成员来降低由于对应聘者的缺乏了解而承担的风险。它为员工提供了更好的成长、发展机会，能够有效地激励员工，从而有助于提高组织的生产率和组织文化的形成。

但是从另一方面说，内部招聘又容易造成自我封闭，使企业缺乏活力，不能及时补充优秀人才。所以在实际工作中要注意和外部招聘配合使用，处理好内部招聘和外部招聘的关系和比例。

（二）内部招聘的种类和原则

1. 内部提升

当企业中有些比较重要的岗位需要招聘人员时,让企业内部符合条件的员工从一个较低级的岗位晋升到一个较高级的岗位的过程就是内部提升。

内部提升应遵循的原则:唯才是用。

2. 内部调用

当企业中需要招聘的岗位与员工原来的岗位层次相同或略有下降时,把员工调到同层次或下一层次岗位上去工作的过程称之为内部调用。

内部调用应遵循以下原则:

（1）尽可能事前征得被调用者的同意;

（2）调用后更有利于工作;

（3）用人之所长。

（三）内部招聘程序

内部招聘程序如图 4 - 3 所示:

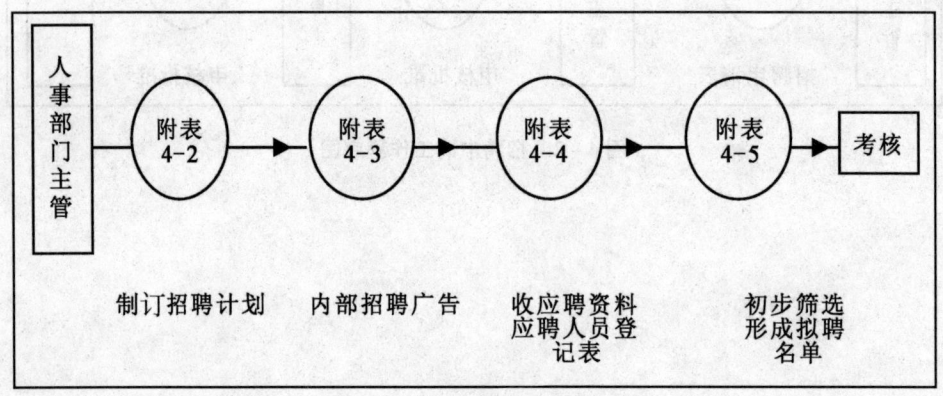

图 4 - 3　内部招聘程序

四、外部选聘工作实施细则

一个企业必须不断地从其外部寻求员工,特别是当需要大量地扩充其劳动力时。下列需求需要从外部招聘中满足:

一是补充初级岗位;

二是获取现有员工不具备的技术;

三是获得能够提供新思想的并具有不同背景的员工。

（一）企业外部招聘的主要途径

1. 大中专院校及职业技工学校

大中专院校及职业技工学校是招收应届毕业人才的主要途径。各类大中专院校可提供中高级专门人才,职业技工学校可提供初级技工人才。单位可以有选择地去某校物色人才,派人分别到各有关学校召开招聘洽谈会。

2. 人才交流会

各地每年都要组织几次大型的人才交流洽谈会。用人单位可花一定的费用在交流会上摆摊设点,应征者前来咨询应聘。这种途径的特点是时间短、见效快。但是,在这种交流会上,小型企业很难招聘到优秀人才。

3. 职业介绍中介机构

许多企业利用职业介绍中介来获得所需的员工。这种方式的优点是:应聘面广,很难形成裙带关系,时间较短。缺点是:不能详细了解应聘人员的情况,且需要一定的费用。

4. 竞争者与其他公司

对严格要求近期工作经验的职位来说,其竞争者及同一行业或同一地区的其他公司可能是其最重要的招聘渠道。

5. 在报纸、杂志、电视媒体上发布招聘广告。

(二)外部招聘的优缺点

1. 外部招聘的优点

(1)候选人员来源广泛,具备各类条件和不同年龄层次的求职人员有利于满足企业选择合适人选的需要。

(2)有利于组织吸收外部先进的经营管理观念、管理方式和管理经验,内外结合不断开拓创新。

(3)对外招聘管理人员,在某种程度上可以缓解内部候选人竞争的矛盾。当有空缺位置时,一些人往往会通过自我"打分"而有被入选提拔的希望。如果参与竞争的人条件大致相当,竞争比较激烈,但却又都不太合适,在这种情况下,从外部选聘就可以缓解这一矛盾,使未被提拔的人获得心理平衡。

2. 外部招聘的缺点

(1)应聘者的条件不一定能代表其实际水平和能力,因此不称职者会占有一定或相当比例。

(2)应聘者入选后对组织的各方面情况需要有一个熟悉的过程,即不能迅速进入角色开展工作。

(3)如果组织中有胜任的人未被选用或提拔,外聘人员的做法会挫伤组织员工的积极性。如果形成外聘制度,则更需慎重决定,因为其影响面可能更大。

(三)外部招聘的原则

1. 要有详尽的应聘人员登记表,以便了解应聘人员的情况。

2. 注意宣传介绍自己的公司,吸引人才来应聘。

3. 鼓励应聘者,并热情招待应聘者。

4. 根据人员需求的具体情况,选择相应的招聘方式,要有专门的招聘人员负责招聘工作。

(四)外部招聘工作程序

外部招聘工作程序如图4-4所示:

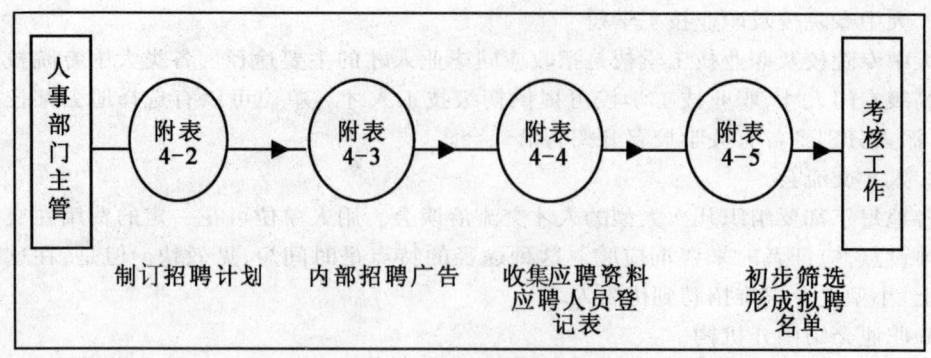

图 4 - 4 外部招聘程序

五、招聘考核与面试工作

由人事部门会同用人部门组织、实施人员选聘的考试与面试工作。应根据具体职位要求对应聘人员进行各种形式的知识、技能、能力考试和心理测试,从人员基本素质、心理特点、能力特长上对应聘人员加以考核。

考核合格者进入面试阶段,这是人员选聘工作中最重要的环节,因为面试评价所提供的关于应聘人的信息最正式、直观和准确。

(一)招聘考核的方式

在招聘工作中,要在较短的时间内尽可能地了解应聘者,就要通过多种形式的考试和测验(内容根据不同的岗位的要求进行设计),主要包括以下一些方式:

(1)专业技术知识和技能考试,这要通过专门的知识考试和实际操作来完成;

(2)一般知识、能力测验,这可以通过面试考官的提问来了解;

(3)特殊能力测验及心理测验,这可以通过专业的心理测试问卷或测试软件来完成。

(二)面试的主要内容

虽然从理论上讲,面试可以测评应试者几乎任何一种素质,但是在测评甄选实践中,并不是以面试去测评一个人的所有素质,而是有选择地用面试去测评它最能测评的内容。面试的主要内容包括:

(1)一般根据查阅应试者的个人简历或求职登记表的结果,做些相关的提问,查询应试者有关背景及过去工作的情况,以补充、证实其所具有的实践经验。通过工作经历与实践经验的了解,还可以考察应试者的责任感、主动性、思维能力、口头表达能力及遇事的理智状况等;

(2)了解应试者掌握专业知识的深度和广度,对应聘者的一般能力和工作能力进行评价;

(3)了解应聘者的个性、行为特征和兴趣爱好,从个性与工作的适宜性方面对应聘者进行评价;

（4）了解应试者对过去学习、工作的态度，并了解应试者的求职动机及对其他各方面的需求，判断本单位所能提供的职位或工作条件等，能否满足其工作要求和期望；

（5）面试时主考官还会向应试者介绍本单位及拟聘职位的情况，为应聘者提供准确、全面的参考信息；

（6）讨论有关工薪、福利等应聘者关心的问题，以及回答应试者可能要问到的其他一些问题等。

（三）考核的注意事项

考核的注意事项包括：

（1）考核程序要尽量简便，不要过于繁冗；

（2）要严格选拔考试人员，特别是面试考官，因为这是决定面试成败的关键；

（3）提前制订考核计划和程序及设计面试问话提纲，为考核做好准备工作；

（4）选择合适的面试场所。

（四）考核工作流程

招聘考核工作流程如图4-5所示：

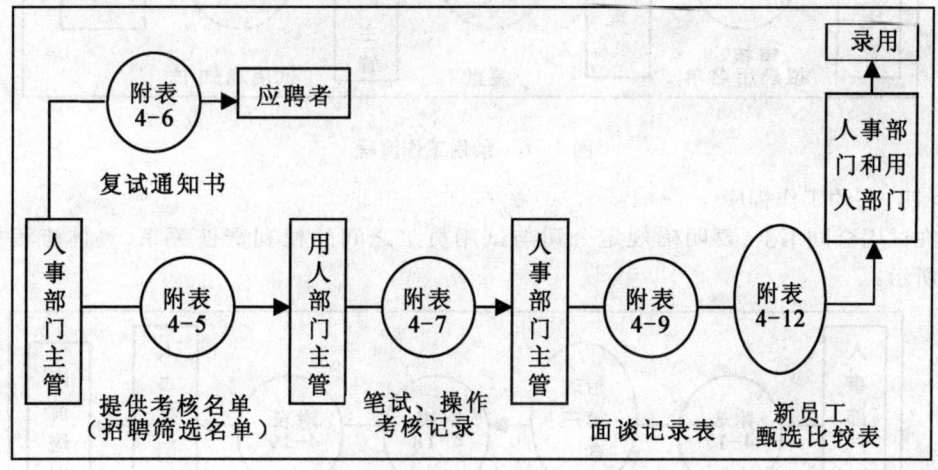

图4-5　招聘考核工作流程图

六、录用签约的注意事项

录用与签约是招聘工作的最后阶段，在此要明确员工的责任与权利，既保障员工的利益，又要避免公司利益受损失。签约是关键阶段。在准备录用前，人事部门应主动与用人部门（岗位主管）协商，介绍遴选对象的全面情况、面试结果、有无特殊要求等等，征得用人部门同意后，再做签约工作。要明确：招聘工作不仅仅是人事部门的工作，更是各用人部门的工作。

（一）录用签约的主要工作内容

这部分工作主要包括两方面:一是完成对考核结果的处理,根据考核的结果,已经被录用为试用员工的签约录用,需要辞谢的辞谢;二是按照劳动法等签订劳动合同及协议,明确员工的权利和义务,保障公司的利益和员工的应有权利。

(二)录用签约过程中的注意事项

录用签约过程中应注意的事项包括:①不要忽视对未被录用者的辞谢,这将影响到企业的形象;②对未被录用者的应聘资料存档处理(保存一定的时期)。

(三)录用工作程序

经考试、测验和面试合格者被录用为组织的试用员工,工作程序如图4-6所示:

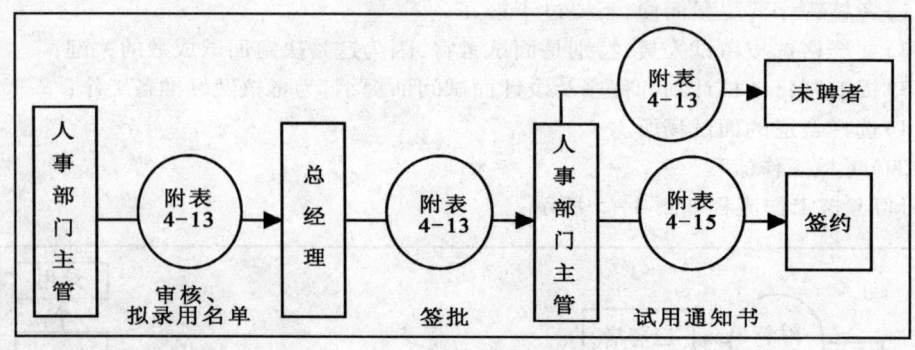

图4-6 录用工作流程

(四)签约工作程序

在试用合同书上,要明确规定公司与试用员工之间的权利责任关系,具体流程如图4-7所示:

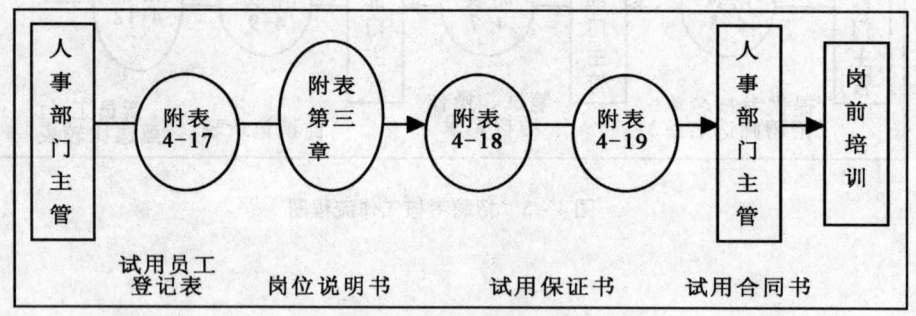

图4-7 签约工作流程图

七、员工聘用规定

第一条 为加强本公司员工队伍建设,提高员工的基本素质,特制定本规定。

第二条　本公司系统所有员工分为两类:正式员工和短期聘用员工。

正式员工是本公司系统员工队伍的主体,享受公司制度中所规定的各种福利待遇,短期聘用员工指具有明确聘用期的临时工、离退休人员以及少数特聘人员,其享受待遇由聘用合同书中规定。短期聘用员工聘期满后,若愿意继续受聘,经公司同意后可与本公司续签聘用合同,正式员工和短期聘用员工均应与本公司签订合同。

第三条　本公司系统各级管理人员不许将自己亲属介绍、安排到本人所分管的企业里工作,属特殊情况的,需由董事长批准,且介绍人必须立下担保书。

第四条　本公司各部门和各下属企业必须制定人员编制,编制的制定和修改权限见人事责权划分表,各部门各企业用人应控制在编制范围内。

第五条　本公司需增聘员工时,提倡公开从社会上求职人员中择优录用,也可由内部员工引荐,内部引荐人员获准聘用后,引荐人必须立下担保书。

第六条　从事管理和业务工作的正式员工一般必须满足下述条件:

(一)大专以上学历;

(二)二年以上相关工作经历;

(三)年龄一般在 35 岁以下,特殊情况不超过 45 岁;

(四)外贸人员必须至少精通一门外语;

(五)无不良行为记录。

特殊情况人员,经董事长批准后可适当放宽有关条件,应届毕业生及复员转业军人需经董事长批准后方可考虑聘用。

第七条　所有应聘人员除董事长特批可免予试用或缩短试用期外,一般都必须经过三至六个月的试用期后才可考虑聘为正式员工。

第八条　试用人员必须呈交下述材料:

(一)由公司统一发给并填写招聘表格;

(二)学历、职称证明;

(三)个人简历;

(四)近期相片 2 张;

(五)身份证复印件;

(六)体检表;

(七)结婚证、计划生育证或未婚证明;

(八)面试或笔试记录;

(九)员工引荐担保书(由公司视需要而定)。

第九条　试用人员一般不宜担任经济要害部门的工作,也不宜安排具有重要经济责任的工作。

第十条　试用人员在试用期内待遇规定如下:

(一)基本工资待遇:

高中以下毕业:一等

中专毕业:二等

大专毕业:三等

本科毕业:四等

硕士研究生毕业(含获初级技术职称者):五等

博士研究生毕业(含获中级技术职称者):六等

（二）试用人员享受一半浮动工资和劳保用品待遇。

第十一条　试用人员经试用考核合格后，可转为正式员工，并根据其工作能力和岗位重新确定职等，享受正式员工的各种待遇；员工转正后，试用期计入工龄，试用不合格者，可延长其试用期或决定不予聘用，对于不予聘用者，不发任何补偿费，试用人员不得提出任何异议。

第十二条　正式员工可根据其工作业绩、表现以及年限，由公司给予办理户口调动。

第十三条　总公司和各下属企业的各类人员的正式聘用合同和短期聘用合同以及担保书等全部材料汇总保存于总公司人事监察部和劳资部，由上述两个单位负责监督聘用合同和担保书的执行。

第十四条　本规定适用于总公司、下属全资公司以及由公司控股、管理的合资公司。

八、劳动合同

_____公司（单位）（以下简称甲方）

_____（以下简称乙方）

依照国家有关法律条例，就聘用事宜，订立本合同。

第一条　试用期及录用

（一）甲方依照合同条款聘用乙方为员工，乙方工作部门为_____职位，工种为_____，乙方应经过三至六个月的试用期，在此期间甲、乙任何一方有权终止合同，但必须提前七天通知对方或以七天的实际工资作为补偿。

（二）试用期满，双方无异议，乙方成为甲方的正式合同制劳务工，甲方将以书面方式给予确认。

（三）乙方试用合格后被正式录用，其试用期应计算在合同有效期内。

第二条　工资及其他补助奖金

（一）甲方根据国家有关规定和企业经营状况实行本企业的等级工资制度，并根据乙方所担负的职务和其他条件确定其相应的工资标准，以银行转账形式支付，按月发放。

（二）甲方根据盈利情况及乙方的行为和工作表现增加工资，如果乙方没达到甲方规定的要求指标，乙方的工资将得不到提升。

（三）甲方（公司主管人员）会同人事部门，在如下情况，甲方将给乙方荣誉或物质奖励，如模范地遵守公司的规章制度，生产和工作中的突出贡献或技术革新、经营管理改善。乙方也可由于有突出贡献得到工资和职务级别的提升。

（四）甲方根据本企业利润情况设立年终奖金，可根据员工劳动表现及在单位服务年限发放奖金。

（五）甲方根据政府的有关规定和企业状况，向乙方提供津贴和补助金。

（六）除了法律、法规、规章明确提出的要求补助外，甲方将不再有义务向乙方提供其他补助津贴。

第三条　工作时间及公假

（一）乙方的工作时间每天为8小时（不含吃饭时间），每星期工作5天或每周工作时间不超过40小时，除吃饭时间外，每个工作日不安排其他休息时间。

（二）乙方有权享受法定节假日以及婚假、丧假等有薪假期。甲方如要求乙方在法定节假日工作，在征得乙方同意后，须安排乙方相应的时间轮休，或按国家规定支付乙方加班费。

（三）乙方成为正式员工，在本企业连续工作满半年后，可按比例获得每年根据其所担负的职务相应享受_____天的有薪年假。

（四）乙方在生病时，经甲方认可的医生及医院证明，过试用期的员工每月可享受有薪病假一天，病假工资超出有薪病假部分的待遇，按政府和单位的有关规定执行。

（五）甲方根据生产经营需要，可调整变动工作时间，包括变更日工作开始和结束的时间，在照顾员工有合理的休息时间的情况下，日工作时间可做不连贯的变更，或要求员工在法定节假日及休息日到岗工作。乙方无特殊理由应积极支持和服从甲方安排，但甲方应严格控制加班加点。

第四条　员工教育

在乙方任职期间，甲方须经常对乙方进行职业道德、业务技术、安全生产及各种规章制度及社会法制教育，乙方应积极接受这方面的教育。

第五条　工作安排与条件

（一）甲方有权根据生产和工作需要及乙方的能力，合理安排和调整乙方的工作，乙方应服从甲方的管理和安排，在规定的工作时间内按质按量完成甲方指派的工作任务。

（二）甲方须为乙方提供符合国家要求的安全卫生的工作环境，否则乙方有权拒绝工作或终止合同。

第六条　劳动保护

甲方根据生产和工作需要，按国家规定为乙方提供劳动保护用品和保健食品。对女员工经期、孕期、产期和哺乳期提供相应的保护，具体办法按国家有关规定执行。

第七条　劳动保险及福利待遇

（一）甲方按国家劳动保险条例规定，为乙方支付医药费用、病假工资、养老保险费用及工伤保险费用。

（二）甲方根据单位规定提供乙方宿舍和工作餐（每天_____次）。

第八条　解除

（一）符合下列情况，甲方可以解除劳动合同：

1.甲方因营业情况发生变化，而多余的员工又不能改换其他工种；

2.乙方患病或非因工负伤，按规定的医疗期满后，不能从事原工作，也不能调换其他工种；

3.乙方严重违反企业劳动纪律和规章制度，并造成一定后果，根据企业有关条例和规定应予辞退的，甲方有权随时解除乙方的劳动合同；

4.乙方因触犯国家法规被拘留、劳动教养、判刑，甲方将做开除处理，劳动合同随之终止。

（二）符合下列情况，乙方可以解除劳动合同：

1.经国家有关部门确认，劳动安全、卫生条件恶劣，严重危害了乙方身体健康的；

2.甲方不履行劳动合同或违反国家政策、法规、侵害乙方合法利益；

3. 甲方不按规定支付乙方劳动报酬的。

（三）在下列情况下,甲方不得解除劳动合同:

1. 乙方患病和因工负伤,在规定的医疗期内的;

2. 乙方因工负伤或患职业病,正在进行治疗的;

3. 女员工在孕期、产期或哺乳期的。

（四）乙方因工负伤或患职业病、医疗终结经政府有关部门确认为部分丧失劳动能力的,企业应予妥善安置。

（五）任何一方解除劳动合同,一般情况下,必须提前一个月通知对方,或以一个月的工资作为补偿,解除合同的程序按企业有关规定办理。

（六）乙方在合同期内,持有正当理由,不愿继续在本企业工作时,可以提出辞职,但须提前一个月书面通知甲方,经甲方批准后生效。辞职员工如系由企业出资培训,在培训期满后,工作未满合同规定年限的,应赔偿甲方一定的培训费用。未经甲方同意擅自离职,甲方有权通过政府劳动部门,要求乙方返回工作岗位,并赔偿因此给甲方造成的经济损失。

第九条　劳动纪律

（一）乙方应遵守国家的各项规定和企业的《员工手册》以及甲方的各项规章制度。

（二）乙方如触犯刑律,受法律制裁或违反《员工手册》和甲方规定的其他规章制度,甲方有权按《员工手册》等规定,分别给予乙方相应的纪律处分,直至开除。因乙方违反《员工手册》和其他规章制度,造成本企业利益受到损害,如企业声誉的损害、财产的损坏,甲方根据严重程度,可采取一次性罚款措施。

（三）如果乙方违反合同规定,贪污受贿,严重玩忽职守或有不道德、粗鲁行为,引起或预示将引起严重损害到他人人身和财产利益;乙方触犯刑律受到法律制裁等,上述种种,甲方有权立即予以开除,并不给予"合同补偿金"和"合同履约金"。乙方贪污受贿或损害他人人身和财产利益所造成的损失。由乙方负全部赔偿责任。

（四）乙方在合同期内和以后,不得向任何人泄露本企业的商业机密。乙方在职期间不得同时在与本企业经营相似的企业、团体以及与本企业有业务关系的企业团体兼职。乙方合同终止或其他原因由本企业离职时,应向部门主管人员交回所有与经营有关的文件资料,包括通信、备忘录、顾客清单、图表资料及培训教材等。

第十条　合同的实施和批准

（一）本合同经_____讨论制定,报经_____批准,用_____文字书写,内容以中文为准,合同解释权属本公司人事部。

（二）单位《员工手册》《雇员犯规及警告通告》及其他经济纪律规定均为合同附件,是合同的组成部分。

（三）本合同一经签订,甲、乙双方必须严格遵守,任何一方不得单方面修改合同内容,如有未尽事宜或与政府有关规定抵触时,按政府有关规定处理。

（四）本合同自签订之日生效,有效期为_____年于_____年_____月_____日到期,合同期满前两个月,如双方无异议本合同自行延长_____年。

（五）本合同一式两份,甲、乙双方各执一份,由甲方上级主管部门和国家劳动管理部门监督执行。

甲方（签字）　　　　　　　　　　　　　　　　乙方（签字）

　　年　月　日　　　　　　　　　　　　　　　　年　月　日

九、员工正式聘用合同书

订立合同书人:甲方:

乙方:

甲方聘用乙方为正式员工,双方经过平等协商,彼此同意约定下述条款以共同遵守。

第一条　乙方的考勤与管理按甲方有关人事管理制度办理。

第二条　乙方的职务或工种为:

第三条　乙方受聘于甲方期间,应根据甲方工作安排,在下述工作场所履行职责:

(一)甲方公司总部;

(二)甲方在全资公司或参股的合资公司;

(三)甲方在内地省份机构及境外机构;

(四)应出差服务的场所。

第四条　乙方的工作职责、事项由甲方依乙方的职务或工种,并视乙方能力及甲方需要进行分派。

第五条　乙方的正常工作时间每日为7小时,每周5个工作日,其工作、休息、休假等,依照员工手册办理。

第六条　甲方根据工作需要,要求乙方加班时,除不可抗拒的事由外,乙方应予配合,有关加班事宜,依员工手册办理。

第七条　甲方按国家规定实行社会保险制度,并为乙方投保。

第八条　甲方按国家规定实行劳动保健制度,乙方可以享受有关劳保待遇。

第九条　乙方的工作报酬:

(一)甲方应按月支付乙方报酬,乙方的工资待遇定为____等,并可享受公司规定的津贴福利和奖励。

(二)甲方可参考下列事项调整:

1.乙方每月工作考核记录;

2.乙方工作职务(或工种)变换情况;

3.甲方盈利状况;

4.劳务市场供需状况及社会经济发展一般水平。

第十条　乙方每月工资由甲方于次月5日发放。若工资发放日适逢周日或假日,甲方得提前或推后一日或数日发放。

第十一条　甲方因业务萎缩时有权终止本合同,并提前一个月通知乙方,合同终止时,甲方增发乙方一个月的工资,且乙方不必补偿培训费。

第十二条　乙方主动提出解除本合同时,须提前一个月通知甲方,调离时,乙方须按员工手册办理有关手续,且甲方不予增发一个月工资。

第十三条　乙方声明:乙方在签署本合同时,业已获得员工手册,并知悉全文,愿意遵守各项规定。

第十四条　本合同一式两份,甲、乙双方各执一份,经双方签章后于____年____月

____日起生效。

第十五条　本合同为长期合同,甲、乙双方若不特别声明,本合同保持持续有效。

第十六条　甲、乙双方就履行本合同所发生一切争执,同意以劳动局为第一审理机关。

订立合同书人

甲方:

签约代表人:　　　　　　　　　（签字）

职称:

乙方:　　　　　　　　　　　　（签字）

身份证号码:

户口所在地地址:

联络方式:

十、员工短期聘用合同书

订立合同书人:甲方:

乙方:

甲方聘用乙方为短期员工,双方经过平等协商,彼此同意约定下述条款以共同遵守。

第一条　乙方的考勤与管理须按甲方员工手册办理。

第二条　乙方的职务或工种为:

第三条　乙方受聘于甲方期间,应根据甲方工作安排,在下述工作场所履行职责:

(一)甲方公司总部;

(二)甲方在全资公司或参股的合资公司;

(三)甲方在内地省份机构及境外机构;

(四)应出差服务的场所。

第四条　乙方工作职责、事项由甲方依乙方的职务或工种,并视乙方能力及甲方需要进行分派。

第五条　乙方的正常工作时间每日为7小时,每周5个工作日,其工作、休息、休假等,依员工手册办理。

第六条　甲方根据工作需要,要求乙方加班时,除不可抗拒的事由外,乙方应予配合,有关加班事宜,依员工手册办理。

第七条　甲方按国家规定实行社会保险制度,并为乙方投保。

第八条　甲方应按月支付乙方报酬,乙方的工资待遇每月____元人民币。

第九条　乙方在医疗费用报销和劳保福利方面享受正式员工一半的待遇。

第十条　乙方每月工资由甲方次月5日发放,若工资发放日适逢周日或假日,甲方可提前或推后一日或数日发放。

第十一条　甲方对乙方奖励,分为嘉奖、记功、晋级、评为先进生产(工作)者和劳动模范等五种。甲方对乙方的惩处,分为警告、记过、降级、辞退、除名等五种。

以上奖励及惩处事由和办法,依员工手册办理。奖励及惩处记录列为甲方考核乙方的依据之一。

第十二条　甲方因业务萎缩或乙方不能胜任甲方工作时,甲方有权终止本合同,并提前一个月通知乙方,合同终止时,甲方增发乙方一个月的工资。

第十三条　乙方主动提出解除本合同时,须提前一个月通知甲方,调离时,乙方须按员工手册办理有关手续,且甲方不予增发一个月工资。

第十四条　乙方声明乙方在签署本合同时,业已获得员工手册,并知悉全文,愿意遵守各项规定。

第十五条　本合同有效期为一年,期满以后自动失效。若甲、乙双方同意,可于合同期满前一个月续签合同。

第十六条　本合同一式两份,甲、乙双方各执一份,经双方签字后于_____年____月____日起生效。

第十七条　甲、乙双方就履行本合同所发生一切争执,同意以市劳动局为第一仲裁机关。

订立合同书人

甲方:

签约代表人:　　　　　　(签字)

职称:

乙方:　　　　　　　　　(签字)

身份证号码:

户口所在地地址:

联络方式:

十一、员工引荐担保书

兹介绍_____先生(女士)到_____工作,本人确认被介绍人所提供的个人简历材料属实,如有弄虚作假,由本人负责。据本人了解,被介绍人身体健康,工作踏实,品行端正,未有犯罪记录,愿意遵守本公司的规章制度,本人愿做其担保人,若被介绍人有违反公司规章制度行为,请公司按章惩处,本人绝不说情袒护,若被介绍人在本公司工作期间发生经济或法律案件,致使公司利益蒙受损失,本人愿负连带责任,按公司有关规定进行经济赔偿,特立此保证书为凭。

保证人:

日期:

十二、员工报到通知书

_____先生(女士):

(一)您应征本公司_____之职,经复审结果,决定录用,请于____年____月____日(星期____)上午____时,携带下列物品文件及详填函附的表格,向本公司报到。

1. 身份证复印件。

2. 个人履历表。

3. 体检表。

4. 学历证。

5. 保证书及服务志愿书。

6. 2寸半身照片____张。

(二)按本公司规定新进员工必须先行试用_____个月,试用期间暂支月薪_____元人民币。

(三)报到后,本公司在很愉快的气氛中,为您做到职前介绍,包括让您知道本公司一切人事制度、福利、服务守则及其他注意事项,使您在本公司工作期间满足愉快,如果您有疑虑或困难,请与本部门联络。

×××股份有限公司

部　　启

十三、服务自愿书

_____股份有限公司:

今承贵公司任用,愿恪遵下列条款,忠诚服务。

(一)遵守公司规章,服从公司任何调遣与指示。

(二)严守职务机密。

(三)愿按公司规定,自开始服务之日起____个月为试用期间,试用期间经考核合格,始得正式任用。

(四)公司可因试用不合格,随时通知停止试用,或于适用期满因情况变更暂不正式任用时,愿即离职绝不请求任何补助。

（五）试用期满正式录用后，如未能配合公司作业要求时，愿无条件接受公司遣调或解雇。

（六）公司因经济情况不良，或营业清淡，或以机器代替人工，而必须裁减员工时，愿遵照公司通知随时解职，绝不提出资遣或任何补助要求。

（七）如有损毁或遗失公司设备财物时，愿遵照公司估定价值，与保证人连带负责履行赔偿义务。

（八）具服务志愿书人经公司录用开始服务后，中途如因故须离职时愿尽早提出辞职申请，并经人事组送达批准书后方离开工作岗位。否则依公司规定以旷工论处。

具服务自愿书人（签名盖章）

年　　月　　日

十四、聘任书

聘字第　　　　号

兹敦聘＿＿＿＿先生（女士）为本公司＿＿＿＿部＿＿＿＿

自　　年　　月　　日起

至　　年　　月　　日止

此聘

××股份有限公司

总经理

年　　月　　日发

十五、聘约人员管理办法

第一条　为使本公司聘约人员的聘任及管理有所遵循，特依本公司人事管理规则第二条规定制定。

第二条　聘用范围。本公司从业人员依"从业人员退休办法"退休或各部门因工作需要，须以聘约方式聘用人员时，得由聘用部门详陈理由，并拟定每月薪金，呈总经理核准以聘任书聘用，并将聘任书副本及聘约人员资料送总管理处总经理室转报董事长。

第三条　工作报酬。聘约人员概不列入本公司编制，除不参加互助、福利委员会及退职酬劳金分配外；服务满当年度者，年终奖金发给两个月（服务不满当年度者，依当年度实际工作月数比例计给），"各项津贴给付办法"所规定的各项津贴、效率奖金分配及其他福利设施的享用均比照本公司从业人员办理。

第四条　人员管理。聘约人员的考勤、出差、保险及管理,依约定或比照编制内从业人员办理。

第五条　终止受聘。聘约人员因重大事由必须于约定期限前终止受聘时,应于一个月前通知聘用部门于其办妥离职手续后始得终止聘用。

第六条　解聘。聘约人员于聘任期间,如有违反本公司人事管理规则或工作上无法胜任的情形者,聘用部门应呈总经理核准后解聘。并送总管理处总经理室转报董事长。

第七条　实施及修改本办法经经营决策会通过后实施,修改时亦同。

表4-1　临时/定期聘约人员雇用核定表

姓名	性别	出生年月	学历	专长	拟分派工作部门	担任工作	工作期间	拟支工资	批示

表4-2　定期/临时聘约人员雇用核定表

姓名		性别	出生日期	年　月　日	籍贯	省　市　县
学历		身份证号码				
现住址		市　　街路巷		号		
现住址		市　　街路巷		号	配偶	
报到日期	年月日	投保日期	年月日	保险卡号码		
雇用期限		工作部门	担任工作	工资	核准增补申请书编号	
年　月　日起至　年　月　日						
年　月　日起至　年　月　日						
年　月　日起至　年　月　日						
年　月　日起至　年　月　日						
年　月　日起至　年　月　日						

十六、专业技术人员职位任用办法

第一条　目的

为使专业技术人员职位的任用有所遵循,特依人事管理规则第一条规定制定本办法

第二条　职位设定

1. 专业技工:同公务员。

2. 专业技术员:同助理工程师。

3. 专业技师:同副工程师。

第三条　资格

(一)专业技工

凡具备下列三项条件者,可晋升为专业技工:

1. 担任同种专业技术工作的熟练工人在本职位中有四年考绩甲等以上;

2. 参加本企业专业技工检定合格或取得国家乙种相同性质技术检定合格者;

3. 经直属科长推荐者。

(二)专业技术员

凡具备下列三项条件者,可晋升为专业技术员:

1. 担任专业技工员或工务员在本职位中有四年考绩甲等以上;

2. 参加本企业专业技术员检定合格或取得国家甲种相同性质技术检定合格者;

3. 经直属厂处长推荐者。

(三)专业技师

凡具备下列三项条件者,可晋升为专业技师:

1. 担任专业技术员在本职位中有四年考绩甲等以上;

2. 参加本企业专业技师检定合格者;

3. 经直属经理推荐者。

第四条　限制

(一)任用专业技术人员职位者,不得同时任用于其他职称。

(二)从业人员在年度内受记过的处分而未抵消,或上年度考绩在乙等以下者,本年不得晋升。

十七、新进人员任用办法

第一条　本办法依据本公司人事管理规则第一条规定订定。

第二条　人员的增补。各部门因工作需要,需增补人员时,以厂处为单位,提出"人员增补申请书"依可能离职率及工作需要,临时工由各部拟订需要人数及工作日数呈经理核准,女性现场操作人员由各部门定期(视可能变化订定期限)拟订需要人数呈经理核准;其他人员呈总经理核准。并于每月5日前将上月份人员增补资料列表送总管理处总经理室转报董事长。

第三条　人员甄选。主办部门经核准增补人员的甄选,大专以上由总管理处经营发展中心主办,高中以下由各公司(事业部)自办,并以公开登报招考为原则。主办部门核对报名应考人员之资格应详审审查,对不合报考资格或认有不拟采用的情况者,应即将报名的书表寄还,并附通知委婉说明未获初审通过之原因。

第四条　甄选委员会的组成。新进人员甄选时应由主办部门筹组甄选委员会办理有关下列事项:

（一）考试日期、地点;

（二）命题标准及答案;

（三）命题、主考、监考及阅卷、人员及工作分配;

（四）考试成绩评分标准及审定;

（五）其他与考试有关事项的处理。

第五条　成绩的评分。新进人员甄选成绩的评分标准分学科、术科、口试三项,其成绩分比例视甄选对象及实际需要由各甄选委员会订定,但口试成绩不得超过总成绩的40％。

第六条　录用情形。填报各甄选主办部门于考试成绩评定后,应将各应考人员成绩及录用情形填报总管理处总经理室。

第七条　录取通知。对于拟录取的人员,主办部门应通知申请部门填写"新进人员试用申请及核定表",大专毕业以上人员总经理核准,并列表送总管理处总经理室转报董事长。

高中毕业程度以下(除现场女性操作人员及临时人员由经理核准外)人员呈总经理核准后,即通知录取人员报到。备取人员除以书面通知列为备取外,并说明遇有机会得依序通知前来递补。对于未取人员除应将原书表检还外,并附通知委婉说明未录取原因。自登报招考至通知前来报到的期间原则上不得超过一个月。

第八条　报到应缴文件。新进人员报到时应填交人事资料卡、安全资料、保证书、体格检验表、户口本及照片,并应缴验学历证书、退伍证,以及其他经历证明文件。

第九条　试用。新进人员均应先行试用40天。试用期间应由各厂处参照其专长及工作需要,分别规定见习程序及训练方式,并指定专人负责指导。

第十条　训练计划。有关新进人员的训练计划规定另订。

第十一条　试用期满的考核。新进人员试用期满后由各该负责指导人员或主管用

"新进人员试用申请及核定表"详加考核(大专以上人员应附实习报告),并依第七条规定权限呈报,如确认其适才适用则予以正式任用,如尚需延长试用得酌予延长,如确属不能胜任或经安全调查有不法事情者即予辞退。

第十二条　处分规定。新进人员于试用期间应遵守本公司一切规定,如有受记过以上处分者,应即辞退。

第十三条　试用期间考勤规定。新进人员于试用期间其考勤规定如下:

(一)事假达5天者应即予辞退;

(二)病假达7天者应即予辞退或延长其试用期间予以补足;

(三)曾有旷职的记录或迟到三次者应即予辞退;

(四)公假依所需日数给假,其已试用期间予以保留,假满复职后予以接计;

(五)其他假比照人事管理规则第二十一条规定办理。

第十四条　停止试用或辞退。经停止试用或辞退者,仅付试用期间的薪资,不另支付任何费用,亦不发给任何证明。

第十五条　试用期间的待遇。试用期间薪资依人事管理规则,以薪级表标准核支,试用期间年资、考勤、奖惩均予并计。

第十六条　实施及修改本办法经经营决策委员会通过后实施,修改时亦同。

十八、新进人员任用细则

(一)员额申请:各部门如需增添人员,应将所需员额、条件以及需求期限,填具增用人员通知单呈准后交人事单位依限尽速办理,并设法于半个月内完成为原则。

(二)征招:无论征招或介绍,必须先经人事单位面谈口试合格后,再移申请单位考试或试用,需考试者,应通知人事单位会同办理。

(三)新进人员经人事单位口试或会同考试后应将合格者呈请雇佣,经批准后方可通知到职(限月薪人员及技术性工员)。

(四)报到:新进人员报到时应先缴验学历证件及离职证明,并交户口本复印件,1寸半身照片三张,再填具人事调查基本资料卡一式二份,保证书一份(经管财务者须殷实铺保),保防联保具结一份,指模笔迹一份。

(五)考核:新进人员不论其为考取、介绍以及有无工作经验,均须先经试用,并由主管(用人单位)考核一周,合则继续试用,不合者即予辞退。

(六)试用及转正:

1.试用开始,新进人员先由所属单位主管引见上级主管及介绍本单位同事与有关单位。

2.试用期间月薪者定为40天,日薪者定为40天,升正时间定为每月一日,凡试用(月薪)期满认为成绩合格者即于次月一日统一办理转正,其成绩较差者,可视情形延长试用,最多以4个月为限,日薪者最多以40天为限,不理想者,即予淘汰。其转正的计算如下例:7月2日到职,如果两个月转正则应于9月1日办转正手续(日薪者亦依此办理)。

3.试用人员转正,必先经安全调查办妥无问题方可,因安全调查延期,凡已转正者如安全有问题者,即通知离职,不予录用。

(七)核薪:

1.核薪程序参照薪资表实施细则第十条规定办理。

2.员工经试用后于每月10日及25日统一办理核薪手续,其于核薪前离职者按其职等的最低试用薪计给。

3.采薪资保密制,薪资核定经人事单位登记后径送财务部主管。

(八)员工转正后应即与公司签订合约,凡未签约者,其薪资仍按试用计算,并须遵守下列原则:

1.员工转正于合约签订日期生效;

2.员工转正合约签订后,服务未满一年,而故意旷职(工)离去,视为自请辞职,并以违背聘雇合约第一条论。

(九)临时雇用人员另订办法。

(十)本细则实施后无论转正员工的合约已签未签双方均应以此为据。

(十一)本细则由经理级会议研讨通过并呈总经理核准后实施,如有未尽事宜得随时呈请修正。

十九、报酬待遇管理规定

第一条 为保障员工的合法利益,贯彻多劳多得,奖勤罚惰原则,特制定本规定。

第二条 本规定所指各种报酬待遇仅适用于正式聘用员工,短期聘用员工待遇由合同书确定。

第三条 凡在本公司就业的正式聘用员工可享受下述四类报酬待遇:工资类、津贴类、奖励类和福利类。

(一)工资类包括:

1.基本工资;

2.工龄工资;

3.浮动工资;

4.年终双薪。

(二)津贴类包括:

1.职务补贴;

2.物价补贴;

3.住房补贴;

4.加班补贴。

(三)奖励类包括:

1.创汇奖;

2. 全勤奖；

3. 年终奖；

4. 年终先进个人奖。

（四）福利类包括：

1. 夏季饮料费；

2. 劳保费；

3. 节日补助；

4. 医疗费；

5. 独生子女费；

6. 子女教育费；

7. 煤气补助；

8. 丧葬补助。

第四条　各类报酬待遇的标准如下：

（一）工资类：

1. 基本工资分成四类十等（附表略）；

2. 工龄工资以服务公司的时间计算，每月 5 元；

3. 浮动工资，由公司拿出相当于全部员工基本工资的 15％，作为浮动工资（其分配原则另定）；

4. 年终双薪，每年 12 月对在本公司干满一年以上的员工发双薪。

（二）津贴类：

1. 职务补贴：分成六级（附表略）；

2. 物价补贴：根据物价上涨浮动确定，一般每月每人不低于 10 元；

3. 住房补贴：对公司应该提供住房而没有提供住房的员工，限经理以下，每人每月补助 300 元，部门经理以上，每人每月补助 500 元；

4. 加班补贴：加班补贴为单位时间工资的 2 倍。

（三）奖励类：

1. 创汇奖：达到核定指标的 100％奖给人民币 80 元，每超过一个百分点，奖人民币 5 元；

2. 全勤奖：全勤每人每月 50 元；

3. 年终奖：根据年终经济效益确定；

4. 年终个人奖 500～1 000 元。

（四）福利类：

1. 夏季饮料费：6 月至 9 月，每人每月 30 元；

2. 劳保费：每人每月 20 元；

3. 节日补助：春节每人 200 元，元旦每人 100 元，国庆节每人 100 元，三八妇女节，妇女每人 50 元；

4. 医疗费：员工每月发医疗津贴 40 元，住院治疗费经医院证明支付 90％，工伤医疗费由公司全额负担；

5. 独生子女费，属独生子女家属员工，每年发独生子女费 500 元（独生子女年满 18 岁停发）；

6. 子女教育费：有子女在校学习的员工，按在校子女每人每月 10 元发给子女教育费；

7. 煤气补助；

8.丧葬补助:直系亲属(父母、岳父母、兄弟、姐妹、子女)丧葬,每次补助800元。

第五条 员工的每月工资、奖金、各种补贴,在发薪日一并领取,每月5日为发薪日,当月发上月工资。

第六条 有关扣薪扣奖事宜的处理:

(一)缺勤扣除

1.迟到、早退、私自外出;

2.病假;

3.事假。

按考勤管理规定扣除工资、资金及其他待遇。

(二)工作负伤疾病的缺勤

因工作负伤或疾病缺勤时,应于一周内出具医院证明,工资及其他(待遇)照常付给。

(三)特别休假

下列情况下,没超出公司其他规定范围的,报酬待遇照常付给:

1.婚假、丧假;

2.年度有薪休假;

3.行使公务权时;

4.法定节假日;

5.女性员工产假;

6.休假日加班后补休;

7.公假。

第七条 报酬待遇的调整

公司员工报酬待遇的调整审定属公司总经理,任何人和部门都无权决定。其基本程序是每年年初或特定时期,由人事部作出调整备案,交总经理核准后实施。

二十、招聘申请表

表4-3 (1)招聘申请表

申请部门:　　　　　　　　　　制表日期:　　　年　月　日

职位	编制人数	现有人数	拟招聘人数	工作内容	需要日期	拟聘人员所需条件	招聘理由

4-3(2)人员增补申请表

填单： 年 月 日

申请部门			增补职位		增补额(人数)	
申请增补理由	□扩大编制□储备人力 □辞职补充□短期需要		希望到职日期			
应具资格条件						
性别		婚姻		年龄		
学历		外语		个性		
经历						
具备技能						
增加人员工作内容						
申请人		部门主管				
人力资源部意见						
总经理批示						

二十一、招聘计划表

表4-4 (1)招聘计划表

制表日期： 年 月 日

需要补充人员类别		所需资格条件	招聘方式	人数	招聘日期
部门担任工作					
管理人员					
技术人员					
一般员工					
其他人员					
合计					

135

表4－4 （2）人事部年度招聘计划报批表

部门有关情况	录用部门	录用职位概况				考试方法和其他		
		职位名称	人数	专业	资格条件	考试方法	招考范围	招考对象
公司核定的编制数								
本年度缺编人数								
本年度计划减员数								
本年度拟增用人数								
备注								

年　月　日

二十二、招聘广告及展板

表 4-5　招聘广告及展板

一、招聘广告

1. 标题:公司标志及名称

2. 公司简介

3. 招聘职位名称、人数及要求。要求主要包括:学历、户口、性别、年龄、能力要求、工作经验要求、外语水平、其他要求等。

4. 公司联系地址及方式

公司地址:

联系人:

联系电话:

传真:

E - mail 地址:

　　有意者请把个人简历及证件复印件寄往_____。

二、招聘会展板

公司标志

公司名称:

公司简介:

所需职位:

性别:

年龄:

人数:

学历要求:

能力要求:

工作经历:

外语水平:

户口要求:

公司地址:

联系电话:

传真:

E - mail 地址:

二十三、招聘人员登记表

表4-6 招聘人员登记表

填表日期： 年 月 日

姓名		性别		出生年月		照片
学历		婚否		民族		
专业		毕业学校				
健康状况		户籍所在地				
政治面貌		身份证号码				
参加工作时间		有无住房		要求待遇		
联系电话		电子邮件		手机		
联系地址						
现工作所在地						
离职原因						

简历	起止时间	学习/工作单位	专业/职位

家庭情况	姓名	关系	年龄	文化程度	现工作单位

特别提示	1. 本人承诺保证所填写资料真实。 2. 保证遵守公司招聘有关规程和国家有关法律。 3. 请填写好招聘登记表，带齐照片、学历、职称证书的有效证件及相关复印件。

二十四、招聘筛选名单

表4-7　招聘筛选名单

日期：　年　月　日

编号	姓名	应聘职位	初步评价					
			过去能力	语言形象	计算机能力	业务能力	外语	综合评价

注：评分方法：

1. 每一项为好，较好，一般；

2. 根据上述标准给分：好5分，较好3分，一般1分；

3. 综合评价最高分是25分，最低分是5分；

4. 选取标准综合分不低于21分。

二十五、复试通知书

表 4-8 复试通知书

_____： 　　恭喜您已经通过我公司的初试,请按下列要求参加复试。   复试时间： 复试地点： 复试需带物品： 其他要求： 公司详细地址： 联系电话： 联系人： 　　　　　　　　　　　　　　　　　　　　_____公司 　　　　　　　　　　　　　　　　　　　　　　年　月　日

二十六、笔试、操作考核记录表

表 4-9 笔试、操作考核记录表

填表日期：　　　　年　月　日

编号	姓名	应聘职位	笔试成绩	操作考核

二十七、面谈构成表

表4-10　面谈构成表

姓名：　　　　　　申请职位：

1. 工作兴趣

● 你认为这一职位涉及哪些方面的工作？

● 你为什么想做这份工作？

● 你为什么认为你能胜任这方面的工作？

● 你对待遇有什么要求？

2. 目前的工作状况

● 如果可能,你什么时候可以到我们公司上班？

● 你目前的工作单位是什么？工作职务是什么？

3. 工作经历

● 自工作以来你一直是从事同一种工作吗(是或不是)？

● 如果不是,说明你曾从事过哪些不同的工作、时间多久及各自的主要任务。

● 你最初的薪水是多少？现在的薪水是多少？

● 你为什么要辞去那份工作？

4. 教育背景

● 你认为你所受的哪些教育或培训将帮助你胜任你申请的工作吗？

● 对你受过的所有正规教育进行说明。

5. 工作以外的活动(业余活动)

● 工作以外你做些什么？

6. 个人问题

● 你愿意出差吗？

● 你最大限度的出差时间可以保证多少？

● 你周末可以上班吗？

7. 自我评估

● 你认为你最大的优点是什么？

● 你认为你最大的缺点是什么？

8. 你希望的薪水是多少？

9. 你为什么要换工作？

10. 你认为你上一个工作的主要工作成绩是什么？

11. 你对你上一个工作满意的地方在哪里,还有哪些不满？

12. 你与你的上、下级及同事的关系怎么样？

13. 你认为你有哪些有利的条件来胜任将来的职位？

14. 你对我们公司的印象怎样？包括规模、特点、竞争地位等。

15. 你对申请的职位的最大兴趣是什么？

16. 介绍一下你的家庭情况。

17. 对你的工作有激励作用的因素有哪些？

18. 你更喜欢独自工作还是协作工作？

二十八、面谈记录表

表4-11　面谈记录表

姓名	应征项目		
用表提要	请主持面谈人员，就适当之格内打"√"，无法判断时，请免打"√"。		

评分项目	配分				
	5	4	3	2	1
仪容礼貌精神态度整洁衣着					
体格、健康	极佳	佳	普通	稍差	极差
领悟、反应	特强	优秀	普通	稍慢	极劣
对其工作各方面及有关事项之了解	充分了解	很了解	尚了解	部分了解	极少了解
所具经历与本公司的配合程度	极配合	配合	尚配合	未尽配合	未能配合
前来本公司服务的意志	极坚定	坚定	普通	犹疑	极低
外文能力	区分	极佳	好	普通	略通	不懂
	英文					
	日文					
总评	□拟予试用 □列入考虑 □不予考虑	面谈人： 日期：　月　日		

二十九、面试测评表

表4-12 面试测评表

要素	观察内容	提问项目	评价要点
礼仪风度	1.仪容、衣着。 2.行为、举止。 3.敲门、走路、坐姿、站立等的仪态。 4.口语。		1.穿着整齐、得体、无明显失误。 2.沉着、稳重、大方。 3.走路、敲门、坐姿符合礼节。 4.口语文雅、礼貌。
求职动机愿望		1.你选择本公司的原因? 2.你选择本公司最重视什么? 3.你对本公司的了解。 4.你希望公司如何安排你的工作待遇。	1.是否以企业发展为目标兼顾个人利益。 2.回答完整、全面、适当。 3.说服力。
表现力、语言表达能力	1.将自己表达的内容有条理地准确地传给对方。 2.引用实例、遣词准确。 3.语气、发言合乎要求。 4.谈话时的姿态表情合适。	1.请谈谈你自己。 2.谈谈你的优缺点。 3.你的兴趣爱好。 4.据你自我分析,最适合你的工作是什么?	1.谈话前后连续性。 2.主题、语言简洁明了。 3.逻辑清楚。 4.说服力。 5.遣词准确。
社交能力和人际关系		1.请您介绍你的家庭。 2.你的朋友如何看待你。 3.你希望在什么样的领导下工作。 4.你交朋友最注重什么?	1.自我认识。 2.交往能力。
判断力、情绪稳定性	1.准确判断面临情况。 2.处理突发事件。 3.迅速回答对方问题。 4.处理难堪问题的反应。	1.假如A公司与B公司同时录用了你,你将如何? 2.公司工作非常艰苦,你将如何对待? 3.你怎么连这种问题都听不懂? 4.你好像不太适合本公司的工作。	1.理解问题的准确性、迅速性。 2.自我判断能力。 3.是逻辑判断还是感情判断。 4.有自己的独到见解。

要素	观察内容	提问项目	评价要点
行动与协调	1. 对自己认定的事能够坚持进行。 2. 工作节奏紧张、有序。	1. 你从事过何种勤工俭学工作? 2. 你参加过何种组织活动?	1. 表现力。 2. 考虑对方处境和理解力。
能力、工作经验	1. 集团工作的适用性。 2. 组织领导能力。 3. 能够更多地从他人的角度解释问题。	1. 你对某问题有过何种研究? 2. 谈谈你的论文写作过程。	1. 实践能力。 2. 交往能力。
责任心、纪律性	1. 负责到底的精神。 2. 对工作的坚持。 3. 令人信服地完成工作。 4. 考虑问题全面。 5. 对本职务的要求。	1. 你对委任的任务完成不了时会如何处理? 2. 你对学校的规章制度的看法是什么?	1. 自信力。 2. 纪律力。 3. 意志力。
个人性格品质	1. 有无不良的性格(过分狂妄和过分自卑)。 2. 有无偏激的观点。 3. 回答问题的认真、诚实。 4. 掩饰性。	1. 你认为现在社会中一个人最重要的是什么性格? 2. 你能否"受人之托忠人之事"?	1. 诚实真诚。 2. 人生观。 3. 信用。
专业技能学识	1. 对专业知识的了解程度。 2. 成绩。 3. 对所要从事的工作的认识。	1. 你为何选择你的专业? 2. 介绍一下自己的成绩和擅长科目。 3. 你有何等特长和具备何种资格? 4. 谈谈你从事这项工作的优势。 5. 你有什么重要工作经验?	1. 专业学识是否符合工作要求。 2. 有无特殊技能。 3. 有无工作经历。
面试结束		你的评价经过上述面试,请你对你的面试结果做初步的评价,说明为什么。	1. 综合、全面评定。 2. 尽量减少误差影响。

三十、人员试用标准

表 4 – 13　人员试用标准

职别	无工作经验		两年以下非相关工作经验		两年以上相关工作经验		两年以下相关工作经验		两年以上非相关工作经验	
	试用期	工资级别	试用期	工资级别	试用期	工资级别	试用期	工资级别	试用期	工资级别
非技术作业员										
技术作业员										
技术员										
制图员										
一般员工										
初级工程师										
工程师										
高级工程师										
助理										
主管										
业务员										
经理助理										
副总经理										
经理										
总经理助理										

三十一、新员工甄选比较表

表4-14　新员工甄选比较表

填表日期：　　年　月　日

甄试职位			应征人数		初选合格		面试日期		年　月　日至　月　日	
甄试结果	姓名	学历	年龄	工作经验		笔试成绩	面试分数	对公司意向	对岗位意向	口试人员意见
				相关	一致					
面试人员签章										

三十二、拟录用名单

表4-15　拟录用名单

日期：　　年　月　日

编号	姓名	应聘职位	面试评价	笔试测试结果	综合考核

三十三、新员工试用申请及核定表

表 4-16　新员工试用申请及核定表

<table>
<tr><td rowspan="6" colspan="2">试
用
申
请</td><td>姓名</td><td></td><td>性别</td><td>□男□女</td><td rowspan="3">(1)试用部门</td><td rowspan="3">拟派任工作:

拟训练计划:

主管经办:</td></tr>
<tr><td>籍贯</td><td></td></tr>
<tr><td>年龄</td><td></td></tr>
<tr><td>地址</td><td></td></tr>
<tr><td>服役</td><td></td></tr>
<tr><td>学历</td><td></td></tr>
</table>

<table>
<tr>
<td rowspan="8">试
用
申
请</td>
<td>专长</td>
<td></td>
<td rowspan="2">(2)甄选部门</td>
<td rowspan="2">甄选方式:□公开招考□推荐挑选
甄选日期:　年　月　日
办理经过:
评语:</td>
</tr>
<tr><td>资历</td><td></td></tr>
<tr>
<td>(5)
直接主管意见</td>
<td></td>
<td>(3)人事部门</td>
<td>预定试用日期:自　年　月　日至　年　月　日
拟暂工资:自试用日起暂支　　　元
其他意见:</td>
</tr>
<tr>
<td>(6)
董事长意见</td>
<td></td>
<td>(4)经理意见</td>
<td></td>
</tr>
<tr>
<td colspan="2">(7)事业关系室</td>
<td colspan="2">试用期间:自　年　月　日至　年　月　日
工作项目:
工作情形:
评语:</td>
</tr>
<tr>
<td>(8)人事部门</td>
<td>考勤记录:
意见:职位:
　薪资:
　其他:</td>
<td>(9)试用部门</td>
<td>□拟正式任用　□拟予辞退
拟给职位:自　月　日起以任用
拟给工资:自　月　日　起支　元
其他:</td>
</tr>
<tr>
<td>(10)
直接主管意见</td>
<td></td>
<td></td>
<td>主管经办:</td>
</tr>
<tr>
<td></td>
<td>(11)经理</td>
<td>(12)总经理</td>
<td>(13)董事长</td>
</tr>
</table>

三十四、试用通知书

表 4 - 17 试用通知书

年　月　日

兹聘请_____先生(女士)为本公司　　　　　　竭诚欢迎加人本公司工作行列,有关事项请按如下要求办理。			
报到日期		报到地点	
待遇	起薪月支　元,试用　个月,期满视工作业绩另行加薪。		
请携带资料	1. 学历证件复印件 2. 离职证明 3. 体检表 4. 身份证		
备注	本试用通知单有效期　日,逾期未来报到,即视为主动放弃录用机会。如有特殊情况,请及时与本公司联系。 公司详细地址: 联系电话: 联系人:		

三十五、辞谢书

表 4 - 18 辞谢书

_____先生/女士:
承蒙您应征本公司一职,特此致谢。 　　兹因本公司该职位需求名额有限,未能录用,敬请原谅,以后若有机会,仍请惠助。 　　此致 　　敬礼   <div align="right">_____公司敬启 年　月　日</div>

三十六、试用员工登记表

表4-19　试用员工登记表

姓名		性别		年龄		籍贯		学历		经历	
使用部门		职别				薪给		本薪:等级 　　　元		人事室	人事组长
		试用期	自　年　月至年　月止计 　　天					本薪:等级 　　　元			主任
试用结果	考核意见		1.试用满意请照原工资办理任用手续（　月　日起） 2.试用成绩优良请以　　等级　　元工资给办理手续 （　月　日　起） 3.需再试用 4.试用不合适另行安排							试用	考核人
	主管意见		1.同意考核人意见拟准以试用原薪给（支等级薪给） 2.拟不予任用 3.延长试用							单位	主任
批示			秘书室意见	1.拟照试用单位意见自　月　日 起以　　　等级工资　　　元正 式任用					人事组长		
				2.试用不合格除发给试用期间的 工资外拟自　月　日起辞退					主管		

149

三十七、试用保证书

表4-20　试用保证书

兹同意下列条件：

1. 试用期间：自　年　月　日至　年　月　日止计3个月。
2. 工作单位：在　　　　担任职务。
3. 工作时间：每日工作8小时，如需加班，不得以任何不当理由拒绝。
4. 薪资：依照双方协议，月支人民币　　元，按实际工作日计算，凡缺勤或请假均不给薪。
5. 试用：试用期应遵守公司管理规则，若任何一方对其职不满，则可随时终止试用，均无异议。

　此致

公司：

立担保书人：

年　月　日

三十八、试用合同书

表4-21　试用合同书

甲方：　　　　乙方：　　　　　　（身份证号：　　　　　　　　）

根据国家和本地劳动管理规定和本公司员工聘用办法，按照甲方关于公司新进各类人员均需试用的精神，双方在平等、自愿的基础上，经协商一致同意签订本试用合同。

一、试用合同期限：

自　年　月　日至　年　月　日止，有效期为　　个月。

二、试用岗位根据甲方的工作安排，聘请乙方在　　　　工作岗位。

三、试用岗位根据双方事先之约定，甲方聘用乙方的月薪为　　元，该项报酬包括所有补贴在内。

四、甲方的基本权利与义务：

1. 甲方的权利。

有权要求乙方遵守国家法律和公司各项规章制度；

有权对乙方违法乱纪和违反公司规定的行为进行处罚；

对试用员工不能胜任工作或不符合录用条件，有权提前解除本合同。

2. 甲方的义务。

为乙方创造良好的工作环境和条件；

按本合同支付给乙方薪金；

对试用期乙方因工伤亡，由甲方负担赔偿。

五、乙方的基本权利与义务：

1. 乙方的权利。

享有国家法律法规赋予的一切公民权利；

享有当地政府规定的就业保障的权利；

享有公司规章制度规定可以享有的福利待遇的权利；

对试用状况不满意，请求辞职的权利。

2. 乙方的义务。

遵守国家法律法规、当地政府规定的公民义务；

遵守公司各项规章制度、员工手册、行为规范的义务；

维护公司的声誉、利益的义务。

六、甲方的其他权利、义务：

试用期满，经发现乙方不符合录用条件，甲方有权不再签订正式劳动合同；

对员工有突出表现，甲方可提前结束试用，与乙方签订正式劳动合同；

试用期乙方的医疗费用由甲方承担90%，乙方承担10%；

试用期甲方一般不为乙方办理各项保险手续，如乙方被正式录用，可补办有关险种，从试用期起算；

试用期，乙方请长病假10天、事假超过7天者，试用合同自行解除。

七、乙方的其他权利、义务：

试用期满，有权决定是否签订正式劳动合同；

乙方有突出表现，可以要求甲方奖励；

具有参与公司民主管理、提出合理化建议的权利；

反对和投诉对乙方试用身份不公平的歧视。

八、一般情况下，试用期间乙方岗位不得变更。若需变更，须事先征求乙方的同意。

九、本合同如有未尽事宜，双方本着友好协商原则处理。

十、本合同一式两份，甲、乙双方各执一份，具同等效力，经甲、乙双方签章生效。

甲方签约人：　　　　　　乙方签约人：

签约日期：　　年　　月　　日

第五章

员工培训与开发

《用制度管人》

一、员工培训概述

（一）培训的概念

培训就是向新员工或现有员工传授其完成本职工作所必需的相关知识、技能、价值观念、行为规范的过程，是由企业安排的对本企业员工所进行的有计划、有步骤的培养和训练。它是人力资源管理工作的内在组成部分，是一种对人的投资。

（二）培训的目的

1. 培训能够使员工对企业文化和企业目标有深刻的理解，培养员工对企业的认同感。

2. 培训能使员工了解岗位的要求，通过提高员工的分析、解决问题的能力和专业技术水平，使员工能够减少工作中的失误和事故，注重职业安全与卫生，从而使企业和个人都受益。

3. 当培训的结果使得下属员工完成任务的能力有所提高时，管理者就可以从更正错误、补救失误等琐碎的工作中解脱出来，更好地考虑全局决策问题。

4. 当企业在实施企业管理变革时，培训是极其有效地促进观念转变的方法，培养员工掌握所需技能以参与变革的实施。

5. 培训具有激励作用。当员工接受一项培训时，会有一种被重视和认可的感觉。经过培训，他们会主动掌握并应用所学的新技能。

二、员工培训的内容

培训的内容有两方面：职业技能、职业品质。

（一）职业技能

主要包括：基本知识技能、专业知识技能。

培训的重点是专业知识技能。原因是：

1. 基本知识和技能可以借助企业培训外的教育方式获得，而专业知识和技能只能通过企业培训获得。企业对员工业务能力的要求，最终是体现在专业知识和技能上的。

2. 基本知识和技能，是任何一个企业都能派上用场的知识和技能，而专业知识和技能，则是在特定企业和特定岗位上才能用得上的知识和技能。这种知识和技能在企业之外是学不到的，带出企业也没有用。这种知识和技能的专门化和特殊性，对员工来说可以产生更多的认同感与亲和力。

（二）职业品质

职业品质主要包括：职业态度、责任感、职业道德、职业行为习惯等，这些内容必须与本企业的文化相吻合。

员工培训应该是一个全员性的培训，上至领导者，下至一般员工都要接受培训。对于不同职位和岗位上的人员来说，培训的重点应该有所不同，要有一定的针对性。

上层管理者的职责是对整个企业的经营管理全面负责，他们的知识、能力、品格、态度对企业经营的成败关系极大。对他们的培训应侧重于如何有效地运用经验，发挥才能；如何及时掌握企业外部环境，内部环境的变化，了解环境的发展趋势；如何处理好人际关系，主持会议，做出决策，分权等技能。

基层管理人员在企业中处于桥梁的地位，起着承上启下的作用，而且大部分基层管理人员都是从业务岗位走向管理岗位的，比较缺乏管理经验。因此，对于他们的培训，着重点是培养他们的管理技能和有效工作的方法。

各类专业人员在企业中的作用是非常大的，但有时又是非常本位化的，因为他们有着各自的业务活动范围，容易局限于自己的专业，与其他专业人员之间缺乏沟通。因此，对这类人员的培训，一方面要注意更新他们的知识，提高他们的技能，跟上科技的发展；另一方面要培养他们的大局观念，促进不同专业人员之间的协调与合作。

一般员工是企业生产活动的主体，是各项工作的实际操作者。因此，对他们的培训，应根据工作说明书和工作规范的要求，培养他们的操作技能，以保证工作任务的顺利完成。

三、员工培训的种类

员工培训的种类有：岗前培训，在岗培训，离岗培训，员工业余自学。

（一）岗前培训

岗前培训是指以企业新录用的员工为对象的集中培训。

岗前培训的主要目的是培养新员工对企业的荣誉感和归属感，促使新员工认同企业提倡的价值标准和行为规范，了解企业的基本情况，掌握必要的工作技能和基本的工作流程，帮助新员工规划、设计在企业的个人发展。

岗前培训要为新员工提供两方面的信息：一方面是由人力资源管理部门提供的信息，包括：企业概况、公司文化、基本政策与制度、工资福利等；另一方面是由新员工所在部门提供的信息，包括：本部门的功能、工作职责、本部门特有的规定、本部门的环境和介绍部门同事等。

（二）在岗培训

在岗培训是指员工在不脱离工作岗位的情况下，由部门经理、业务主管或其他经验丰富，技术过硬的员工在日常工作过程中对员工进行的定期或不定期的业务传授和指导。

在岗培训的优点：受训者边学边干，不需要工作地点以外的教室和正规化培训所需的教学仪器，可以节省培训经费，同时，受训者能够迅速得到工作绩效的反馈，学习效果好。

在岗培训的不足：容易打乱正常的工作流程，而工作流程往往又限制了在岗培训。

（三）离岗培训

离岗培训是指员工离开实际工作岗位去学习所在岗位的工作技能。

离岗培训可以在企业内部进行，也可以在企业外部进行。而外派培训就是离岗培训的一种重要形式。

外派培训是指员工接受企业委派，在一定时间内离开工作岗位，到企业以外的机构参加的各种培训。

离岗培训主要是针对企业战略和核心业务、核心能力、价值观和关键知识，员工改善绩效所共需的基础知识和基本技能以及其他对企业运营产生重要影响的内容进行的专项培训。

（四）员工业余自学

员工业余自学是指员工利用业余时间参加的自费学历教育，自费进修或培训，自费参加职业资格或技术等级考试及培训。

四、员工培训的程序

培训程序主要有四个步骤：培训需求分析，培训计划制订，培训课程设计，培训效果评价。

（一）培训需求分析

培训需求分析所要解决的问题是：是否需要培训，需要什么时候进行培训，需要在哪些方面对哪些员工进行培训。

培训需求分析可以在三个层次上进行：员工层次、企业层次、战略层次。

1. 员工层次

员工层次主要分析员工个体现在状态与应有状态的差距，在此基础上确定谁需要接受培训及接受什么样的培训。

2. 企业层次

企业层次主要通过对企业的目标、资源、环境因素的分析，准确找出企业存在的问题，确定培训是不是解决这类问题最有效的方法。

3. 战略层次

战略层次主要集中在企业未来有效运作所必需的知识和技能。为了满足企业未来的发展，应开发什么样的培训项目。培训要与企业的发展目标和远景规划相吻合，不然，培训就失去了重点和方向。

虽然培训需求分析可从方方面面来展开，但是，培训的落脚点最终还是个人。因此，可以针对新员工和老员工的不同情况，采取不同的需求分析方法。对于新员工需要进行哪些培训，可以采用任务分析的方法。对于现职员工需要进行哪些培训，可以采用绩效分析的方法。对于环境变化所带来的对员工的影响，可以采用前瞻性培训需求分析的方法。

（二）培训计划制订

在进行完备和详尽的培训需求分析之后，要有效地实施培训，就必须制订详细的培训计划。

所谓培训计划是按照一定的逻辑顺序排列的记录,它是从组织的战略出发,在全面、客观的培训需求分析基础上做出的对培训时间(when)、培训地点(where)、培训者(who)、培训对象(whom)、培训方式(how)和培训内容(what)等的预先系统设定。

1. 培训计划的作用

(1)它保证不会遗忘主要任务。

(2)它清楚地说明了谁负责、谁有责任、谁有职权。

(3)它预先设定了某项任务与其他任务的依赖关系,这样也就规定了工作职能上的依赖关系。

(4)它是一种尺度,可用于衡量对照各种状态,最后则用于判断项目、管理者及各成员的成败。

(5)它是用作监控、跟踪及控制的重要工具,也是一种交流和管理的工具。

2. 影响培训计划制订的因素

在制订培训计划时,必须顾及以下的因素:

(1)员工的参与。让员工参与设计和决定培训计划,除了加深员工对培训的了解外,还能增加他们对培训计划的兴趣和承诺。此外,员工的参与可使课程设计更切合员工的真实需要。

(2)管理者的参与。各部门主管对于部门内员工的能力及所需何种培训,通常较负责培训计划者或最高管理阶层更清楚,故他们的参与、支持及协助,对计划的成功有很大的帮助。

(3)时间。在制订培训计划时,必须准确预测培训所需时间及该段时间内人手调动是否有可能影响组织的运作。编排课程及培训方法必须严格依照预先拟定的时间表执行。

(4)成本。培训计划必须符合组织的资源限制。有些计划可能很理想,但如果需要庞大的培训经费,就不是每个组织都负担得起的。能否确保经费的来源和能否合理地分配和使用经费,不仅直接关系到培训的规模、水平及程度,而且也关系到培训者与学员能否有很好的心态来对待培训。

3. 培训的方法

(1)讲授法。讲授法,就是教师运用阐述、说明、分析、论证和概括等手段讲授知识内容的培训方法。

这种方法的优点:在相对较短的时间内能向一大批人提供大量的信息,在人、财、物、力和时间等方面都很经济。

这种方法的缺点:比较单调,受训者处于被动地位,参与程度低,与实际工作接合不密切,缺乏一定的针对性。

适用:系统地进行知识的更新与传授。

(2)案例分析法。案例分析法,就是把实际中的真实情景加以典型化处理,编写成供学习者思考和决断的案例,通过独立研究和相互讨论的方式,来提高学习者分析问题和解决问题的能力的一种方法。这里所涉及的案例,一般是对企业内部个体、群体或组织中的一个或几个乃至更多的变量之间相互关系的一种描述和说明。它可以是成功的典范,也可以是失败的总结。

案例分析法是一种调动学习者广泛参与,变单项信息传递为双向交流,变被动学习为主动学习,变注重知识为注重能力的培训方式。

这种方法的优点：生动具体，直观易学，能够集思广益并实现教学相长。

这种方法的缺点：较为费时费力，对教师和学习者的要求较高。

（3）角色扮演法。角色扮演法，就是为受训者提供一种真实的情景，要求一些学习者扮演某些特定的角色并出场表演，其他学习者观看表演，注意与培训目标相关的行为。表演结束后，其他学习者对角色扮演者完成任务的情况进行评价，表演者也可以联系表演时的情感体验来讨论表现出的行为。

运用这种方法，可以帮助学习者处在他人的位置上思考问题，可以体验各类人物的心理感受，训练学习者自我控制能力和随机应变能力，从而提高管理人员处理各类问题的能力。

这种方法一般用于改善人际关系和处理冲突事件的训练。

（4）研讨法。研讨法，就是先由教师综合介绍一些基本概念与原理，然后围绕某一专题进行讨论的培训方式。

这种方式是一种运用很普遍的方式，仅次于讲授法，因而它在培训中起着重要的作用。

适用：概念性或原理性知识的把握和学习，通过研究讨论，加强学习者的理解能力，其效果要优于讲授法。

（三）培训课程设计

所谓培训课程设计，就是根据培训的根本目的，对目标、内容、教材、模式、策略、评价、组织、时间、空间这些要素采取不同的方式，做出不同的处理。通过对这些要素的不同选择和处理，就可以设计出各种不同的课程来。特别注意以下几点。

1. 培训课程的效益和回报

培训是需要有投资的，而这种投资是进入成本的。因此，最有效的培训课程应该始终把受训者当成资本的一种形式来看待，把培训作为使这种资本保值和增值的一个环节。

2. 培训对象的特点

员工培训的对象是成人，因此，培训课程的设计要充分考虑到成人这一特点，课程的设计要符合成人受训者的认知规律，以充分利用他们的优势。

3. 培训课程的岗位相关性

企业中参加培训的员工都有自己的岗位，因此，他们的学习目的性很强，"学以致用"非常明确，因此，在课程设计时要把这种目的性充分考虑到位。

4. 最新科学技术手段的发挥

现代培训课程设计的另一个重要特色就是教学媒体的先进性和多样性，如何结合成人的心理特点和生理特点，运用好各种教学媒体，也是培训课程设计必须要考虑的一大问题。

（四）培训效果评价

对培训效果的评价，可以采用以下几个评价指标。

1. 反应

反应即测定受训者对培训项目的反应，又要了解培训对象对整个培训项目和项目的某些方面的意见和看法。这个指标带有一定的主观性和片面性，只能作为参考，不能作为评价的结果。

2. 学习

学习即测试受训者对所学的原理、技能、态度的理解和掌握程度。这项指标可以用培训后的考试，实际操作测试来考察。

3. 行为

行为即测定受训者经过培训后在实际岗位工作中行为的改变，以判断所学知识技能对实际工作的影响。这是一项考察培训效果的最重要的指标。

    4. 成果

    成果即测定受训者对企业经营成果具有何种具体而直接的贡献。可以用统计方法、成本效益分析法来测定。

五、员工培训需求调查表

表 5－1　员工培训需求调查表

部门：　　　　　　　　　　填表日期：　　年　　月　　日

培训类别	培训内容	是否同意	参加人员			培训方式				
			自愿参加	指定人员参加	部门全体员工	课堂授课	在实践中演示	标杆	座谈提问	其他
公共教育	1. 公司发展史、组织结构、主要业务									
	2. 公司规章制度及福利待遇									
	3. 其他	请说明：								
业务知识	各部门员工根据各自的岗位特点提出要求	是否同意	参加人员			培训方式				
			自愿参加	指定人员参加	部门全体员工	课堂授课	在实践中演示	标杆	座谈提问	其他
	1. 计算机/IT 行业动态									
	2. 互联网方面									
	3. 交际、谈判									
	4. 广告创意									
	5. 写作									
	6. 网页制作									
	7. 通讯									
	8. 市场调查									
	9. 其他	请说明：								
其他知识	请说明：									

    填表说明：

    1. 所列内容仅供参考,在同意的项目栏打"√",还可列出自己需要的内容;

    2. 请您根据您所在部门员工的需求填写此表;

    3. 如篇幅有限,必要时可另附纸说明。

159

六、员工培训计划表

表 5-2　员工培训计划表

培训编号：　　　　　　　　　　　　　　　培训部门：

培训名称			培训时间	自		至		
培训课程时数及负责人								
课　程	培训时间	负责人	起讫时间	课程	培训时间	负责人	起讫时间	
参加人员：共计　　　　　　名								

单位	职务	姓名	单位	职务	姓名	单位	职务	姓名	单位	职务	姓名

费用预算：　　　　　　　　　　　每人分摊费用：

批准：　　　　　　审核：　　　　　　拟订：

七、新员工培训计划表

表 5-3　新员工培训计划表

编　　号：　　　　　　　　　　　　　　拟订日期：

受训人员	姓名		培训期间	月 日至 月 日止		辅导员	姓名	
	学历						部门	
	专长						职称	
项次	培训期间		培训日数	培训项目	培训部门	培训员	培训日程及内容	
1	月 日至 月 日止		天			职称： 姓名：		
2	月 日至 月 日止		天			职称： 姓名：		
3	月 日至 月 日止		天			职称： 姓名：		
4	月 日至 月 日止		天			职称： 姓名：		
5	月 日至 月 日止		天			职称： 姓名：		
6	月 日至 月 日止		天			职称： 姓名：		

经理：　　　　　　审核：　　　　　　拟订：

八、年度训练计划汇总表

表5-4　年度训练计划汇总表

部门	班次	人数	时间	费用(元)	备注
教育训练部			主管	经办	

九、团体培训申请表

表5-5　团体培训申请表

培训名称			时间		
培训执行人		培训地点			
受训部门		培训方式			
预定参加人员					
培训目标					
培训内容及课程概述					
培训所需经费预估					
审核	姓名	日期	姓名	日期	姓名	日期

十、个人训练/教学记录表

表5-6 个人训练/教学记录表

个人训练记录				
	训练课程	时间(年、月)	共计(小时)	地点
入厂前				
入厂后				
个人教学记录				
	训练课程	时间(年、月)	共计(小时)	地点
入厂后				

姓名：　　　　　工会：　　　　　部门：　　　　　职位：

十一、在职员工培训测验成绩表

表5-7 在职员工培训测验成绩表

部门： 培训课程： 测验日期：

编号	姓名	分数	签到	编号	姓名	分数	签到
1				24			
2				25			
3				26			
4				27			
5				28			
6				29			
7				30			
8				31			
9				32			
10				33			
11				34			
12				35			
13				36			
14				37			
15				38			
16				39			
17				40			
18				41			
19				42			
20				43			
21				44			
22				45			
23				46			
人力资源部							

十二、新员工培训成果检测

表 5－8　新员工培训成果检测

评价内容	第 1 次评价	第 2 次评价
○企业的经营理念		
1.了解公司的经营理念		
2.随口能背出经营理念		
3.会逐渐喜欢经营理念		
4.以经营理念为荣		
5.以经营理念为主题,写出感想		
○企业的存在意义		
1.了解企业的社会存在意义		
2.了解本公司的社会使命		
3.了解何谓利益		
4.了解创造利益的重要性		
5.了解什么是工资与福利		
○公司的组织、特征		
1.以简单的图解表示出公司的组织		
2.了解各部门的主要业务		
3.了解公司的产品		
4.能说出公司产品的特征		
5.能说出公司的资本额、市场比例等数字		
○热爱公司的精神		
1.了解公司的历史概况		
2.了解公司创业者的信念		
3.了解公司的传统		
4.喜欢公司的代表颜色或标志		
5.由内心产生热爱公司的热忱		
○业界的理解		
1.能说出公司所属的业界		
2.了解业界的现状		
3.了解公司在业界的地位		
4.能提出如何提高公司在业界的地位		
5.强烈地关心业界的整体动向		
○上下班时的仪表		

1.服装整体而言有干净整洁、稳重的感觉		
2.(女性)不浓妆艳抹,(男性)香水不擦太浓		
3.服饰配件或手表等搭配不会不对称或过于华丽		
4.头发不会脏乱、不随便染发		
5.鞋子不会肮脏		
○上班、下班的规则		
1.比上班时间更早到公司		
2.早晨的问候很清脆、有精神		
3.不会在下班时间之前就收拾准备回家		
4.整理收拾桌上或周围东西后才下班		
5.下班时的招呼也都确实做到		
○公司的组织、特征		
1.以简单的图解表示出公司的组织		
2.了解各部门的主要业务		
3.了解公司的产品		
4.能说出公司产品的特征		
5.能说出公司的资本额、市场比例等数字		
○问候、措辞		
1.与上司或同事打招呼应清脆、愉快		
2.措词不会像学生时代那样草率		
3.确实地回答是、不是		
4.了解敬称的用法		
5.上班中不闲聊		
○致力于工作的态度		
1.充满干劲		
2.表现出对新工作的关心与兴趣		
3.早一天学会工作进展方法的态度		
4.不会毫无理由随便离开座位		
5.有时间观念		
○电话会客的方式		
1.接电话时不会胆怯		
2.接电话时,一定准备纸、笔		
3.了解会议或洽商的重要性		
4.了解会议或洽商时应有的态度		
5.了解工作上完成期限或交货期的重要性		

十三、在职训练结算报结表

表5-9　在职训练结算报结表

部门：　　　　部　　　　单位　　　　　　　　　　　　　　　　　年　月　日

课程名称				课程编号		
项目	举办日期		训练时数		参加人数	
计　划						
实　际						
训练费用	项　目	预算金额		实际金额	异常说明	
	讲师费					
	教材费					
	其　他					
	合　计					
训练检查及考核	学员意见					
	讲师意见					
	会计部			教育训练部		

十四、员工培训记录表

表5-10　员工培训记录表

部门：　　　　　　　　　　　　　　　　　　　　　　　　　　年度：

姓名	1			2			3			费用合计
	培训名称	期间	费用	培训名称	期间	费用	培训名称	期间	费用	

十五、从业人员在职训练资历表

表 5 - 11　从业人员在职训练资历表

项次	训练时职位	训练课程名称	课程编号	训练日期	时数	累积时数	成绩	评核记录
1								
2								
3								
4								
5								
6								
7								
8								
9								
10								
11								
12								
13								
14								
15								
16								
17								
18								
19								
20								

十六、在职训练实施结果表

表 5 - 12　在职训练实施结果表

课程名称：　　　　　　　　　　　　　　　　　　　　　　　年　月　日

部　门	项目	班次	人数	时间	费用	备注	
	预定						
	实际						
	预定						
	实际						
	预定						
	实际						
	预定						
	实际						
	预定						
	实际						

十七、在职员工受训意见调查表

表5－13 在职员工受训意见调查表

培训课程：

主办部门：

说明：

1. 本表请受训学员翔实填写，并请于结训时交予主办部门。

2. 请交选答项目号码勾在三角框栏内。

3. 请你给予率直的反映及批评，这样可以帮助我们对训练计划将来有所改进。

(1) 课程内容如何？

　　△优　△好　△尚可　△劣

(2) 教学方法如何？

　　△优　△好　△尚可　△劣

(3) 讲习时间是否适当？

　　△优　△好　△尚可　△劣　△适合　△不足

(4) 参加此次讲习感到有哪些受益？

　　△获得适用的新知识。

　　△可以用在工作上的一些有效的研究技巧及技术。

　　△将帮助我改变我的工作态度。

　　△帮助我印证了某些观念。

　　△给我一个很好的机会，客观地观察我自己以及我的工作。

(5) 训练设备安排感到如何？

　　△优　△好　△尚可　△劣

(6) 将来如有类似的班次，你还愿意参加吗？

　　△是　△否　△不确定

(7) 其他建议事项：

十八、员工培训报告书

表 5 - 14　员工培训报告书

培训名称及编号		参加人员姓名		
培训时间		培训地点		
培训方式		使用资料		
导师姓名及简介		主办单位		
培训后的检讨	培训人员意见	受训心得(值得应用于本公司的建议)		
		对下次派员参加本训练课程的建议事项		
	主办单位意见			

总经理：　　　　　　　　经(副)理：　　　　　　主办单位：

副总经理：　　　　　　　厂(副)长：

十九、员工培训档案

表 5 - 15　员工培训档案

编号：　　　　　　　　　　　　　　　　　　　　　人力资源部制

姓名		性别		出生年月		身份证号码		
学历		专业		所属部门		职位		
培训时间	培训内容		培训机构	取得证书	所在部门	所在岗位		备注
人力资源部评语：				所在部门评语：				
签名：				签名：				
		年　月　日				年　月　日		

二十、训练成效调查表

表5-16　训练成效调查表

一、本部已举办过如下在职训练：
1.　　　　　　　　　　　　　　2.
3.　　　　　　　　　　　　　　4.
5.　　　　　　　　　　　　　　6.
7.　　　　　　　　　　　　　　8.

二、请各单位主管就所属学员参加训练以后，已经注意到的有些什么改变，于调查表所示各项目之适当栏打"√"，并请于　　月　　日前交教育训练部。

绩效标准	很好	略好	无改变	略坏	很坏	不知道
1.生产的数量（工作量的提高）						
2.生产的质量（工作的质量）						
3.工作安全						
4.环境维护						
5.员工的态度及士气						
6.员工出勤情况						
7.						
8.						
9.						

填表部门：　　　　　　　　　　　　　　　　　填表人：

二十一、个人外部训练申请表

表 5 – 17 个人外部训练申请表

姓名		工号		部门		职位	
受训机构				受训课程			
备 注							

　　我个人希望参加上项机构所举办的训练,训练课程细目如下,所需经费希由公司负担,此项训练必会增加我未来的工作效率,其中课程训练时间,如有任何改变,我必依照公司规则通知有关部门。

　　受训期间个人如触犯任何公司训练规则,愿意由公司扣除本人工资以抵缴公司代付的学费。

	名　称	日期起	日期讫	学　费
课程内容				

	姓　名	日　期	姓　名	日　期
审核				

· 171 ·

第六章

人事考核与绩效管理

《用制度管人》

一、人事考核与准备工作

人事考核就是组织的各级管理者通过某种手段对其下层的工作完成情况进行定量与定性评价的过程。完成这个评价的过程不仅仅在于说明各级员工的工作完成情况,更重要的是在于通过这些评价去指导员工有计划地改进工作,以达到组织发展的要求。

（一）制定工作要求

这部分的工作就是针对每个岗位和职务编写职务说明书,编写职务说明书是考核工作的依据,是进行考核工作的必要前提。

（二）绩效标准的确定

所谓绩效标准,是指员工完成工作要达到的状况。一般来说,绩效标准应该具有以下一些特点。

1. 标准是基于工作而不是基于工作者,即对事不对人。

2. 标准是通过努力可以达到的。

3. 标准为人所知。

4. 标准是经多方讨论确定下来的。

5. 标准要尽可能具体且可以衡量。

6. 标准要以书面形式印刷出来。

7. 标准要有实际限制。

8. 标准可以改变,并且要根据情况变化,及时更新。

（三）考核工作注意事项

1. 考核工作要和组织的工作特点相结合。

2. 考核过程中要充分地沟通。

3. 考核要做到被考核人心悦诚服,不能以权势压人,要注意和思想工作相配合。

4. 主考者要接受培训,具备相应的评估考核技能。

5. 管理控制要适度,考核本身就是一项强制性的工作,而非自愿的工作。适当的控制必不可少。

二、人事考核种类及工作程序

人事考核主要包括日常考勤,绩效考核,任职资格考核等几方面,每一种考核都有它特定的作用和目的,只有综合运用这几种考核方式,才能得到完善、公正、真实的考核结果。

(一)日常考勤

员工日常考勤是员工工作考核的基础,首先各部门使用签到簿对本部门员工日常出勤情况进行考核,其次根据部门考勤情况制作员工出勤月报表,报人事部门作为奖惩和薪金发放的依据。具体工作程序见第九章《考勤制度》。

(二)员工任职资格考核与评价

员工任职资格的考核首先由个人填写自我评价表(附表6-7),由部门主管审核,填写评价考核意见,然后提交人事部门审批,公司主管批示,作为人事调整的依据。具体工作程序如图6-1所示:

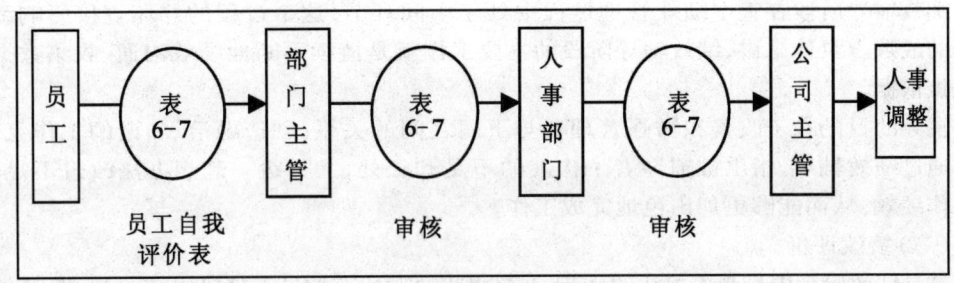

图6-1　员工任职资格考核工作程序

(三)工作绩效考核

工作绩效考核主要是对员工的日常工作成绩和成果进行考核评价,以此作为确定员工薪资、提供升迁和改进现有工作绩效的重要依据。具体工作程序如图6-2所示:

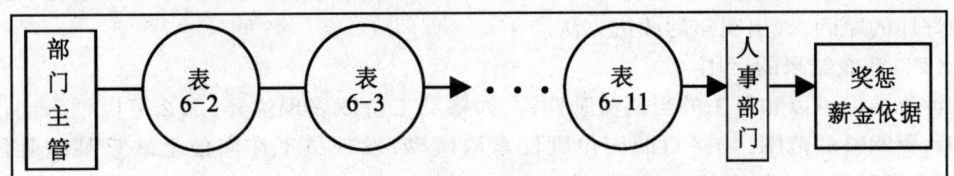

图6-2　员工绩效考核工作程序

三、绩效管理的内容

绩效管理是人力资源工作的核心组成部分,绩效管理是一项对绩效实现过程中所有要素进行管理的工作,它通过员工在与管理者之间达成关于目标、标准和所需能力的协议,在双方相互理解的基础上组织、群体和个人取得较好工作结果的一种管理过程。从而我们可以理解绩效管理是管理者用来确保员工的工作活动和工作产出与组织的目标保持一致的手段及过程。

绩效管理可以提高工作绩效,实现公司目标。在达成公司目标的同时,促进企业与员工共同发展。建立强势绩效文化,构建良好育人、选人、用人的机制。

绩效管理主要包括四个环节:绩效计划、绩效辅导、绩效评价、绩效结果的运用。

(一)绩效计划

这是一个设定目标的过程,目的在于将公司战略与每位员工的行动结合起来,确保员工的工作目标与公司的战略目标保持一致,这样就可以最大限度地保证公司目标的实现。

绩效计划主要是通过层层分解目标,将公司的经营目标分解到二级部门,然后由二级部门分解到分厂、车间,再由分厂分解至作业区、班组和个人,每个员工都形成一个实现目标的绩效整体。

(二)绩效辅导

绩效辅导阶段在整个绩效管理过程中处于中间环节,这个过程的好坏直接影响绩效管理的成败。具体来讲,绩效辅导阶段的主要工作就是持续不断地绩效沟通、收集数据形成考核依据。

辅导的目的在于改善和增强管理者与下属之间的关系,创造融洽、和谐的工作氛围,同时通过绩效辅导,指出被辅导者工作上的不足和长处,上下级一起想办法改进不足,提高工作绩效,从而能够更加出色地完成工作。

(三)绩效评价

这是绩效管理中最受人关注的环节,在这里将会对所有的员工分出优、良、中、差,应该指出的是,评价结果不是目的,其目的在于让所有员工都清楚,优秀的绩效应该怎么去做才能够达到,通过这样的方式方法,人人都可以成为优异绩效的创造者。

有效的绩效评价依靠两方面的因素:一是评价制度要合理;二是评价人要有评估技巧,并能保证绩效面谈的准确性,而后者尤为重要。通过绩效面谈,上下级一起分析绩效表现好坏的原因,提出明年的改进方法。

(四)绩效结果的运用

评价结果可以和员工的当期奖励挂钩,如果员工持续表现优异,那么可以纳入岗位晋升和薪资调整的范围;如果对照岗位胜任素质模型,发现员工在岗位上缺乏某些胜任素质,那么可以进行有针对性的培训和轮岗。

这四个环节环环相扣、相辅相成,构成完整的管理体系。如果我们的工作全部是绩效评价,而没有计划、持续的沟通和辅导、数据的收集和分析,那么我们就是在浪费时间。因为绩效管理不仅仅是绩效评价,更重要的,它也是一个解决问题的机会。所以上述四个环节,在绩效管理中缺一不可。

四、绩效考核的过程

绩效考核在绩效管理中是一个重要的管理过程,是企业通过合理的考核手段对员工的工作态度、工作能力、工作业绩做出考核,绩效考核承担着对人的管理、督导、指导、教育、激励和约束功能。它是联系其他一切人力资源管理制度的依据,我们将具体介绍。

(一)确定考核内容

为了使绩效考核更具有可靠性和可操作性,应该在对职位的工作内容进行分析的基础上,根据企业的管理特点和实际情况,对考核内容进行分类。比如将考核内容划分为关键工作考核和平常工作考核和工作态度考核三个方面。

1. 关键工作

关键工作是指在考核期间被考核人列举1~3项最关键的即可,如对于开发人员可以是考核期的开发任务,销售人员可以是考核期的销售业绩。关键工作考核具有目标管理考核的性质。对于没有关键工作的员工(如清洁工)则不进行关键工作的考核。

2. 平常工作

平常工作的考核条款一般以职位职责的内容为准,如果职位职责内容过杂,可以仅选取重要项目考核。它具有考核工作过程的性质。

3. 工作态度

工作态度的考核可选取对工作能够产生影响的个人态度,如协作精神、工作热情、礼貌程度等等。对于不同职位的考核有不同的侧重。

(二)制定考核标准

制定考核标准通常有编写考核题目和制定考核标准两个步骤。

1. 编写考核题目

在编写考核题目时,要注意以下几个问题:首先,题目内容要客观明确,语句要通顺流畅、简单明了,不会产生歧义;其次,每个题目都要有准确的定位,题目与题目之间不要有交叉内容,同时也不应该有遗漏;最后,题目数量不宜过多。

2. 制定考核标准

考核标准就是对员工绩效进行考核的标准和尺度。对员工进行绩效考核,需要依据一定标准对每一指标进行衡量,因此需要绩效考核标准。考核标准对于一定时期员工的努力方向和积极性有重要影响,应慎重对待。

在编制考核标准时应遵循以下几项原则:

(1)准确定量:标准能用数量表示时应尽可能使用数量;

(2)内容要先进合理:考核标准要反映企业的科学技术水平,不至于使员工的每项指标都达到满分,但也不能太苛刻使员工的考核分数都较低;

(3)考核标准要有针对性:即要针对不同的职位及承担该职位被考核者的特点制定不同的考核标准;

(4)文字简洁、通俗:在考核标准中,应尽量使用常用的大众化语言和词汇,表达力求简明扼要。

(三)选择考核方法

对于不同的员工,考核内容、考核方法都是不同的,可采用多种形式进行考核。这可以从多方面来衡量一个人,可以有效减少考核误差,提高考核的准确度。如下几节是对几种常用考核方法进行详解。

五、评级量表法

评级量表法是考核中采用最普遍的一种方法,是由考核者根据量表,对员工每一个考核项目做出评价和记分,常用 5 点量表。如表 6－1 所示:

表 6－1　评级量表法示例

考核内容	考核项目	说明	评定
基本能力	知识	是否充分具备现任职位所要求的基础知识和实际业务知识	A　B　C　D　E 10　8　6　4　2
业务能力	理解力		
	判断力		
	表达力		
工作态度	交涉力		
	纪律性		
	协作性		
	积极性 责任感		
评定标准 A:非常优秀,理想状态 B:优秀,满足要求 C:基本满足要求 D:略有不足 E:不满足要求		分数换算 A:64 分以上 B:48～63 分 C:47 分以下	合计分数
评　语			
考评人签字			

六、个体排序法

个体排序法也叫排队法,就是把员工按从好到坏的顺序进行排列。例如:对某公司财务部的员工进行考核。首先,把财务部员工的名单罗列出来,总共 10 个人。其次,从罗列出来的名单中找出最差的员工 A,就在他的姓名旁边写上"10"。再次,剩余的 9 个人的名单中找出最好的员工 F,在姓名旁边写上"1"。最后,从剩余 8 个人的名单中找出最好的员工 G,记上"9"。这样不断反复,直到全部姓名都打上数字,这时员工的优劣顺序就排出来了,如表 6-2 所示:

表 6-2 个体排序法范例

部　门:	财务部	员工人数:	10 人
姓名	序号	姓名	序号
A	10	F	1
B	7	G	9
C	4	H	3
D	8	I	5
E	6	G	2

七、配对比较法

把每一位员工与其他员工一一配对,分别进行比较。每一次比较时,给表现好的员工记"＋",另一个员工就记"－",所有员工都比较完后,计算每个人"＋"的个数,依此对员工工作表现做出评价,如表 6-3 所示:

表 6-3 配对比较法范例

对比人姓名	A	B	C	D	E	"＋"的个数
A		－	－	＋	＋	2
B	＋		＋	＋	＋	4
C	＋	－		＋	＋	3
D	－	－	－		－	0
E	－	－	－	＋		1

八、人物比较法

考核之前先选出一位员工,以他的各方面表现为标准,对其他员工进行考核。

九、普洛夫斯特法

这是由美国人普洛夫斯特创立的一种考核方法。这种考核方法的实质,管理学界有一普遍的说法,就是"考核者只需掌握被考核者的事实即可"。具体操作步骤为:

第一步,制定对照参评表,根据被考核者的工作事实进行逐项核定,如表6-4所示:

表6-4 普洛夫斯特对照参评表

记号栏			事实	记号栏			事实
1次评估	2次评估	3次评估		1次评估	2次评估	3次评估	
			急慢				虽然正确却过分慎重
			动作迟缓				对于自己的工作十分熟练
			敏捷而主动				大概可以依赖
			年纪大了而负荷不了工作				大概不可以依赖
			身材矮小有缺陷				一般来说值得依赖
			漠不关心,索然无味				五官尚且端正
			饶舌				五官并不重要
			无礼,言语粗鲁				不必要的动作太多浪费时间
			自大				有协调性
			没有不必要的动作,而不浪费时间				非协调性
			讨厌忠告及批评				声音、态度十分明确
			容易与他人反目				人际关系良好

第二步,在相应的空格中打"√"。假如某一项与被考核者情况不符,就空过去,不影响考核结果。

第三步,对照"计分表"计算分值,如表6-5所示:

表6-5 普洛夫斯特评价法的计分示例

分数	事实	分数	事实
-2	怠慢	1	有协调性
-1/2	动作迟缓	-1	非协调性
1	敏捷而主动	-1	讨厌忠告及批评
-1	年纪大了而负荷不了工作	-1	健忘
-1/2	身材矮小有缺陷	-1	疏忽的事情多
-1	身材笨重而有缺陷	-1	错误多
-1	漠不关心,索然无味	0	大致正确
-1	饶舌	-1/2	从来没有错误

第四步,根据"换算表"换算评价等级。评价等级共为10等,即A,B+,B,C+,C,C-,D+,D-,E+,E-。评价等级的决定如下:例如核定"+"项目数为3,"+"值为4分,"-"分值为10分,"+""-"相抵总分为-6分,根据"普洛夫斯特评价法计分示例表"第4栏左边一侧的栏目,可找到"-10-(-5)"栏所对应的"评价等级"为E,E就是被考核者的评价等级,如表6-6所示:

表6-6 普洛夫斯特评价法计分示例表

E-	E	D-	D	C-	C	C+	B	B+	A
-12以下	-11-(-7)	-6-(-3)	-2-(-1)	0					
-12以下	-11-(-6)	-5-(-3)	-2-0	1-2	3				
-11以下	-10-(-6)	-5-(-2)	(-1)-1	2-3	4				
-11以下	-10-(-5)	-4-(-1)	0-2	3-4	5				
-10以下	-9-(-4)	-3-(-1)	0-2	3-4	5-7	8			
-9以下	-8-(-4)	-3-0	1-3	4-5	6-7	8-10			
-9以下	-8-(-3)	-2-0	1-3	4-5	6-8	9-11	12		
-8以下	-7-(-3)	-2-1	2-4	5-6	7-9	10-11	12-14		
-8以下	-7-(-2)	-1-2	3-5	6-7	8-9	10-12	13-14	15	
-7以下	-6-(-1)	0-2	3-5	6-7	8-10	11-12	13-15	16	17以上
-6以下	-5-(-1)	0-3	4-6	7-8	9-10	11-13	14-15	16-17	18以上
...	...								

十、关键事件记录评价法

关键事件记录评价法是由美国学者 Flanagan 和 Baras 共同创立的,就是通过观察,记录下有关工作成败的关键性事实,依此对员工进行考核。如"体质条件""身体协调性""算术运算能力""了解和维护机器设备的情况""生产率""与他人相处的能力""协作性""工作积极性""理解力"等等。然后,要求工厂的一线领班干部,根据下列要求对各自部下的最近工作行为的关键事实进行描述。

(1)事实发生前的背景。

(2)事实发生时的情况。

(3)事实行为的有效或无效事实。

(4)事实后果受员工个人控制的程度。

如一位领班对一个部下员工的"协作性"是这样记录的:

有效行为:虽然今天不轮杰克加班,但他还是主动留下加班到深夜,协助其他同事完成了一份计划书,使公司在第二天能顺利地与客户签订合同。

无效行为:总经理今天来视察,杰克为了表现自己,当众指出约翰和查理的错误,致使同事之间关系紧张。

十一、平衡记分卡方法

平衡记分卡将组织的战略目标和员工的需要整合在一起,这种方法要求经理们不仅要关注描述过去情况的经济指标,而且要注意组织的战略方向。平衡积分卡上的信息将企业的战略目标传达给员工并激励员工的发展和变化。该方法有助于确定企业为员工设计的薪酬组合的成功率,有助于使员工更好地理解企业的战略框架。

1.四种视角

(1)财务(如现金流、投资收益率)。

(2)内部流程角度(如单位效率、准时发货)。

(3)企业学习与发展角度(如项目开发、革新)。

(4)客户视角(如客户调查、焦点群体、市场份额)

2.平衡记分卡的基本思想

平衡记分卡在传统的财务考核指标的基础上,还兼顾了其他三个重要方面的绩效反

映,平衡记分卡的基本框架如图6-3所示:

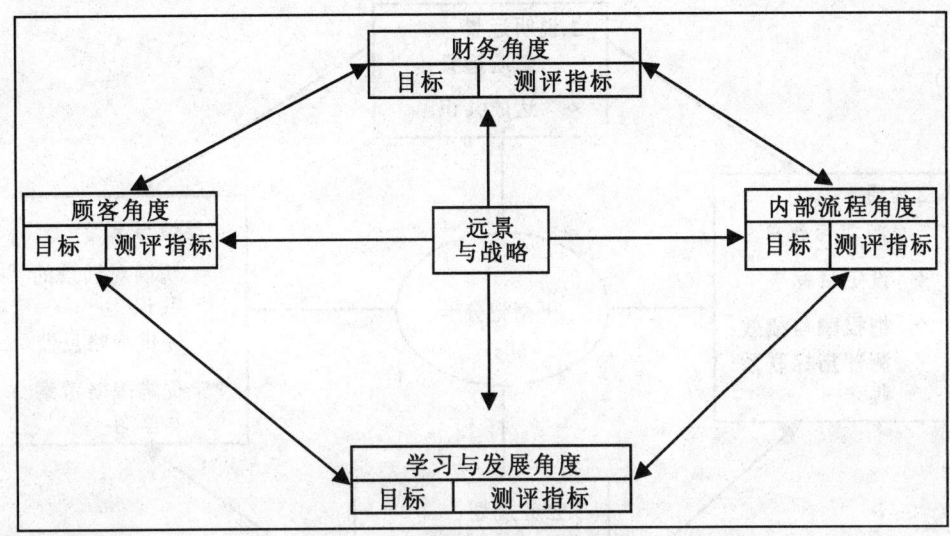

图6-3 平衡记分卡的基本思想

(1)顾客角度——顾客如何看我们？企业为了获得长远的财务利益,就必须创造出顾客满意的产品和服务。平衡记分卡给出了两个层次的绩效考核指标,一是企业在客户服务方面期望达到绩效而必须完成的各项目标,主要包括市场份额、客户保有率、客户获得率、客户满意等。这是针对第一层次各项目标逐层细分,选定具体的考核指标,形成具体的绩效考核量表。

(2)内部流程角度——我们必须擅长什么？这是平衡记分法突破传统绩效考核的显著特征之一。传统绩效考核虽然加入了生产提前期、产品质量回报率等考核,但是往往停留在单一部门绩效上,仅靠改造这些指标,只能有助于组织生存,而不能形成组织独特的竞争优势。平衡记分法从满足投资者和客户需要的角度出发,从价值链上针对内部的业务流程进行分析,提出了四种绩效属性:质量导向的考核、基于时间的考核、柔性导向考核和成本指标考核。

(3)学习与发展角度——我们能否继续提高并创造价值？这个方面的观点为其他领域的绩效突破提供手段。平衡记分卡实施的目的和特点之一就是避免短期行为,强调未来投资的重要性,同时并不局限传统的设备改造升级,更注重员工系统和业务流程的投资。注重分析满足需求的能力和现有能力的差距,把注意力集中在内部技能和能力上,这些差距将通过员工培训、技术改造、产品服务加以弥补。相关指标包括新产品开发循环期、新产品销售比率、流程改进效率等等。

(4)财务角度——我们怎样满足企业的所有者？作为市场主体,企业必须以盈利作为生存和发展的基础。企业各个方面的改善只是实现目标的手段,而不是目标本身。企业所有的改善都应该最终归于财务目标的达成。

(5)引入平衡记分卡的基本程序:以平衡记分卡为基础建立企业的绩效考核体系,一般需要经由以下四个基本程序。这四个程序既可单独、也可共同为把长期的战略目标与短期的行动联系起来发挥作用,如图6-4所示。

第一个程序是说明远景,它有助于经理们就组织的使命和战略达成共识。

第二个程序是沟通,它使各级经理能在组织中就战略要求进行上下沟通,并把它与各

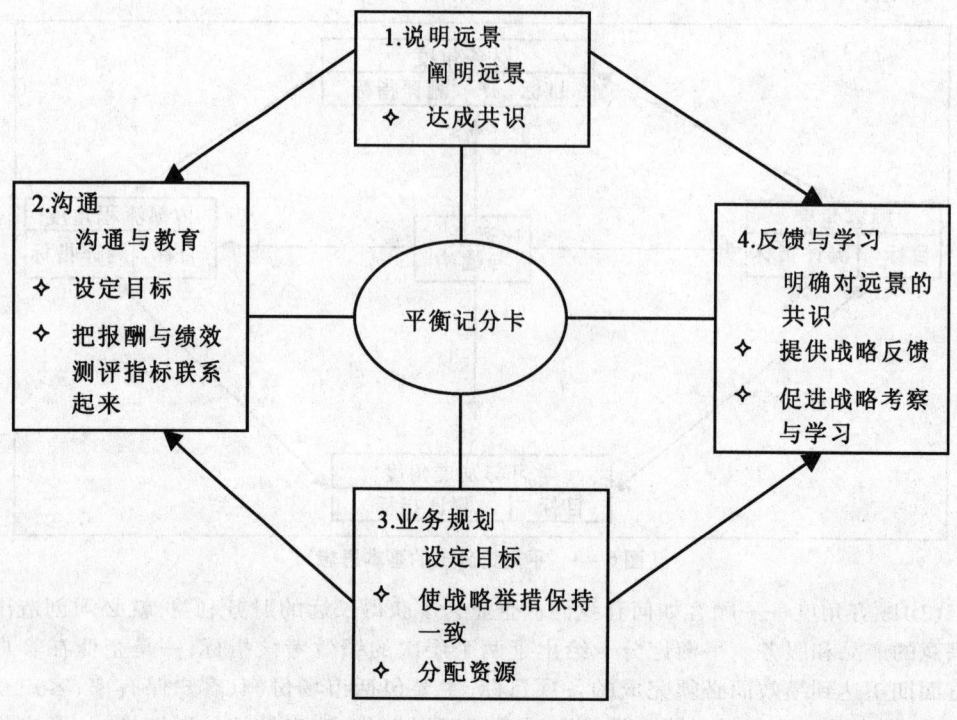

图 6 - 4　平衡记分卡的基本程序

部门及个人的目标联系起来。平衡记分卡使经理能够确保组织中的各个层级都能理解长期战略,而且使部门及个人目标与之保持一致。

第三个程序是业务规划,它使公司能够实现业务计划与财务计划的一体化。当经理们利用为平衡记分卡所制定的目标作为分配资源和确定优先顺序的依据时,他们就会只采用那些能推动自己实现长期目标的新措施,并注意加以协调。

第四个程序是反馈与学习,它赋予公司一项称之为战略性学习的能力。现有的反馈和考察程序都注意公司及其各部门、员工是否达到了预算中的财务目标。而当管理体系以平衡记分卡为核心时,公司就能从另外三个角度(顾客、内部流程以及学习与发展)来监督短期结果,并根据最近的业绩考核战略。因此,平衡记分卡使公司能够修改和调整战略以随时反映学习所得。

十二、员工自我评价表

表6-7 员工自我评价表

申报日期： 年 月 日

姓名		职称		部门		学历		
入本企业日期	年 月 日 共 年			职位		出生日期		
现任主要工作				现行工作时间		工资		
项目						理由及建议	部门批示	总经理批示
目前工作	1.你认为目前担任的工作对你是否合适？ （□适合□不太适合□不适合） 2.工作的"量"是否恰当？（□太多□适中□很少） 3.在你执行工作时,你曾感到什么困难？							
工作希望	1.你认为你比较适合哪些方面的工作？ 2.你不适合哪些方面的工作？ 3.其中最适合你的工作是什么？ 4.你对现在的工作有什么希望？							
薪资及职位	1.你认为你的工作报酬是否合理？（□合理□不合理） 2.职位是否合理？（□合理□不合理） 3.职称是否合理？（□合理□不合理） 4.理由何在？ 5.你的希望？							
教育训练	1.本年度你是否参加公司内部举办的训练？ （□是参加□未参加） 2.曾参加什么训练？ 3.你希望接受什么项目的训练？ 4.你对本企业训练的意见如何？							
工作分配	1.你认为你的部门当中工作分配是否合理？ （□合理□不合理） 2.什么地方亟待改进？							
工作目标	1.你的工作目标是什么？ 2.这个目标你已做到什么程度？							
特殊贡献	1.你认为本年度对公司较特殊贡献的工作是什么？ 2.你做到什么程度？							
工作构想	在你担任的工作中,你有什么更好的构想？ 请具体说明：							
其他	1.请代为安排和面谈。 2.本人希望或建议。							

十三、普通员工绩效考核表

表6-8　普通员工绩效考核表

姓名：　　　　部门：　　　　岗位：　　　　考评日期：

评价因素	对评价期间工作成绩的评价要点	评价尺度				
		优	良	中	可	差
勤务态度	A.严格遵守工作制度，有效利用工作时间。	14	12	10	8	6
	B.对新工作持积极态度。	14	12	10	8	6
	C.忠于职守、坚守岗位。	14	12	10	8	6
	D.以协作精神工作，协助上级，配合同事。	14	12	10	8	6
受命准备	A.正确理解工作内容，制订适当的工作计划。	14	12	10	8	6
	B.不需要上级详细的指示和指导。	14	12	10	8	6
	C.及时与同事及协作者取得联系，使工作顺利进行。	14	12	10	8	6
	D.迅速、适当地处理工作中的失败及临时追加任务。	14	12	10	8	6
业务活动	A.以主人公精神与同事同心协力努力工作。	14	12	10	8	6
	B.正确认识工作目的，正确处理业务。	14	12	10	8	6
	C.积极努力改善工作方法。	14	12	10	8	6
	D.不打乱工作秩序，不妨碍他人工作。	14	12	10	8	6
工作效率	A.工作速度快，不误工期。	14	12	10	8	6
	B.业务处置得当，经常保持良好成绩。	14	12	10	8	6
	C.工作方法合理，时间和经费的使用十分有效。	14	12	10	8	6
	D.工作中没有半途而废，不了了之和造成后遗症的现象。	14	12	10	8	6
成果	A.工作成果达到预期目的或计划要求。	14	12	10	8	6
	B.及时整理工作成果，为以后的工作创造条件。	14	12	10	8	6
	C.工作总结和汇报准确真实。	14	12	10	8	6
	D.工作中熟练程度和技能提高较快。	14	12	10	8	6

1.通过以上各项的评分，该员工的综合得分是：　　　　　　分

2.你认为该员工应处于的等级是：(选择其一)[ ]A[ ]B[ ]C[ ]D

A.240分以上　　　B.240~200分　　　C.200~160分　　　D.160分以下

3.考核者意见：

考核者签字：　　　　　　　　　　　　日期：　　年　　月　　日

考评人评语：

合计总分：　　　　　　　　　　　考评人签字：

十四、管理人员绩效考核表

表6-9 管理人员绩效考核表

姓名：　　　　　部门：　　　　　岗位：　　　　　考评日期：

评价因素	对评价期间工作成绩的评价要点	评价尺度				
		优	良	中	可	差
勤务态度	A. 把工作放在第一位，努力工作。	14	12	10	8	6
	B. 对新工作表现出积极态度。	14	12	10	8	6
	C. 忠于职守，严守岗位。	14	12	10	8	6
	D. 对部下的过失勇于承担责任。	14	12	10	8	6
业务工作	A. 正确理解工作指示和方针，制订适当的实施计划。	14	12	10	8	6
	B. 按照部下的能力和个性合理分配工作。	14	12	10	8	6
	C. 及时与有关部门进行必要的工作联系。	14	12	10	8	6
	D. 在工作中始终保持协作态度，顺利推动工作。	14	12	10	8	6
管理监督	A. 在人事关系方面部下没有不满或怨言。	14	12	10	8	6
	B. 善于放手让部下去工作，鼓励他们乐于协作的精神。	14	12	10	8	6
	C. 十分注意生产现场的安全卫生和整理整顿工作。	14	12	10	8	6
	D. 妥善处理工作中的失败和临时追加的工作任务。	14	12	10	8	6
指导协调	A. 经常注意保持、提高部下的劳动积极性。	14	12	10	8	6
	B. 主动努力改善并提高工作效率。	14	12	10	8	6
	C. 积极训练、教育部下，提高他们的技能和素质。	14	12	10	8	6
	D. 注意进行目标管理，使工作协调进行。	14	12	10	8	6
工作效果	A. 正确认识工作意义，努力取得最好成绩。	14	12	10	8	6
	B. 工作方法正确，时间和费用使用得合理有效。	14	12	10	8	6
	C. 工作成绩达到预期目标或计划要求。	14	12	10	8	6
	D. 工作总结汇报准确真实。	14	12	10	8	6

1.通过以上各项的评分,该员工的综合得分是: 分

2.你认为该员工应处于的等级是:(选择其一) [ ] A [ ] B [ ] C [ ] D

A.240 分以上;B.240~200 分;C.200~160 分;D.160 分以下

3.考核者意见:

考核者签字: 日期: 年   月   日

注:以下部分为行政人事部及总经理填写。

人事部评定:

1.评语:

2.依据本次考核,特决定该员工:

[ ]转正:在   任   职 [ ]升职至   任

[ ]续签劳动合同自   年   月   日至   年   月   日

[ ]降职为:

[ ]提薪/降薪为:

[ ]辞退:

[ ]其他:

经理签字: 日期: 年   月   日

总经理最终核准:

总经理签字: 日期: 年   月   日

十五、中层管理人员年度绩效考核表

表6-10 中层管理人员年度绩效考核表

姓名			职务			评价人		
事业部			部门			考核区间		
考核尺度及分数		优秀(10分) 良好(8分) 一般(6分) 较差(4分) 极差(2分)			评分	本栏 平均	权重系数	
工作绩效	1. 工作完成度	与年度目标或与期望值比较,工作达成与目标或标准之差距,同时应考虑工作客观难度					4	
	2. 工作品质	仅考虑工作的品质,与期望值比较,工作过程、结果的符合程度(准确性、反复率等)						
	3. 工作速度	仅考虑工作的速度,完成工作的迅速性、时效性,有无浪费时间或拖拉现象						
	4. 工作量	仅考虑完成工作数量。职责内工作、上级交办工作及自主性工作完成的总量						
工作能力	5. 计划性	工作事前计划程度,对工作(内容、时间、数量、程序)安排分配的合理性、有效性					3	
	6. 协调沟通	与各方面关系协调,化解矛盾,说服他人,以及人际交往的能力						
	7. 应变力	应对变化,采取措施或行动的主动性、有效性及工作中对上级的依赖程度						
	8. 指导控制力	对本部门或下属的激励、指导、培训情况,对本部门的管理、控制情况						
	9. 周全缜密	工作认真细致及深入程度,考虑问题的全面性、遗漏率						
	10. 人才培养	对人才的重视程度及对储备人才的培养情况						
	11. 职务技能	对担任职务相关知识的掌握、运用,工作熟练程度						

工作态度	12. 协作性	人际关系、团队精神及与他人(其他部门)工作配合情况		3
	13. 以身作则	表率作用,严格要求自己,遵守制度纪律情况		
	14. 工作态度	工作自觉性、积极性;对工作的投入程度,进取精神、勤奋程度、责任心等		
	15. 执行力	对上级指示、决议、计划的执行程度及执行中对下级检查跟进程度		
	16. 品德言行	是否做到廉洁、诚信,是否具有职业道德		

评价得分	A(1~4项平均分)×4+(5~11项平均分)×3+(12~16项平均分)×3=　　　　分
出勤及奖惩	B出勤:迟到、早退　　次×0.5+旷工　　天×2+事假　　天×0.4+病假　　天×0.2=　　分
	C处罚:警告　　次×1+小过　　次×3+大过　　次×9=　　分
总分	A　　分-B　　分-C　　分+D　　分=　　分
考核等级	□A.90分以上　　□B.70~89分　　□C.40~69分　　□D.40分以下
考核者意见	
高二级管理者考核:	高一级管理者考核:
被评价的管理者签字:	

十六、技术人员能力考核表

表6-11 技术人员能力考核表

	A. 特别优秀	B. 优秀	C. 普通	D. 需要努力	E. 差
	专业技术高超,能准确执行上级指示,责任感极强	有良好的技术素质和创新能力,能随机应变,人事协调力好	熟练掌握技术,能遵守上级指示,有一定的技术创新力	正确掌握技术有进取心能随机应变	勉强能完成任务,技术能力一般
满分15分	15分	14~12分	11~9分	8~6分	5分以下
满分10分	10分	9~8分	7~5分	5~4	3分以下
满分5分	5分	4分	3分	2分	1分
工作状况		标准上班日数	日	记载事项	综合意见
		事假	日		
		病假	日		
		缺席	日		
		早退	次		
		迟到	次		
		迟到早退缺席换算	日		
		缺席总计	日		
		实际上班日数总计	日		
对判定奖赏的反映					
对判定加薪的反映		本人对判定:□不满意　□满意调整			
对判定训练的反映					
对判定晋升的反映					

评分标准:

25分以上为"特优",20~25分为"优秀",5~20分为"普通",10~15分为"需要努力",10分以下为"差"。

十七、经理人员能力考核表

表6-12　经理人员能力考核表

分类		评价内容	满分	1次	2次	3次	4次
工作态度	1	经营计划的立案、实施是否有充分的准备	5				
	2	是否以长期的展望探索公司的未来	15				
	3	是否有以负责人的眼光注意到全体	5				
	4	是否重视经营理念	5				
	5	是否有敏锐的利益感觉	5				
基本能力	6	为了达成目标,是否有站在最前线指挥	15				
	7	是否能节约成本、早日、确实地达成目标	5				
	8	是否重视长期目标的实施	5				
	9	是否能严守期限、达成目标	5				
	10	能随机应变,修改目标值的同时也能达成目标	5				
业务熟练程度	11	是否能以全公司的立场发言、提议	5				
	12	是否能以长期的观点制定企划	5				
	13	是否能就公司的观点收集情报	10				
	14	是否能与其他部门交流情报	5				
	15	是否积极地与其他部门协调	5				
责任感	16	是否确实把握部属的优、缺点	5				
	17	是否能与其他部门协调	5				
	18	是否人尽其能	10				
	19	是否热心培育后继者	5				
协调性	20	是否仔细地聆听部属的意见	5				
	21	是否注意身体的健康	5				
	22	是否谨慎地使用金钱	10				
	23	是否热心于小组内部意见的沟通	10				
	24	绝不引起异性问题	5				
自我启发	25	不与顾客勾结	5				
	26	对社会及时代的变迁是否敏锐	5				
	27	是否热心于吸取新技术与知识	10				
	28	站在国际的视野上是否能自我革新	5				
	29	为了改善,是否可以抛弃前例	10				
	30	是否不怠于未来的预测	5				
评价分数合计							

十八、销售部门员工考核表

表 6 - 13 销售部门员工考核表

姓名		职务(称)	考核时间				
分类		评价内容	满分	1 次	2 次	调整	决定
工作态度	1	细心地完成任务	5				
	2	做事敏捷、效率高	5				
	3	具备商品知识,能应对顾客的需求	5				
	4	不倦怠,且正确地向上级报告	5				
基础能力	5	精通职务内容,具备处理事务的能力	5				
	6	掌握职务上的要点	5				
	7	严守报告、联络、协商的规则	5				
	8	在既定的时间内完成任务	5				
业务熟练程度	9	能掌握工作的进度,并有效地进行	5				
	10	能随机应变	10				
	11	有价值概念,且能创造新的价值	5				
	12	善于与顾客沟通,且说服力强	5				
责任感	13	树立目标,并朝目标前进	5				
	14	有信念,并能坚持	10				
	15	有开拓新业务的信心	10				
	16	预测过失的可能性,并想出预防的对象	5				
协调性	17	做事冷静,绝不感情用事	5				
	18	与他人协调的同时,也朝自己的目标前进	5				
	19	在工作上乐于帮助同事	10				
	20	尽心尽力地服从与自己意见相左的决定	10				
	21	有卓越的沟通与说服能力,且不树敌	10				
自我启发	22	有进取心、决断力	10				
	23	积极地革新、改革	5				
	24	即使是自己分外的事,也能提出提案	10				
	25	热衷于吸收新信息或知识	10				
	26	根据长期规划制订目标或计划并付诸实行	10				
		考核分数合计	180				

评分标准:

180 分以上为"优秀";150 分以上为"良好";120 分以上为"中等";100 分以上为"及格"。

未满 100 分为"不及格"。

十九、行政秘书绩效考核表

表 6-14 行政秘书绩效考核表

姓名			职务		考核时间		
本部门业务考核	0.7	得分	其他考核	0.3		得分	
公司文件、资料的打印、发放工作	0~0.1		出勤率	0~0.05			
公司资料复印、装订工作	0~0.1						
办公设施的维护和维修	0~0.05		加班率	0~0.05			
报刊的订阅、发放、信件的发放	0~0.05						
车票、饭票的办理	0~0.05		其他部门满意度（看有无投诉）	0~0.1			
办公区卫生的维护	0~0.05						
各种费用的办理及缴纳	0~0.05		财务中心：票据的管理规范费用支出	0~0.05 0~0.05			
合理化建议、工作方法改进	0~0.05						
服务精神、合作精神及责任心	0~0.05						
坚持四小时复命制，工作效率高	0~0.05						
完成上级主管临时交办的工作	0~0.05						
企业文化的认同度	0~0.05						
小计							
合计							
部门主管		财务主管			其他部门		

二十、仓库管理员绩效考核表

表 6 – 15　仓库管理员绩效考核表

姓名			职务		考核时间		
本部门业务考核	0.7	得分	其他考核	0.3		得分	
库房商品安全、防盗、防火	0～0.1		出勤率	0～0.05			
按信用流程发货	0～0.1		加班率	0～0.05			
库房商品摆放整齐、合理有序	0～0.05		其他部门满意度				
每天下班前提交库存表、数据准确	0～0.1						
服务精神、合作精神	0～0.05		渠道中心	0～0.05			
坚持四小时复命制，工作效率高	0～0.05		商务中心	0～0.05			
库房账目清楚、账物相符	0～0.05		财务中心 资产的管理能力	0～0.05 0～0.01			
协助业务部门做好入库工作	0～0.05		合理化建议	0～0.05			
工作有责任心，任劳任怨	0～0.1						
小计							
合计							

二十一、办公室主任绩效考核表

表6-16 办公室主任绩效考核表

姓名	部门	办公室	职务	主管		任职时间

考评指标	评分标准				权重	资料来源	评分
	远超目标 (81~100)	超过目标 (61~80)	达到目标 (41~60)	低于目标 (21~40)			
计划费用的控制率	低于目标10%以上	低于目标5%~10%	介于目标±5%之间	超过目标5%	10%	财务部	
对固定资产的管理情况	管理完善,设备完好,资产无损失,每季度查1次	管理完善,资产基本无损失,每季度查1次,资产损失金额少于500元	财物分明,每季度查1次,资产损失较少,金额少于1000元	每季度查看少于1次,财务不清,资产损失严重,金额大于1000元	10%	分管领导、财务部根据检查结果评分	
采购与领用	及时了解物品的需求,合理采购,节约成本在10%以上,领用记录清晰	采购及时,价格合理,掌握库存,定期核对,节约成本在5%以上	以上采购能满足公司的要求,领用有记录,价格合理	拖延不及时,领用混乱或采购的价格超过正常水平	15%	监查审计部、人力资源部	
大型会议、大型活动	组织有利、效果很好,节约费用在15%以上	组织得力,效果较好,节约费用在10%以上	组织得力,效果较好,费用未超支	组织较混乱,效果差,费用超支	5%	经理室	
对车队的管理	安全驾驶,无事故发生,车况可靠	安全驾驶,无事故发生,车况较可靠,全年有2~3次违章处罚	无事故发生,全年有4~5次违章处罚	有交通事故发生,全年有6次以上违章处罚	5%	财务部	
车辆调度	及时、准确、分配合理	较及时、准确,分配合理	基本准确、分配合理	不准确、分配不合理	5%	经理室	
宣传工作、公关效果	在各类刊物上发表30篇以上	在各类刊物上发表25篇以上	在各类刊物上发表20篇以上	宣传稿件发表不足20篇	15%	人力资源部	

满意度	对各单位工作场所的选址和设备订购的支持度	很强□强□较强□一般□弱□	10%	人力资源部（调查测评）	
	公章管理、文字把关和文件归档管理	非常满意□满意□不满意□	5%	人力资源部（调查测评）	
	服务态度（包括后勤保障）	很好□好□较好□一般□差□	20%	人力资源部（调查测评）	
合计			100%		

二十二、综合能力考核表（下级对上级）

表6-17　综合能力考核表（下级对上级）

评估步骤：

1. 下属单独填写此项评估，不需要和任何人进行讨论；

2. 如果你不是直接由分公司经理领导，那么你需要评估两位领导：你的直接上级以及当地分公司经理；

3. 填写完毕，注明本人姓名和职位，以及被评估人的姓名和职位，独立发送给总部人力资源部；

4. 人力资源部汇总的评估分数和评估意见，暂时作为内部审核参考意见，上交总部的首席执行官，不向被评估人进行反馈；

5. 如果有必要对被评估人进行反馈，我们会先征求评估人的意见。请在以下的选择中打钩注明你的意愿。

可以记名形式_____向被评估人反馈此评估表的内容。

可以不记名形式_____向被评估人反馈此评估表的内容。

绝对不可以_____向被评估人反馈此评估表的内容。

（人力资源部会将评估人的意见及其结果高度保密）

综合能力5-非常优秀；4-很好；3-合格/称职；2-需要改进；1-不称职

1.员工业绩表现评定分数
5分-非常优秀
4分-很好
3分-合格,称职
2分-需要改进
1分-不称职
对上述五种各级别得分情况评审均需做出评语,对3分以下的评审要提出改进的建议。

2. 专业知识	评定
2.1 熟悉工作要求、技能和程序	
2.2 熟悉本行业及产品	
2.3 熟悉并了解对其工作领域产生影响的政策、实际情况及发展方向	
2.4 工作中使用工具的熟练情况及专业知识(例如:器材、电脑软件等)	
2.5 了解下属工作及职责	
评语:	

3. 主动性和创造性	评定
3.1 为达到工作目标而积极地做出有影响力的尝试	
3.2 主动开展工作而非一味被动服从	
3.3 从有限的资源中创造出尽可能多的成果	
3.4 主动开展工作力求超越预期目标	
3.5 将有创造性的思想加以完善	
3.6 勇于向传统模式提出挑战并进行有创造性的尝试	
3.7 是否善于发现资源、进行完善及富于创造性	
评语:	

4. 对客户的关注程度	评定
4.1 对内部及外部客户能够坚持关注其期望值及需求	
4.2 掌握客户的第一手资料并用于改进自身的产品及服务	
4.3 对客户的需求进行积极响应并提出改进办法	
4.4 以客户为中心进行交谈并付诸行动	
4.5 赢得客户的信任和尊重	
评语:	

5. 培养及领导下属的能力	评定
5.1 能够建立并保持一个高效的工作集体	
5.2 能够与员工沟通并鼓励下属分享信息资源	
5.3 能够全面、实时并及时地完成工作评估	
5.4 能够经常提供建设性的反馈及指导意见	
5.5 能够协助下属确定未来具有挑战性的目标	
5.6 能够与下属建立双向沟通	

评语：	
6.判断力及时效性	评定
6.1 判断准确并能够同时考虑到其他选择及后果	
6.2 能够及时并根据工作时间表做出判断	
6.3 尽管付诸行动时存在不确定性，但能够针对风险完成工作	
6.4 能够针对严重问题提出解决意见	
6.5 能够判断潜在的问题及形式	
评语：	
7.沟通能力	评定
7.1 能够倾听并表达自己对有关信息的认知	
7.2 能够征求意见并做出积极的回应	
7.3 能够通过书面和口头形式简明扼要地进行正确表达并产生同样的效果	
7.4 能够撰写高水平的书面材料并进行演示	
7.5 能够确保其书面材料在专业上的可靠性	
7.6 能够在有关交谈中引述相关咨讯	
评语：	
8.工作责任心	评定
8.1 出席会议发言及遵守时间情况	
8.2 可信度和可依赖度	
8.3 接受工作任务情况及本人对完成工作的投入程度	
8.4 乐于与其他人共事并提供协助	
8.5 能够节约并有效控制开支	.
8.6 能够对其他人起到榜样的作用	
评语：	
9.计划性	评定
9.1 能够有效制定自我工作计划并确定资源	
9.2 能够准确划定工作和项目的期限及难度	

9.3 能够预测问题并制定预案	
评语：	
10. 工作质量	评定
10.1 对工作中的细节及准确度给予应有的重视	
10.2 能够按时高质量地完成工作	
10.3 准确完成工作并体现出应有的专业水平	
评语：	
11. 团队精神	评定
11.1 能够与本组人员一起有效地工作并共同完成本组织工作目标	
11.2 能够与上级及下属分享咨询,乐于协助同事解决工作中的问题	
11.3 能够以行动表达对他人需求的理解以及成就的赞赏	
11.4 能够与他人共享成功的喜悦	
评语：	

评估人对被评估人的综合能力概述

_____

评估人签名：_____

二十三、绩效考核面谈表

表6-18　绩效考核面谈表

部门		职位		姓名	
考核日期	年　月　日				
工作成功的方面					
工作中需要改善的地方					
是否需要接受一定的培训					
本人认为自己的工作在本部门和全公司中处于什么状况					
本人认为本部门及全公司工作最好、最差的分别是谁					
对考核有什么意见					
希望从公司得到怎样的帮助					
下一步的工作和绩效的改进方向					
面谈人签名			日　期		
备注					

说明：

　　1.绩效考核面谈表的目的是了解员工对绩效考核的反馈信息,并最终提高员工的业绩;

　　2.绩效考核面谈应在考核结束后一周内由上级主管安排,并报行政人事部备案。

第七章

薪资设计

《用制度管人》

一、薪资设计的基本原理

（一）薪资含义

薪资主要指员工因向所在组织提供劳动或劳务而获得的金钱上的酬劳或酬谢。薪资是劳动力价格的支付形式，在市场经济环境下同时又是人力资本竞争的价格表现。

（二）薪资的内容

一般的薪资结构为：薪资＝基本工资＋津贴＋奖金

1. 基本工资

基本工资又称保障薪资，这部分薪资对员工来讲是基本生活保障的部分，又分计时工资、计件工资。工资制度分职务工资制、职能工资制、结构工资。

2. 津贴

津贴分地域性津贴、生活性津贴、劳动性津贴。

3. 奖金

奖金分考勤奖金、效益奖金、专案奖金、红包等。

（三）薪资管理

1. 公司分类管理

根据机构发展需求及差异性，公司机构按发展时期划分初创期、成长期、成熟期，按公司规模、效益情况划分不同类别，并核定机构人员配置标准及权限。

2. 薪酬预算管理

根据公司分类管理标准及组织架构设置要求，按照人员配置和保费工资率核定工资额度。共同资源和两核系列按公司的薪酬序列表确定工资；销售系列按对应级别的标准确定工资总额度。

3. 销售系列绩效奖金

销售系列绩效奖金额度＝实收保费×综合提奖比例

综合提奖比例＝销售系列年度绩效工资总额度÷年度实收保费计划

（其中各险类提奖比例由各分公司根据自身情况确定）

（四）薪资体系结构

1. 公司本着对内公平、对外具有竞争力且合乎成本效益的原则规定薪资组成，并支付员工薪资。

2. 薪资体系结构分为直接薪资和间接薪资

直接薪资由基本工资、住房补贴、绩效奖金、年终奖金组成。

间接薪资由员工福利、补充福利组成。

3. 薪资结构和薪资设计

（1）薪资结构。基于职务说明书和绩效考评体系建立起来的薪资制度，一般而言包括固定薪资＋业绩薪资＋福利等形式。

（2）固定薪资设计必须使组织人才薪资水平保证相对的内部公平与外部公平。内部公平是指薪资能够反映出各岗位对组织整体业绩的价值贡献，一般来说，人力资源部需要从三个方面对岗位进行评估：岗位对知识技能的要求；岗位对解决问题能力的要求；岗位承担责任的大小。

人力资源部门利用分析的结果确定薪资差异范围，并设立岗位薪资级别阶梯。内部公平隐含的意义之一，就是岗位之间的薪资差距要体现出来。

组织制定固定薪资时需要考虑外部公平的问题，即薪资是否具有市场竞争力。一方面，组织各岗位薪资级别需要参考同行业薪资水平进行调整，确保在此薪资水平下公司能招到合适的人才；另一方面，人力资源部门还需定时了解竞争对手薪资变化情况，以确保公司薪资水平保持动态竞争力。

但是，由于岗位价值评估不可能完全准确，组织往往引入业绩薪资制度，目的是使薪资结构更公平、更具有竞争力和灵活性，从而激发员工的积极性。业绩薪资主要指由人才业绩考评成绩确定的业绩奖金——从事相同工作的人才由于业绩表现不同最终导致收入可能有较大的差异。除此之外，组织也可能视年度效益情况决定是否发放年终奖金。

二、薪资设计步骤

（一）职位分析

职位分析是确定薪资的基础。管理层要在业务分析和人员分析的基础上，明确部门职能和职位关系，人力资源部和各部门主管合作编写职位说明书。

（二）职位评价

职位评价或评估重在解决薪资的对内公平性问题。通过评价，比较组织内部各个职位的相对重要性，得出职位等级序列，为进行薪资调查建立统一的职位评估标准，使不同职位之间具有可比性。职位评价的方法有多种，其中比较复杂和科学的是记分比较法，这种方法先确定与薪资分配有关的评价因素，再给这些因素定义不同的权重和分数，然后进行比较。国际上比较流行的如 Hay 模式和 CRG 模式，都是采用对职位价值进行量化评估的方法，从三大要素、若干个子因素方面对职位进行全面评估，通过综合评价各方面因素得出工资级别。

（三）薪资调查

这主要是为解决薪资的对外公平而进行的。组织在确定工资水平时，需要参考劳动力市场的工资水平。组织可以委托比较专业的咨询公司进行这方面的调查。薪资调查的对象，最好是选择与自己有竞争关系的组织或同行业的类似组织，重点考虑人才的流失去向和招聘来源。薪资调查的资料，要有上年度的薪资增长状况、不同薪资结构对比、不同职位和不同级别的职位薪资数据、奖金和福利状况、长期激励措施以及未来薪资走势分析等。只有采用相同的标准进行职位评估，并各自提供真实的薪资资料，才能保证薪资调查的准确性。

（四）薪资定位

在分析同行业的薪资数据后，需要根据组织状况选用不同的薪资水平。影响组织薪资水平的因素有多种。从组织外部看，国家的宏观经济、通货膨胀、行业特点和行业竞争、人才供应状况甚至外币汇率的变化，都会对薪资定位和工资增长水平有不同程度的影响。在组织内部，盈利能力和支付能力、人员的素质要求是决定薪资水平的关键因素。组织发展阶段、人才稀缺度、招聘难度、组织的市场品牌和综合实力，也是重要的影响因素。在薪资定位上，组织可选择领先策略或跟随策略。薪资上的领头羊未必是品牌最响的组织，因为品牌响的组织可以依靠其综合优势，不必花费高薪也可能找到好的人才，或者说这样的组织可以通过多方面培养员工的忠诚度而不仅仅依赖薪资。

（五）薪资结构设计

许多跨国组织在确定员工工资时，往往要综合考虑三个方面的因素：人才职位等级、个人的技能和资历、个人绩效。在薪资结构上与其相对应的分别是职位工资、技能工资、绩效报酬。也有的将前两者合并考虑，作为确定个人基本工资的基础。职位工资由职位等级决定，它是个人工资高低的主要决定因素，组织可以从薪资调查中选择一些资料作为该工资区间的中点，然后确定每一职位等级的上下限。技能工资的差异来自于技能、工作效率、历史贡献等方面，可以在同一等级内，根据职位工资的中点设置一个上下的工资变化区间来体现其差异，使人才在不变动职位的情况下，随技能提升、经验增加而在同一职位等级内逐步提升工资等级。绩效报酬是对人才完成业务目标而进行的奖励，与其所创造的价值相联系。

（六）薪资体系的实施和调整

薪资体系一经设计就应严格按体系要求有效地实施、推广，以发挥其应有的作用。同时，它也需要不断地调整，根据组织的战略和价值观、目标对其进行检验，不断完善，确保其在不断变化的环境中的适用性。薪资体系一般包括薪资和福利两方面。应该说，在薪资体系中，所有的薪资形式都会对培养人才的忠诚度有作用，至少作为物质保障可以维持低的忠诚度。但是，不同的薪资形式对培养忠诚度的作用是不同的，这其中绩效薪资的作用比较突出。绩效薪资比单纯的职位工资、技能工资有效，其原因在于绩效薪资充分体现了员工的价值及其重要性，调动人才的积极性，使其在对高薪资的追求过程中发扬献身精神，形成对组织的渐进的高忠诚度。

绩效薪资制度是组织寻求经营成功最有效的管理工具之一，是通过薪资培养人才忠诚度的关键策略。绩效薪资制度包括奖金制、佣金制、激励性年薪制等多种形式。在绩效薪资中，不同形式的薪资制度培养忠诚度的侧重点有所不同，对培养全员忠诚度最为有效的形式是人才持股计划。

三、制定薪资制度的指导原则

（一）遵照国家和地方有关部门关于劳动工资的有关法令政策,包括最低(工资)生活线标准,反性别歧视、劳动加班等。

（二）考虑当地生活物价指数上涨,相应增加工资以保持原有生活水平。

（三）坚持工资增长幅度不超过企业经济效益增长幅度,员工平均实际收入增长幅度不超过企业劳动生产率增长幅度的"两不超"原则。

（四）合理的员工报酬应达到:①讲求企业内外的公平性、破除大锅饭;②能吸引有技能的人到企业工作;③能把有才能的人留在企业不流失;④能激励员工努力把工作做好,做到奖勤罚懒。

（五）根据劳动力市场价格,尤其同行业公司、类似岗位的工资水平,制定竞争性工资率。目前,已有专业人力资源咨询公司开始公开发布若干重要岗位薪资信息,企业据此可以判断其薪资水平是过低、过高或持平并做出相应的调整,尤其关注过低的关键岗位或人员。

（六）适当考虑员工需求差异,薪资和福利制度留有弹性、可供选择。

（七）测算人力资本成本在总成本中的比例及变动空间,考虑企业最终对薪资的财务支付能力。

（八）在母公司财务管理总则指导下,全资子公司、控股子公司、执行母公司的工资管理制度;参股公司、关联协作企业自行决定工资分配。

四、薪资制度

(一)工资体系

1.职务工资制。

按照职务的责任重要程度、工作繁简程序和工作条件划分等级,按等级规定工资标准。

职务变动则工资相应变化。但可能造成员工专业、技能固定在一个(种)岗位上。

2.技能工资制。

按照一定职务的执行能力划分工资等级,每多掌握一种技能,则增加其工资额。当领导职位有限、具备相当能力条件的人不能晋升时,也给予相应的工资待遇。

3. 年功工资。

根据在本企业工作年限确定工资。一般假定在本企业工作年限越长、资历越丰富,能力也越强、贡献也越大,相应的,工资与资历一致。

4. 结构(结合)工资制。

多项工资制度的综合,例如:结构工资＝基础工资＋职务工资＋工龄工资＋奖金＋津贴。

(二)工资形式

1. 计件(奖励)工资制。

按工作量多少计算工资。

例如:

(1)直线型。

所得工资＝合格品生产数量×单件工资率

(2)递增型。

所得工资＝合格品生产数量×单件工资率1(定额以下)所得工资

＝合格品生产数量×单件工资率2(定额以上)

(3)集体型。

小组所得工资＝小组合格生产数量×单件工资率

优点:依实绩计酬,计算简单,能激发效率,减少管理负担。

缺点:易出现重数量、轻质量;过分加班赶货,打破正常工作秩序;共同性劳动易起争议。

适合范围:质量易测控,产品较简单,大批量或手工作业的行业、工种。

2. 计时工资制。

按实际工作时间计算工资,工作时间包含正常工时和加班工时。

标准工时以下:

所得工资＝实际工时×小时工资率

标准工时以上:

所得工资＝实际工时×小时工资率＋奖金系数×超时数×小时工资率

其中,奖金系数在0~1间变动,反映不同的计酬策略。

优点:不易产生员工间成绩争议,产品质量较有保障。

缺点:不易激发工作主动性,会出现出工不出力现象,增加监督成本。

适合范围:不易计件的、脑力型的任务和作业工作。

3. 产值含量工资制。

类似于计件工资制,适合生产一线工人。

4. 销售收入提成工资制。

按销售收入多少提取员工收入,适合营销业务人员。其中,有两种形式:

(1)底薪＋销售收入提成;

(2)无底薪的销售收入提成。

5. 专案包干工资制。

适用于科研单位、科研人员。

6. 年薪制。

适用于企业主要领导(董事长、总经理)。

（三）薪资方案制定

1. 选择影响职务工资的因素。

职务工资确定因素及等级划分：

（1）企业根据自身情况筛选出的付酬因素。

（2）对各项因素确定评分标准和总分大小，形成标准评分表。

2. 把企业中的每一个职务情况与标准评分表对比，可以计算出每一个职务的得分。

3. 把企业中的每一个职务的得分，按从大到小或从小到大排列，再划分出工资等级及相应的薪金数额。

（1）可归纳出企业（职务等级）标准工资表。

（2）工资等级合理划分：

对大型企业，工资等级可能达到几十个之多。

对中型企业，工资等级可以有 10 ~ 20 个。

对小型企业，工资等级可以有 10 个左右。

本手册给出的是五类十八级方案，有较大的适应性。

（3）确定等级间的级差，拉开等级间的档次。一般而言，在低级职务段相邻级差较小（如 10 元、15 元），随职务升高级差逐步增大，在最高职务段相邻级差最大（如 100 元、200 元）。

4. 以上所议薪资一般指税后工资额，要由企业代扣代缴个人所得税，故企业应考虑税前工资总额对企业财务成本的影响。

5. 加班工资只针对初级管理人员和工人，而中高级职员加班是无偿的。

6. 对员工普调（增加、削减）工资方法：

（1）同比例调整（如都增减 5%），由此造成员工等级级差拉大。

（2）等额调整（如都增减 100 元），由此造成员工等级级差缩小。

（3）不同比例、不等额调整，可保持级差，但操作复杂。

7. 对员工工龄工资制定方法：

（1）区分社会工龄和本企业工龄，社会工龄按一定比例折算为本企业工龄。

（2）工龄工资可为一年，逐年等额递增。也可在不同工龄段设定不同工龄工资标准。

8. 考绩与工龄相结合：

（1）考核优秀的员工，在同等工龄条件下，调薪幅度可大些。

（2）考核良好的员工，在同等工龄条件下，调薪幅度略小些。

（3）考核合格的员工，则按一般标准（或下调、微调）调薪。

（四）薪资管理综述与策略

1. 关于年功序列工资制。

优点：培养员工对企业的绝对忠诚以及"企业是家"的观念，员工流动性最小。

缺点：唯资历是论，可能与真正的能力脱节，压抑积极性与创新。

年功序列制在新的经济时代变得弊大于利。

2. 关于技能工资制。

这是一种新的工资制度。每人都从最低工资出发，按员工工作或考试显示的各种专业知识和技能逐步加薪。

优点：减少骨干员工的流动性，促使员工自发提高技能和多岗位适应性。

缺点：员工要求公司强化培训，推动企业培训费用与工资开支互动增长。

3. 管理者薪金制定策略:

(1)对初级(基层)管理者,主要考虑外部人力市场同业职位薪金竞争性。

(2)对中级管理者,主要考虑其资历、经验专长、过去工作贡献确定。

(3)对最高级管理者,主要由企业规模、行业性质、工作绩效决定。

4. 企业生命周期阶段的薪资策略:

(1)创业初期,员工尚不稳定,应以公平为主,着力提高企业总体平均工资水平,促进员工安心、敬业。因尚无明显业绩,故工资等级差距不宜过大。

(2)成长期公平与效率兼顾,拉开一定的收入差距,建立相对正规的工资制度,适度用业绩奖励调节。

(3)成熟期和衰退期以效率为主,激发员工工作热情以延缓企业生命周期,故应实施拉大收入差异的工资制度。

(4)当企业盈利较多时,可给员工普加工资;企业盈利较差时,可对员工削减工资。

5. 企业薪资制度应有一定透明度国外心理学家研究表明,企业各级员工大多数(主观上)认为其报酬所得抵不上其做出的贡献。为避免其副作用,企业薪资制度应有一定的透明度,可以让员工参与奖励决策,实行集体分配奖金制。

6. 当工资制度不公平并难以调整时,可采取其他非薪资方式予以补偿。

7. 定期对工资制度进行评估随着时间的推移,企业定期对工资制度做出评估,并予以合理调整或导入新的薪资体制。在日常工作中对薪资系统明显不合理之处,应及时做出修正。

五、年薪制

(一)适用范围

企业的董事长、总经理。一般副职不实行年薪制。副总经理(党委书记)是否适用,由董事会或上级决定;有的按总经理标准减半实行。

(二)报酬模式

年薪 = 基薪 + 加薪

1. 基薪

主要根据企业效益水平和生产经营规模,以及本地区和本企业员工平均收入水平确定。基薪可在本地区企业员工平均工资 2 ~ 4 倍以内确定。

2. 加薪

国外一般将企业利润的一定比例(如 10%)分给管理者,即加薪 = 企业利润 × (分档)分红比例。

国内通常由多项工作业绩综合确定,如资产保值增值、工业产值或销售收入增长、工商税收入库情况、安全生产经营、环保达标或优质服务、思想政治工作、社会治安综合治理、文明生产经营等指标。

国内国有企业推广年薪制正处于探索中,具体操作上加薪一般封顶,规定不超过基薪的几倍。如上海市加薪可达基薪的 1~3 倍,经营者收入不得高于本企业员工平均工资水平的 4 倍。

3. 财务处理

(1)基薪直接进入企业成本(费用),并在企业工资总额中顺加。

(2)加薪由企业从税后待分配利润中提取。

4. 具体操作要点

(1)利润基数确定:原则上按上年实际完成核算,也可按前 2~3 年平均数核定,或按董事会经营计划中的利润目标确定。

(2)分红比例分档一般在 0.5~6% 之间,视利润规模而定。

(3)对经营者实行个人资产风险抵押制。

(4)薪资发放:每月按员工人均工资预付,年终考核兑现。

提取经营者收入不能当年全部领回,只能领取一半;另一半作为风险基金存入企业的经营者专户,每年积存,一直到经营者离位,届时将风险基金余额连同按银行同档利率归还经营者。

当经营者未能完成核定利润基数时,用风险基金补偿,补偿金额按提取风险收入的同样比例计算。当风险基金不足以支付补偿数时,则在下半年度的基薪中继续扣除,但每月扣除后基薪余额不低于当地最低工资线。

已核定盈利基数又发生亏损的,以及不能完成减亏低限指标任务的亏损(国有)企业,经营者领导班子只能领取员工平均工资;连续两年以上发生亏损或不能完成减亏指标的经营者主动辞职。

六、薪资制度实例一

《××电子公司员工薪资制度》

规范公司领班及以下员工薪资计发标准,体现按劳分配原则,提升团队士气及企业效益。

□　薪资结构

1. 员工薪资由基础薪资、年资、职务薪资(岗位薪资)、岗位绩效薪资、加班津贴、全勤津贴和其他奖励构成。员工标准工作餐和住宿由公司全额补助(水电费由公司定额补贴,超出部分由员工自理)。

2. 员工薪资扣除项目为:房租及水电超出部分、社保费及违规罚款等。

□　薪资系列

员工薪资级数、日薪资标准及其相对应的岗位绩效工资基数详见下表。

工资级数	日工资(元)	岗位绩效薪资基数(元)
0 级	20～22	250
1 级	18.5～19.5	220
2 级	18～19	200
3 级	17.5～18.5	180
4 级	17～18	150
5 级	16.5～17.5	120
6 级	16～17	100
7 级	15.5～16.5	80
8 级	15～16	50
9 级	14.5～15.5	30
10 级	14～15	0

□ 薪资计算方法

1. 基础薪资:

基础薪资是员工正常工作时间内的工作报酬,以日薪资形式计算,按月发放。每个财务年度结束,根据当年的经营业绩,员工薪资普调一次,调整根据每年6月、12月绩效综合考核结果进行。其他时间,除升职、换岗、转正外,一律不进行薪资调整,特殊情况,必须经总经理以上人员批准方可执行。基础薪资计算方法如下:

基础薪资 = 日薪资 × 当月实际作业天数

2. 岗位绩效薪资:

岗位绩效薪资是员工薪资结构中直接与员工岗位和每月考核成绩、公司效益挂钩部分,按月发放,该基数随公司的效益不定期进行调整。员工岗位绩效核定的内容和标准由各部/各科制定,实行百分制;考核分布比例由各部/各科根据实际情况制定,人力资源部对绩效考核总额进行控制。

岗位绩效薪资 = 岗位绩效薪资基数 × 考核系数

岗位绩效考核结果、系数及分布比例的对应关系:

考核结果	S(杰出)	A(优秀)	B(良好)	C(合格)	D(不合格)
考核系数	1.2	1.0	0.8	0.5	0
考核分值	90～100	80～89	70～79	60～69	60 以下

(1)新入职员工当月工作不满一个月者,不参加当月岗位绩效考核。

(2)岗位绩效考核成绩 = 各项考核分相加 - 扣除分(各项违规扣分及缺勤扣分)。

(3)有下列情形者,不能参加当月绩效考核:

A. 请事假:超过 2 天(含 2 天),不能参加当月岗位绩效考核。

B. 请病假:超过 3 天(含 3 天),不能参加当月岗位绩效考核。

C. 迟到、早退:超过 2 次/月,不参加当月绩效考核。

D. 旷工累计超过 2 天,不参加当月岗位绩效考核,并给予书面警告一次。

岗位绩效考核成绩与出勤挂钩后,员工薪资表中同样按缺勤天数扣发工资,人力资源部对员工缺勤进行每月汇总,年终考核时,根据《请假、休假管理规定》中的有关规定处理。

3. 年资:以员工在公司服务年限为标准发放薪资,标准如下:

职龄	第1年	第2年	第3年	第4年	第5年	第6年以上
年资	0	20元	40元	60元	80元	100元

4. 加班津贴:加班津贴是员工加班工作时间内的工作报酬,每月核算,按月发放。

根据《劳动法》有关规定,员工每周正常工作时间为 40 小时,超过部分应视为加班,公司根据生产经营状况可安排工休。

日常加班(周一至周五)每小时的加班津贴 = 日薪资 ÷ 8 × 1.5

周六、周日每小时的加班津贴 = 日工资 ÷ 8 × 2

国家法定休假日每小时的加班津贴 = 日工资 ÷ 8 × 3

月加班津贴 = ∑ 日常加班津贴 + ∑ 周六、周日加班津贴 + ∑ 法定休假日加班津贴。

5. 全勤津贴:对满勤员工的奖励津贴,标准为每月 30 元。

6. 职务津贴:给予领班人员职务补贴,职务津贴标准暂定为 50 元/人。

7. 岗位津贴:给予特殊工作人员发放薪资补贴。由于各工作复杂程度不一致,对培训上岗难度大,劳动强度高的工作给予一定的岗位系数,根据工作(指有岗位系数且产量可量化)的上岗日期、质量、产量由领班对其考核,以激励员工。

(1)重要工位如下(岗位系数为1.1):焊锡机工站、端子机工站、剪切员工站;

(2)特殊工位如下(岗位系数为1.2):修理工站、物料员、统计员、IQC、OQC、IPQC。

岗位薪资的考核:

$$岗位薪资 = \frac{月有效工作天数 - 请假天数}{月有效工作天数} × 额定补贴金额(元)$$

额定补贴金额 = 2 元/天 × 月有效工作天数 × K(K 为岗位系数)

☐ 员工薪级确认及调整

1. 员工试用期一般为 3 个月,试用期间一般只计发基础薪资,不享受其他项目薪资,但因表现优良提前转正的,可按正式员工的薪资计发。如在试用期内提前能独立上岗作业的员工,由领班对其试用期天数进行调整,并记录于考勤表上,科长及经理负责审核。领班在考勤表上做记录时,需注明该员工独立上岗的日期,试用期薪级由科/部负责人提出建议并填写员工薪级调整表,经主管领导及人力资源部审核报总经理批准后确定。确定工作的,薪级定为相应工作的日薪资下限,未确定工作的,薪级定为 10 级。

2. 试用过后,根据试用期考试成绩,由部/科负责人提出建议并填写员工薪级调整表,经人力资源部及主管领导审核报总经理批准后确定。制造部每年根据员工综合考核成绩拟定调整薪级报告,经人力资源部初审,报总经理审核批准执行。

员工试用期考核结果与薪级调整对应关系:

考核结果	考核成绩含义	薪级调整幅度	备注
S	杰出	上调1~2级	员工薪级调整的上限为其相应工作的上限
A	优秀	上调1级	
B	良好	上调0级	
C	合格	下调或降职	
D	不合格	解职	

员工年度考核结果与薪级调整对应关系:

考核结果	考核成绩含义	薪级调整幅度	备注
S	杰出	上调1~2级	员工薪级调整的上限为其相应工作的上限,每次普调薪资时,上调人员比例不得超过相应工作总人数的20%
A	优秀	上调1级	
B	良好	上调0级	
C	合格	下调1~3级	
D	不合格	解聘	

3. 员工工种如有变动,其薪资标准转入变动后相应工站的薪资范围内(以15日为期限,即15日以前转入新工站的按新工站计薪,15日以后转入新工站的按老工站计薪)。需确定薪级的,由科/部负责人提出建议并填写员工薪级调整表,经人力资源部审核,报总经理审核批准执行。

□ **薪资发放**

员工薪资发放时间为每月25日左右,当月发放上月工资。如遇节假日顺延。

□ **附则**

本制度由人力资源部拟制,经总经理、职能部门经理例会讨论通过,总经理批准后实施。如有变更亦同。

(引自中国人力资源网)

七、薪资制度实例二

《××化工企业薪资制度》

□ 总则

（一）目的

本规划是依据人事管理规章之规定，制定员工的工资及停职津贴。

（二）适用范围

本规则适用于一般正式员工。有关派外及驻外员工之工资，则另行制定之。

（三）工资的定义

本规则所谓之工资，乃指每月指定期发放之基准薪资及每年分两次发放之定期奖金而言。

（四）支付原则

1. 公司依员工劳务程度、责任大小、专业性等标准，作为支付酬劳之依据。

2. 未执行勤务的工资，则依第 19 条及第 20 条之规定办理。

3. 未遵照公司指派任务执行者，不予支付工资。

（五）工资的结构

员工薪资由基础薪资、年资、职务薪资（岗位薪资）、岗位绩效薪资、加班津贴、全勤津贴和其他奖励构成。员工标准工作餐和住宿由公司全额补助（水电费由公司定额补贴，超出部分由员工自理）。

（六）支付的方法

1. 工资经扣除第 8 条所列之规定扣除额后，须直接以现金方式支付给员工。

2. 支付工资时，须详列各项津贴及扣除额。

（七）尾数的计算

工资计算时总额若有未达元之尾数产生时，一律四舍五入。

（八）扣除额

下列各项规定，须从工资中直接扣除：

1. 个人薪资所得税；

2. 劳保费及团体意外险费；

3. 员工宿舍费、伙食费、工作服个人负担部分；

4. 公司内部定期优惠存款；

5. 工会会费；

6. 员工向公司贷款及利息；

7. 其他法令所规定者。

（九）特别扣除

领取工资时必须依规定之手续,在支薪簿上盖章为准。

(十)归还义务

因计算错误或业务过失而造成工资溢领时,可立即归还其差额;若经发现有不实之情况,可于下个支薪日,自工资中径行扣除差额部分。

(十一)时效

员工对工资产生疑义时,可提出书面申请行使工资请求权,但发生日起二年内未行使时,则视同弃权。

□　薪资的计算及支付

(一)工资计算期间及给付日期

1. 工资计算期间以前一个月的 16 日开始,到该月 15 日为止为工资计算期间;并于该月 25 日支付。遇支薪当日为休假日时,则提早于前一个工作日发放。

2. 公司因不可抗拒之事情而不得不延付薪资时,可提早于前一日通知员工,并确认延后支薪日期。

(二)非常给付

员工或依靠员工收入赖以维持生计之扶养家属,遇下列非常状况时,可向公司申请预支工资,但以已出勤之工资为限。

1. 生产、受伤、疾病,或受意外灾害。

2. 结婚或死亡时。

(三)特别给付

员工死亡、离职或遭解雇时之工资,本人或其扶养家属,可向公司提出申请薪资给付之事宜,并于请求日起 7 日内,立即支付已出勤工作日数之工资。

(四)计时工资

计时工资通常当作计算超时勤务津贴之依据,其计算方式包括当月的基本薪资、特殊作业津贴、工作津贴、房屋津贴等之基准内工资的总和除以 176 小时/月后为计时工资之基准额。

注:每月勤务时数为一年[(365 天)－休假日(101 日)]×8(小时)÷12(月)＝176 小时/月

(五)按日计算

1. 凡符合下列规定者之工资,皆采用按日计算:

(1)新聘者;

(2)离职或遭解雇者;

(3)停职而复职者;

(4)其他。

2. 前项规定中之计算方法如下:

(1)(前项第 1、2、4 项之基准内工资×该月实际出勤工作日数)÷该月应出勤日数

(2)(前项第 3 项之基准内工资×该月应出勤日数－停职日数)÷该月应出勤日数

(六)津贴领取资格及变更

该月津贴领取的资格有所变更时,则按下列规定办理:

1. 房屋津贴、扶养津贴、交通津贴等发生变更时,则根据该该月月底前领取的资格给付。

2. 特殊作业津贴、工作津贴、特殊勤务津贴及调职津贴等发生变更时,则根据该月员工出勤日数依下列基准给付。但年度有薪休假均视为出勤。

(1)该月的出勤日数为该月应出勤日数的 3/4 以上时,则给付 100% 的津贴额。

(2)该月的出勤日数为该月应出勤日数的 2/3 以上时,则给付 50% 的津贴额。

(3)该月的出勤日数未达该月应出勤日数的 1/2 时,则不给付其津贴额。

(七)休假中的工资

依人事管理规章之规定,休假时之工资规定如下:

1. 因年度有薪休假而缺勤时,应按平常勤务时之工资给付;

2. 员工申请特别休假(如婚假或丧假)时之工资,可按平常勤务时之工资给付;

3. 因生产之休假时,公司得按劳动基准法所规定之产假(56 天),按平常勤务时之工资给付;

4. 因公司调任而休假时,可按平常勤务时之工资给付。

(八)缺勤时之工资

员工请假时之薪资规定如下:

1. 因业务上的负伤疾病而缺勤时,对于缺勤未满一个月者,则应予以支付基准内工资;

2. 因业务外之负伤疾而缺勤持续达一个月以上者,该部门主管对于停职之员工,除代为申请劳保之医疗给付及团体意外险给付外,并向人事科申请留职停薪;

3. 因私人事由而向公司请假时之工资,则按日计算,并按下列方式扣除;

缺勤工资扣除额 =(基准薪资 × 缺勤日数)÷30

4. 迟到、早退及私自外出时之缺勤,以 30 分钟为单位,当缺勤次数达 10 次以上时,则扣除一日之工资。

(九)试用时期的工资

试用时期之员工工资,则按基准内工资的 80% 给付。

□ 基准内工资

(一)基本薪资

(1)公司综合评估员工之职务、能力、技术、经验及学历经验等因素后,再行决定基本薪资之标准。

(2)凡年满 55 岁以上之员工,则以 55 岁时之基本薪资的 84% 给付。

(二)特殊作业津贴

对于从事特殊作业者及必须在休息时间内执行紧急业务时,可依下列之规定给付津贴:

职务区分	特殊作业津贴费
产孔员、打字员、总机、计算机输入员、柜台员	500 元

(三)责任津贴

分公司及营业所之员工,可依下列标准给付责任津贴:

1. 自总公司调派者每月津贴 1 500 元;

2. 当地应聘者每月津贴 1 000 元。

（四）房屋津贴

公司对于无自用住宅之员工,则依下列标准给付之津贴:

1. 有扶养亲属者每月津贴 1 000 元;

2. 单身者 500 元;

3. 其他,居住于亲属家庭者 500 元。

（五）亲属扶养津贴

公司对于须扶养家属之员工,须依下列之规定给付亲属扶养津贴。其规定如下:

1. 扶养家属的范围:

（1）公司对于须负担家计,并提供家属最低生活保障之员工,则依下列标准为给付对象。

- 配偶。
- 满 60 岁以上之亲生父母(养父母)及祖父母。
- 未满 18 岁之弟妹及子女。但年满 18 岁而仍在全日制高中就读时,则随其学业结束而停止。
- 扶养亲属为身体残障者,则不受年龄之限制。

（2）以父母或祖父母为扶养人时,须提出书面证明其扶养人并未受他人扶养或社会救济金补助。

（3）对于同一扶养亲属,公司中有两人以上符合此规定时,则择一适当者给付。

（4）扶养亲属最多以三人为限。

2. 扶养津贴给付标准

（1）配偶 1 800 元。

（2）扶养亲属增加至第二人时,每月增加津贴额为 500 元。

（3）扶养亲属增加至第三人时,每月增加津贴额为 400 元。

（六）交通津贴:

员工自住宅到公司上班时之单程距离达 10 公里以上者,则按下列规定给付津贴:

支付标准:

（1）由公司认定最妥当之交通运输工具,并依定期月票之相等金额作为给付之标准。

- 上班路线及交通运输工具,以经济、合理之路线为原则。
- 个人以学生月票、回数票、员工折扣票等方式购入时,则依实际购票费用给付 100% 的津贴。
- 基于社会残障福利政策下所获得免费之定期月票时,则不支付交通津贴。
- 公共交通工具之津贴给付标准如下:

直线距离(公里)	每月给付之交通津贴(元)
10 ~ 15	600
15 ~ 20	900
20 ~ 25	1 100
25 ~ 30	1 400
30 ~ 35	1 700
35 ~ 40	1 900
40 ~ 45	2 200
45	2 500

（2）员工自行利用交通工具者，则依上表所列之给付标准1.2。

● 支付限额

每个月的最高支付限额为2 500元。

（3）员工委任公司代购定期月票时，即不再给付津贴，但若超过最高支付限额时，则从工资中直接扣除。

☐ 基准外工资

（一）时间外勤务津贴

1.因公司业务上之需要，而必须在勤务时间以外继续工作时，则依据计时工资额的135％作为时间外勤务津贴。

2.因灾害或其他无法抗拒之理由，而造成业务上之停顿时，经四周平均下来每周勤务时间不超过38小时，则该月之时间外勤务原则上是不予补助津贴的。

（二）深夜勤务津贴

从晚上10时到翌日清晨5时为止从事深夜勤务者，则依其勤务时间的30％作为深夜勤务之津贴。

（三）不定时勤务津贴

因不定时之勤务，而必须在勤务时间外执行时，则依计时工资额的130％作为不定时勤务津贴。但已支付深夜勤务津贴者，则不再支付。

（四）特殊勤务津贴

从事特殊勤务之员工，须衡量其职务之专业性，并按下列方式支付其津贴：

1.8天一周期之勤务者，每月津贴1 800元；但非专职之员工，每次仅津贴100元。

2.10天一周期之勤务者，每月津贴1 000元。

3.窑焚勤务者，则依每次勤务时间乘以计时工资的50％作为津贴。

4.单身宿舍之勤务：

（1）宿舍事务长每月津贴1 200元。

（2）宿舍事务员厨师每月津贴700元。

（3）宿舍事务员伙食采买每月津贴600元。

5.警卫勤务者：

（1）基本薪资未满20 000元者每次夜间之勤务350元。

每次仅白天勤务100元。

每次仅夜间勤务250元。

（2）基本薪资超过20 000元者，未满25 000元者。

每次夜间之勤务450元。

每次仅白天勤务150元。

每次仅夜间勤务300元。

（3）基本薪资超过25 000元以上者每次夜间之勤务500元。

每次仅白天勤务200元。

每次仅夜间勤务300元。

（五）假日勤务津贴

1.在休假日时，若因业务上之需要，必须到公司加班者，则每小时工资则以计时工资乘以 150％作为休假日勤务津贴。

2. 前项之勤务时间，因业务上之需要，而超过 8 小时/天时，其超时工资以计时工资乘以 200％作为延长勤务之津贴。

（六）补休津贴

奉命于休假日执行勤务者，若在翌日即给予补休时，其津贴之计算则以每小时之计时工资乘以 40％作为补休津贴。

（七）调职津贴

1. 总公司、分公司、营业所、工厂间的调职，使通勤时间较原通勤时间来回超过 2 小时以上者，每月应补助 600 元之津贴。但利用公司通勤巴士者，每月则仅补助 350 元之津贴。

2. 居住离最近的车站达 3 公里以上之调职员工，须自备交通工具并寄放至车站搭车时，每月则津贴 300 元的保管费。

□ 加薪

（一）加薪的原则

1. 公司根据营业成长的状况，每年在 12 月 31 日实施加薪。

2. 加薪原则上以基本薪资为调薪之依据。

（二）加薪资格

凡去年年底前进入公司之员工，在今年 12 月 16 日前仍在公司服务者，则从 12 月 31 日实施调薪。

（三）加薪额

1. 公司根据和工会协议后所订出的基准额，原则上依各人的能力、职务、考绩、怠工等来决定加薪之标准。

2. 年度缺勤日数达 12 日以上者，其加薪金额应按下列标准核算：

缺勤日数	生病日数	一般缺勤
12～15 日	95％	92.5％
16～20 日	92.5％	88.5％
21～25 日	90％	85％
26～30 日	80％	70％
31～35 日	70％	55％
36～40 日	60％	40％
41 日以上	50％	25％

3. 员工缺勤之计算除依第二十条之规定办理外，对于业务上之负伤疾病及生产之缺勤时，则不予扣除。

4. 年满 55 岁以上之员工，则以 55 岁之平均加薪额的 75％作为个人加薪之标准。

5. 除上列各项外，其余详细加薪基准，则视每年营业成长比例，另行制定之。

□ 奖金

（一）奖金支付的原则

公司视业绩成长及各人之贡献程度，采用每半年发放一次为原则。

（二）计算期间及支付期间

1. 上半年度的奖金计算期间，从该年度 1 月 1 日开始到 6 月 30 日为止之业绩，原则上在 9 月支付。

2. 下半年度的奖金计算期间，从该年度 7 月 1 日开始到 12 月 31 日为止之业绩，原则上在下一年度的 3 月支付。

（三）支付条件

上半年度奖金给付之对象则是对于在 9 月 15 日以前仍在公司服务之员工；下半年度奖金则是对于次年 3 月 15 日以前仍在公司服务之员工，所给予之资励。

（四）支付额

奖金给付标准是根据和工会的协议后所定出的基准额，并与员工的考绩和怠工程度等评核成绩并用，并依下列标准给付：

1. 支付额按下列方式计算：

奖金 =（基本薪资 × 资格乘数 × 修正率 + 家属扶养津贴 × 支付月数）× 出勤率 + 核定额

2. 资格乘数按下列方式计算：

服务资格		资格乘数
（PQP 群）	7 等	核定
	6 等	2.6
	5 等	2.55
	4 等	2.5
	3 等	2.4
	2 等	2.2
（U.V.W 群）	1 等	2
（S 群）	2 等	2.7
	1 等	2.6

3. 修正率则视每年业绩成长比例，另行制定之。

4. 出勤率：

（1）出勤率按下列方式计算：

出勤率 = 1 −（生病缺勤日数 + 一般缺勤日数 ×1.5 + 迟到、早退、私自外出之缺勤
　　　×1.5）/该半年度所制定之工作日数

（2）出勤率未达 30％者，以 30％计算。

（3）缺勤日数的计算及对象时间是从 6 月 16 日（或 12 月 16 日）开始到 12 月 15 日（或 6 月 15 日）止。

（4）退休及年度中途任用后成为正式员工者之奖金计算，则依其勤务月数及前项的出勤率计算出应给付之奖金。

（5）因公殉职之员工，其奖金计算除依前项之计算方式外，奖金发放以死亡后之第一年度为限。

□ 歇业津贴

（一）公司经营不佳的歇业

公司因经营权的变更或经营欠佳而被命令歇业时，可支付平均工资的 60％作为员工

歇业时之津贴。

（二）因天灾等意外灾害之歇业

因天灾等不可抗拒之意外灾害而导致歇业时，则根据每次和工会协议后决定歇业津贴之标准。

□ 附 则

对于本规则所未规定之事项，则依人事管理规章之规定实施。对于本规则之规定产生疑义时，可由人事科提出书面说明。

本规则自＿＿年＿＿月＿＿日起开始实施。

八、薪资制度实例三

《××金融投资企业薪资制度》

□ 总 则

（一）目的

本规则乃依据人事管理规章之规定，订定员工之薪资结构与给付原则，并将升迁、奖惩等办法共同订定之。

（二）薪资决定的原则

员工薪资比例，应考虑社会的薪资水平、公司的支付能力、本人的工作能力、年龄、尽责态度、年资及物价指数变化等原则下，而订定之。

（三）薪资包括基准内薪资及基准外薪资两大部分。

（四）支付期限

薪资之计算期间，自上个月 20 日开始至该月 21 日为止之薪资，并于每月 25 日给付薪资。

（五）薪资之非常给付

员工结婚、生子、死亡或疾病、受意外灾害时，可不依前条之规定，由员工提出书面申请，提前支付薪资。但薪资给付以已执勤之薪资为基准。

（六）薪资的给付形式为月薪制

1. 员工申请年度有薪休假及特别休假时，公司得依规定给付相等之薪资。

2. 员工请假时，则下列计算方式直接由薪资中扣除：

［（基本薪资＋附加薪资）×请假日数］÷一个月平均上班日数

3. 员工迟到、早退及私自外出时，则依下列计算方式，直接由薪资中扣除。但缺勤时间未超过 30 分钟者，则不扣薪。

［（基本薪资＋附加薪资）×迟到、早退私自外出总时数］÷一个月平均上班日数

4. 主管阶级在第 3 项及第 4 项之请假时，薪资扣除额最多以 3 日为限。

（七）中途进入、退出公司的薪资计算

薪资计算期间进入公司服务或离开公司时，得依下列方式计算之：

（基准内薪资＋基准外薪资的交通津贴）×上班日数÷每个月规定平均勤务时间

（八）薪资的支付方法及扣除

1. 薪资之支付，通常以现金方式直接发放给员工本人。

2. 经由员工提出书面申请后，亦可将薪资直接汇入员工之银行账户内。

3. 但薪资所得税及劳保费用，则直接从薪资中扣除。

（九）平均薪资

1. 依据人事管理规章之规定，平均薪资之计算方法如下：

平均薪资＝前三个月内平均薪资总额（基准内薪资＋基准外薪资）÷前三个月内之平均勤务日数

2. 平均薪资之计算，不含临时性的薪资及奖金。

（十）休业津贴

1. 公司因经营不善或受社会经济变化之影响，不得不暂时休业时，得于休业期间给付员工之休业津贴。

2. 休业津贴则依平均薪资的60％支付给员工。

（十一）无工作经验者的起薪支付方法

无工作经验之员工薪资，除参考基准内薪资之计算外，并与同业间之薪资比较后决定。

（十二）中途采用者的起薪

1. 中途任用之员工，其薪资计算除依第11条规定外，对于员工任职前之经历及年龄，则依职能资格等级来区分。

2. 若为单纯的劳务之勤务时，不论其学历及经历，而给予其职能等级第1等之职务。

（十三）未经公司同意就职者，不给付薪资

□ 基准内薪资

（一）基本薪资

基本薪资是由年龄薪资、年资薪资及职能薪资所构成，其标准如下：

1. 年龄薪资第15条（年龄薪资参考表）

2. 年资薪资第16条（年资薪资参考表）

3. 职能薪资第17条（职能薪资参考表）

学历别	职能资格等级	总合职(元)	定型职(元)
中学毕业	1 等 14 级		9050
高中毕业	1 等 24 级	11 250	10 050
二、三、五专毕业	1 等 34 级	12 500	11 050
大学毕业	1 等 22 级	14 125	12 875

（二）年龄薪资

年龄薪资以 15 岁为基准年龄，每月以给付 4 000 元之薪资为基准，每增加一岁则按下列标准给付。

16～25 岁 120 元

26～35 岁 150 元

36～45 岁 100 元

46～50 岁 60 元

50 岁以上之年龄薪资则以 8 000 元为基准。

（三）职能薪资

1. 职位包括总合职及定型职两种。

2. "总合职"的职能分类分成下列八种等级，并依据职能等级分类给付薪资。

3. "定型职"的职能分类分成下列四种等级，并依据等级分类给付薪资。

4. 职能资格等级需经由人事科评定后，依评定之标准划分员工最低等级、级职薪资及升等，其评定标准如下：

总合职的职能资格等级区分

职　层	等　级	职　位
管理职	8 等级	总经理
	7 等级	总经理/副总经理
	6 等级	副总经理/三总师
	5 等级	部门经理/部门副经理
	4 等级	部门副经理/主任
一般职	2 等级	中级职
	1 等级	初级职

定型职的职能资格等级区分

职　层	等　级	职　位
管理职	4 等级	主任
管理职/一般职	3 等级	主任/上级职
一般职	2 等级	中级职
	1 等级	初级职

总合职的职能薪资及运用

职位	职能等级最低级职	等级额	评定					
			S 5级以上	A 4级	B 3级	C 2级	D 1级~0	E 初级~上限
	1 等级	1－1 8 400	125	525	500	375	250	125~0	1－1 1－1
	2 等级	2－1 11 000	150	750	600	450	300	150~0	2－1 2－
	3 等级	3－1 14 000	185	925	740	555	370	185~0	3－1 3－
	4 等级	4－1 22 600	235	1 175	940	705	470	235~0	4－1 4－
	5 等级	5－1 22 600	300	1 500	1 200	900	600	300~0	5－1 5－
	6 等级	6－1 28 600	375	1 875	1 500	1 125	750	375~0	6－1 6－
	7 等级	7－1 35 600	450	2 250	1 800	1 350	900	450~0	7－1 7－
	8 等级	8－1 44 500	500	2 500	2 000	1 500	1 000	500~0	8－1 8－

定型职的职能薪资及运用

职位	职能等级最低级职	等级额	评定					
			S 5级以上	A 4级	B 3级	C 2级	D 1级~0	E 初级~上限
	1 等级	1－1 7 800	100	500	400	300	200	100~0	1－1 1－1
	2 等级	2－1 16 200	125	625	500	375	250	125~0	2－1 2－
	3 等级	3－1 13 200	160	800	640	480	320	160~0	3－1 3－
	4 等级	4－1 16 700	210	1 050	840	630	420	210~0	4－1 4－

（四）职务津贴

各级主管之职位别，得依下列规定给付津贴。但主管因晋升（降级）时所发生之异动，其薪资计算则依第七条之规定处理，并采取按日计算。

1. 总经理 14 000~16 500 元；

2. 副总经理 11 200~14 000 元；

3. 部门经理 8 800~111 200 元；

4. 部门副经理 6 200 ~ 8 800 元；

5. 主任 3 800 ~ 6 200 元。

（五）特别津贴

对于职务困难度高、责任艰巨以及有特殊技能之员工，公司得视其工作困难程度，给付特别津贴。

（六）扶养津贴

有扶养家属义务之员工，得依规定申请办理扶养津贴。但扶养人最多不得超过 5 人。

1. 配偶 1000 元；

2. 直系亲属 60 岁以上者 400 元；

3. 直系亲属及弟妹未满 18 岁者 400 元。

□ 基准外薪资

（一）时间外勤务津贴

员工因业务上的需要而必须在勤务时间外继续完成业务时，公司得依员工加班时数依下列计算方式给予时间外勤务津贴：

基本薪资＋附加薪资÷一个月规定平均上班时数×1.30

（二）假日出勤津贴

假日出勤津贴之计算同前条之规定办理，但隔日补休者，则不给付该项津贴。

（三）深夜勤务津贴

深夜勤务时间乃自晚上十时至翌日清晨五时为止之勤务，其津贴之计算，同第二十二条之规定办理。

（四）管理阶层之主管不得申请时间外勤务、休假日出勤及深夜勤务津贴

□ 调薪及升迁

（一）调薪

公司视业务成长率及员工之绩效成绩及贡献度，在每年 12 月 31 日起实施调薪。

（二）定期调薪的内容

1. 定期调薪包括自动调薪及核定调薪两部分。

2. 自动调薪乃调整基本薪资中的年龄薪资（依第十五条之规定）及年资薪资（依第十六条之规定）。

3. 核定调薪乃调整基本薪资中之职能薪资（依第十七条之规定办理）。

□ 奖金

（一）奖金的支付

公司视业绩的成长情况，在每年 7 月（上期）及 12 月（下期）根据人事科及各单位主管评估在职员工之勤务考绩、出勤率及贡献程度后，决定奖金发放之标准。

（二）奖金计算期间

1. 上期奖金之计算期间，乃自去年 10 月 21 日开始至本年度 4 月 20 日止，并与 7 月的薪资一并发放。

2. 下期奖金之计算期间，乃至本年度 4 月 21 日开始至 10 月 20 日止，并与 12 月的薪资一并发放。

□ 附 则

本规定自年　月　日起实施。

九、薪资制度实例四

《不动产业薪资制度》

□ 总 则

（一）目的

本规则是依据人事管理规章之规定,制定有关员工薪资计算、给付、支薪日、晋升或奖金发放等事宜。

（二）薪资的决定原则

1.员工薪资乃就社会物价水平及公司给薪能力为计算之基准。

2.在高效率即高薪资的原则下,员工薪资之计算以年薪制为给付之原则,并以员工之绩效成绩,来决定薪资总额的多寡。

（三）薪资的结构

薪资包括基准内薪资及基准外薪资等两大部分,其结构如下所示:

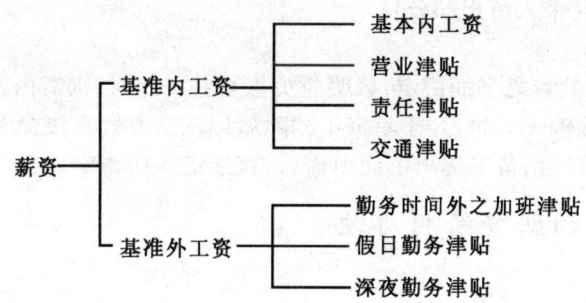

（四）计薪期间及支薪日

1.薪资计算期间从上个月 24 日开始到当月 25 日为止,并于每月 5 日给付。

2.薪资给付形态以采用月薪制为基准。

3.支薪日若遇休假日时,则提早于前一日发放。

4.勤务时间外之加班费用,则在下一个支薪日给付。

（五）非常给付

员工遇下列之情况发生时,则可向公司申请非常给付,但以已执行勤务之薪资为限。其规定如下。

1.本人或依靠本人扶养之眷属,因生产、结婚、死亡或疾病、受意外灾害等情况发生时。

2.停职者或遭解雇者（包括惩戒解雇者）。

3.其他，获得公司同意之事情时。

上列规定，除第2项外，在申请薪资给付时，须由本人（本人死亡则由其家属）提出书面申请。

（六）缺勤额之扣除

1.下列之特别休假，原则上，薪资仍照常给付：

（1）婚假、丧假；

（2）年度有薪休假；

（3）行使公民权时；

（4）点阅、教育召集时；

（5）女性员工之产假。

2.员工因私人事由而缺勤时，则按下列方式处理：

（基本薪资÷平均一个月之勤务日数）×缺勤日数

3.迟到、早退及私自外出时，则按下列方式处理：

（基本薪资÷平均一个月之勤务时数）×迟到、早退、私自外出之缺勤时数

4.员工未事先请假时之缺勤，则视为旷工，每旷工1日，则扣除3日之勤务日数。

（七）中途任用或退职时之薪资

每一计薪期间中途任用或退职时之薪资，则依实际出勤日数采用按日计算之。其计算公式如下：

基准内薪资×（实际勤务日数÷平均一个月之勤务日数）

（八）薪资给付及扣除

1.下列之规定可自薪资中径行扣除：

（1）个人薪资所得税；

（2）劳工保险费（个人负担部分）；

（3）福利金；

（4）过半数员工签订之书面协定，载明应负担某些费用时，则需由薪资中扣除。

2.当上列之扣除额无误时，并于薪资中扣除后以现金方式直接交予本人。

3.薪资所得亦可经由员工提出书面申请后，直接汇入所指定之金融机关本人账户内。

□ 年薪制的薪资给付办法

（一）年薪制

1.采年薪制之薪资计算，则依照基准内薪资中所包括之基本薪资及营业津贴的总额为基准，按照年薪之标准给付。

2.年薪制之薪资计算期间，从每年1月1日起至12月31日止。

（二）年薪制的给付办法

1.年薪制的给付办法，乃综合同业间之薪资水平（包括新进人员任用时之薪资及晋升）、员工一年来的业绩成效、职务完成的能力及员工对本身职务的责任感轻重等衡量下，并与员工逐一面谈了解后，再决定薪资给付之标准。

2.制定新进员工之年薪及晋升标准时，需衡量第1项所提之一般同业间薪资水平后，再行决定。

3.决定上述之规定后，需同时设定目标达标率。

（三）年薪给付的方式

年薪总额乃依照公司与员工所达成之协议后，按下列方式逐一给付。

1. 依年薪总额的 1/16，作为每月应给付之薪资。

2. 其中 1/16 再除以 12，作为每月应给付基本薪资之基准。

3. 另 1/16，则在端午节、中秋节及春节分三次发放。

4. 剩余 2/16，则作为每年两次（7 月及 12 月）之定期奖金。

□　基准内薪资

（一）基本薪资

基本薪资给付之标准，则依照第 11 条第 2 项之规定办理。

（二）责任津贴

责任津贴乃依职位之不同，而制定给付之差异，其支付标准如下：

1. 经理 8500 元。

2. 助理 7500 元。

3. 主任 6000 元。

4. 科长 3000 元。

5. 股长 2000 元。

（三）营业津贴

1. 担任营业科业务之员工，每月给付 500 元之营业津贴。

2. 科长级以上之主管，则不再给付。

（四）交通津贴

员工从住宅到公司上班时，单程距离达 5 公里以上者，则应给付相等于公共运输公司所发行之定期来回月票金额，并作为交通津贴支付之标准。但给付额最高不得超过 3 000 元为限。

（五）升职

年薪计算期间，员工因表现优异，而给予特别升职时，则自升职日起，改发升职后之勤务薪资。

□　基准外薪资

（一）勤务时间外之加班津贴

公司因业务上之需要，而要求员工于勤务时间外继续完成业务时，则依照员工早到及夜间加班时间，采计时制方式，计算出每小时的加班津贴额。每小时加班津贴的计算公式如下：

每小时加班津贴 =［（基本薪资 + 责任津贴 + 营业津贴）÷ 平均一个规定勤务时数］
　　　　　　　× 1. 33

（二）假日工作津贴

1. 假日工作津贴是指公司因业务上之需要，而要求员工于休假日返回公司执行勤务时，所给付之津贴而言。但翌日补休者，则不予以给付津贴。

2. 休假日工作津贴之计算乃以计时制为基准，其计算公式如下：

休假日勤务津贴 =［（基本薪资 + 责任津贴 + 营业津贴）÷ 平均一个规定勤务时数］
　　　　　　　× 1. 50

（三）深夜勤务津贴

深夜勤务津贴，乃针对员工需于晚上 10 时到翌日清晨 5 时为止，所必须执行勤务之津贴而言。其计算公式如下：

深夜勤务津贴＝〔（基本薪资＋责任津贴＋营业津贴）／平均一个规定勤务时数〕×0.3

（四）时间外勤务津贴之特例

担任管理职位者，则不适用第十七条及第十八条之规定。

□　奖金

（一）奖金的给付

1. 奖金之发放，原则上于 7 月及 12 月时给付。

2. 依照第十一条第 4 项之规定，奖金为全年年薪的 2/16，并以两次定期发放为原则。

（二）特别奖金

对于表现特别优异者，则由公司奖励特别奖金，并在全体会议上予以表扬及颁发。

（三）不颁发奖金的情况

员工业绩未达与公司所共同制定标准或奖金颁发日已离职者，则视同放弃。

□　附则

本规则自＿＿年＿＿月＿＿日起开始实施。

十、员工薪金单

表 7-1　员工薪金单

	基本工资	津贴	加给	加班费	夜点费	值班费	
应发							
	初发	误餐费	上月尾款				应发金额
应扣	借支扣还	所得税	保险费	劳保费	伙食费	利息	
	分期付款	福利金	其他扣款	本月尾款	补扣		应扣金额
备注	结薪日数日时加值 夜点次数　　　　　值日						
实发金额							

十一、员工工资职级核定表

表7-2　员工工资职级核定表

年　月　日

姓名		职务				职级		
出生年月	年　月　日		进入公司的日期			工龄	至此计　年　月	
评定标准	说明	1	2	3	4	5	权数	点数
	学历	初中	高中	大专	硕士以上			
	服务年资	1年	2年	3年	5年以上	10年以上		
	相关经营	1年	2年	3年	5年以上	10年以上		
	其他经营	1年	2年	3年	5年以上	10年以上		
	成绩	一	丙	乙	甲	优		
原职级		原评定点数			基本点数		合计	
本年点数		核定本薪			职务加给		全计	

总经理：　　　　　主管：　　　　　经办：

十二、员工工资调整表

表7-3　员工工资调整表

部门　　　　　　　　年　月　日　　　　页次

职别工号	姓名	本薪		技术津贴				合	计	
		现工资	按调整	原工资	按调整	原工资	按调整	原工资	按调整	现工资
合　计										

十三、员工工资表

表7-4 员工工资表

单位：   年 月 日

职 等								
职 位								
姓 名								
应领工资金额	本 薪							
	主管津贴							
	修护津贴							
	交通津贴							
	全勤奖金							
	绩效奖金							
	应付薪资							
	所得税							
	劳保费							
	福利金							
	退储金							
	借 支							
	合 计							
实 领 金 额								
伙 食 津 贴								
误餐·值班费								
总 计								
盖 章								

标准：   主管：   制表：

十四、员工出勤工薪计算表

表7-5　员工出勤工薪计算表

编号		姓名		部门					
年　　月						到　差　　年　月　　日			
日期	上午	下午	加班	小计	日期	上午	下午	加班	小计
1					16				
2					17				
3					18				
4					19				
5					20				
6					21				
7					22				
8					23				
9					24				
10					25				
11					26				
12					27				
13					28				
14					29				
15					30				
					31				
小计	× =				应加额				
津贴	× =				餐费				
奖金	× =				所得税				
加班费					劳保费				
点心费					借款				
					小计				
合计					实支				

十五、销售人员工资提成计算表

表7-6　销售人员工资提成计算表

任务名称	每月计划销售量	每月完成销售额	超额提成率	提成工资总额

审核：　　　　　　　　　　　　　　　　　　填表：

十六、生产人员工资提成计算表

表7-7　生产人员工资提成计算表

任务名称	每月计划生产额	每月实际生产额	超额提成比率	提成工资总额

审核：　　　　　　　　　　　　　　　　　　填表：

年　　月

十七、生产奖金核定表

表7-8　生产奖金核定表

月份：

单位：

制造编号	产品名称	生产数量	省料率	省料奖金	良品率	收成率奖金	效率	效率奖金	奖金合计
合计									

十八、操作员奖金分配表

表7-9 操作员奖金分配表

月份　　　　科　　　组　　　　　　　　　　　　每点金额　元

工　　号	姓　　　名	出勤日数	出勤计点	效率考核计点	品质考核计点	合计点数	奖金金额
合　计							

十九、营业人员奖金核定表

表7-10 营业人员奖金核定表

本月营业额　　　　千元

本月净利润　　　　千元

月份

部门别	职　　别	姓　　名	营业奖金计点	营业额奖金计点	利润奖金计点	利润奖金金额	奖金合计
合　计							

二十、工作奖金核定表

表 7 - 11 工作奖金核定表

月份

本月营业额			本月净利润			利润率		
可得奖金			调整比率			应发奖金		
奖金核定	单位	姓名	职别	奖金	单位	姓名	职别	奖金
奖金核定标准	本月净利润		可得奖金		本月营业额		目标利润提高比率	
	10 万元以上		0		0		4 000 万元以下	
	10 万~20 万元		10%		200		400 万~500 万元	
	20 万~30 万元		20%		400		500 万~600 万元	
	30 万~40 万元		30%		600		600 万~700 万元	
	40 万~50 万元		40%		800		700 万~800 万元	
	50 万元以上		50%		每增 10 万增加 200 元		800 万元以上	

总经理：　　　　　核准：　　　　　填表：

第八章

人事变动与调整

《用制度管人》

一、解聘与辞职

（一）解聘及注意事项

解聘,是指由用人单位首先提出的解除劳动合同的方式。劳动合同的解除应该依照国家的有关法律进行。

要解聘人员,首先由各部门根据员工填写《员工离职通知书》,经部门主管签字后,提交人力资源管理部门,并通知本人离开本公司。解聘注意事项有以下几点。

1. 做出辞退员工的决策之前,应该进行周密的考虑。要保证辞退决策有充分的理由,要分析辞退行为的可能后果,并提前准备必要的应对措施。

2. 要允许被辞退者依法进行申诉,并按照法律的规定,由企业劳动争议调解委员会进行调解。

3. 要与员工进行充分的沟通,让员工了解哪些行为可能导致辞退;在辞退后,不仅要与被辞退者及时沟通,尽量取得其配合,而且要与其他员工进行交流,向他们讲解辞退的缘由,取得他们的理解与支持。

4. 要解聘人员可先在企业内部调剂,如不能调剂再解聘,以防人才流失。

（二）辞职

员工辞职首先由本人提出辞职申请,经部门主管签字后报人事部门,人事部门根据员工本人要求和部门主管意见,提出处理方案,报公司主管批准。批准后,员工凭人力资源管理部门发放的离职人员应办手续清单,办理各种手续。

1. 辞职原因

（1）本企业组织提供的工资待遇与福利没有竞争性。

（2）员工在本企业中看不到提升的机会,只好到别的企业去寻求发展。

（3）人际关系上的矛盾。

（4）企业文化的问题。员工如果觉得所在组织的企业文化不利于自己的个性发展,也有可能提出辞职。

（5）不公平感。如果员工感到他们在企业中没有得到公平的对待,就会降低对企业领导者的信任,降低对企业的认同感和归属感,较严重的时候会导致辞职。

（6）缺少工作保障。企业自身的发展前景对员工的职业发展具有直接的影响,如果一个企业没有向员工展示明确的发展蓝图以及实现这种蓝图的可行性,员工可能会对企业的生存和发展产生怀疑。一旦员工对企业的前景丧失了信心,他们就会感到自己的工作没有保障,从而产生辞职的念头。

（7）工作压力太大。

（8）员工个人生活中的问题。

2. 辞职管理的注意事项

（1）要调查清楚员工辞职的原因,以做相应的处理。

（2）要注意做好员工的思想工作，尽量减少骨干人员和管理人员的辞职。

（三）解聘和辞职程序

解聘和辞职程序如表 8 - 1 所示：

表 8 - 1　解聘和辞职程序

辞职程序	解聘程序
1. 辞职书(员工)	1. 解聘报告(部门负责人)
2. 接收辞职书(部门经理/副经理以上)	2. 商讨/审批
3. 审批	3. 签发解雇书(总经理或店长)
4. 办理离职事项(员工/相关部门)	4. 办理解聘事项(员工/相关部门)
5. 准备资料/结账(人力资源部)	5. 准备资料/结账(人力资源部)
6. 签发离职证明(总经理或店长)	6. 解雇(员工)
7. 离职(员工)	

二、晋升实施细则

晋升是员工在组织中向较高职位的移动。员工得到提升后，将拥有更大的权力，获得更多的报酬，同时，也将承担更大的责任，面临更大的挑战。

（一）晋升决策的注意事项

1. 应该事先制定一个明确的、具体的晋升政策，规定晋升的程序和方法，并向相关的员工公布这些政策的内容。

2. 应该让所有符合资格的员工都作为晋升的候选对象，保证有公平竞争的机会。

3. 严格按照晋升的标准和程序，依据标准化的可信的资料来筛选候选人，而不要根据领导者的个人好恶或主观印象来指定晋升者。

4. 要提高员工对于晋升决策的民主参与程度。

5. 做出晋升决策之前，应该与有关的候选人进行充分的沟通，了解他们的职业发展规划和对晋升的态度，不要强迫员工改变他们热爱的职业方向。

6. 做出晋升决策后，应该与未获晋升的候选人及时进行沟通，向他们解释晋升的有关事项，争取他们的理解与合作，尽量减少抵触晋升决策可能带来的负面影响。

（二）影响员工晋升的因素

1. 工作能力——员工在原来的职位上是否表现出较强的工作能力；是否具备新的工作职位所要求的知识水平和工作技能。

2. 过去的工作经验、资历与工作业绩。

3. 完成职位所需道德有关培训课程。

4. 工作责任心等。

5. 具有较好的适应力和潜力。

（三）晋升操作程序

1. 人事部门根据组织政策于每年规定期间内,依据考核办法协调各部门主管提出的晋升建议名单,呈请上级核定。

2. 凡经核定的晋升人员,人事部门以人事通报发布,晋升者则以书面形式个别通知。

三、调动实施细则

调动是员工在组织内部的水平移动,它可以是同一职级的不同职位之间的移动(即上面所说的职位轮换),也可以是保持职位不变的情况下改变工作地点。

（一）调动的原因

调动可以作为组织的一种工作安排,由组织首先提出,也可以作为员工的一种工作期望,由员工首先提出。调动的主要原因有以下几个方面。

1. 为了适应组织机构调整的需要。有时,组织为了自身发展,或者为了应对外部环境的变化,会对组织机构进行调整,设立一些新部门,撤销一些旧部门,相应的,需要对有关的员工进行内部调动。

2. 为了保证主要提升渠道的畅通。由于提升机会有限,一些工作表现出色但又因为某些原因不可能被提升的员工会堵塞提升渠道,影响在其职位之下的高素质员工的职业发展,为了让这些高素质员工能够顺利得到晋升,一个组织可能会将那些堵塞提升渠道的员工调换工作。

3. 为了满足员工的个人意愿。有时,员工可能因为个人原因,如家庭居住地的搬迁、上下班的交通问题等,而想在不离开本组织的条件下调换工作地点;有时,员工也可能因为自己的兴趣爱好而想换到另外一个职位,这时他们都会提出调动申请。

4. 为了缓解人际冲突。如果两个工作关系非常密切的员工不能和谐相处,其人际矛盾对工作难免产生负面影响。解决这种冲突的方法之一就是将一方或双方调离原来的工作岗位。

5. 为了给员工提供学习多方面技能的机会。一些希望晋升的员工会主动寻找水平调动的机会,在不同的职位上学习新的技能,积累工作经验,为自己的职业发展做准备。一些组织也会特意让工作能力强的员工进行职位轮换,使他们积累职位资格,以便在合适的时候将他们提升到更高的职位。

（二）调动的注意事项

1. 要仔细分析调动对于组织和员工个人利益的影响,尽可能兼顾两者的利益。

2. 应制定明确的调动政策和程序,包括调动的申请方法、审批程序、工作交接的方式和要求、调动费用的安排。

四、降职实施细则

降职是一种与晋升相反的职位变动,是将员工调到比其原来的职位低的岗位上去的过程。在一般情况下,降职对员工是一种不幸的事件,它意味着工资减少、地位降低、职业发展受挫;它可能使员工的自尊心受到伤害、情绪上受到打击,工作积极性和工作效率也可能降低;它还可能使员工产生愤怒情绪,做出对组织不利的行为。因此,管理者在做出降职决策时必须非常慎重。

(一)降职的原因

1.它可能是纪律处分的措施,即组织以降职来惩罚那些严重违背了规章制度的员工。

2.它也可能是员工失职或表现不佳的结果,即组织不得不将那些无法胜任本职工作或者因重大失误给组织带来损失的员工重新安排到工作要求较低的职位上去。

3.它可能是由于员工本人的健康原因或工作意向的改变,以至于不再适合在原来的职位上工作,换到一个工作负担较轻的低级职位。

4.它也可能是由于组织裁员或裁减组织结构层次造成的。在这种情况下,一些高级职位被取消,但组织仍想保留高素质的员工,于是将他们安排到低一级的职位上。作为补偿,组织往往会保留这些人原有的工资和福利待遇。

(二)采用降职时的注意事项

1.降职决策的作出应该遵循一套合理的程序,应该先取得能够充分支持降职决定的事实材料,做到有理有据。不应该凭企业领导者的个人好恶来决定员工的降职。

2.有关降职的意图和具体原因应该向被降职的员工通报,允许其提出不同意见,与之心平气和地进行充分的沟通。

3.在公布降职决定后,应该照顾到被降职员工的情绪反应,努力维护其自尊心,在必要的时候,对其进行耐心细致的说服和劝导工作。

五、人事调动

员工工作调动首先由员工本人提出调动申请,经部门主管签字后报人事部门,人事部门根据员工本人要求和部门主管意见,提出处理方案,经报公司主管批准。批准后,员工凭人力资源管理部门发放的离职人员应办手续清单,办理各种手续。

(一)人事调动注意事项

1.人员调出本企业,要严格办理各种手续,一方面要保证本企业生产经营活动的正常进行,另一方面要避免本企业的无谓损失。

2.及时安排相关人员,接续调动人员的工作,保证工作顺利进行。

（二）人事调动程序

1. 在人事部领取、填写《调动人员审批表》。

2. 调入单位和主管部门签章。

3. 市区外调入人员需提供下列材料：

（1）现实表现；

（2）调出所在地调动主管部门同意调出函；

（3）学历、职称身份证原件及复印件；

（4）调入人员户籍关系证明；

（5）计划生育证明；

（6）近期县级以上医院体检证明；

（7）随迁人员户籍证明。

4. 经审查合格后，由人才服务中心发函调档。

5. 到财务处缴纳手续费。

6. 调入人员所在地转档。

7. 审查档案合格后，调入人员填写《调动人员情况登记表》。

8. 开具《入户通知》，到公安户籍部门办理户口准迁证。

9. 人才服务中心发调令正式调入。

10. 向调入单位或主管部门转行政、工资介绍信。

六、离职申请表

表8-2(1)　离职申请表

职员编号：　　　　　　　　　　　　　　　　　　　　　　填表日期：

姓名		单位		学历		职务	
到职日期		合同到期日		预定离职日			
离职种类：□辞职□辞退□合同到期							
1. 您离职的原因： □薪资偏低　　　□福利不佳　□晋升机会　□工作环境　　□工作时间长 □无法适应倒班　□人际关系　□上学进修　□健康因素　　□无法调转人事关系 □家庭因素　　　□交通不便　□其他							
2. 您对目前服务单位建议：							
3. 您对公司建议：							
面谈记录： 　　　　　　　　　　　　　　　　　　　　　　　　　　　面谈人：							

姓名		单位		学历	职务
人事部 总经理	人事部 管理组	公司 总经理	公司 管理部	部门 主管	直属 主管
集团总经理		集团执行董事		集团总部管理部	

备注：本表应依核决策权限逐级核准。

离职员工→直属主管→部门主管→公司管理部→公司总经理→人事部总经理→集团总部管理部→集团执行董事→集团总经理

七、员工离职通知书

表8-2(2)　员工离职通知书

服务单位		职称		姓名	
到职日期	年　月　日	离职日期	年　月　日	全提资	
离职原因					
自动			被动		
体弱多病		服兵役	开除		解雇
另有他就			试用不合格辞退		其他
物品交还或应扣款					
单位	应办事项	已收还或应扣金额	应办事项	已收还或应扣金额	接收人或经管人
服务单位	移交清楚		未了事项已交代清楚		
总务单位	服装		伙食		
	福利借款		家具或文具		
	其他扣款				
人事单位	工作名称		劳保费		
财务单位	款项未清		月中借支		
核定			人事单位：		
单位主管：			离职人： 　　年　月　日		

八、离职人员应办手续清单

表8-3 离职人员应办手续清单

年 月 日

姓名		部门		职位	
程序	承办单位	办理事项		应扣款项	经办人
1	人力资源部	1.薪资结算 2.收回员工识别证 3.清算福利账款			
2	所在部门	1.指定代理人 2.移交工作			
3	综合办公室	1.清理零用工具及物料 2.档案文件收回			
4	财务部	1.结发薪资 2.结算应扣款			
5	资料室	清理借阅图书资料			

备注：

总经理批示：

签字：

年 月 日

离职人签名：

年 月 日

九、辞职申请表

表8-4　辞职申请表

申请人	姓　名		部门主管	
	部　门		职　务	
	辞职日期		入司日期	
辞职原因				
上级主管意见			签字_____	
人事主管意见			签字_____	
人力资源总监意见			签字_____	

十、员工辞退(辞职)通知书

表 8-5　员工辞退(辞职)通知书

姓名		部门		职务	
到职日期	年　月　日	离职日期	年　月　日	工资	
辞退 (辞职) 原因					
上级主管 意见				签字:	
人事主管 意见				签字:	
人事副总 裁意见				签字:	

注:此通知书一式三份,个人、上级主管、人事部门各一份。

十一、人事变动申请表

表8-6 人事变动申请表

姓名：	员工号码：	性别：	出生年月日：		编号：
申请事项：（例如雇佣、升级、调动、辞职等）			申请日期：		希望生效期：
离职位名称： 薪阶及薪资： 服务部门： 部门代号：			至职位名称： 薪阶及薪资： 服务部门： 部门代号：		
（如果雇佣人员请将此栏填妥） 需要人数：　　　　　　　　班次： 所担任之工作： 资历要求： 年龄： 教育程度：　　　　　　　　性别： 经验或特殊技能： 其他：					
申请人： 签名： 电话号码：			批准人： 签名： 职位：		
申请人员 单　　位			所需协助人员		
申请人员 协助原因					
起讫 日期		自　　年　　月　　日起 至　　年　　月　　日止			
协助人员 担任工作					
人事单位 意见					

十二、人员调职申请书

表 8-7　人员调职申请书

申请调职单位		调职人员姓名	
调职日期	年　月　日	调至单位	
调职理由			
单位主管对调职评议		人事单位意见	

第九章

考勤制度

一、考勤的目的

对公司而言,做好考勤管理,能产生以下优势:

能使员工的工作效率得到有效发挥。首先有的缺勤是不可避免的,但很多缺勤是由于小病或者其他不必要的原因造成的;其次,能让出勤良好的员工摆正工作心态,认真做事。因为一个完善的考勤管理系统能给员工提供一个公平一致的工作环境;

能使公司在解决缺勤问题中完善自己。因为有些问题并不完全出在员工身上,所以管理人员必须从自身找到根源并有效解决。这有利于公司制度的贯彻执行;同时考勤管理还能辐射影响公司内部的其他细节管理,比如加班管理、文件管理等;

能提高员工的凝聚力。因为在对缺勤进行管理时,公司如果能了解缺勤原因并能有效解决,就能增强员工对公司的认同感和归属感;能发挥出员工的工作积极性和主动性。

二、考勤的流程

考勤流程如图 9-1 所示:

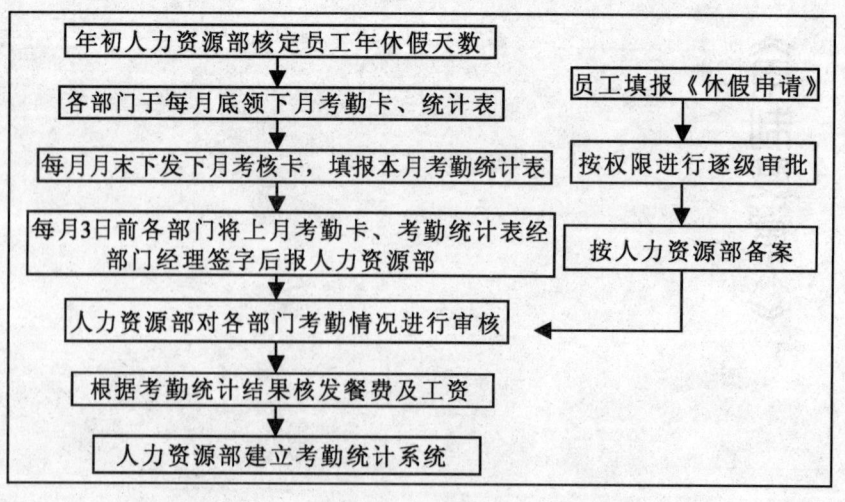

图 9-1 考勤流程

加班流程如图9-2所示：

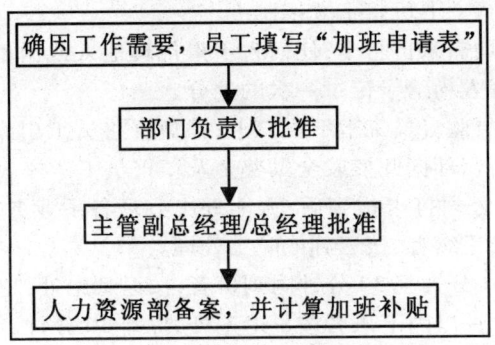

图9-2　加班流程

请假流程如图9-3所示：

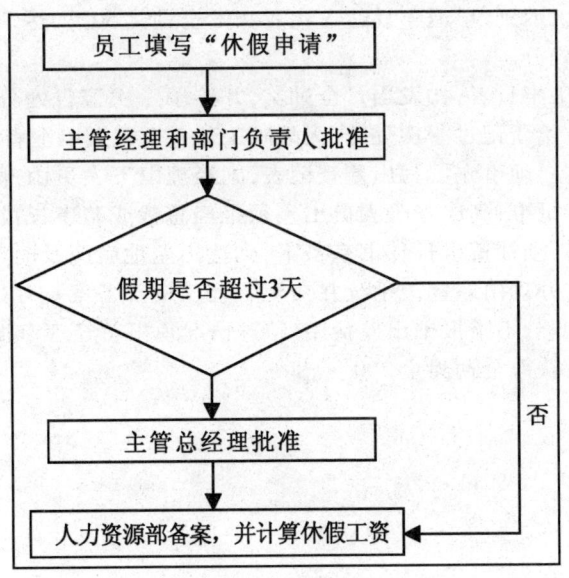

图9-3　请假流程

三、考勤管理规定

1. 为加强公司员工考勤管理,特制定本规定。

2. 本规定适用于公司总部,各下属全资或控股企业或参照执行或另行规定,各企业自定的考勤管理规定须由总公司规范化管理委员会审核签发。

3. 员工正常工作时间为上午 8 时 30 分至 12 时,下午 1 时 30 分至 5 时,每周六、日不上班,因季节变化需调整工作时间时由总裁办公室另行通知。

4.公司员工一律实行上下班打卡登记制度。

5.所有员工上下班均需亲自打卡,任何人不得代理他人或由他人代理打卡,违犯此条规定者,代理人和被代理人均给予记过一次的处分。

6.公司每天安排人员监督员工上下班打卡,并负责将员工出勤情况报告值班领导,由值班领导报至劳资部,劳资部据此核发全勤奖金及填报员工考核表。

7.所有人员须先到公司打卡报到后,方能外出办理各项业务。特殊情况需经主管领导签卡批准,不办理批准手续者,按迟到或旷工处理。

8.上班时间开始后5分钟至30分钟内到班者,按迟到论处,超过30分钟以上者,按旷工半日论处。提前30分钟以内下班者按早退论处,提前30分钟者按旷工半天论处。

9.员工外出办理业务前须向本部门负责人(或其授权人)申明外出原因及返回公司时间,否则按外出办私事处理。

10.上班时间外出办私事者,一经发现,即扣除当月全勤奖,并给予警告一次的处分。

11.员工一个月内迟到、早退累计达3次者扣发全勤奖50%,达5次者扣发100%全勤奖,并给予一次警告处分。

12.员工无故旷工半日者,扣发当月全勤奖,并给予一次警告处分,每月累计3天旷工者,扣除当月工资,并给予记过一次处分,无故旷工达一个星期以上者,给予除名处分。

13.员工因公出差,须事先填写出差登记表,副经理以下人员由部门经理批准;各部门经理出差由主管领导批准;高层管理人员出差须报经总裁或董事长批准,工作紧急无法向总裁或董事长请假时,须在董事长秘书室备案,到达出差地后应及时与公司取得联系。出差人员应于出差前先办理出差登记手续并交至劳动工资部备案。凡过期或未填写出差登记表者不再补发全勤奖,不予报销出差费用,特殊情况须报总经理审批。

14.当月全勤者,获得全勤奖金200元。

四、员工考勤和休假的规定

为了维持良好的生产秩序,提高劳动生产率,保证通信生产工作的顺利进行;为了使员工保持良好的身体素质和旺盛的精力,努力做好本职工作,并考虑员工与家属团聚的问题,根据国家有关规定,结合公司的实际情况,特制定本规定。

(一)考勤

1.考勤内容

(1)上班时间已到而未到岗者,即为迟到。

(2)未到下班时间而提前离岗者,即为早退。

(3)工作时间未经领导批准离开工作岗位者,即为擅离职守。

(4)迟到、早退或擅离职守超过30分钟,或未经准假而不到班者,均为旷工。

2.考勤须知

（1）对有迟到、早退、擅离职守现象的员工,应进行教育,属屡教不改的,给予适当的纪律处分。如有造成严重后果的,应追究其责任。

（2）对旷工者,应责成其做出书面检讨,并按下表计扣工资,扣发当月各项奖金。旷工2天以上,每增加1天,加扣年终奖10%。连续旷工15天,或一年内累计旷工超过30天,或旷工虽未达到上述天数,但次数较多,情节严重的,均应做除名处理,参见表9-1:

表9-1　旷工处理办法

旷工天数	0.5 天	1 天	1.5 天	2 天	一年累计13 天	连续旷工15 天	一年累计30天以上
扣工资岗位＋技能	25%	50%	75%	100%	扣年终各项奖金	除　名	除　名

（3）留职察看期间,只发岗位工资及各项补贴。

3. 请假办法

（1）公假。经公司批准脱产参加会议、学习、出差、从事社会活动、工会活动均属公假;经公司指定或批准休养、参观、访问的模范人物或代表,以及因工(公)负伤人员在医疗期间,根据实际情况核给公假。

（2）调遣假。员工异地调动,有家属随迁的,不超过6天,调往边远地区的,不超过14天。员工单人赴调不超过3天,赴调途中所需行程时间,按其实际需要核给,不计算假期。特区内调动一般不超过1天。

如有非经常性事务,需员工本人办理或参加的,如迁居、开家长会等,各单位可考虑到工作安排及员工的需要,酌情处理,不计算假期。

4. 因工作需要积累工时工休,一般应在当月补休,如确因工作一时不能安排补休的,经部门经理同意可适当推迟,可保留至当年底,员工调动工作,原则上不能将积累的工休延至新的工作岗位。

5. 因工作需要,加班或无法安排休息的人员,须经部门经理批准或人事部核准,以补发加班费的形式予以补偿。补偿办法:(岗位工资＋技能工资)÷25.5天×1.5×加班天数。法定假日加班费按(岗位＋技能)÷25.5×2×加班天数计算。

（二）休假

1. 员工休假必须服从组织安排,并按规定逐级审批,报人事部批准,室主任一级由部门经理安排休假,部门经理由总经理安排休假。

2. 员工申请休假须一个星期前填写《有薪假期申请表》或《无薪假期申请表》,送交人事部审批。未接到休假通知单,不得擅自休假,否则按旷工处理,因特殊原因本人不能亲自办理的,应提前托人或电话告假,如事前未提出请假,事后补交病假单之类的一律无效。

3. 婚假。员工申请结婚,需在本公司办理结婚手续,并以领取结婚证为准,婚假假期3天,晚婚假10天(晚婚条件:女满23周岁,男满25周岁)。如到外地(指配偶工作所在地,不含旅行结婚)结婚的,根据在途往返时间核给路程假。

4. 丧假。员工的直系亲属(祖父母、父母、配偶、子女,以及依靠本人供养的弟妹、养父母、岳父母、公婆)死亡,给予假期3天。员工到外地办理丧事,可根据实际路程所需时间,另给路程假。

253

5. 产假、计划生育假：

（1）女工产假按下列标准核给：

假期内容	假期天数	说　明
产假	90 天	难产或双胞 14 天
晚育假	15 天	年满 24 周岁为晚育
独生子女假	35 天	凭独生子女证给

（2）临时工产假 56 天，临时工产假期间发给 60％的工资。

（3）产妇如遇实际困难，可请哺乳假至婴儿一周岁，哺乳假工资按本人（岗位＋技能工资）75％发给，并据此比例计发房补，其他补贴照发。

（4）接受节育手术者，经医生证明，分别给予以下假期：

● 放置宫内节育器的，自手术之日起休息 3 日，手术后 7 日内不从事重体力劳动；

● 经计划生育部门批准取宫内节育器的，休息 2 日；

● 输精管结扎的，休息 7 日，输卵管结扎的，休息 21 日；

● 怀孕不满 3 个月人工流产的，休息 15 天，3 个月以上的，休息 42 天。

● 同时施行两种节育手术的，合并计算假期，如遇特殊情况需增加假期时，由医生确定。

6. 病假：

（1）员工因病或非因工（公）负伤，经公司指定的医疗单位证明确定不能坚持工作，可参考医生建议，根据实际情况核给病假。

（2）病假期间的待遇按国家劳动保险条例规定办理（参见表 9－2、表 9－3）。病假 3 天内不扣工资，4 天以上按（岗位工资＋技能工资）÷30 天计扣工资。

（3）长期病休人员，从病休时起，一年内的任何时间累计超过 6 个月（或 153 个工作日），从超过之日起，停发工资，改发疾病救济费，累计办法：每月以 24 日为截止日期往前推 12 个月，凡在这 12 个月内病休累计达 6 个月（或 153 个工作日）时，从超过之日起停发工资，改发疾病救济费。

（4）凡领取疾病救济费者，如病愈需要复工时，经医生证明，先行试复工 2 个月。在试工期，又患病累计休息 15 天以上者，停止试工，停发（病假）工资，发给疾病救济费。试复工期满，连续工作 2 个月以上者，若再次患病，休息时间可重新累计计算。

表 9－2　病假期间待遇 1

连续工龄	不满2 年	满 2 年不满 4 年	满 4 年不满 6 年	满 6 年不满 8 年	满 8 年以上
6 个月以内病假工资（岗位工资＋技能工资）	60％	70％	80％	90％	100％

表 9－3　病假期间待遇 2

连续工龄	不满 1 年	满 1 年不满 3 年	满 3 年以上
连续病假 6 个月以上、救济费（岗位工资＋技能工资）	40％	50％	80％

7. 事假。员工因个人事务,必须亲自处理的,根据工作安排以及本人的实际需要酌情核给。请事假员工按(岗位工资 + 技能工资) ÷ 30 天计扣工资。

8. 探亲假:

(1)员工结婚时,分居两地,又不能在公休假日团聚的,每年可享受一次探望配偶假,假期为 30 天。

(2)未婚员工探望父母每年一次,假期为 20 天,如因工作需要,当年无法安排的,可以 2 年给假一次,假期为 45 天。

(3)已婚员工探望父母假,每 4 年一次,假期为 20 天。

(4)员工有生身父母,又有养父母的,只能探望一方(以供养关系为主)。

(5)大专院校分配来的毕业生,新招合同工人,在实习、试用期间不能享受探亲假,满一年后才能享受探亲假。外单位调进公司的员工要满半年,才能享受探亲假。

(6)员工配偶已离婚或死亡,尚未再婚的,按未婚员工待遇处理。员工配偶、父母均已死亡,又未重新结婚,而且身边没有子女者,如有 16 岁以下的未成年子女寄养在外地的,按未婚员工探亲假处理。

(7)员工探亲假期不包括路程假,但包括公休假日和法定节假日,路程假根据实际需要核给。

(8)员工探亲休假期间患病时,其病休天数仍作为享受探亲假计算,原规定的休假天数不能顺延。如果员工因患急病、重病、假期期满后不能按期返回的,其延期返回的天数可根据县以上医疗单位的证明,按病假处理。

(9)员工因各种原因在当年与配偶团聚 3 个月以上的,不再享受一年一次探亲假。

(10)探亲假原则上不能分期使用,确因生产、工作需要分期使用的,经人事部批准,可分期使用,跨年度作废。路程假只给一次,往返路费只报销一次。

9. 年假:

(1)休假范围及条件:凡参加工作(不含借调人员、临时工和劳务工)满 5 年以上的员工均实行休假规定,参见表 9 - 4:

表 9 - 4 休假规定

参加工作时间	满 5 年 不满 10 年	满 10 年 不满 20 年	满 20 年 不满 30 年	满 30 年 不满 40 年	满 40 年 以上
每年休假时间	7 天	10 天	15 天	20 天	30 天

全国劳动模范、部省级劳动模范,不论参加工作年限的长短,均享受休假两周待遇;有突出贡献的知识分子,经企业领导批准可适当放宽工龄限制。

(2)享受年休假的几项规定:

● 按国家有关规定享受探亲假、婚丧假、生育假的员工,不影响享受年休假。

● 全脱产学习满一年的员工,不享受当年的年休假;累计学习满半年不满一年的员工,可享受休假,其假期减半。

● 病事假累计超过 3 个月或工伤假超过半年的员工,当年不再享受年休假。旷工 2 天,当年不再享受年休假。

● 受各类警告以上处分的员工,取消一年的休假,受各类察看处分的员工,察看期间不享受年休假;对个别表现不好或完不成生产任务的员工,各部门领导有权取消其年休假待遇,上报人事部备案。

- 年休假时间的计算包括公休假日,不包括法定假日。
- 凡外单位、外系统调入的人员,从报到之日起,满半年后方可享受年休假。

(三)说明

1. 本规定从发布之日起执行,以前有关规定与本规定相抵触的地方,按本规定执行。执行以后如上级有新的规定另行通知。

2. 本规定的解释权在公司人事部。

五、员工加班细则

(一)加班手续:

1. 一般员工加班:

(1)管理部门人员加班一律由科长级主管报请主任级主管指派后填加班单。

(2)生产部门人员加班,先由管理(组)科根据生产工时需要拟定加班部门及人数经生产部门同意后,由领班排班(无管理(组)科者由各科自行决定)报主任级主管核定,并将加班时间内的生产量由领班记载于工作单上。

(3)训练计划内必需的加班,得副总经理核准始能加班。

(4)以上人员的加班费,须于当日下午4时前送交人事单位,以备查核。

2. 科长级主管加班:

(1)各部门于假日或夜间加班,其工作紧急而较为重要者,主管人员应亲自前来督导,夜间督导最迟至22时止。

(2)主管加班不必填加班单,只需打卡即可。

(二)加班考核:

1. 一般员工:

(1)生产部门于加班的次日,由管理(组)科,按其加班工时,依生产标准计算其工作是否相符,如有不符现象应通知人事单位照比例扣除其加班工时,至于每日的加班时数,则由所属单位主管填入工卡小计栏内,并予签证。

(2)管理部门其直属主管对其加班情况亦应切实核查,如有敷衍未达预期效果时,可免除其加班薪资加成。

2. 科长级主管如有应加班而未加班,致使工作积压延误情形者,由主任级主管专案考核,同样情形达两次者应改调其他职务,并取消其职务加薪。

(三)加班薪资:

1. 主管:各科主管因已领有职务加薪,故不再另给加班费,但准报车资(有公交车可达者不得报支计程车资)及误餐费。

2. 其他人员:不论月薪或日薪人员凡有加班均按下列程序发给加班薪资。

(1)平日加班,每小时给以日给本薪的34%,其计算公式如下:

日薪×〔加班时数×(1.34÷8 小时)〕＝加班薪资

（2）公休加班除基本薪资照给外,并按平日加班计算方法加倍给付加班薪资。

（3）新年休假期内,因情形特殊而加班,凡正式员工一律照二款办理。

（四）加班工时计算:

1.区分为三班与二班制,其配档如下面。

2.以上三班或二班的工作,如系锅炉、熔炉及机械操作不能停机者,在每餐时间内得酌留一两名员工看守,并应在现场进餐,不得远离工作岗位,违者以擅离岗位论,其进餐的时间可视作连续加班计算。

3.其他工作人员每日均以 8 小时计算,如需延续加班者,其计算方法应扣除每餐 30 分钟(夜点亦同),即等于加班时间,不得借任何理由要求进餐时间为加班时间。

4.凡需日夜班工作者,应由各单位主管每周予以调换一次,务使劳逸均等为原则。

（五）不得报支加班费人员:

1.公差外出已支领出差费者。

2.推销人员不论何时何日从事推销,均不得报支加班费。

3.门房、守夜、交通车司机、厨丁因工作情形有别,其薪资给予已包括工作时间因素在内以及另有规定,故不得报支加班费。

（六）注意事项:

1.加班的操作人员超过 3 人时,应派领班负责领导,超过 15 人时应派职员督导。

2.公休假日尽可能避免临时工加班,尤其不得指派临时工单独加班。

3.分派加班,每班连续以不超过 12 小时,全月不超过 46 小时为原则。

（七）加班请假:

1.操作人员如有特别事故不能加班时,应事先向领班声明(没有具体事实不得故意推诿),否则一经派定即须按时加班。

2.连续加班阶段,如因病因事不能继续工作时,应向领班或值日值夜人员以请假单请假。

3.公休假日加班,于到班前发生事故不能加班者,应以电话向值日人员请假,次日上班后再交具证明或叙明具体事实,填单补假(注明加班请假字样),此项请假不予列入考勤。

（八）在加班时间中如因机械故障一时无法修复或其他重大原因不能继续工作时,值日值夜人员可分配其他工作或提前下班。

（九）公休假日加班,中午休息时间与平日同。

（十）凡加班人员于加班时不按规定工作,有偷懒、睡觉、擅离工作岗位或变相赌博者,经查获后,记过或记大过。

（十一）本细则经经理级会议研讨通过并呈总经理核准后实施。

六、员工签到卡

表9－5　员工签到卡

月　日　星期（　）

顺序	姓名	签到	上班时间	备注	顺序	姓名	签到	上班时间	备注	备注
1					16					
2					17					
3					18					
4					19					
5					20					
6					21					
7					22					
8					23					
9					24					
10					25					
11					26					
12					27					
13					28					
14					29					
15					30					
行政部统计	请假人员			出差人员			迟到			
	旷工人员			应出勤人数			实出勤人数			
	出差人数			请假人数			出勤率			

七、员工考勤记录表

表9－6　员工考勤记录表

项目	出勤	休假	假别						迟到	早退	旷职	公差
			事假	病假	公假	婚假	丧假					
一	日数	日数	日数	日数	日数	日数	日数	日数	日数	日数	日数	
二												
三												
四												
五												
六												
七												
八												
九												
十												
合计												

八、月度考勤统计表

表9-7 月度考勤统计表

序号	姓名	出勤天数	假类	天数	迟到早退	出差天数	备注

填写要点：

1. 出勤天数依据员工考勤表统计；

2. 假类指病假、事假、公假、婚丧假、休假等；

3. 迟到早退以次数计；

4. 备注主要填写未尽事项。

本表以单页形式使用，由行政助理统计填写。

九、员工加班申请表

表9-8 员工加班申请表

填表时间： 年 月 日

部 门		姓 名		
加班事由				
申请加班 时 间	从 年 月 日 时起 至 年 月 日 时止	实际加班 时 间	从 年 月 日 时起 至 年 月 日 时止	
部 门 经 理				
财务经理		常务副 总经理		

十、员工请假申请表

表9-9 员工请假申请表

部门		职务		姓名	
请假类别 　　□休假（或假）　　□公假　　□病假　　□其他（请说明）　　□事假					
请假时间 　　　自 年 月 日 时至 年 月 日 时总共请假 天 小时					
主管部门意见					
□准　主管签字 □不准（请述明理由）					

职位 日期

260

十一、加班记录表

表 9 - 10　加班记录表

部门：

日期	事由	加班人	从何时到何时	加班小时	核准人

部门签字：　　　　　　　　　　　　　　　　　　　　　　　　　　　　　年　月　日

　　1. 使用流程：部门加班人填写加班记录表，加班后由核准人确认，每月统计后部门主管签字人事部门留存。

　　2. 使用范围：公司普通员工加班登记。

　　3. 使用要点：(1)公司中高级职员超时工作不算作加班；(2)核准人为有权签署加班意见的人；(3)严格控制加班。

　　4. 本表在各部门使用，每月统计后送人事部。

第十章

差旅制度

《用制度管人》

一、差旅制度相关知识准备

（一）出差程序

员工出差依下列程序办理：

1. 出差前应填写"出差申请单"。出差期限由派遣负责人视情况需要事前予以核定，并依据程序核实；

2. 出差人凭核准的"出差申请单"向会计部暂支相当数额的差旅费，返回后一周内填具"差旅费报告单"，并结清暂支款，未于一周内报销者，财务应于当月工资中先予扣回，等报销时再行核付。

（二）出差审核决定权

出差的审核决定权限如下：

1. 国内出差：6 日内由部门经理核准，6 日以上由主管副总经理核准，部门经理以上人员一律由总经理核准；

2. 国外出差一律由总经理核准。

（三）差旅费

差旅费分为交通费、住宿费、膳食费、通讯费、交际费等。

（四）国内出差

1. 交通费标准。公司员工乘坐火车、轮船、飞机按照下列标准发给交通费：

（1）乘坐火车及长途汽车，原则上应出具铁路局、公路局或汽车公司的票根，如因故未能取得购票凭证者，由出差人填写凭单；

（2）乘坐轮船应出具轮船公司或旅行社的购票证明单或船票存根；

（3）因紧急公务必须搭乘飞机者应事先报告并凭飞机票根报销旅费；

（4）搭乘公司的交通工具者，不得再报支交通费；

（5）凡因公拍发邮电及特别公务临时雇用车辆等项支出，另列特别费用内按实凭证报支；

（6）因公宴客的费用应出具统一发票为凭；

（7）因公携带的行李运费，应出具正式的运费收据为凭。

2. 差旅费支领及报销

（1）员工出差前，凭核准的派遣出差通知单预领差旅费，于出差完毕报支差旅费时扣回；

（2）员工出差销差后 3 日内应填具"出差旅费报支单"，送请各单位主管核实后递请秘书审核，总经理核准后，出纳人员方得凭以报支；

（3）市内及短程（1 日内）出差人员，除按实报支车费外，另可报支误餐费。

• 下午 1 时以后销差者准报午餐。

• 晚 8 时以后销差者准加报晚餐。

- 不得再报支加班费。
- 奉令调遣的人员,可以比照以上有关规定报支交通费、膳食费(一天)及行李运费。
- 调遣人员若在公司用餐,则不得报支误餐费。
- 调遣人员若超过一天以上但不能视为出差的,可以由公司酌情予以补贴。
- 出差不得报支加班费,但假日出差酌情予以计薪。

(五)国外出差

1.差旅费标准。公司员工奉派出国,除薪金照领外,并准予报支出差旅费,其标准如下:

(1)凡出国往返于公司指定地点的交通费按实报支,自行观光的交通费自理;

(2)膳、宿、杂费按当时行情,并依国家有关出差规定在报支额度内支付;

(3)派遣在同城市持续驻留 30 日以上者自第 31 日起按上列标准八折支付。

2.差旅费支领及报销:

(1)受政府或其他机构聘请(派遣)出国考察或实习的公司员工已在受聘或派遣的机构支领出差旅费者,不得再向公司支领出差旅费;

(2)出差期间因公支应取得正式收据并按时报销,其无法取得正式收据的零星付款可以以出差人签呈为准;

(3)如因公务原因必须支付的费用而超过日用费规定者可以呈请总经理核发特别津贴。

(六)例外处理

1.下级员工与上级员工一起出差时,下级员工可比照上级员工的标准支付;

2.公司董事、监察人及顾问的出差旅费比照经理级标准支付;

3.膳、宿费的支领标准,因物价的变动,可以由总经理随时通令调整;

4.出差途中除因病或遇意外灾害,或因工作实际需要电话联系,请示批准延时外,不得因私事或借故延长出差时间。否则,除不予报销差旅费外,并依情节轻重论处。

二、出差管理办法

□ 国内部分

第一条 本公司以及所属工厂及营业所的员工因公奉派国内出差办理公务者,依本办法规定发给出差旅费。

第二条 本公司员工乘坐火车、轮船、飞机按表 10 - 1 的标准发给交通费:

表 10 -1　出差交通费标准

职称	火车	轮船	飞机	备注
主管级	软卧	头等	头等	一、代理职称的职员比照高一职等人员的标准支给。
一般职员以下	硬卧	一等	经济	二、练习生、雇员、工友比照三等以下职员的标准支给。

（一）乘坐火车及长途汽车，原则上应出具铁路局、公路局或汽车公司的购票证明单，如因故未能取得购票证明单者，由出差人出具凭单；

（二）乘坐轮船应出具轮船公司或旅行社的购票证明单或船票存根；

（三）因急要公务必须搭乘飞机者应事先报准并凭飞机票根报支旅费；

（四）搭乘公司的交通工具者，不得再报支交通费。

第三条　员工出差的膳食、住宿、杂费按下列标准核发：

（一）主管级：每日 120 元；

（二）一般级：每日 100 元。

第四条　出差期间因公支出的下列费用，准予按实报销，并依下列规定办理：

（一）乘坐计程车原则上应取得汽车公司开具的统一发票，无法取得者由出差人员出具凭单为凭；

（二）电报电话费应出具电信局的收据为凭；

（三）邮费应出具邮局的证明为凭；

（四）因公宴客的费用，应出具统一发票或贴足印花的正式收据为凭；

（五）因公携带的行李运费，应出具正式的运费收据为凭。

第五条　员工出差，应由派遣出差单位的主管填写通知单一式二份，递请核准后，一份送秘书处登记出差日期，一份由出差人凭以预借或报支旅费（按照规定格式逐项填写）。

第六条　员工出差销差后 3 日内应填具"出差旅费报支单"，送请各单位主管核实后递请秘书处审核，总经理核准后，出纳人员方得凭以报支。

第七条　员工出差前，得凭核准的派遣出差通知单预借旅费，于出差完毕报支旅费时扣回。

第八条　市内及短程（1 日内）出差人员，除按实报支车资外，另可授下列标准报支误餐费：

（一）下午 1 时以后销差者准报午餐；

（二）下午 8 时以后销差者准加报晚餐；

（三）不得再报支加班费。

第九条　奉令调遣的人员，可以比照以上有关条文报支交通费、膳食费（一天）及行李运费。

第十条　调遣人员若在公司用膳，则不得报支误餐费。

第十一条　调遣人员若超过一天以上但不能视为出差的，可以由公司酌情予以补贴。

□　国外部分

第十二条　本公司员工奉派出国人员，除薪金照领外，并准予报支出差旅费，其标准如下：

（一）凡出国往返于公司指定地点的交通费按实报支，自行观光的交通费自理；

（二）膳、宿、杂费按当时行情，并依国税局出差规定在报支额度内支给；

（三）派遣在同城市持续驻留30日以上者自第31日起按上列标准八折支给。

第十三条　受政府或其他机构聘请（派遣）出国考察或实习的本公司人员已在受聘或派遣的机构支领出差旅费者，不得再向本公司支领出差旅费。

第十四条　出差期间因公支出应取得正式收据并按实报销，其无法取得正式收据的零星付款可以以出差人签呈为准。

第十五条　如因公务上的原因必须支付的费用而超过日用费规定者可以呈请总经理核发特别津贴。

第十六条　国外出差旅费报销办法仍比照本办法第五条至第七条规定办理。

□　附则

第十七条　下级员工与上级员工一起出差时，下级员工可比照上级员工标准支给。

第十八条　本公司董事、监察人及顾问的出差旅费比照经理级标准支给。

第十九条　膳、宿什费的支领标准，因物价的变动，可以由总经理随时通令调整。

第二十条　本办法经董事会核定后实行，修改时亦同。

三、出差管理规定

第一条　为加强出差费用的管理，特制定本规定。

第二条　员工出差依下列程序办理：

（一）出差前应填写"出差申请单"。出差期限由派遣负责人视情况需要，事前予以核定，并依照程序核实；

（二）出差人凭核准的"出差申请单"向财务部暂支相当数额的差旅费，返回后一周内填具"出差旅费报告单"，并结清暂支款，未于一周内报销者，财务应于当月工资中先予扣回，等报销时再行核付。

第三条　出差的审核决定权限如下：

（一）国内出差：6日内由部门经理核准，6日以上由主管副总经理核准，部门经理以上人员一律由总经理核准；

（二）国外出差：一律由总经理核准。

第四条　出差不得报支加班费，但假日出差酌情予以计薪。

第五条　出差途中除因病或遇意外灾害，或因工作实际需要电话联系，请示批准延时外，不得因私事或借故延长出差时间，否则除不予报销差旅费外，并依情节轻重论处。

第六条　出差旅费分为交通费、住宿费、膳食费、通讯费、交际费等，其标准另定。

第七条　出差费用的报销：

（一）交通费、住宿费按标准报销，超标自付，欠标不补；

（二）膳食费按标准领取；

（三）通讯费以邮局凭证报销；

（四）交际费由领导核定，凭据报销。

四、员工出国办法

（一）凡本公司员工因公经核准出国者，悉依本办法之规定办理之。

（二）因公奉派出国人员，于出国前需先立承诺书（如附件一），言明按期归国并继续为公司服务，如在返国3年内自动辞职者，愿无条件赔偿出国期间之费用除以3年平均数额之差额，并放弃先诉抗辩权。

（三）出国人员返国后，应于2星期之内书面提呈出国经过及观感心得，必要时，由总经理安排时间，向公司内有关部门人员讲解心得及工作计划方针。

（四）国外出差旅费报支标准如表10－2。

（五）奉派出国人员，出国期间其薪金仍准照领，并可预支核定日数之差旅费。

（六）出国人员应按照规定期限归国，并于返国后10日内交具有关凭证向会计部报销，因故拖延不归或费用开支经审核不准报销者，概由出国人员自行负担。

（七）出国人员在国外之旅行，应予规定之路程为限，规定以外路程之差旅费如经总经理核准者，准予报销。

（八）出国接受技术训练或受国内外厂商机构补助人员，其差旅费如已由有关单位支给者，其支给部分不得再向公司申请，但厂商供给之费用较本办法所订之费用为低时，其差额得由公司补助之。

（九）本办法经经理级会议通过呈总经理核定公布实施，其修改或补充亦同。

附件一

承诺书
年　月　日
立承诺书人　　　　　因公经××股份有限公司派遣出国，谨保证：
（一）按期归国返回公司工作。
（二）返国后三年内绝不自动离职，如有违背愿依贵公司所订之办法负责赔偿，连带保证人愿负担一切连带赔偿责任，并放弃先诉抗辩权。
××股份有限公司
立承诺书人：
连带保证人：
地　　址：　　　　　　身份证编号：

表 10 - 2　国外出差差旅支给标准

职别	膳宿杂费			因公交际费	交通费
	欧、美、澳非、中东	日韩东南亚	中国香港中国澳门		
董事长董监事总经理副总经理	实支	实支	实支	附据实支	附据实支
顾问、厂长副厂长各部室经理	每日美金$24	每日美金$20	每日美金$16	以核准者为限并凭单据报销	机票以三等客舱为限并凭据报销
一般员工	每日美金$20	每日美金$16	每日美金$14	以核准者为限并凭单据报销	机票以三等客舱为限并凭据报销

说明：（一）因公出国者,其手续出总务部代为办理。

（二）在同一地区内停留30日以上者,自第31日起,膳宿杂费以八折计算。

（三）低职人员随同高职出国者,其费用可酌实情比照高职人员报支。

（四）美金币值如有变动,可视各该地区的汇率调整之。

五、员工出差实施细则

（一）本公司员工因公务上之需要,受命出差国内外(包括迁调)悉依照本章之规定办理。

（二）员工出差均依各单位主管之命令或指示,视实际之需要,限定日期呈请总经理核准后行之。

（三）出差员工应于出发前,依式填写所定表格,通知总务组登记,如情形特殊事前不及办理时,亦需尽速补填表格,送交登记。

（四）员工出差可按实报支出差旅费,其最高标准如附表,除特殊情况,经总经理核准者外,其余如有超额报支,一律剔除之。

（五）员工出差前,可按实际需要预借旅费,其预借款额,经由各主管初审,呈请总经理核准后暂付之,出差完毕,向总务组销差后应于3日内呈报核销,如3日后,仍未报支者,会计组应将该员之预借旅费在薪金项下先予扣回,俟报支时,再行核付。

（六）员工在本市及郊区或其他同日可往返之出差按实支给交通费及误餐费。

（七）员工出差在一日以上,其另有不满一日之旅费,无论出发或返回日一律二分之一给付,有乘夜车往返者,不另支宿费。

（八）交通费包括旅程中必须之舟车等费,按实际报支,其他零星用费均在膳杂费内开支,不得另行报支。

（九）凡因公拍发邮电及特别公务,临时雇用人夫、车马等项所支出的必要费用,另列特别费用内可按实凭证报支。

（十）员工出差除中途患病及天然不可抗力之原因,并有确实证明者外不得任意改变起程日期,或延长出差时间,但事后经总经理特准者,得追认之。

（十一）员工出差旅费,应据实提出收据,核发之,但如发现有虚报不实情事,除将所领追回外,并视情节之轻重,酌予惩处。

（十二）员工出差事前事后及旅途中所应填写的一切表格及应办手续另定。

六、年度出差计划表

表 10-3　年度出差计划表

部门	时间	出差计划											费用合计
		时间	地点	费用	时间	地点	费用	时间	地点	费用	时间	地点	费用	
	1月													
	2月													
	3月													
	4月													
	5月													
	6月													
	7月													
	8月													
	9月													
	10月													
	11月													
	12月													
	费用小计													
	1月													
	2月													
	3月													
	4月													
	5月													
	6月													
	7月													
	8月													
	9月													
	10月													
	11月													
	12月													
	费用小计													

七、出差申请单

表 10 - 4　出差申请单

出差人员姓名		职务	
同行人员姓名		职别	
出差地点			
出差路线			
出发时间		返回时间	
交通工具			
出差事由			
介绍信编号		借款金额	
部门批示			
办公室批示			
人力资源部批示			
以下为回来后填写			
是否已交书面报告		材料是否归档	
实用差旅费		报账时间	
直接上级批示			

八、出差派遣单

表 10 - 5　出差派遣单

出差地点			
出差人员			
出差路线			
出发时间		返回时间	
交通工具			
出差任务			
介绍信编号		借款金额	
办公室批示			
人力资源部批示			
部门批示			
以下为回来后填写			
是否已交书面报告		材料是否归档	
使用差旅费		报账时间	
直接上级批示			

九、出差登记表

表 10 - 6　出差登记表

出差人：_____

部门：_____

前往：_____

事由：_____

计划出差时间：_____

返回时间：_____

联系地址与电话：_____

您出差时谁接替您的工作：_____

批准人：_____

备注：_____

十、出差资料交接清单

表 10 - 7　出差资料交接清单

资料名称	内容摘要	页数

交出人		接收人		日期	

注:本单一式二份,交、接人各一份。

十一、差旅开支清单

表 10-8 差旅开支清单

出差人姓名： 部门： 年 月 日

费用项目	金额/元	单据张数	无单据情况说明
合计			
承诺	以上费用均属实、并与派遣单(申请单)要求相符。签字：		

派遣部门审核人： 部门经理： 出差人：

十二、出差报告书(非营销人员适用)

表 10 - 9 出差报告书(非营销人员适用)　　　　年　月　日

长期出差报告
目的
地点
期间
目标
实绩
感想、意见
附件 1:费用计算表共　　页 附件 2:资料共　　页

十三、出差报告书(营销人员适用)

表 10 – 10　出差报告书(营销人员适用)

年　月　日

时间	访问对象		报告事项	订货量及收据号	差旅费及相关证明
	客户名称				
	地址				
	电话				
	目的				
	接洽人				
	客户名称				
	地址				
	电话				
	目的				
	接洽人				
	客户名称				
	地址				
	电话				
	目的				
	接洽人				
	客户名称				
	地址				
	电话				
	目的				
	接洽人				
	客户名称				
	地址				
	电话				
	目的				
	接洽人				
	客户名称				
	地址				
	电话				
	目的				
	接洽人				
核查					

出差人：　　　　　　　　直接主管：　　　　　　　　销售部经理：

第十一章

福利与保健

《用制度管人》

一、福利概述

(一)福利的含义

福利是指员工在获取工作报酬外,管理者有组织有计划地支付给员工的一种额外补偿,其目的是使员工及其家属在工作及其生活中获得更大的便利,从而更加安心地为企业服务。

(二)福利的特点

1.相对性

企业为员工提供的福利如消费品与劳务等都具有明显的针对性。一项福利往往是针对员工的某项需要而设立的。因而有时会有很强的时间性,如员工夏季的防暑费、冬季的取暖费等。

2.均等性

员工福利在员工之间的分配和享受,具有一定程度的机会均等和利益均沾的特点,每个员工都有享受本单位员工福利的均等权利,都能共享本单位分配的福利补贴和举办的各种福利事业。

3.补充性

员工福利是对按劳分配的补充,可以在一定程度上缓解按劳分配带来的生活富裕程度的差别,它不是个人消费品分配的主要形式,而仅仅是公司的必要补充。

4.集体性

福利的主要形式是举办集体福利事业,员工以同时集体消费或共同使用公共设施的方式分享员工福利。虽然某些员工福利项目要分配给个人,但这不是员工福利的主要部分。

(三)福利的作用

为什么要花费这么多金钱提供员工的福利,原因是福利对组织的发展具有许多重要的意义。

1.吸引和留住优秀员工

优秀员工是企业发展的支柱。现在许多企业家都认识到,员工福利在吸引和留住员工方面所起的作用是仅靠薪资所起不到的。良好的福利有时比高工资更能吸引员工。而且许多福利的设计都和工龄有关,成为员工的一种长期投资,员工一旦离开,就会永远失去。

2.激励员工

良好的福利使员工无后顾之忧,使员工有与组织共荣辱之感,士气高涨。产生由衷的工作满意感,进而激发员工自觉为组织目标而奋斗的动力。

3.有利于提高企业的生产率

良好的福利间接地降低了员工的离职率,节约了招聘、培训等一系列费用。同时员工因没有了后顾之忧,工作效率自然提高,从而企业从员工身上也得到了更多的回报。

4.有利于企业树立良好的形象

一个组织的福利计划反映了该组织的组织文化、员工管理的理念。失业、医疗等保险为员工提供劳动和生活保障,餐厅、班车等体现出组织对员工各方面的关怀。所有这些员工福利有助于树立组织的良好形象。

（四）福利的内容

1.公共性福利——法定社会保险

（1）医疗保险。这是公共福利中最主要的一种福利。企业应依法为每一位正式员工购买相应的医疗保险,确保员工患病时能得到一定的经济补偿。

（2）失业保险。失业是市场经济的必然产物,也是经济发展的必然副产品,为使员工在失业时有一定的经济支持,企业应依法为每一位正式员工购买规定的失业保险。

（3）养老保险。员工年老时,将失去劳动能力,因此企业应依法为每一位正式员工购买养老保险。

（4）伤残保险。员工由于种种意外事故,受伤致残,为了使员工在受伤致残失去劳动力时得到相应的经济补偿,企业应该按规定为每一位正式员工购买伤残保险。

2.实物与货币性福利

（1）免费工作餐,免费饮料,免费独身宿舍,内部优惠等。

（2）各种补贴。子女教育补助,托儿补助,老年补助,生育礼金,结婚礼金,节日加薪,物价补贴,住房补贴,交通补贴,燃料补贴,报刊订阅补贴,洗理津贴,降温、取暖津贴,海外津贴等。

3.服务性福利

（1）免费提供计算机或其他学习设施。

（2）免费定期体检及防疫注射,职业病免费防护。

（3）免费使用文体设施。

（4）免费提供法律咨询和心理咨询。

（5）免费提供托儿所和托老所。

（6）免费提供一定数额的贷款担保。

4.优惠性福利

（1）提供购房低息或无息贷款,廉价出租公房。

（2）个人交通工具低息贷款,优惠车、航、机票。

（3）部分公费医疗,优惠疗养。

（4）折扣价电影、戏票、表演和球赛票等。

（5）信用储金、存款户头特惠率、低息贷款等。

（6）优惠价提供本企业产品或服务。

5.有偿休假性福利

（1）有偿病假和事假:员工在有报酬的前提下,休病假或休事假。

（2）公休:在有报酬的前提下,规定员工每年有一周至一个月的公休。

（3）节日休假:除国家规定的春节、元旦、国庆节、劳动节带薪休假外,有的企业还规定青年节、妇女节、圣诞节、中秋节、元宵节、端午节等带薪休假。

（4）旅游:这是企业全额或部分资助的一种福利。

（5）脱产培训:这既是企业对人力资源投资的一种商业行为,又是一种福利,尤其是该培训项目对员工有明显的直接好处时,更显示出福利的特点。

6. 特种福利

(1)针对特殊优秀人才设计的高档轿车服务,出差时的星级宾馆饭店住宿。

(2)针对有特殊贡献的人才设计的股票期权、股票优惠购买权、高级住宅津贴。

(3)针对有特殊困难的员工提供的困难补助、伤残补助、重伤补助等。

二、福利设计

(一)福利设计的原则

1. 合理性与必要性

企业投入大量资金所建立的福利设施与服务一定要在规定的福利资金内解决,福利的管理应力求以最小的费用达到最大的效果。企业对福利设施的设立或废止应实行科学的管理,使其合理化,同时还应考虑必要性问题,以员工的需求为依据,采取与之相适应的措施。

2. 计划性

员工的福利往往需要占用组织大量的资金,员工通常间接受益,而且员工已有的福利难以缩小或废除,因此组织的福利制度应谨慎地设计和运用,在建立福利设施与服务时应有战略的观点,有计划地实施和管理。

3. 社会性

社会性一方面是指企业必须遵循国家和地方政府的要求,其中明文规定了企业员工应该享受福利;另一方面是指企业的福利与社会福利应具有一定的界限,在建立福利与服务时,企业应考虑与社会的关系。使企业的福利成为社会福利的一种补充,承担社会责任,并扩大企业的社会效应。

(二)福利设计的影响因素

1. 外部因素

外部因素是指组织本身无法决定或控制的因素。主要包括以下几种因素。

(1)国家政策和法律。政府明文规定的员工可以享受哪些福利。企业在制订福利计划时,必须遵守企业所在地的政府规定,如对劳动保险、法定假期、产假的规定等等,以免触犯法律、法规引起法律诉讼。

(2)行业的竞争性。由于同行业的类似组织提供了某种福利,迫于竞争的压力,组织不得不为员工提供相似的福利待遇,否则就会影响员工的工作积极性。

(3)劳动力市场的供求状况。劳动力市场供大于求时,员工可以接受较低的福利待遇。反之,组织除了提供优厚的薪酬以外,还必须通过提供富有吸引力的员工福利来吸引和留住员工。

(4)工资的控制。由于所得税等原因,组织为了控制成本可以提供良好的福利作为补偿。

2.内部因素

（1）组织本身的支付能力。员工所获得的福利待遇无疑受到组织本身的支付能力的制约。支付能力是组织所能承担的劳务费用的限度。组织的经营状况越好，支付能力越强，员工的福利待遇就有可能越好。

（2）工作本身的差别。员工根据其本身从事工作的不同，所以在承担责任、工作环境、劳动强度、工作复杂程度等各方面也会存在差别，因此员工所能享受的福利待遇也不同。

（3）员工偏好的差异。对于福利的偏好是因人而异的。一般来说，收入低的员工喜欢薪金多于福利，收入高的员工则较关心福利。年轻的员工喜欢带薪休假，年长的员工则关心退休福利。因此，福利设计应考虑企业员工的需要。

（4）企业文化的不同。不同的企业有不同的企业文化。不同企业的福利制度也相应的不同。有的企业倾向于实施低工资、高福利待遇。有的则认为高工资、低福利待遇更能吸引员工。不同的管理理念对组织的福利管理政策实施有重大影响。

（5）企业发展阶段的不同。在企业成长初期，致力于开创事业，应尽量降低固定的员工福利，如退休金，而应以直接的办法，如企业股票认购计划，奖励出色员工，鼓励员工投入创业。

三、企业福利设计方案

企业福利设计方案如表 11-1 表示：

表 11-1　企业福利制度设计方案

名称	内容	优点	缺点
5+1法	5险（医疗保险、养老保险、失业保险、工伤保险、生育保险）+1金（住房公积金）	遵照国家的相关法律规定中最重要的条款设计，可有效避免发生大的劳资纠纷	不包括非固定福利，因此不会具有太大的吸引力，同时也还不是很完备，仍有可能（如休假、加班、工伤）发生纠纷
区分法	针对不同的岗位设计出不同的福利，如营销人员着重于增加交通费、通讯费、意外保障；而研发人员则应让其有机会多做健身运动，提供健康医疗保障；在以上的基础上，管理层补充养老保障	区别对待，设计合理，易于得到员工的认同	可能会加大开支，而且运作上也较为烦琐

一口价法	企业根据自身的经济实力和经营特点以及员工年龄、兴趣上的差异,将为数不多的几种福利以现金形式发放	这也许是最适合中小企业的方法,简单易行、直观实用,有现实的诱惑力	需要跟员工交代清楚,并以协议合同的方式留档,但仍有可能引起纠纷
自助餐法	目前国际流行的一种福利方式,指在金额固定的前提下,由员工自己选择福利项目	因人而异,更趋合理;效果明显,不增加费用	事情可能会变得很烦琐,管理人员的压力较大

（《华尔街电讯》WSWire. COM）

四、福利管理的内容

企业的福利反映了企业的目标、战略和文化。因此,提高福利管理的有效性对企业的发展至关重要。企业福利管理主要涉及福利的目标、成本核算、沟通、调查和实施。

（一）福利的目标

企业福利目标应该符合企业长远目标,企业报酬政策,负担能力,员工当前需要和长远需要,对大部分员工有激励作用。

（二）福利的成本核算

这是福利管理中的重要部分,管理者必须花较多的时间和精力进行福利的成本核算。核算的基本过程为:通过销售量或利润计算出企业最高的可供支配的福利总费用;将企业的福利水平与外部进行比较,尤其是与竞争对手进行比较;进行主要福利项目的预算;确定每个员工福利项目的成本;制订相应的福利项目成本计划;尽可能在满足福利目标的前提下降低成本。

（三）福利沟通

要使福利项目最大限度地满足员工的需要,福利沟通相当重要。研究表明,并不是福利投入的金额越多,员工越满意,员工对福利的满意程度对工作的满意度呈正相关。福利沟通的具体方法有:利用录像带、内部刊物或适当场合介绍有关福利项目;通过问卷法了解员工对福利的要求;找一些典型的员工面谈了解某一层次或某一类型员工的福利需求;公布一些福利项目让员工自己挑选;搜集员工对各种福利项目的反馈。

（四）福利的调查

福利的调查主要有三类：制定福利项目前的调查，主要了解员工对某一福利项目的态度、看法与需求；年度福利调查，主要了解员工在一个财政年度内享受了哪些福利项目，各占多大比例，满意程度如何；福利反馈调查，主要调查员工对某一福利项目实施的反应如何，是否需要进一步改进，是否要取消。

（五）福利的实施

福利的实施是福利管理最具体的一个方面。在福利实施中，应注意根据目标去实施，要落实预算，要按照各个福利项目的计划有步骤地实施，要定时检查实施情况，在执行过程中要有一定的灵活性，并防止漏洞产生。

五、企业员工福利制度范例

□ 通则

第一条　本章员工福利事项之执行与审议均由员工福利委员会（以下简称福委会）监之。

第二条　福委会之组成，由本公司总经理、副总经理及各部、科主管为委员，另由每一分公司各推选委员1名，任期一年，可连选连任，推选方法另订之。

第三条　福委会设置召集人一人，管理该会一切业务，由总经理兼任之。另设执行秘书1人，承办该会的决议及召集人之命令，执行各项事务，由人事单位主管兼任之。

第四条　员工福利金的来源系由公司按月依员工的本薪（本薪超过3 360元者比照3 360元计算）总额的6.4%以及各单位员工之请假扣款于次月25日一次拨入福利金专户。

前项所称本薪系指定薪员工之本薪或非定薪人员各项加给与2 600元之和。本章以下各条同。

第五条　本公司员工福利项目计分为生育、伤害、残废、退休及死亡等五种，各项目的给付均依员工本人本薪为标准。

第六条　除前条所列福利项目外，得视实际需要由福委会呈请董事长核准增设其他福利项目或举办康乐活动。

第七条　本章各项给付，不得以同一事故而重复支领。如因战争或其他人力不可抗拒之天灾等变故或自杀所受之伤害、残废及死亡事故，不适用本章各福利事项之给付规定。

□ 生育给付

第八条　本公司员工或其配偶分娩或流产者，其给付生育补助费标准如下：

（一）员工本人或其配偶分娩或妊娠7个月以上死产经取得证明者，按其当月本薪一次给付 15 日之生育补助费；

（二）双生以上活产者按比例增加。

□ 伤害给付

第九条　员工因执行职务而致伤害不能工作，以致未能取得原有报酬，正在治疗中者，自不能取得薪资报酬之日起，发给伤害补助费。

第十条　伤害补助费，按该员工当月本薪的 70% 给付，每一个月给付一次，依实际治疗情形以不超过 6 个月为限，但服务满一年以上者，得依实际治疗情形增加给付 3 个月，唯其伤害补助费自第 7 个月起改依伤害发生之当月本薪的 50% 发给之。

第十一条　伤害之发生，如为外来因素而依法可寻求赔偿或医疗责任时应即报由福委会就近委员，会同员工本人或员工家属，依法提出赔偿或医疗责任要求，并向福委会报备。

第十二条　经取得赔偿或医疗费用者，除依规定发给伤害补助费之外，不再发给医疗补助费，唯医疗费用超过赔偿及医疗责任额时，可由福委会酌情补助之。

第十三条　依法可提出赔偿或医疗要求，而未提出者，福委会不予医疗补助。

第十四条　员工伤害经福委会承认后，其诊疗费用经检具医院开具医疗费用证明，经审查无误并参照本节第十一、第十二条规定办理后给予医疗补助，但最高金额不得超过该员工当月本薪之 6 倍。

第十五条　员工伤害，其医疗费用未能检具医院开具之医疗费用证明单者由福委会酌情处理之。

第十六条　第十四、十五条所指医疗费用范围规定如下：

（一）诊疗（包括检验及会诊）；

（二）药剂或治疗材料之给予；

（三）手术或其他之治疗；

（四）中等膳食费用 60 日内之全数，及超过 60 日后之半数；

（五）三等病房之供应。

前项第二、第三款不包含病人运输、特别护士看护、输血、医疗院所无设备之诊疗，但如因紧急需要，经指定医院诊断必须转院或输血者不在此限。

第十七条　第十四、第十五条所称医院系指经政府登记具有正式证照之公私立医院。

第十八条　员工负伤于领取伤害补助费，期满仍未痊愈，经指定医师审定为永久不能复原者，可依本章有关残废给付之规定，改给残废给付。

第十九条　住院诊疗之员工，经医院诊断为可出院时，应即出院，如拒不出院，其继续住院所需费用，由员工本人自行负担。

第二十条　员工非因公受害者，除依请假规定办理外，其医疗费用福委会可视实际情形酌予补助。

□ 残废给付

第二十一条　员工因公伤害经治疗终止后，如身体遗存障碍适合残废给付标准表规定之项目，并经医院审定为永久残废者，可按其当月本薪依规定之残废等级给付标准，一次请领残废给付。

员工因公伤害领取伤害给付期满，尚未痊愈，如身体遗存障碍适合残废给付标准表规定之项目,并经指定医院诊断审定为永不能复原者,可比照前项规定办理。

第二十二条　前条残废给付,依下列各款规定审核办理之:

(一)员工身体遗存障害适合残废给付标准表之任何一项目时,按各该项目之残废等级给付之;

(二)员工身体遗存障碍,同时适合残废给付标准表之任何两项目以上时,除依本条第三款至第六款规定办理外,按其最高残废等级给付之;

(三)员工身体遗存障碍,同时适合残废给付标准表之第十四等级至第一等级间任何两项目以上时,按其最高残废等级再升一等级给予之。但最高等级为第一等时,按第一等级给付之;

(四)员工身体遗存障碍,同时适合残废给付标准表之第八等级至第一等级间任何两项目以上时,按其最高残废等级再升两等级给予之。但最高等级为第二等级以上者,按第一等级给付之;

(五)员工身体遗存障碍,同时适合残废给付标准表之第五等级至第一等级间任何两项目以上时,按其最高残废等级再升三等级给予之。但最高等级为第三等级以上时,按第一等级给付之;

(六)员工身体遗存障碍,不适合残废给付标准表所定之各项目时,得衡量其残废程度,比照同表所定之身体障碍状态,定其残废等级;

(七)依本条第三款至第六款规定核定之残废给付,超过各该等级残废分别计算后之合计额时,应按其合计额给予之;

(八)员工之身体原已局部残废,再因伤害致身体之同一部位残废程度加重者,一律依照残废给付标准表规定,按其加重后残废给付日数,发给残废给付,但原已局部残废部分,依照残废给付标准表规定所核定之给付日数,应予扣除;

(九)员工之身体原已局部残废,再因伤害致身体之同一部位残废程度加重,同时其不同部位又成残废者,一律依残废给付标准表,按本条第一款至第六款规定核定之残废给付日数,发给残废给付。但原已局部残废部分,依残废给付标准表规定所核定之给付日数,应予扣除。

第二十三条　员工领取残废给付,不能继续工作者,即终止其福利事项。

第二十四条　员工残废等级标准表另订之。

第二十五条　员工残废等级给付标准见表 11 - 2:

表 11 - 2　残废等级给付标准

残废等级	一	二	三	四	五
给付标准	15 个月	14 个月	13 个月	12 个月	11 个月
残废等级	6	7	8	9	10
给付标准	10 个月	9 个月	8 个月	7 个月	6 个月
残废等级	11	12	13	14	15
给付标准	5 个月	3 个月	2 个月	1 个月半	1 个月

第二十六条　员工非因公受伤而致残废者,福委会可视实际情况酌予补助。

□　退休给付

第二十七条　本公司员工退休种类规定如下:

（一）自愿退休：任职 5 年以上年满 55 岁者，或任职满 15 年者；

（二）命令退休：任职 5 年以上，年满 60 岁者。

第二十八条　本公司员工退休给付标准如下：

（一）自愿退休：任职满 5 年，一次发给退休金 12 个月，其后服务年资每增加 1 年加发 1 个月之退休金；

（二）命令退休：任职满 5 年，一次发给退休金 15 个月，其后服务年资每增加 1 年加发 1 个月之退休金。

□ 死亡给付

第二十九条　员工本人或其父母、配偶、内外祖父母、子女、配偶之父母、配偶之内祖父母死亡时，可领死亡给付。

第三十条　员工之父母、配偶、内外祖父母、子女或员工配偶之父母、配偶之内祖父母死亡时，依下列规定请领丧葬补助费：

（一）员工之父母、配偶死亡时，按其当月之本薪，发给 2 个月；

（二）员工之子女年满 10 岁死亡或员工配偶之父母死亡时，按其当月之本薪，发给 1 个半月；

（三）员工之内外祖父母、未满 10 岁之子女或员工配偶之内祖父母死亡时，按其当月之本薪，发给 1 个月。

第三十一条　员工本人死亡时，按其当月之本薪，发给丧葬费 3 个月。

第三十二条　员工因公死亡，遗有父母、子女或配偶或专受其扶养之内祖父母、孙子女及兄、弟、姊、妹者，另给付遗属抚恤金，其支给标准，依下列各款之规定：

（一）服务年资未满一年者，按其当月之本薪，一次发给 5 个月遗属抚恤金；

（二）服务年资满一年，未满 2 年者，按其当月之本薪，一次发给 7 个月遗属抚恤金。

（三）服务年资满 2 年以上者，按其当月之本薪，一次发给 12 个月遗属抚恤金。

第三十三条　员工非因公死亡，遗有父母、配偶、子女或专受其扶养之内祖父母、孙子女或兄弟、姐妹者，福委会得酌情发给遗属抚恤金。

第三十四条　受领前两条所定遗属抚恤金之顺序如下：

（一）配偶或子女；

（二）父母；

（三）孙子女；

（四）内祖父母；

（五）兄弟、姐妹。

□ 保险

第三十五条　员工因直接遭遇意外突发事故，以致身体受伤害，并自伤害之日起 180 日内死亡者，得由福委会向特定之保险公司，要求保险金全额之赔偿。

第三十六条　员工因直接遭受意外突发事故，以致身体受伤害，并自伤害之日起 180 日内，犹未能治愈，经医院认定为永久残废者，得由福委会向特定之保险公司，要求赔偿。

第三十七条　前二条所称之“意外”，以外来突发事故为其范围，非其范围之不保事项如下：

（一）直接或间接，全部或部分系由下列原因所造成者。

1.细菌传染病(引致发生意外创伤挂脓性传染病除外)。

2.任何其他疾病。

3.内科或外科治疗(由意外伤害所需之治疗者除外)。

(二)任何身体伤害而引起致疝气者。

(三)犯罪行为殴斗或自杀行为(不论神智健全与否)。

(四)飞行事故。

第三十八条　员工投保之金额,经理以上主管人员为20万元,其他人员为10万元。

第三十九条　新进人员皆以到职本公司之次月一日始起保。

第四十条　员工因公意外而致残废或死亡者,员工本人或其受益人,除得依本节请领赔偿外,仍得依有关规定申请残废给付或遗属抚恤金。

六、月份福利工作计划表

表11－3　月份福利工作计划表

福利举办项目	举办时间	说明	负责人	干事	预算费用	备注

七、预支工资申请表

表 11 - 4　预支工资申请表

申请人姓名		单位		申请日期	年　月　日
借款原因					
申请金额	元	偿还期限	自本月份起分　月还清		
连带保证人	姓名		单位		无借支或为同事担保行为记录	
	姓名		单位			
核准		员工福利委员会审议		借支记录		单位主管意见	

八、借支申请表

表 11 - 5　借支申请表

编号　　　　　借支人姓名

借支日期　　　借支金额

	日期	未偿金额	计息日数	利息	本期偿还	应扣工资	备注
偿还记录							

财务干事：　　审核：　　　　　保证人：　　　　　申请人：

第十二章 员工档案管理

《用制度管人》

一、档案管理有关制度

　　档案管理是公司人力资源管理的一个重要组成部分,档案要齐全,这样有利于掌握员工信息,有利于企业有效利用人力资源。档案管理主要包括档案建立、查询、投递与接受等工作。

　　(一)档案管理的目的

　　1.保守档案机密。现代企业竞争中,情报战是竞争的重要内容,而档案机密便是企业机密的一部分。对人事档案进行妥善保管,能有效地保守机密。

　　2.维护人事档案材料完整,防止材料损坏,这是档案保管的主要任务。

　　3.便于档案材料的使用。保管与利用是紧密相连的,科学有序的保管是高效利用档案材料的前提和保证。

　　(二)人事档案保管制度的基本内容

　　建立健全保管制度是对人事档案进行有效保管的关键。其基本内容大致包括五部分:材料归档制度;检查核对制度;转递制度;保卫保密制度;统计制度。

　　1.材料归档制度

　　新形成的档案材料应及时归档,归档的大体程序是:首先对材料进行鉴别,看其是否符合归档的要求;其次,按照材料的属性、内容,确定其归档的具体位置;再次,在目录上补登材料名称及有关内容;最后,将新材料放入档案。

　　2.检查核对制度

　　检查与核对是保证人事档案完整、安全的重要手段。

　　检查的内容是多方面的,既包括对人事档案材料本身进行检查,如查看有无霉烂、虫蛀等,也包括对人事档案保管的环境进行检查,如查看库房门窗是否完好、有无其他存放错误等。检查核对一般要定期进行。但在下列情况下,也要进行检查核对:

　　(1)突发事件之后,如被盗、遗失或水灾、火灾之后;

　　(2)对有些档案发生疑问之后,如不能确定某份材料是否丢失;

　　(3)发现某些损害之后,如发现材料变霉、发现了虫蛀等。

　　3.转递制度

　　转递制度是关于档案转移投递的制度。档案的转递一般是由工作调动等原因引起的,转递的大致程序如下:

　　(1)取出应转递的档案;

　　(2)在档案底账上注销;

　　(3)填写《转递人事档案材料的通知单》;

　　(4)按发文要求包装、密封。在转递中应遵循保密原则,一般通过机要交通转递,不能交本人自带。另外,收档单位在收到档案,核对无误后,应在回执上签字盖章,及时退回。

4. 保卫保密制度

具体要求如下：

(1)对于较大的企业，一般要设专人负责档案的保管，应齐备必要的存档设备；

(2)库房备有必要的防火、防潮器材；

(3)库房、档案柜保持清洁，不准存放无关物品；

(4)任何人不得擅自将人事档案材料带到公共场合；

(5)无关人员不得进入库房，严禁吸烟；

(6)离开时关灯关窗，锁门。

5. 统计制度

人事档案统计的内容主要有以下几项：

(1)人事档案的数量；

(2)人事档案材料收集补充情况；

(3)档案整理情况；

(4)档案保管情况；

(5)利用情况；

(6)库房设备情况；

(7)人事档案工作人员情况。

二、人事档案利用制度

□ 目的

第一，建立人事档案利用制度是为了高效、有序地利用档案材料。档案在利用过程中，应遵循一定的程度和手续，这是保证档案管理秩序的重要手段。

第二，建立人事档案利用制度也是为了给档案管理活动提供规章依据。工作人员必须按照这些制度行事，这是对工作人员的基本要求。

□ 人事档案利用的方式

人事档案的利用有以下几种方式：

(一)设立阅览室以供利用查阅。阅览室一般设在人事档案库房内或靠近库房的地方，以便调卷和管理。这种方式具有许多优点，如便于查阅指导，便于监督，利于防止泄密和丢失等。这是人事档案利用的主要方式；

(二)借出使用。借出库房须满足一定的条件，比如：本机关领导需要查阅人事档案；公安、保卫部门因特殊需要必须借用人事档案等。借出的时间不宜过长，到期未还者应及时催还；

(三)出具证明材料。这也是人事档案部门的功能之一。出具的证明材料可以是人事档案部门按有关文件规定写出的有关情况的证明材料,也可以是人事档案材料的复制件。要求出具材料的原因一般是入党、入团、提升、招工、出国等。

□ 人事档案利用的手续

在通过以上方式利用人事档案时,必须符合一定的手续。这是维护人事档案完整安全的重要保证。

(一)查阅手续。正规的查阅手续包括以下内容:首先,由申请查阅者写出查档报告,在报告中写明查阅的对象、目的、理由、查阅人的概况等情况;其次,查阅单位(部门)盖章。负责人签字;最后,由人事档案部门审核批准。人事档案部门对申请报告进行审核,若理由充分,手续齐全,则给予批准。

(二)外借手续。外借手续包括以下几项:

(1)借档单位(部门)写出借档报告,内容与查档报告相似;

(2)借档单位(部门)盖章,负责人签字;

(3)人事档案部门对其进行审核、批准;

(4)进行借档登记。把借档的时间,材料名称、份数、理由等填清楚,并由借档人员签字;

(5)归还时,及时在外借登记上注销。

(三)出具证明材料的手续。单位、部门或个人需要由人事档案部门出具证明材料时,需履行以下手续:

(1)由有关单位(部门)开具介绍信,说明要求出具证明材料的理由,并加盖公章;

(2)人事档案部门按照有关规定,结合利用者的要求,提供证明材料;

(3)证明材料由人事档案部门有关领导审阅,加盖公章,然后登记、发出。

三、文书立案归档制度

□ 总 则

第一条 根据邮电部《邮电文书立卷归档办法》为加强本公司文书立卷工作,特制定本制度。

第二条 归档的文件材料必须按年度立卷,本单位内部机构在工作活动中形成的各种有保存价值的文件材料,都要按照本制度的规定,分别立卷归档。

第三条 公文承办部门或承办人员应保证经办文件的系统完整(公文上的各种附件一律不准抽存)。结案后及时交(兼)职文书人员归档。工作变动或因故离职时应将经办的文件材料向接办人员交接清楚,不得擅自带走或销毁。

□ 文件材料的收集管理

第四条 坚持部门收集、管理文件材料制度。各部门均应指定专（兼）职文书人员，负责管理本部门的文件材料，并保持相对稳定。人员变动应及时通知档案室。

第五条 凡本公司打印发出的公文（含定稿和两份打印的正件与附件、批复请示、转发文件含被转发的原件）一律由办公室统一收集管理。

第六条 一项工作由几个部门参与办理，在工作活动中形成的文件材料，由主办部门收集归卷。会议文件由会议主办部门收集归卷。

（一）公司工作人员外出学习、考察、调查研究、参加上级机关召开的会议等公务活动的相关人员核报差旅费时，必须将会议的主要文件资料向档案室办理归档手续、档案室签字认可后财务部门才给予核报差旅费。

（二）本公司召开会议，由会议主办部门指定专人将会议材料、声像档案等向档案室办理归档手续，档案室签字认可后财务部门才给予报销会议费用。

第七条 各部门专（兼）职文书的职责。

（一）了解本部门的工作业务，掌握本部门文件材料的归档范围，收集管理本部门的文件材料。

（二）认真执行平时归档制度，对本部门承办的文件材料及时收集归卷，每年的3月份前应将归档文件材料归档完毕，并向档案室办好交接签收手续。

（三）承办人员借用文件材料时，应积极地提供利用，做好服务工作，并办理临时借用文件材料登记手续。

□ 归档范围

第八条 重要的会议材料，包括会议的通知、报告、决议、总结、领导人讲话、典型发言、会议简报、会议记录等。

第九条 上级机关发来的与本公司有关的决定、决议、指示、命令、条例、规定、计划等文件材料。

第十条 本公司对外的正式发文与有关单位来往的文书。

第十一条 本公司的请示与上级机关的批复。

第十二条 本公司反映主要职能活动的报告、总结。

第十三条 本公司的各种工作计划、总结、报告、请示、批复、会议记录、统计报表及简报。

第十四条 信访工作材料。

第十五条 本公司与有关单位签订的合同、协议书等文件材料。

第十六条 本公司干部任免的文件材料以及关于员工奖励、处分的文件材料。

第十七条 本公司员工劳动、工资、福利方面的文件材料。

第十八条 本公司的历史沿革、大事记及反映本公司重要活动的剪报、照片、录音、录像等。

□ 平时归卷

第十九条 各部门都要建立健全平时归卷制度。对处理完毕或批存的文件材料，由专（兼）职文书集中统一保管。

第二十条　各部门应根据本部门的业务范围及当年的工作任务,编制平时文件材料归卷使用的"案卷类目"。"案卷类目"的条款必须简明确切,并编上条款号。

第二十一条　公文承办人员应及时将办理完毕或经领导人员批存的文件材料,收集齐全,加以整理,送交本部门专(兼)职文书归卷。

第二十二条　专(兼)职文书人员应及时将已归卷的文件材料,按照"案卷类目"条款,放入平时保存文件卷夹内"对号入座",并在收发文登记簿上注明。

□　立卷(案卷质量要求)

第二十三条　为统一立卷规范,保证案卷质量,立卷工作由相关部室兼职档案员配合,档案室文书档案员负责组卷、编目。

第二十四条　案卷质量总的要求是:遵循文件的形成规律和特点,保持文件之间的有机联系,区别不同的价值,便于保管和利用。

第二十五条　归档的文件材料种数、份数以及每份文件的页数均应齐全完整。

第二十六条　在归档的文件材料中,应将每份文件的正件与附件、印件与定稿、请示与批复、转发文件与原件、多种文字形成的同一文件,分别立在一起,不得分开,文电应合一立卷;绝密文电单独立卷,少数普通文电如果与绝密文电有密切联系,也可随同绝密文电立卷。

第二十七条　不同年度的文件一般不得放在一起立卷,但跨年度的请示与批复,放在复文年立卷;没有复文的,放在请示年立卷;跨年度的规划放在针对的第一年立卷;跨年度的总结放在针对的最后一年立卷;跨年度的会议文件放在会议开幕年,其他文件的立卷按照有关规定执行。

第二十八条　卷内文件材料应区别不同情况进行排列,密不可分的文件材料应依序排列在一起,即批复在前,请示在后;正件在前,附件在后;印件在前,定稿在后;其他文件材料依其形成规律或特点,应保持文件之间的密切联系并进行系统的排列。

第二十九条　卷内文件材料应按顺序排列,依次编写页号。装订的案卷应统一在有文字的每页材料正面的右上角背面的左上角打印页号。

第三十条　永久、长期和短期案卷必须按规定的格式逐件填写卷内文件目录。填写的字迹要工整。卷内目录放在卷首。

第三十一条　有关卷内文件材料的情况说明,都应逐项填写在备考表内。若无情况可说明,也应将立卷人、检查人的姓名和时期填上以示负责。备考表应置卷尾。

第三十二条　案卷封面,应逐项按规定用毛笔或钢笔书写,字迹要工整、清晰。

第三十三条　案卷的装订和案卷各部分的排列格式:

案卷装订。装订前,卷内文件材料要去掉金属物,对破坏的文件材料应按裱糊技术要求托裱,字迹已扩散的应复制并与原件一并立卷,案卷应用三孔一线封底打活结的方法装订。

第三十四条　案卷各部分的排列格式:软卷封面(含卷内文件目录)—文件—封底(含备考表),以案卷号排列次序装入卷盒,置于档案柜内保存。

第三十五条　本制度自印发之日起实施。

四、声像档案管理办法

□ 总则

第一条 为加强本公司的声像档案,特制定本办法。

第二条 本公司的声像档案是指本公司各部门或个人在社会实践活动中直接形成的对国家、社会和公司有保存价值的录音、录像、照片、影片等辅以文字说明的历史记录。

声像档案一般由录音带、录像带、摄像带、影片(母片)、照片(含底片)等文字说明两部分组成。

第三条 声像档案是本公司卷宗的组成部分,必须由档案室实行集中统一管理。

□ 声像档案资料的收集

第四条 收集范围:

(一)反映本公司主要职能活动工作成果和存在问题的声像资料;

(二)各级领导人和著名人物参加的与本公司有关的重大活动的声像资料;

(三)本公司有关人员组织或参加的重要会议,会见以及外事活动的声像资料;

(四)涉及本公司和邮电系统权益的声像资料;

(五)他单位形成的与本公司有关的重要声像资料;

(六)其他具有保存价值的声像资料。

第五条 收集时间:

(一)声像档案资料应在形成后一个月内随立档部门其他载体形态的档案同时归档;如有特殊情况可以适当延长归档时间;

(二)档案部门应随时收集零散的具有保存价值的声像资料。

第六条 收集要求:

(一)录音带、录像带、摄像带、影片、照片(含底片)和文字说明要收集齐全,按时归档并建立归档控制措施。凡未按规定归档的,其形成费用不予报销,以防散失;

(二)接收原版、原件,特殊情况下可接收复制件;

(三)声像资料的内容要真实,底片、原件与影像、复制品要相符。

第七条 声像档案资料的征集:

(一)档案部门有责任随时征集重要声像资料;

(二)在征集的声像资料中,凡涉及国家和全国邮电部门重大事件的,应向邮电部办公厅档案处报送目录。

第八条 声像档案费用的报销。本公司各部或个人凡按本办法第四条形成声像档案的费用,只要将档案资料按要求向档案室归档,经档案室签字认可,财务部门应给予核报费用。

□ 声像档案的整理

第九条 声像档案的整理,包括分类、组合、排列和编目,使其系统起来,便于保管和利用。

第十条 声像档案的整理由摄录人员负责,档案部门协助。

第十一条 分类、编号:

(一)照片档案按年代、问题分类。同属一类的照片按时间顺序编号,同时填写其底片号。底片在全宗内编流水号。格式:全宗号－流水号;

(二)录音带、录像带、摄像带按年代－问题分类,按内容编号。同一内容分录几盘的应视为一个案卷,编一个案卷号,然后每盘再依次编排序号;

(三)编注与其他载体档案相联系的参照号。格式为(档案形态)档号/(档案形态)档号。

第十二条 保管期限:应视其内容的重要程度、时间、名称、可靠程度、有效性等因素,划定保管期限。

第十三条 文字说明的编写:

(一)文字说明基本内容包括事由、时间、地点、人物、背景、作者(摄制者)等。

(二)编写文字说明的要求:

1. 准确揭示档案材料的内容,概括其反映的全部信息,标注项目正确齐全;

2. 照片的自然张(内容相近的亦可以若干张)编写文字说明。录音带、录像带、摄像带按案卷编写文字说明。一组声像资料联系密切的应加文字说明;

3. 文字简洁、语言通顺;

4. 时间用阿拉伯数字表示。

第十四条 编制格式:

(一)照片编制采用横写格式。其格式为照片/底片号—文字说明—参见号—摄制时间—摄制者;

(二)录音带、录像带、摄像带的编制格式:在盒套上置标注页。按要求逐项填写。

第十五条 案卷要求:

(一)将具有共同主题内容的若干份声像资料组成案卷,集中编放。

(二)卷内目录:

1. 照片、底片以自然张为单元填写卷内目录;

2. 录音、录像带、摄像带以盒为单元填写卷内目录。

(三)卷内备考表,用于说明卷内声像材料的整理、变动情况。

第十六条 编目。

声像档案的著录依照 GB3792.5－85《档案、著录规则》进行。

□ 声像档案的保管

第十七条 声像档案入库前要进行检查,对已被污损的,要进行必要的技术处理。

第十八条 保管条件:

底片、胶片库温度应保持 13℃～15℃,相对湿度应保持 35%～45%;照片库温应保持 14℃～24℃,相对湿度应保持 37.5%～67.5%;录音、录像带库温应保持 18℃～24℃,相对湿度应保持 40%～60%。

第十九条　底片册、录音、录像带、摄像带应立放,磁带库必须避开 30 奥斯特以上的磁场,盒与盒的间距不小于 3mm;存放磁带最好不用铁皮柜。

第二十条　对库存的照片档案,要两年检查一次。

第二十一条　归档保存的声像档案,任何人不得私自撤销、抽出、清洗、消磁和涂改;销毁声像档案必须经过鉴定,征得归档单位同意,报经主管领导审批,登记造册。

第二十二条　建立健全声像档案统计制度,做好声像档案收进、移出、库存数量、保管情况、提供利用及效果等项统计工作。

□　声像档案的开发利用

第二十三条　编制声像档案目录、卡片等检索工具,为利用提供方便条件。

第二十四条　建立声像档案借阅、利用制度,严格审批手续,根据声像档案的机密程度,确定利用范围。

第二十五条　具有专利的声像档案,外单位利用时,应按《中华人民共和国专利法》的有关规定办理。已移交档案馆的,所得专利收益,原则上应拨给原移交单位,档案馆收取保管费。

第二十六条　声像档案原版一般不得借出档案室之外。如有特殊需要,经主管领导批准后,方可限期外借。利用率高的声像档案可将复制件外借;外单位借用或复制声像档案,由档案室负责办理,并按有关规定收费,实行有偿服务。如在借用中造成损坏,则由借用单位负责赔偿。

第二十七条　在不影响保密的前提下,各单位可利用声像档案举办报告会、展览会,编辑综合性或专题性画册、资料片等,积极开发利用现有的声像档案。

五、员工档案

表 12-1　员工档案

基本情况	姓名		性别		民族	
	出生日期		身份证号码			
	政治面貌		婚姻状况		（　）已婚 （　）未婚	
	毕业学校		学历			
	毕业时间		参加工作时间			
	专业		户口所在地			
	籍贯		邮政编码			
	地址		联系电话			
	手机		电子信箱			
	备注					

入司情况	所属部门		担任职务	
	入公司时间		转正时间	
	合同到期时间		续签时间	
	是否已调档		聘用形式	
	如未调档,档案所在地			
	备注			
档案所含资料	文件名称		文件名称	
	个人简历		求职人员登记表	
	应聘人员面试结果表		身份证复印件	
	学历证书复印件		劳动合同书	
	员工报到派遣单		员工转正审批表	
	员工职务变更审批表		员工工资变更审批表	
	员工续签合同申报审批表			
备注				

六、管理人才储备表

表12-2 管理人才储备表

填表日期：

姓　名		年龄		最高学历	
现职			担任本职年数		
历考 年绩					
专优 长点					
弱　点					
发展性					
可升调职位1			升调时间		
所训 需练					
可升调职位2			升调时间		
所训 需练					

七、档案查询申请表

表 12-3　档案查询申请表

申请人：　　　　　　　　　　　　　　　　　　　　　　填表日期：　　年　月　日

档案名称	查询事由	查询时限	申请人所在单位	申请人签章
人力资源管理 主管意见			签名： 　　年　月　日	

八、档案转出记录表

表 12-4　档案转出记录表

填表人：　　　　　　　　　　　　　　　　　　　　　　填表日期：　　年　月　日

档案名称	转出事由	转出时限	转入单位	提转人签章

九、档案清单

表 12-5　档案清单

填单日期：　　　年　　月　　日

姓名		性别		单位	
序号	档案存放项目		主要内容		存入日期
备注					

十、档案查询记录表

表 12-6　档案查询记录表

填表人：　　　　　　　　　　　　　　　　　　　填表日期：　　　年　　月　　日

查询人	查询时间	档案名称	查询人所在单位	查询理由	批准人

第十三章

人力资源管理制度典范大全

《用制度管人》

一、人力资源管理规章

□　总则

第一条　为使本公司员工管理有所遵循,特定本规章。

第二条　范围:

（一）本公司员工管理,除遵照政府有关法令外,悉依本规章办理。

（二）本规章所称员工,系指本公司雇用男女从业人员而言。

□　雇佣

第三条　本公司各单位如因业务需要,必须增加人员时,应先依新进人员任用事务处理流程规定提出申请,经总经理核准后,由人事单位办理考选事宜。

第四条　新进人员考试或测验及审查合格后,由人事单位办理试用申请表,原则上职员试用3个月,作业员试用40天,期满考核合格者,方得正式雇佣,但成绩优良者,可缩短其试用时间。

第五条　试用人员如有品行不良或服务成绩欠佳或无故旷工者,可随时停止试用,予以解雇,试用不满3日者,不给工资。

第六条　试用人员于报到时,应向人事科缴验下列证件:

（一）全户户口本及公立医院体格检查表;

（二）最后服务单位离职证明;

（三）保证书及最近3个月内半身免冠照片一张;

（四）试用同意保证;

（五）人事资料;

（六）扶养亲属申报表;

（七）其他必要证件（如其他必要的同意书或证件等）。

第七条　凡有下列情况者,不得雇佣:

（一）剥夺公民权尚未复权者;

（二）受有期徒刑宣告或通缉,尚未结案者;

（三）受破产宣告,尚未撤销者;

（四）吸食鸦片或其他代用品者;

（五）亏欠公款受处罚有案者;

（六）患有神经病或传染病者;

（七）品行恶劣,经公私营机关开除者;

（八）体格检查经本公司认定不适合者;

（九）未满15岁者。

第八条　员工一经正式雇用,临时性、短期性、季节性及特定性工作视情况应与本公司签订"定期工作协议契约书",双方共同遵守。

（一）公司各级从业人员共分八职称,其职称与职位对照见表13－1。

（二）人员晋升办法另订。

□　保证

第九条　本公司员工应一律办理保证手续。

第十条　填写保证书应注意下列事项:

（一）保证书原则上要求殷实独资或合伙行号（铺保）;

（二）公司保无效;

（三）如个人保,限有不动产方有资格,并应详列不动产明细（含地号）;

（四）行号保证应盖方形印鉴始有效。

第十一条　下列人员不得担任保证人:

（一）服务本公司员工;

（二）本人配偶、直系血亲或同居共财亲属。

第十二条　被保证人有下列情形之一者,保证人应负赔偿及追缴责任,并愿放弃先诉抗辩权:

（一）营私舞弊或其他一切不法行为,致使本公司蒙受损失者;

（二）侵占、挪用公款、公物或损坏公物者;

（三）窃取机密技术资料或财物者;

（四）悬欠账款不清者。

第十三条　保证人如欲中途退保,应以书面通知本公司,待被保证人另觅得保证人,办妥新保证手续后,始得解除保证责任。

第十四条　保证人有下列情形之一者,被保证人应即通知本公司更换保证人,并应于下列事情发生后15天内,另行觅妥连带保证人:

（一）保证人死亡或犯案者;

（二）保证人被宣告破产者;

（三）铺保的工厂、商店宣告倒闭或解散者;

（四）保证人的信用、资产有重大变动,因而无力保证者;

（五）不欲继续保证者。

第十五条　被保人离职3个月后,如无手续不清或亏欠公款等事情,其保证书即发还其本人。

□　服务

第十六条　员工应遵守本公司一切规章、通告及公告。

第十七条　员工应遵守下列事项:

（一）尽忠职守,服从领导,不得有阳奉阴违或敷衍塞责的行为;

（二）不得经营与本公司类似及职务上有关的业务,或兼任其他公司的职务;

（三）全体员工务须时常锻炼自己的工作技能,以达到工作上精益求精,期能提高工作效率;

（四）不得泄露业务或职务上机密,或假借职权,贪污舞弊,接受招待或以公司名义在外招摇撞骗；

（五）员工于工作时间内，未经核准不得接见亲友或与来宾参观者谈话，如确因重要事情必须会客时，应经主管人员核准在指定地点，时间不得超过15分钟；

（六）不得携带违禁品、危险品或与生产无关物品进入工作场所；

（七）不得私自携带公物（包括生产资料及影本）出厂；

（八）未经主管或部门负责人的允许，严禁进入变电室、质量管理室、仓库及其他禁入重地；工作时间中不准任意离开岗位，如需离开应向主管人员请准后始得离开；

（九）员工每日应注意保持作业地点及更衣室、宿舍的环境清洁；

（十）员工在作业开始时间不得怠慢拖延，作业时间应全神贯注，严禁看杂志、电视、报纸以及抽烟，以便增进工作效率并预防危险；

（十一）应通力合作，同舟共济，不得吵闹、斗殴、搭讪攀谈或聊天闲谈，或搬弄是非，扰乱秩序；

（十二）全体员工必须了解，唯有努力生产，提高质量，才能获得改善及增加福利，以达到互助合作，劳资两利的目的；

（十三）各级主管及各级单位负责人务须注意本身涵养，领导所属员工，同舟共济，提高工作情绪，使部属精神愉快，在职业上有安全感；

（十四）在工作时间中，除主管及事务人员外，员工不得打接电话，如确为重要事项时，应经主管核准后方得使用；

（十五）按规定时间上、下班，不得无故迟到、早退。

第十八条　员工每日工作时间以8小时为原则，生产单位或业务单位每日作息另行公布实施，但因特殊情况或工作未完成者应自动延长工作时间，每日延长工作时间以不超过4小时；每月延长总时间不超过46小时。

第十九条　经理级（含）以下员工上、下班均应亲自打卡计时，不得托人或受托打卡，否则以双方旷工（职）一日论处。

第二十条　员工如有迟到、早退或旷工等事情，依下列规定处分：

（一）迟到、早退：

1. 员工均须按时间上、下班，工作时间开始后3～15分钟以内到班者为迟到；

2. 迟到每次扣100元，拨入福利金；

3. 工作时间终了前15分钟内下班者为早退；

4. 超过15分钟后，始打卡到工者应办理请假手续，但因公外出或请假皆须报备并经主管证明者除外；

5. 无故提前15分钟以上下班者以旷工半日论，但因公外出或请假经主管证明者除外。

6. 有下班而忘记打卡者，应于次日经单位主管证明才视为不早退论。

（二）旷工：

1. 未经请假或假满未经续假而擅自不到职以旷工论处；

2. 委托或代人打卡或伪造出勤记录者，一经查明属实，双方均以旷工论处；

3. 员工旷工，不发薪资及津贴；

4. 无故连续旷工3日或全月累计无故旷工6日或一年旷工达12日者，予以解雇，不发给资遣费。

□ 待遇

第二十一条　本公司本着劳资兼顾互助互惠原则,给予员工合理的待遇(其待遇办法另定)。

第二十二条　员工待遇分为:

(一)本薪。视从业人员学识、经历、技能、体格及其工作性质而定(金额另定),从业人员年度薪资调整方法由人事单位拟订,呈总经理核定后调整。

(二)津贴如表13-1所示:(各项津贴支付标准另定)

表13-1　津贴支付标准

	职员	作业员	备注
1	主管津贴	主管津贴	
2	生活津贴	生活津贴	
3	伙食津贴	伙食津贴	
4	交通津贴	交通津贴	
5	工作津贴	工作津贴	
6	加班餐(点心)费		
7			
8			
9			
10			

(三)奖金如表13-2所示:

表13-2　奖金支付标准

	职员	作业员	备注
1	效率奖金	效率奖金	
2	目标奖金	目标奖金	
3	全勤奖金	全勤奖金	职员全勤奖金限生产(工厂)部门使用
4	年终奖金	年终奖金	

第二十三条　员工待遇,分日薪及月薪两种,月薪人员,翌月5日发放一次;日薪人员每月发放两次,当月20日及翌月5日发放本月上半月份及前月下半月份薪金;新进人员自报到日起薪;离职人员自离职之日停薪,并按日计算。

第二十四条　临时性、特定性或计件等工作人员待遇,另按"临时、计件人员薪酬管理办法"办理。

□ 休假

第二十五条　员工除星期日休息外,享受法定休假日。

第二十六条　前条休假日薪资及津贴照给,如工作需要加班时,应征得员工同意,并加倍发给薪资,法定假日如逢星期假日其补假与否依政府规定办理。

第二十七条　员工连续工作满一定期限,每年给予特别休假,其日数规定如下:

（一）服务满 1 年以上未满 3 年者全年给 7 天特别休假;

（二）服务满 3 年以上未满 5 年者全年给 10 天特别休假;

（三）服务满 5 年以上未满 10 年者全年给 14 天特别休假;

（四）服务满 10 年以上者其特别休假每增一年加给一天,但最多以 30 天为限。

第二十八条　员工特别休假,应自届满规定时间后,由劳资双方以不妨害生产或业务的原则下,事先共同排定休假日期实施,并按请假程序办理。

第二十九条　特别休假因年度终结或契约终止而未休者,其应休未休的天数,雇主应给薪资。

第三十条　员工留职停薪不予特别休假。

□　请假

第三十一条　员工请假分为八种如表 13-3 所示:

表 13-3　员工请假类型

假别	给假日期	请假原因	应缴证件	薪资	说明
事假	全年 14 日内	因事必须本人处理		不给工资	1. 请假理由不充分或足以妨碍业务者,主管不得准假或缩短其假期或暂缓准假 2. 事假一次不得超过 3 日 3. 每次请假至少 2 小时计算 4. 逾规定日数须签呈总经理核准否则视同旷工论 5. 事假应于 24 小时前办妥手续,否则依"考勤制度规章"办理 6. 住院者,伤病假不得超过 1 年
病假	全年 30 日	因病必须治疗及休养	主管证明一次连续两日以上或 1 个月内分次超过 3 日以上者须附缴医师诊断书	1. 不超过 30 天之病假给 1/2 工资,如须有劳保给付者可抵充。2. 病假须缴回劳保就医回条	
公假	所需日数	兵役体检、身份调查、教育召集、点阅召集、基地召集及军政机关等一个月以内的调训	缴验有关证件	照给	1. 因其他特殊事情申请公假者,应由部科主管斟酌裁决 2. 相关证件可由人事部门代办理就近代点 3. 目的地距原服务处所 100 公里以上时,往复给半日路程假 4. 目的地距原服务处所 200 公里以上时,往复给一日路程假,交通不便地区,由部科主管视实际情况酌予延长

假别	给假日期	请假原因	应缴证件	薪资	说明
工伤假	2年	因执行职务受伤，但以劳保"因执行职务而致受伤"审查准则为依据	单位主管证明 劳保指定医院的诊断证明	本薪照发（但应扣减）保险给付	1. 超过30天以上须呈总经理核准 2. 所需日数应依医生证明核给，但逾18个月未能销假者得予留职停薪12月或命令退休
婚假	8日	本人结婚	主管证明	照给	需连续一次申请
丧假	8日	父母、养（继）父母、配偶	主管证明	照给	自事发日起至出殡日后第二日止以日为计算单位，可分次申请。其他亲属的丧礼如有必要参加，依工厂法的规定应请事假
丧假	6日	配偶、（祖）父母、（外）祖父母、子女	主管证明	照给	自事发日起至出殡日后第二日止以日为计算单位，可分次申请。其他亲属的丧礼如有必要参加，依工厂法的规定应请事假
丧假	3日	兄弟姊妹	主管证明	照给	自事发日起至出殡日后第二日止以日为计算单位，可分次申请。其他亲属的丧礼如有必要参加，依工厂法的规定应请事假
产假	8星期	本人分娩	主管证明	年资6个月以上工资照给，未满6个月减半	妊娠3个月以上之流产或死产，给假4星期（但须缴付医师证明）
产假	1日	配偶分娩	主管证明	照给	
特别休假	依服务年资给予，其规定以本规则第二十七条至三十条之规定办理。				
备注	1. 计算全年可请事病假日数均由每年元月1日起至12月31日止，中途离职者按月份比例计算。 2. 上述各项请假期间，如含例假日应合并计算。				

第三十二条　员工请假，事假应于一日前觅妥职务代理人并填写请假卡，照下列规定办妥后方得离厂，否则以旷工论；但因突发事件或急病不及先行请假者，应利用电话迅速向单位主管报告并于当日由单位主管或其代理人依下列规定代办妥请假手续，否则亦视同旷工论：

（一）请假1天（含）以内时，报请班长转呈副厂长核准；

（二）请假2天（含）以上，报请主管转呈经（副）理或厂（副）长核准；

（三）请假批准后，请假单一律送人事单位留存办理。

第三十三条 请假未满半小时者,以半小时计算,累计满 8 小时为一日,给假日期的计算均自每年 1 月 1 日起至 12 月 31 日止,中途到职者,比例扣减。

□ 奖惩

第三十四条 员工奖励分下列四种:

(一)嘉奖:每次加发 3 天奖金,并于年终奖金时一并发放;

(二)记功:每次加发 10 天奖金,并于年终奖金时一并发放;

(三)大功:每次加发 1 个月奖金,并于年终奖金时一并发放;

(四)奖金:一次给予若干元奖金。

第三十五条 有下列情形之一者,予以嘉奖:

(一)品行端正,工作努力,能适时完成重大或特殊交办任务者;

(二)拾物不昧(价值 300 元以上)者;

(三)热心服务,有具体事实者;

(四)有显著的善行佳话,足为公司工厂荣誉者;

(五)忍受极为困难,肮脏难受的工作足为楷模者。

第三十六条 有下列情形之一者,予以记功:

(一)对生产技术或管理制度建议改进,经采纳施行,卓有成效者;

(二)节约物料或对废料利用,卓有成效者;

(三)遇有灾难,勇于负责,处置得当者;

(四)检举违规或损害公司利益者;

(五)发现职守外故障,予以速报或妥为防止损害足为嘉许者。

第三十七条 有下列情形之一者,予以记大功:

(一)遇有意外事件或灾害,奋不顾身,不避危难,因而减少损害者;

(二)维护员工安全,冒险执行任务,确有功绩者;

(三)维护公司或工厂重大利益,避免重大损失者;

(四)有其他重大功绩者。

第三十八条 有下列情形之一者,予以奖金或晋级:

(一)研究发明,对公司确有贡献,并使成本降低,利润增加者;

(二)对公司有特殊贡献,足为全公司同事表率者;

(三)一年内记大功 2 次者;

(四)服务每满 5 年,考绩优良,未曾旷工或受记过以上处分者。

第三十九条 员工惩罚分为五种:

(一)警告:每次减发 3 天奖金,并于年终奖金时一并减发;

(二)记过:每次减发 10 天奖金,并于年终奖金时一并减发;

(三)大过:每次减发 1 个月奖金,并于年终奖金时一并减发;

(四)降级:降级使用,相应核减薪资;

(五)开除:予以解雇。

第四十条 有下列特殊情形之一者,予以警告:

(一)未经许可,擅自在厂内推销物品者;

(二)上班时间,躺卧休息,擅离岗位,怠忽工作者;

(三)因个人过失致发生工作错误,情节轻微者;

（四）妨害生产工作或团体秩序，情节轻微者；

（五）不服从主管人员合理指导，情节轻微者；

（六）不按规定穿着服装或佩挂规定标志或穿拖鞋上班者；

（七）不能适时完成重大或特殊交办任务者。

第四十一条　有下列情形之一者，予以记过：

（一）对上级指示或有期限命令，无故未能如期完成，致影响公司权益者；

（二）在工作场所喧哗、嬉戏、吵闹，妨碍他人工作而不听劝告者；

（三）对同仁恶意攻击或诬陷、伪证，制造事端者；

（四）工作中酗酒致影响自己或他人工作者；

（五）未经许可接替先行下班者；

（六）因疏忽致机器设备或物品材料遭受损失或伤及他人者；

（七）未经许可携带外人入厂参观者。

第四十二条　有下列情形之一者，予以记大过：

（一）擅离职守，致公司蒙受重大损失者；

（二）在工作场所或工作中酗酒滋事，影响生产、业务、事务等团体秩序者；

（三）损毁涂改重要文件或公物者；

（四）怠忽工作或擅自变更工作方法，使公司蒙受重大损失者；

（五）不服从主管人员合理指导，屡劝不听者；

（六）轮班制员工拒不接受轮班者；

（七）工作时间内，做其他事情，如睡觉、玩弄乐器、下棋、阅读、炊煮等（干部连带处分）；

（八）一个月内旷工达5日者；

（九）机器、车辆、仪器及具有技术性工具，非经常使用人及单位主管同意擅自操作者（如因而损害并负赔偿责任）；

（十）其他重大违规行为者（如违反安全规定措施，情节重大者……）。

第四十三条　有下列情形之一者，予以开除（不发资遣费）：

（一）对同事暴力威胁、恐吓、妨害团体秩序者；

（二）殴打同事，或相互殴打者；

（三）在公司厂区、宿舍内赌博者；

（四）偷窃或侵占同事或公司财物经查证属实者；

（五）无故损毁公司财物，损失重大或第二次损毁涂改重大文件或公物者；

（六）未经许可，兼任其他职务或兼营与本公司同类业务者；

（七）在公司服务期间，受刑事处分者；

（八）一年中记大过满2次功过无法平衡抵消者；

（九）无故连续旷工3日或全月累计旷工6日或1年旷工达12日者；

（十）煽动怠工或罢工者；

（十一）吸食鸦片或其他毒品者；

（十二）散播不利于公司的谣言者或挑拨劳资双方感情者；

（十三）伪造或变造或盗用公司印信者；

（十四）携带刀枪或其他违禁品或危险品入厂（公司）者；

（十五）在工作场所制造私人物件或唤使他人制造私人物件者；

（十六）故意泄露公司技术、营业上的机密致公司蒙受重大损害者；

（十七）利用公司名誉在外招摇撞骗，致公司名誉受损害者；

（十八）明示禁烟区内吸烟者；

（十九）参加非法组织者；

（二十）擅离职守，致生变故使公司蒙受损害者；

（二十一）其他违反法令、法规或本规则规定情节重大者。

第四十四条　员工功过抵消规定：

（一）嘉奖与警告抵消。

（二）记功1次或嘉奖3次，抵消记过1次或警告3次。

（三）记大功1次或记功3次，抵消大过1次或记过3次，员工功过抵消以发生于同一年度内者为限。

□　考核

第四十五条　员工考核分为：

（一）试用考核：员工试用期间（职员3个月，作业员40天）由试用单位主管负责考核，期满考核合格者，填具"试用人员考核表"报经总经理核准及公布后，方得正式雇用。

（二）平时考核：

1. 各级主管对于所属员工应就其操行、学识、经验、能力、工作效率、勤惰等，随时做严正的考核，凡有特殊功过者，应随时报请奖惩；

2. 人事单位应将员工假勤奖惩随时记录，以为办理年度考核参考。

（三）年度考核：其办法另订。

第四十六条　考核成绩分为优、甲、乙、丙、丁五种。

第四十七条　员工年度考核定每年元月举行，由直属单位主管考核并由考核小组核定。

□　加班

第四十八条　本公司如因生产或业务需要，可于办公时间以外指定员工加班，被指定的员工，除因特殊事情经主管核准者外，不得拒绝，违者以不服从主管人员领导论处。

第四十九条　作业员加班，事先由单位主管代为申请，呈该厂（副）主管核准后方得加班，并须按规定打卡，否则不发给加班费。

第五十条　加班费计算，作业员依平日加班每小时工资加给1/3；节假日加班加给假日工资，但假日工作时间未满8小时，按比例加给工资。

第五十一条　作业员如在加班时间内擅离职守者，除不发给加班费外，就其加班时数予以旷工论处。

第五十二条　员工加班情况，由管理单位按月统计备查。

□　出差

第五十三条　员工出差分"长程出差"与"短程出差"两种，凡当天能往返者，称为"短程出差"；一天以上者，称为"长程出差"。

第五十四条　长程出差及短程出差（其办法另订）。

□　训练

第五十五条　本公司为陶冶员工品德，提高其素质及工作效率，应举办各种教育训练,被指定参加员工,非有特殊原因,不得拒绝参加。

第五十六条　员工训练分为:

(一)职前训练:新进人员应实施职前训练,由人事单位统筹办理,内容为:

1. 公司简介及人事管理规则的讲解;

2. 业务特性、机器性能、作业规定及工作要求说明;

3. 指定资深及专业人员辅导作业。

(二)在职训练:员工应不断研究学习本职技能、相互砥砺;各级主管尤应相机施教,以求精进。

(三)专业训练:视生产或业务需要,遴选优秀干部至各职业训练机构相关班次,接受专业训练,或邀请专家学者来本公司做系列专题演讲,以增进其本职学术技能,利于任务的完成。

□　迁调

第五十七条　本公司基于业务上的需要,可随时调动任一员工职务或服务地点,被调员工应予配合。

第五十八条　各单位主管应就所属人员依其个性、学识、能力,调配适当工作,务使人尽其才,才尽其用。

第五十九条　员工接到调职通知书后,单位主管应于 7 日内,一般员工应于 5 日内办妥移交手续,前往新职单位报到。

第六十条　员工调职,如驻地远者,可比照出差规定支给差旅费,其随行直系眷属,可凭乘车证明支给交通费。

第六十一条　调任员工在接任者未到职前,其所遭职务由原直属主管指派适当人员暂行代理。

□　留职停薪

第六十二条　员工有下列情况之一者,应申请留职停薪:

(一)久病不愈,逾 30 天者;

(二)因特殊事故,呈请核准者。

第六十三条　留职停薪期间以 1 年为限,但经公司总经理特准者除外。

第六十四条　留职停薪期间年资不计,但服兵役者不在此限。

第六十五条　留职停薪期满后未办理复职者,视为离职。

第六十六条　员工于留职停薪期间擅就他职经查明属实者,予以免职。

□　福利

第六十七条　本公司为安定员工生活,增进员工福利,特设立员工福利委员会(规章另定),办理有关员工福利事宜。

第六十八条　员工婚丧、住院,致赠礼金、奠仪或慰问金,其给予标准另订。

第六十九条　本公司依《劳动法》第二十九条规定,发给员工年终奖金,员工在同一年度内所有功过经抵消后,增减其年终奖金。

□　保险

第七十条　员工一律参加劳工保险,于雇佣时由人事单位办理。

第七十一条　员工参加劳工保险后,除依法享受各项权利及应得的各种给付外,不得再向本公司要求额外赔偿或补助。

□　抚恤

第七十二条　员工因公而致残废或死亡时,依劳工保险条例向劳保局申请给付,始尚未参加劳保者,其津贴及辅助事宜须依劳工保险有关规定予以补偿。

□　退休

第七十三条　员工退休,依劳工基准法工人退休规则及有关规定办理(办法另订)。

□　资遣

第七十四条　员工有下列情况之一时,应予资遣:

(一)停业或转让时;

(二)亏损或业务紧缩时;

(三)暂停工作在1个月以上时;

(四)业务性质变更,有减少员工必要,又无适当工作可安置时;

(五)员工对于所担任工作确不能胜任时。

第七十五条　员工资遣先后顺序:

(一)历年平均考核较低者;

(二)曾受惩戒者较未受惩戒者;

(三)工作效率低者。

第七十六条　员工资遣,通知日期如下:

(一)在公司服务3个月以上未满1年者,于10日前通知;

(二)在公司服务1年以上未满3年者,于20日前通知;

(三)在公司服务3年以上者,于30日前通知。

第七十七条　员工接到前条通知后,为另谋工作可于工作时间请假外出,但每星期不得超过2日工作时间,请假期间工资及津贴照给,如未能依照前条规定通知而即时终止雇用者,依前条规定预告期间工资及津贴照给。如经预告,发给预告期间工资。

第七十八条　员工因受惩罚而开除或自行辞职者,不以资遣论。

第七十九条　员工资遣,依下列规定发给资遣费:

(一)在公司连续服务每满1年者,发给相当于1个月平均工资的资遣费;

(二)在本公司工作年资满3年以上者,每满1年加发相当于10天本薪的资遣费,但剩余月数,或工作未满1年者,以比例给予,未满1个月者以1个月计。

□　安全与卫生

第八十条　本公司各单位应随时注意工作环境安全与卫生设施,以维护员工身体健康。

第八十一条　员工应遵守公司有关安全及卫生诸规定,以保护公司及个人安全。

二、人力资源管理制度

□ 总则

第一条 为规范公司的人事管理,特制定本规定。

第二条 本公司员工的聘用、试用、报到、保证、职务、任免、调迁、解职、服务、交卸、给假、出差、值班、考核、奖惩、待遇、福利、退休、抚恤等事项除国家有关规定外,皆按本规定办理。

第三条 本公司自总经理以下工作人员,均称为本公司员工。

第四条 本公司各级员工,均应遵守本规则各项规定。

□ 聘用

第五条 本公司所需员工,一律公开条件,向社会招聘。

第六条 本公司聘用各级员工以学识、品德、能力、经验、体格适合于职务或工作者为原则,但特殊需要时不在此限。

第七条 新进员工的聘用,根据业务需要,由主管人事部门统筹规划,呈报标准。

第八条 本公司各级员工必须具备以下资格,才能聘用:

(一)副总经理以上职位,必须具备大学本科以上学历,熟悉业务、具有 5 年以上实际工作经验,年龄在 35 岁以上;

(二)部门经理,必须具备大专以上学历,熟悉业务,具有两年以上工作经验,年龄在 25 岁以上;

(三)一般员工,高中以上学历,其条件符合职务要求。

第九条 本公司特勤人员(司机、保安、打字员),必须具备下列资格,经考试合格,才能聘用:

(一)司机有汽车驾驶执照,并具有两年以上工作经验;

(二)保安身高 1.72m 以上,有安全保安知识和工作经验;

(三)打字员擅长中英文打字,有工作经验。

□ 试用及报到

第十条 新聘用人员应先试用,试用期为 3 个月,期满合格者方可录用为正式员工。

第十一条 员工在试用期内品行和能力欠佳不适合工作者,可随时停止使用。

第十二条 员工录用前应办理报到手续,并按规定时间上班。

(一)填写个人履历表;

(二)交登记照片 5 张;

(三)交身份证复印件 1 份;

（四）交学历证。

□ 保证

第十三条　本公司员工均应觅妥保证人，保证其在本公司服务期间遵守本公司一切规章，新进员工于办妥保证手续后才能报到。前项保证手续及保证人责任均按保证书及保证规约执行。

第十四条　本公司员工保证人（以下简称保证人）以具有下列资格之一，经本公司认为适当者。

（一）团体保资本充实经合法登记有案的工厂或商号；

（二）个人保有正当职业，在社会上有相当信誉及地位的人士。但被保人的配偶或直系亲属或本公司董事、监察人、现职人员均不得作为保证人。

第十五条　本公司员工经管现款、材料、成品等人员，其保证人应为相当的团体保。

第十六条　被保人如有下列各款情形之一者，保证人应负一切赔偿责任，并负责代被保人办理离职手续。

（一）违反本公司一切规章或营私、舞弊、盗窃及其他不法行为致本公司蒙受损害者；

（二）贪污公款挪用公物者；

（三）弃职潜逃者。

第十七条　保证人的职业或住址如有变更时，应由保证人或被保人以书面通知本公司办理更正。

第十八条　本公司员工如因职务变更对原保证人认为不能承担保证责任时，被保人应随时另觅妥保证人。

第十九条　保证人如因故欲退保或因其他事故丧失其保证资格时，应立即以书面通知本公司，由被保人另觅新保证人办妥换保手续，发还原缴保证书后方得解除保证责任。

第二十条　本公司员工的保证人如发现不妥时可随时通知被保人限期换保，在换保期间如有必要可暂停其职务，待换保手续办妥后才准许复职。

第二十一条　本公司对员工的保证人如发现不妥时可随时通知被保人限期换保，在换保期间如有必要可暂停其职务，待换保手续办妥后才准许复职。

□ 职务任免

第二十二条　各级主管职务的委派分为实授、代理两种。

第二十三条　职务的任免除依章程项目须由董事会核定者外，各单位主管如认为有必要时可填具调派意见表呈总经理核定任免。

第二十四条　职务任免经核定后由人事部门填发人事任（免）令。

第二十五条　职务委派经核定后准支职务加薪，其数额另行决定。

□ 迁调

第二十六条　本公司基于业务上的需要，可随时调动任一员工的职务或服务地点，被调的员工如借故推诿，概以抗命论处。

第二十七条　各单位主管依其管辖内所属员工的个性、学识和能力，力求人尽其才以达到人与事相互配合，可填具人事异动单呈核派调。

第二十八条　奉调员工接到调任通知后，单位主管人员应于 10 日内，其他人员应于 7

日内办妥移交手续就任新职。

前项奉调员工由于所管事物特别繁杂，无法如期办妥移交手续时，可酌予延长，最长以 5 日为限。

第二十九条　奉调员工可比照出差旅费支给办法报支旅费。其随往的直系眷属得凭乘车证明实支交通费，但以五口为限，搬运家具的运费，可附单据及单位主管证明报支。

第三十条　奉调员工离开原职时应办妥移交手续，才能赴新职单位报到，不能按时办理完移交者呈准延期办理移交手续，否则以移交不清论处。

第三十一条　调任员工在新任者未到职前，其所遗职务可由直属主管暂行代理。

□　解职

第三十二条　本公司员工的解职分为当然解职、退休、辞职、停职、资遣及免职或解雇六种。

第三十三条　本公司员工死亡为当然解职。当然解职得依规定给恤。

第三十四条　本公司员工退休给予退休金，其办法另定。

第三十五条　本公司员工自请辞职者，应于请辞日 30 天前以书面形式申请核准，在未奉核准前不得离职，擅自离职者以旷工论处。

第三十六条　本公司员工有下列情况之一者可命令停职：

（一）保证人更换期间，所属一级单位主管认为必要停职者；

（二）因病延长假期超过 6 个月者；

（三）触犯法律嫌疑重大而被羁押或提起公诉者。

第三十七条　命令停职者。遇到下列情况，酌情予以处理：

（一）因换保停职者，自停职日起 15 天内未办妥换保手续者，予以免职或解雇；

（二）因病命令停职者，自停职日起 6 个月内未能痊愈申请复职者，资遣或命令退休；

（三）因案命令停职者，经判决为有期徒刑以上者免职或解雇，但终查仅给予处分或判决无罪确定后，可予复职。

第三十八条　本公司员工于停职期间，停发一切薪金，其服务年限以中断计。

第三十九条　本公司因实际业务需要或资遣有关员工，其办法另定。

第四十条　本公司员工离职，除当然解职及命令解职未能办理交接手续者外，均应办理交接手续，经各部门接交人签准后才能离职。

□　服务

第四十一条　本公司各级员工应遵守本公司一切规章及公告。

第四十二条　本公司员工应接受上级主管的指挥与监督，不得违抗，如有意见应于事前述明核办。

第四十三条　本公司员工应尊重公司信誉，凡个人意见涉及本公司方面者，非经许可，不得对外发表，除办理本公司指定任务外，不得擅用本公司名义。

第四十四条　本公司员工不得经营或出资与本公司类似及职务上有关的事业或兼任公司以外的职务，但经董事长核准者不在此限。

第四十五条　本公司员工应尽忠职守，并保守业务上的一切机密。

第四十六条　本公司员工执行职务时，应力求切实，不得畏难规避，互相推诿或无故拖延。

第四十七条　本公司员工处理业务,应有成本观念,对一切公物应加爱护,公物非经许可,不得私自携出。

第四十八条　本公司员工对外接洽事项,应态度谦和,不得有骄傲满足以损害本公司名誉的行为。

第四十九条　本公司员工应彼此通力合作,同舟共济,不得妄生意见、吵闹、斗殴、搬弄是非或其他扰乱秩序,妨碍风纪情事。

第五十条　本公司员工出勤管理应依员工出勤管理办法的规定办理,员工出勤管理办法另定。

第五十一条　本公司员工因业务需要加班者,应依加班管理办法规定办理,加班管理办法另定。

□　交卸手续

第五十二条　本公司员工交卸分为:

(一)主管人员交卸;

(二)经管人员交卸。

第五十三条　称主管人员者为主管各级单位的人员。称经管人员者为直接经管财物或事务的人员。

第五十四条　主管人员应就下列事项分别造册办理移交:

(一)单位人员名册;

(二)未办及未了事项;

(三)主管财务及事务。

第五十五条　经管人员应就下列事项分别造册办理移交:

(一)所经管的财物事务;

(二)未办及未了事项。

第五十六条　一级单位主管人员交卸时应由公司负责人派员监交,二级单位以下人员交卸时可由该单位主管人员监交。

第五十七条　本公司员工的交接,如发生争执应由监交人述明经过,会同移交人及接收人拟具处理意见呈报上级主管核定。

第五十八条　主管人员移交应于交卸之日将本章第三条规定的事项移交完毕。

第五十九条　经管人员移交应于交卸日将本章第四条规定的事项移交完毕。

第六十条　主管人员移交时应由后任会同监交人依移交表册逐项点收清楚,于前任移交后3日内接收完毕检齐移交清册与前任及监交人会签呈报。

第六十一条　经管人员移交时,应由后任会同监交人依移交表册逐项点收清楚,于前任移交后3日内接收完毕,检齐移交清册与前任及监交人会签呈报。

第六十二条　各级人员移交应亲自办理,其因特别原因,经核准可指定负责人代为办理交卸时,所有一切责任仍由原移交人负责。

第六十三条　各级人员过期不移交或移交不清者得责令于10内交卸清楚,其缺少公物或致公司受损失者应负赔偿责任。

□　请假休假管理规定

第六十四条　本公司以下列日期为例假日(若有变更时应预先公布),但因业务需要可指定照常上班需以加班计算。

（一）例假日：

1. 元旦；

2. 春节；

3. 妇女节；

4. 劳动节；

5. 国庆节。

（二）每星期六、日。

（三）其他经公司决定的休假日。

（四）例假日若适逢星期日，其隔日不予补假。

第六十五条　员工请假分下列七种：

（一）事假：因事必须本身处理者可请事假，每年累计以 7 天为限。

（二）病假：因病治疗或休养者应具特约医院或公立医院证明申请病假，每年积计以 30 天为限；住院者，以 1 年为限，两者合计不得超过 1 年。

（三）婚假：

1. 员工结婚可请婚假 8 天（包括例假日）；

2. 子女结婚可请假 2 天（包括例假日）；

3. 兄弟姐妹结婚可请假 1 天。

（四）产假：

1. 员工生育可请假 8 星期；小产 4 星期（均包括例假日）。晚婚假加 1 个月，办独生子女手续再加 3 个月；

2. 配偶分娩可请假 1 天。

（五）丧假：

1. 父母、配偶丧亡可请丧假 8 天（包括例假日）；

2. 祖父母、兄弟姐妹及子女、岳父母之丧亡可请假 6 天（包括例假日）；

3. 其他直系亲属丧亡可请假 1 天。

（六）公假因兵役检查或军政各机关的调训，期间不满 1 个月者或应国家考试或担任各级人民代表出席会议期间在 3 天以内者，可请公假。

（七）特别假依其服务年资，可分别给予特别假。

第六十六条　前条各款假期内的薪津照常支给。

第六十七条　假期的核准权限如下：

（一）主管级以下人员，假期 3 天内由主管核准，3 天以上由经理（主任）核准；

（二）主管级人员，假期 3 天内由主管核准，3 天以上由协理或副总经理核准；

（三）经理级人员由协理以上主管核准。

第六十八条　本公司员工因执行职务发生的危险导致伤病不能工作者，以公假论，时间以年为限，其假期延至次年时应合并计算，假期中薪资照给。

过期仍未痊愈者可依退休规定命令退休。

第六十九条　请假逾期，应照下列规定办理：

（一）事假愈期按日计扣薪津，一年内事假累计超过 30 天者免职或解雇；

（二）病假愈期可以未请事假的假期抵消，事假不敷抵消时按日计扣薪津。但患重大疾病需要长期疗养，经总经理特别核准者不在此限。

第七十条　特准病假以半年为限,其假期延至次年时应合并计算。特准病假期间薪资减半发给,逾期者应予命令退休或资遣。

第七十一条　本公司员工请假除因急病不能自行呈核的由同事或家属代为之外,须亲自办理请假手续。未办妥请假手续,不得先行离职,否则以旷工论处。

第七十二条　本公司员工请假期届满行续假或虽行续假尚未核准而不到职者,除确因病或临时发生意外等不可抗力事情外,均以旷工论。

第七十三条　本公司员工旷工在 7 日以内按日计扣薪津。

第七十四条　请假理由不充分或有妨碍工作时,可酌情不予给假,或缩短假期或令延期请假。

第七十五条　请假者必须将经办事务交代其他员工代理,并于请假单内注明。

第七十六条　计算全年可请假日数,均自每年 1 月 1 日起到 12 月 31 日止,中途停职者,比例递减。特准病假延至次年销假者,其次年事、病假期比照中途到职人员计算。

第七十七条　本公司员工依本规则所请各假如发现有虚伪情形者,除以旷工论处外,并依情节轻重予以惩处。

第七十八条　在本公司服务 1 年以上满 3 年者每年给予特别休假 7 天。服务 3 年以上未满 5 年者每年给予特别休假 15 天,满 10 年以上每增满 1 年加给 1 天,但至多以 30 天为限。

第七十九条　特别休假按以下手续办理:

(一)每年初(元月)由各单位在不妨碍工作范围内,自行排特别休假日期。特别休假日期表一式两份,一份留存原单位,一份逐级转呈各部(室)经理(主任)核阅后送人事单位备查;

(二)休特别假时,应按规定办理请假手续(填员工请假记录卡),并觅妥职务代理人,办妥职务交代后才能休假;

(三)基于业务上的需要不能休假时,可比照休假天数的薪津数额改为奖金,若于休假期间,因业务需要奉令销假照常工作而不被休假者,亦行照其未休假天数的薪资额改发奖金。

第八十条　员工在休假之前 1 年有下列情形之一者,不给予特别假:

(一)事、病假积计逾 21 天者;

(二)旷工达 3 天以上者。

□　值班管理制度

第八十一条　公司于节假日及每工作时间外应办一切事务,除由主管人员在各自职守内负责外,应另派员工值班处理下列事项:

(一)临时发生事件及各项必要措施;

(二)指挥监督保安人员及值勤工人;

(三)预防灾害、盗窃及其他危机事项;

(四)随时注意清洁卫生、安全措施与公务保密;

(五)公司交办的各项事宜。

第八十二条　本公司员工值班,其时间规定如下:

(一)自星期一至星期五每日下午 5 时半起至次日上午上班时间止;

(二)例假日、日班、上午 8 时起至下午 5 时半止(可随办公时间的变更而变更)。夜班,下午 5 时半起至次日上午 8 时止。

第八十三条　员工值班安排表由各部门编排,于上月底公布并通知值班人员按时值班。并应在值日牌,写明值班员工的姓名,悬挂于明显地方。

第八十四条　值班员工应按照规定时间在指定场所连续执行任务,不得中途停歇或随意外出,并须在本公司或工厂内所指定的地方食宿。

第八十五条　值班员工遇有事情发生可先进行处理,事后分别报告。如遇其职权不能处理的,应立即呈报并请示主管领导办理。

第八十六条　值班员工收到电文应分别依下列方式处理:

(一)属于职权范围内的可即时处理;

(二)非职权所及,视其性质立即联系有关部门负责人处理;

(三)密件或限时信件应立即原封保管,于上班时呈送有关领导。

第八十七条　值班员工应将值班时所处理的事项填具值班报告表,于交班时送主管领导转呈核查,报告表另定。

第八十八条　值班员工如遇紧急事件处理得当,使公司减少损失者,公司视其情节给予嘉奖。

第八十九条　值班员工在值班时间内,擅离职守应给予记大过处分,因情节严重造成损失者,从重论处。

第九十条　值班员工因病和其他原因不能值班的,应先行请假或请其他员工代理并呈准。出差时亦同,代理者应负一切责任。

第九十一条　本公司员工值班可领取值班津贴,其标准另定。

□　考核

第九十二条　公司员工考核分为试用考核、平时考核及年中、年终考核等四种。

(一)试用考核依本公司人事规划规定任聘人员均应试用3个月。试用3个月后应参加试用人员考核,由试用单位主管负责考核。如试用单位认为必要延长试用时间或改派其他单位试用抑或解雇,应附试用考核表,注明具有事实情节,呈报经理或主任核准。延长试用,不得超过3个月。考核人员应督导被考核人员提具试用期间心得报告。

(二)平时考核:

1.各级主管对于所属员工应就其工作效率、操行、态度、学识随时严正考核,其有特殊功过者,应随时报请奖惩;

2.主管人事人员,对于员工假勤奖惩应统计详载于请假记录簿内,并提供考核的参考。

(三)年中考核。于每年6月底举行,但经决议无必要时可取消年中考核。

(四)年终考核:

1.员工于每年12月底举行总考核一次;

2.考核时,担任初考各单位主管应参考平时考核记录簿及人事记录的假勤记录、填具考核表密送复审。

第九十三条　考核年度为自1月1日起至12月31日止。

第九十四条　有下列情况者不得参加考核:

(一)试用人员;

(二)复职未满3个月或留职停薪者。

第九十五条　前条不得参加考核人员的姓名,免列于考核人员名册内,但应另附不参加考核人员名册报备。

第九十六条　本公司员工年中、年终考核分工作效率、操行、态度、学识、勤惰等项目,并可各分细目,以各细目分数评定(每项每分考核表另完成)。

第九十七条　考核成绩分优、甲、乙、丙等四级。

第九十八条　年中、年终考核分初考、复考及核一。其程序另定。

第九十九条　办理考核人员应严守秘密,不得营私舞弊或遗漏。

第一百条　年中、年终考核时,凡有下列情况之一者,其考核成绩不得列为优等;

(一)所请各假(不包括公假)合计数超过请假办法规定日数者;

(二)旷工日数达2天以上者;

(三)本年度受记过以上处分未经抵消者。

第一百零一条　年终奖金的加发与减发。

(一)本公司员工于考核年度内如有下列情形之一者可加发年终奖金:

1.嘉奖一次加发年终奖金3天;

2.记功一次加发年终奖金10天;

3.记大功一次加发年终奖金1个月;

4.以上各项嘉奖记功次数依次类推,加发年终奖金。

(二)本公司员工于考核年度内有下列情形之一者,减发年终奖金:

1.所请各假(不包括公假)合计数超过规定满一星期者,减发20%,满两星期者,减发40%,满三星期者减发60%;

2.记过一次减发20%;

3.记大过一次减发60%;

4.以上各项请假期限及记达次数依次类推,减发年终奖金。

第一百零二条　任职未满1年者,其年终奖金按其服务月数比例发给。

□　奖惩

第一百零三条　本公司员工的奖励分为奖金、记大功、记功、嘉奖。

(一)员工有下列情形之一者,可酌予奖励或记大功:

1.对主办业务有重大革新,提出具体方案,经实行确有成效者;

2.办理重要业务成绩特优或有特殊功绩者;

3.适时消灭意外事件,或重大变故,使公司免遭严重损害者;

4.在恶劣环境下,冒生命危险恪尽职守者;

5.对于舞弊,或有危害公司权益事情,能事先揭发、制止者;

6.研究改善生产设备,有特殊功效。

(二)员工有下列情形之一者,可予记功:

1.对于主办业务有重大拓展或改革具有实效者;

2.执行临时紧急任务能依限期完成者;

3.协助第(一)项1至3款人员达成任务确有贡献者;

4.利用废料有较大成果者。

(三)员工具有下列情形之一者,可予嘉奖:

1.品行优良、技术超群、工作认真、恪尽职守者;

2.领导有方,使业务工作拓展有相当成效者;

3.预防机械发生故障或抢修工程使生产不致中断者;

4.品行端正、遵守规章、服务指导,堪为全体员工楷模者;

5．节省物料，有显著成绩者。

（四）其他对本公司或公众有利益的行为，具有事实证明者，亦得以奖励。

第一百零四条　员工的奖励，以嘉奖三次等于记功一次，记功三次等于记大功一次。

第一百零五条　本公司员工的惩处分为免职或解雇、降级、记大过、记过、警告，分别予以惩处。

（一）员工具有下列情形之一者，应予以免职或解雇处分：

1．假借职权，营私舞弊者；

2．盗窃公司财务，挪用公款，故意毁损公物者；

3．携带违禁品进入工作场所者；

4．在工作场所聚赌或斗殴者；

5．不服从主管的指挥调遣，且有威胁行为者；

6．利用工作时间，擅自在外兼职者；

7．逾期仍移交不清者；

8．泄露公司机密、散布谣言或酿成意外灾害，致公司受重大损失者；

9．品行不端，严重损及公司信誉者；

10．仿效上级主管人员签字，盗用印信者或擅用公司名义者；

11．连续旷工3天或全年旷工达7日以上者；

12．记大过达2次者。

（二）员工有下列情形之一者，予以降级、记大过处分：

1．直属主管对所属人员明知舞弊有据，而予以隐瞒庇护或不为举报者；

2．故意浪费公司财物或办事疏忽使公司受损者；

3．违抗命令，或有威胁侮辱主管的行为，情节较轻者；

4．泄露机密或虚报事实者；

5．品行不端有损公司信誉者；

6．在物料仓库或危险场所违背禁令，或吸烟引火者；

7．在工作场所男女嬉戏，有伤风化行为者；

8．全年旷工达4日以上者。

（三）员工具有下列情形之一者，应予以记过处分：

1．疏忽过失致公物损坏者；

2．未经准许，擅自带外人入厂参观者；

3．工作不力、屡戒不改者；

4．在工作场所酗酒滋事，影响秩序者；

5．在工作场所制造私人物件者；

6．冒替签到或打卡者（本人及顶替者）。

（四）员工具有下列情形之一者，应予以（警告）处分：

1．遇非常事变，故意规避者；

2．在工作场所内喧哗或口角，不服管教者；

3．办事不力，于工作时间内偷闲怠眠者；

4．浪费物料者；

5．办公时间私自外出者；

6．科长级以上人员，月份内迟到、早退次数累计7次（含7次）以上者。

（五）其他违反本公司各项规章,应予告诫事项者,应分别予以惩处。

第一百零六条 员工的惩处,警告 3 次等于记过 1 次,记过 3 次等于记大过 1 次,累计记大过 2 次,应予免职或解雇。

三、能源股份有限公司人事管理制度

□ 总 则

第一条 本公司员工之管理,除法令或公司另有规定外,悉依本制度办理之。

第二条 本制度所称员工系指经本公司正式任用之男女员工而言,对试用中之员工,亦准用本制度。

□ 服务规则

第三条 员工应服从命令,敬业负责,尽忠职守,互相敬重,共同致力于善良风俗及公共秩序之维持。

主管人员应尊重所属员工之人格,致力于统御和指导,以增进其技能和工作效率,并应率先执行职务。

第四条 本公司各级员工应遵守本公司一切法令规章,并忠实执行职务。

第五条 各员工应和衷共济,友爱合作,不得有滋生事端,扰乱秩序,妨害生产或损毁公物等行为。

第六条 员工承办事务不得收受馈赠,如遇涉及本身或家族利害关系时并应回避。

第七条 员工除办理本公司业务外,不得对外使用本公司名义亦不得借职务上之机会为自己或他人图利。

第八条 为预防发生危害及保持公司内部秩序,必要时公司得对员工施以周身检查,员工除有正当之理由外,不得拒绝。

第九条 各级员工不得有营私舞弊怠情失职及损害公司利益之行为。如发现有此行为者,应互相纠举之。

第十条 公司由于业务上之需要,得随时令各单位员工实习、出差、支援及迁调职务或服务单位。

第十一条 员工未得公司之许可,不得擅自集会、结社,并不得印发揭示文书或其他印刷物及为宣传或广播之行为。

第十二条 员工应随时佩戴公司所制定之员工识别证,并应随时携带证明身份之员工服务证。员工服务证及员工识别证等,均不得彼此借用。

第十三条 员工除前述各条外,并应遵守以下之事项:

（一）准时于规定出勤时间到达服务单位;

（二）不得擅自中止职务或作业之执行,以及离开工作岗位;

（三）于执行业务时,除必要之交谈外,不得擅自闲谈、阅读与业务无关之书籍或处理私事;

（四）员工不得在工厂内饮酒、赌博或其他类似行为,并不得在禁烟场所内吸烟;

（五）应爱惜公司财务、文具用品,不得任意浪费;

（六）未经许可,不得任意将公司所有之器具、书籍携离公司;

（七）不得违反有关安全及卫生规则;

（八）对公司提出之报告或其他请求公司加以承认、许可等事项,应先经其直属主管之批准;

（九）员工识别证、员工服务证或其他向公司借贷之物品,应于离职时即予缴还;

（十）员工应重视公司之信用利益,并不得损害公司名誉及披露公司机密或其他致公司发生不利益之事项。

第十四条　员工于下列各事项发生时,应即经其直属主管向公司提出书面报告:

（一）姓名、住所有变更时;

（二）结婚、离婚时;

（三）家属、二亲等内之血亲、家长或保证人有异动时;

（四）员工非经公司允许,不得在外兼任何职务;

（五）其他类似上述各项情形时。

□　工作时间

第十五条　员工每日工作时间以 7 小时为原则,如因季节关系或因换班、准备或补充性工作确有延长工作时间之必要者,得经工会或员工同意并呈报主管核准后延长为 10 小时。

第十六条　公司之工作时间依下列之规定:

	开始时刻	终止时刻	
常日班	上午 8 时	下午 5 时	
二班制	日班	上午 7 时	下午 7 时
	夜班	下午 7 时	上午 7 时
三班制	早班	上午 8 时	下午 4 时
	午班	下午 4 时	深夜零时
	晚班	深夜零时	上午 8 时

但如业务上有需要时,得变更前述工作时间。

第十七条　员工于休息时间内可自由活动,唯如需外出,应先经其直属主管之核准。

第十八条　员工因出差、支援、实习等在外执行职务之时间内,除有特别之规定外,仍依通常出勤时间内出勤。

第十九条　休假日依下列之规定:

（一）定休日:原则上以每星期六、日为定休日。

（二）例假日:

新年　1 月 1 日至 2 日　2 天

春节　3 天

妇女节（限女性）　3 月 8 日

劳动节　5 月 1 日　1 天

国庆节　10 月 1 日　3 天

其他政府临时指定之假日。

（三）如因业务之需要或其他必要之情形，得取消所订之假日，另行补假。

（四）假日照发薪津。

第二十条　前条所订之星期假日、例假日在同一日时，不另补假。

□　加班

第二十一条　员工因第十五条延长工作时间或因天灾突发事件必须于正常工作时间外工作者虽非上班时间仍应照常处理业务。

第二十二条　使员工在非上班时间处理业务即为加班，其加班时间之和每月不得超过 46 小时。

第二十三条　员工于假日加班时，其工作时间，除有特别指示外，依第十六条之规定。

第二十四条　员工于接到本节所定加班之指示时，如无正当理由，不得拒绝。

第二十五条　员工加班费用依第五十三条第（三）、第（四）项之规定支付。

□　值勤

第二十六条　本公司一切事务，除由主管人员在其职守范围内各负全责外，休假日及每日夜间，另行指派员工值勤，处理下列事项：

（一）各单位主管交办事项；

（二）维护生产器具之安全事项；

（三）预防火灾及其他危险事项；

（四）物品及重要文件等之签收处理或电话联络事项；

（五）有关清洁卫生事项；

（六）其他临时发生事项。但遇有紧急事故，非其职权所能及者应即通报并请示有关主管处理。

第二十七条　值勤分值日及值夜，由总公司总务部或工厂业务处，视实际需要编排轮流值勤表，通知轮值员工分别值勤。

第二十八条　值日限于星期六、日及例假日，自上午办公时间起至下午下班时间止。

值夜每日自下午下班起至翌日开始办公时间为止。值勤时间内，不得任意外出，夜间并须于值勤处所内留宿。

第二十九条　值勤员工不得推诿免值或擅离职守，如因病或其他事故不能承值时，应先行请假，并请其他员工代值，但职员之值勤，不得由工友代值。

第三十条　违反前两条之规定者，除扣发值勤津贴外，并以旷职论，如因而发生事故时并按情节轻重另予以惩罚。

第三十一条　员工除各处处长以上人员外，均须轮值。

第三十二条　值勤员工应确实填写值勤日志，于翌日上班后连同锁钥、值勤收文簿以及所收文件交主管单位。

第三十三条　值勤津贴另定之。

□ 出退勤、迟到、早退、会客及外出

第三十四条 员工有下列情形之一者,不得进入公司服勤:

(一)身带酒味者;

(二)扰乱秩序,妨害卫生者;

(三)携带非业务上所必要之易燃、凶器等危险物者;

(四)未佩戴公司所定之员工服务证或员工识别证者;

(五)拒绝第八条所定之检查者;

(六)其他类似之情形者。

第三十五条 员工除因公差或因故请假者外,均应遵照规定时间上下班,并亲自签到打卡,如委托他人代签、代打经查属实者,除该日以旷职论外,委托人与受托人均予以惩处。

第三十六条 员工于上班时间内,因故需暂时离开岗位者,应先经直属单位主管之许可。

第三十七条 员工除休息时间外,不得会客,但有特别事情经所属主管许可者不在此限。

第三十八条 员工因病或其他不得已之原因而需请假、迟到、早退时,应先经所属主管之核准,遇紧急情形无法事先办理者,得于事后补办之。

第三十九条 员工迟到、早退、旷职及无故擅离工作岗位之情形者,依第五十四条之规定扣除其薪津。

□ 请假

第四十条 员工请假分为病假、公假、事假、婚假、丧假、工伤假及特别休假七种,员工应提出必要之证件并经核准,始得请假。

第四十一条 病假:因病非经治疗或休养无法康复者,得请病假,病假3日以上者或同一月中请假7日以上,须附医师诊断书,全年累计不得超过30日。

第四十二条 公假:员工应征服役、奉调受训,其期限在4个月内者,及因公必须请假者,得请公假,工资照给其期间按实核定之。

第四十三条 事假:员工遇重大事故必须本身前往处理者得请事假。员工事假一次不得超过2天,全年合计不得超过14天,日薪者假期内不给工资,事假逾前述限制或未准假起假者以旷职(工)论。请假理由不充分,足以妨碍业务者主管不得准假。

第四十四条 婚丧假:结婚者得请假8日。本人之父母、配偶、子女死亡者得请丧假8日,岳父母死亡者6日,其他直系血亲或兄弟姊妹死亡者3日,但特殊情形经董事长特准者不在此限。

第四十五条 工伤假:员工因公受伤或因公致病不能工作时,经公立或劳保医院及其主管证明属实者,得申请工伤假,但以1年为限,超过1年尚未痊愈者,责令其退休。

工伤假在3日以内不能上班者,其医疗费用全部由公司负担,其在4日以上者,依劳保条例向劳保局申请伤害补助或补偿,其不足工资由公司补足之,非劳保对象员工之医疗费及薪资津贴由公司全额负担,但以1年为限。

第四十六条

(一)员工继续服务达一定年限时,依下列规定给予特别休假:

1．满 1 年以上未满 3 年者，每年 7 日；

2．满 3 年以上未满 5 年者，每年 10 日；

3．满 5 年以上未满 10 年者，每年 14 日；

4．满 10 年以上者，每增加 1 年给 1 日，但不得超过 30 日。

（二）员工之特别休假，应先经所属主管之核准。

（三）特别休假以 1 日为单位，不得分割。

□　薪津之发给与扣除

第四十七条　公司支付之薪津得区分为本薪及各种津贴。

第四十八条　本薪除依另定之标准决定外，原则上每年依员工之考绩而予调整一次。考绩办法另定之。

第四十九条　员工依其经历、资格及所担任职务之性质而区分为支领月薪者及支领日薪者。

第五十条　员工之薪津每月分 5 日及 20 日两次以现金发给之，但发给日为休假日时，则提前一日发给。

第五十一条　新任用及辞职之员工当月之薪津均以其实际服务之日数，按比例付给之。

第五十二条　员工之津贴、扣薪等之计算标准依下列规定：

（一）日薪：

支领月薪者之日薪＝基本月薪÷30

支领日薪者之日薪＝基本日薪

（二）时资：

时资＝日薪÷8

（三）平均薪津：过去 3 个月之薪津合计额之平均数。

第五十三条　支领日薪者之津贴依下列规定：

（一）全勤奖金：

每月全勤时给予基本日薪之 200％奖金。

公假、工伤假及特别休假视为出勤。

（二）生产奖金之办法另定之。

（三）超时加班津贴：

时资×时间数×135％

未满 1 小时者不算。

（四）假日上班津贴：

本规则第十九条所规定之休假日服勤时，发给日薪×135％之加班津贴。

（五）夜班津贴：

三班制中的大夜班（深夜零时至早上 8 时）每班发给津贴 10 元。

小夜班（下午 4 时至深夜零时）每班发给津贴 6 元。

（六）其他津贴：

特别作业津贴、临时津贴等因业务上必要之津贴，得经总经理之核准后给付之。

支领月薪者之津贴另定之。

第五十四条　支领日薪者，其扣薪依下列之规定：

（一）迟到、早退之扣薪：

迟到、早退时扣"时资×时间数×135％"之工资。

迟到、早退之时间计算以15分钟为单位，未满15分钟者以15分钟论。

迟到每月达3次时，折算旷工一日。

（二）旷职之扣薪：

除依本规则第十九条、第四十二条至第四十六条等之规定而休假、请假外，其他未事先向公司请假而缺勤者视为旷职。

旷职者加扣"日薪×旷职日数×100％"之工资。

支领月薪者，其扣薪办法比照日薪者办理之。

□　出差

第五十五条　员工出差本市以外，其旅费支给办法如下，但当日往返者不支给住宿费。

（一）出差分职等按表13－4规定标准支给之。

（住宿费按夜数支给，但在火车上过夜者不得报支）

国内：

董事长及总经理之出差费不予限制，以实报实销处理之。

表13－4　出差补助标准

	职等别	交通费	每日宿费	每日膳费	杂费	合计
1	1、2等副总经理	一等	500	300	200	1000
2	3、4等经理、总管理师、总工程师	一等	400	250	200	850
3	5、6等副经理、副总管理师、副总工程师、处长、副处长、管理师、工程师	二等	300	200	150	650
4	7、8等科长、代科长、副管理师、副工程师	二等	300	200	100	600
5	9、10等助理工程师、助理管理师、公务员、管理员、司机	三等	250	150	80	480
6	11、12等助理公务员、助理管理员、守卫、操作员	四等	200	150	50	400
7	工友	五等	150	150	50	350

注：欧美各国系照亚洲地区标准加三成。

实习员、研究员等之海外差遣旅费标准另定之。

第五十六条　员工每次出差如在同一地点驻留一个月以上时，自第31日起照原定膳宿费八折支给。

第五十七条　员工出差购运物料或携带公物如必须另支运费或因公支出邮电费、交际费等杂费应附单据及证明报支。

第五十八条　员工出差前，得按实际需要预借旅费，出差完毕应于5日内呈报核销，如5日后仍未报支者，财务部应将该员工预借旅费在薪津项下先予扣回，俟报支时再行核付。

第五十九条　员工出差日期应由派遣出差之主管视实际需要予以限制，在出差期间，除患病及因特殊事故阻滞外，不得任意逗留，如因私事逗留或请假者，不得报支旅费，由派遣出差主管负责审核之。

第六十条　员工如有违反规定虚报旅费，一经查明视情节轻重严予惩处。

第六十一条　交通费之报支按以下规定办理：

（一）交通机关定有公开价目者，按定价开支外，其他均按实检据报支；

（二）国内因急要公务必须搭乘飞机者，应事先报请总经理核准；

（三）由本公司供给交通工具者，不得报支交通费。

□　任用

第六十二条　任用员工应先经审核，并经考试合格后始得录用。

第六十三条　任用员工得先予试用，试用期满经考核成绩合格后，予以正式任用，试用不合格者，不予任用。

第六十四条　任用之员工以具备下列各款资格者为限：

（一）年龄在 16 岁以上，未满 40 岁者；

（二）具备中学以上学校毕业之学历者；

（三）体力强健，思想纯正，品性优良，无不良嗜好者；

（四）未曾受刑事处分者；

（五）具有殷实保证者。

第六十五条　凡经本公司通知任用之新进员工，应于限期内办理报到手续，逾期取消其资格。

第六十六条　正式任用之员工，应填缴下列各项资料：

（一）员工保证书一份；

（二）户籍本一份；

（三）最近半身照片五张；

（四）其他规定应办事项。

第六十七条　凡员工办妥前项手续后，由公司发给员工服务证、员工识别证、服务规则、安全手册等。

员工服务证及员工识别证如有遗失，应交附 2 寸半身照片一张，申请补发。

第六十八条　员工到任，经派定工作后，应至派定单位工作，不得借故请求更动。

□　辞职

第六十九条　员工因事呈请辞职者，应在辞呈上详述理由，呈经所属主管转呈公司。

第七十条　前条之辞呈，除有不得已之理由外，应比照第七十六条之预告期间于离职前日提出之。

第七十一条　员工虽提出辞呈，于未离职前仍应照常处理业务。

第七十二条　员工离职后，公司得应其请求，发给离职证明书。

第七十三条　退休之规定另定之。

第七十四条　退职慰劳金之支给标准另定之。

□　解职

第七十五条　员工有下列情形之一者，予以解职：

（一）心神丧失、精神衰弱或身体残废、年老体弱、罹患重病而不能胜任职务者；

（二）行为不检或考绩恶劣，不适于担任职务者；

（三）工作能力、工作效率低微，且无大进展可能者；

（四）公司因业务紧缩或其他不得已之原因；

（五）服务期间因受刑事处分而经法院判刑确定而未谕知缓刑者；

（六）其他前述各项类似之情形者。

第七十六条　员工因前条各项而被解职者（除前条第五项外），公司应予事先预告之，其预告之时间依下列之规定，唯公司得给付与预告期间相当之薪津而即时予以解职。

（一）连续工作 3 个月以上未满 1 年者于 10 日前预告之；

（二）连续工作 1 年以上未满 3 年者，于 20 日前预告之；

（三）连续工作 3 年以上者，于 30 日前预告之。

第七十七条　依本规则第九十九条之规定而受解职处分之员工，不适用前条关于预告期间之规定。

□　保证

第七十八条　本公司为使员工在职务上履行其忠实之义务，应办理保证手续，填具保证书，经对保属实核准后任用之。

第七十九条　保证人须现居本地区内，具有正当职业或社会上具有信誉及地位之人士，二人保证。

第八十条　前项保证须经本公司审查认可，员工经管出纳、庶务、物料及收费者，其保证人需四人，但报经总经理核准者，得改为个人保。

第八十一条　保证人之职业地址等身家有变更时，被保证人应即以书面通知本公司登记备查。

第八十二条　被保证人离职一个月后，如无手续不清等情形发生时，本公司即将保证书注销，并予发还，但有特殊情形者，得延长之。

第八十三条　保证书每年对保一次，必要时得随时通知员工另行换保。

□　保健卫生

第八十四条　员工应遵守有关保健卫生之各项规则，并致力提高团体、个人之保健卫生。

第八十五条　有下列各项情形之一者，不得任用之，但有第六项或第七项之情形而已依规定采行预防措施者不在此限。

（一）精神病患者；

（二）麻风病患者；

（三）结核病患者；

（四）法定传染病患者或疑似病症者；

（五）丹毒、回归热或其他类似之急性高热病患者；

（六）梅毒、疥癣及其他传染性皮肤病患者；

（七）脓漏性结膜炎或其他传染性眼病患者；

（八）于任用时已患疾病而有恶化之势者；

（九）患有传染病或其他重病无法完全恢复健康者；

（十）其他经医师认为不适合担任职务者。

第八十六条　员工遇有在自家住宅或邻居发生传染病或类似情形时,应即报告公司,并接受公司之指示。

□ 安全

第八十七条　员工应服从所属主管及其他安全主管有关安全之指导,遵守规定及注意事项,并致力于防止经常发生之灾害。

第八十八条　负责安全之员工,应严守下列之事项:

(一)经常整理、整顿工作场所,以防止灾害之发生,在重要通路、太平门、出入口及摆放消防器具之位置上,不得置放其他物品;

(二)使用汽车、电气装置及其他机械设备等应先检查,发现有故障或危险时,应采取必要应变措施,并应迅速向所属主管报告;

(三)除有特别之指示外,非操作者、无经验者及无职权者,均不得操作前项各种机械设备;

(四)未经许可,不得使用电器;

(五)使用公司各种锁钥时,应严守所规定之手续及注意事项;

(六)未经负责人员之许可不得任意改造、修理机器设备。

第八十九条　作业员遇有发生火灾或其他非常灾害之时,应即刻采取必要之措施,并应通知有关人员。

非常灾害发生时,员工应互助协力以减小灾害至最少限度。

□ 奖惩

第九十条　本公司员工之奖惩,由各主管严加考核,并提请人事审议会审议后核定之。但人事审议会得将其权限一部分委之其下级单位。

第九十一条　奖励分下列五种:

(一)升薪;

(二)奖金;

(三)记大功;

(四)记功;

(五)嘉奖;

第九十二条　有下列事迹者予以升薪或发给奖金:

(一)对于业务或职务上有特殊贡献或功绩足为表扬者;

(二)员工在本公司服务每满 10 年成绩优良,未曾受记过以上处分或功过可以抵消者;

(三)在 3 年内获三次大功者;

(四)其他重大功绩值得表扬者;

第九十三条　有下列事迹者予以记大功:

(一)维护本公司利益或避免重大损害者;

(二)检举危害本公司情形查明属实者;

(三)对于防止或其他重大事故发生时,或于有特殊功绩者;

(四)对于营业事故之防止方法有特殊建议与贡献经采纳实行确有成效者;

(五)冒险执行职务卓有功绩者;

(六)奋勇抢救员工安全,保护本公司利益者;

（七）其他有重大功绩者。

第九十四条　有下列事迹者予以记功：

（一）发现机器故障，处理得宜，而将事故减至轻微程度者；

（二）遇有非常事变或抢修工作，临机应付措施得当者；

（三）防止窃盗得力者；

（四）节约物料、消耗品或对于废料利用有特殊成绩者；

（五）其他有较佳之功绩者。

第九十五条　有下列事迹者予以嘉奖：

（一）拾物不昧者；

（二）拒收馈赠者；

（三）服务认真获客户赞许者；

（四）发现可成为错误及障碍之原因；

（五）因特别注意得以防止障碍于未然者；

（六）办事勤奋有具体事实者；

（七）其他具有功绩者。

第九十六条　同一年度内嘉奖三次等于记功一次，记功三次等于记大功一次。

第九十七条　年度内曾受奖励者，于年度考绩之际，得依其功绩予以调整其本薪或发给奖金。

第九十八条　惩戒分下列五种：

（一）免职；

（二）降级；

（三）记大过；

（四）记过；

（五）申诫。

第九十九条　有下列事迹者予以免职或降级：

（一）违背职务上重大义务，损害公司利益者；

（二）利用职权营私舞弊有据者；

（三）怠忽职务出于故意或过失而情节重大，使公司遭受重大损失者；

（四）行为不检损害公司名誉情节重大者；

（五）盗窃公用物具设备者；

（六）挪用公款或侵占公司财务或其他营私舞弊者；

（七）在公司办公处所内赌博、行凶或有伤风化之行为者；

（八）携带危险物品或违禁品进入本公司所属地区有不正当企图者；

（九）不遵守安全规定致使公司损失重大者；

（十）私自集会结社或煽动要挟他人怠工罢工者；

（十一）对同事胁迫、恐吓、欺骗或造谣妨碍工作者；

（十二）委托他人或受他人之托代签、代打出勤记录表者；

（十三）以隐蔽事故为目的，怠于报告或将有关账表书件隐匿、涂改或遗弃者；

（十四）同一年内旷职三次以上者；

（十五）其他情节重大者。

第一百条　有下列情形者予以记大过：

（一）因监督不力，循情失察或对机械设备上不注意因而导致事故者；

（二）擅离工作岗位或对机械及其他设备疏于检查致生妨碍或事故者；

（三）为逃避或转嫁事故之责任，做虚伪之记载报告或供述者；

（四）拒绝主管人员指挥监督或吵闹者；

（五）对于电器或其他危险物品之处理不加注意致烧毁物品或设备者；

（六）故意毁损公物或浪费原料者；

（七）擅自改变工作方法致公司遭受损失者；

（八）在工作场所饮酒者；

（九）在公司发生打架者；

（十）其他情节较大者。

第一百零一条　有下列情形者予以记过：

（一）怠忽业务之处理者；

（二）因不注意致机械或设备招致损害者；

（三）对事务处置失当因而导致业务上重大之损害者；

（四）接受与职务有关之馈赠者；

（五）无故延误物料配发影响应用者；

（六）在本公司禁烟区域吸烟者；

（七）滥用材料超过规定标准数量者；

（八）特别交办事项处理不力者；

（九）对同事做恶意攻讦或滥告者；

（十）他人犯规而作伪证者；

（十一）言行失检、态度傲慢，经劝诫不听者；

（十二）受诱怠工、罢工者；

（十三）其他情节较轻者。

第一百零二条　有下列情形者予以申诫：

（一）物料堆放杂乱致管理困难者。

（二）对于废料经久不加适当处理致令不堪利用者。

（三）房舍毁坏，不及时补救致使物料蒙受损失者。

（四）应请示之事项，擅自变更处理者。

（五）明知命令错误未予陈述致肇事故者。

（六）对于客户请求事项故意刁难者。

（七）违反公司规定情节不大者。

（八）其他情节较轻微者。

第一百零三条　同一年度内申诫三次等于记过一次，记过三次等于记大过一次，记大过三次者应予免职。

第一百零四条　员工犯有罪嫌，如涉及法律范围者，除按照本办法规定处理外，并得移送治安机关依法处理。

第一百零五条　免职、降级及记大过者，在审议时应嘱令其到场申辩，不到场申辩者以弃权论。

第一百零六条　员工受处分者得酌予扣减年终奖金。

□ 退休与资遣

第一百零七条　本章依本服务规则第七十三条及第七十四条之规定制定之。

第一百零八条　本公司员工之退休及资遣依本章之规定办理之,本章所称员工系指服务于本公司所属各单位担任实际工作之职员、操作员、工友而言,特约、特聘、常用工或临时人员不适用之。

第一百零九条　本办法有关退职之规定不适用受除名处分或免职处分而离职之员工。

第一百十条　员工依本服务规则第六十九条之规定所提出之辞呈应经董事长核准后始可离职。

第一百十一条　员工在本公司服务满5年以上尚未达退休年龄而自动辞职者,发给退职慰劳金。该慰劳金比照本办法第一百十六条规定之退休金支给标准依下列规定发给。

任职满5年以上未满10年者以三成支给,任职满10年以上未满15年者以五成支给,任职满15年以上未满20年者以七成支给,任职满20年以上未满25年者以八成支给。

第一百十二条　本公司因业务紧缩,机构撤销或其他不得已之原因致裁退员工者,应发给资遣费。但不得兼领退职慰劳金。

资遣费以员工离职月份之薪津标准(包括本薪、职务加给、家属津贴及宿舍津贴)比照前条慰劳金标准备增10%,其服务年资依下列规定发给之。

服务每满1年,发给1个月。

服务未满1年或依前款计算剩余月数,以比例计给之。

第一百十三条　本公司员工之退休分自愿退休及命令退休两种。

第一百十四条　本公司员工有下列情形之一者应准其自愿退休:

(一)任职5年以上年满60岁者;

(二)任职15年以上年满55岁者;

(三)任职25年以上者。

第一百十五条　本公司员工在任职5年以上年满65岁者应命令退休,其离职日以年满65岁之次月月底为准。但所规定之年龄对于担任具有危险或劳力等性质职务者,得酌予减低,但不得少于55岁。

本公司如认为有继续聘用之必要时对已退休员工得报请董事长特聘之,但每次聘任以一年为限,期满得再续聘,但最多不得超过5年。

第一百十六条　员工之退休金以一次给予,其支给标准以退休员工最后6个月之薪津(限本薪职务加给,家属津贴)总额除以该期间总日数(以30为一个基数,任职每满1年给予两个基数,超过15年者每满1年发一个基数,满半年以上未满1年者以1年计)。

心神丧失或身体残废系由公伤病所致者比照退休金之规定基数增加20%发给,其任职未满5年者以5年计。

第一百十七条　本公司员工如有心神丧失或身体残废不堪胜任所担任之职者,适用第一百十二条之规定。

所称心神丧失,系指神经受损伤及精神失常而不能治疗者。

所称残废,系指下列情形之一者。

(一)视力模糊者;

(二)听力全无者;

(三)语能丧失者;

（四）一肢以上之机能毁败者；

（五）其他重要机能毁败者。

前项心神丧失或身体残废，应缴验医师诊断书。

第一百十八条　前条规定所称因公伤病。系指有下列情形之一者而言：

（一）因执行职务所生之危险而致伤病者；

（二）因特殊职务而致伤病者；

（三）在工作处所遭受危险而致伤病者。

第一百十九条　依本办法离职者如再任职本公司时其过去服务年资概不计算。

第一百二十条　请领退职金、退休金之权利自离职之次月起，经过 5 年不行使，即告削减。但因不可抗力之事以致不能行使者，自该请求权可行使时起算。

第一百二十一条　退休年龄之认定依户籍簿记载自出生之月日起计算。

第一百二十二条　请领退职金、退休金之权利不得扣押、让与或提供担保。

□　　抚恤

第一百二十三条　本公司员工因执行职务而致伤亡或在职死亡者应给予抚恤。

第一百二十四条　前条所称因执行职务致伤亡者，指下列情形：

（一）死亡者；

（二）因伤致不能工作者。

第一百二十五条　员工抚恤金比照退休金标准支给，在本公司服务未满 5 年者，以 5 年计算。

第一百二十六条　员工因公死亡，除按本章第一二四条规定给恤其标准不得低于 40 个月之工资外，另发 5 个月薪津之丧葬费，连同抚恤金一并发给。

第一百二十七条　临时人员因执行职务而致伤或死亡者优予抚恤之。

第一百二十八条　对于下列员工子女得优先任用之：

（一）在公司连续服务满 20 年以上而退休或在职身故者；

（二）因公亡故或重伤致成残废而退休者。

□　　附则

第一百二十九条　本规则未尽事宜，悉依有关法令规定办理之。

第一百三十条　本规则经董事会决议通过呈主管官署核备后公布施行，修改时亦同。

四、商业企业人事管理制度

□　　总则

第一条　本规则依据本公司章程制定。凡本公司从业人员人事管理，悉依本规则规定办理。

第二条 本公司从业人员职称规定如下：

高级主管——董事长、总经理、执行副总经理、副总经理。

部门主管——经（副）理、科（副）长。

部门职员——承办员。

第三条 本公司从业人员，按其所任职位职务的繁简、责任的轻重，分为六职等。

第四条 每一职位均设置一"职位说明书"，说明其职责内容及应列职等。人员的列等，应按其所派任的职位，决定其职等。

每一职位的列等需得跨二等，初任时，以列较低职等为原则；在该职位工作满3年，成绩优良者，可改列高一等。

第五条 各类人员人数应按业务需要，于每年年度开始前编订"人员编制表"，经总经理核定后转送董事会核备。

□ 任用

第六条 从业人员的任用人数，应以所核定的"人员编制表"人数为限。其任用条件以"职位说明书"为依据，以便因事择人，使人与事合理配合。

第七条 各级人员的派任，均应依其专业经验予以派任。

第八条 各级人员任免程序如下：

（一）总经理、副总经理——由董事会任免；

（二）经理——由总经理提请董事会任免；

（三）副经理——由总经理任免后，报请董事会核备；

（四）科长——由总经理任免或主管经理提请总经理任免，事后报请董事会核备；

（五）副科长——由主管经理提请总经理任免。

第九条 新进人员经试用考核合格后始予正式任用。

第十条 新进人员应先办理安全调查，并按其学历任用。

第十一条 除正式从业人员，本公司可按业务需要聘雇人员，其待遇、工作期限及工作条件以合同规定执行。

第十二条 有下列情形之一者，不得予以任用：

（一）剥夺公民权，尚未恢复者；

（二）曾犯刑事案件，经判刑确定者；

（三）受禁治产宣告，尚未撤销者；

（四）通缉在案，尚未撤销者；

（五）吸食鸦片或其他毒品者；

（六）原在其他公私机构服务，未办清离职手续者；

（七）经其他公私机构开除者；

（八）身体有缺陷，或健康情况欠佳，难以胜任工作者；

（九）未满15周岁者；

（十）主管人员，不合于公司法第三十条规定者。

第十三条 新进非主管人员一律须经试用40天，试用期间应由人事部门切实考核。试用成绩欠佳，或品行不良，或发现其进入公司前有不法行为者，可随时停用。

第十四条 新进人员于报到后，试用开始前，应办妥下列手续：

（一）填妥本公司新进职员履历表；

（二）缴验学历证件及身份证；

（三）缴验户籍册；

（四）缴验医院最近一个月体格检查表；

（五）缴验前任职机构离职证明书；

（六）缴验遵守本公司人事等规章规定的志愿书及保证书（铺保一家，保证服务期间行为、安全及保管财物等连带赔偿责任）；

（七）填缴劳工保险加保表二份；

（八）最近半身正面免冠照片3张。

□　服　务

第十五条　本公司各级人员的职责，除依职位说明书说明外，如为该说明书未经载列，而经上级主管指派交办者，应尽力完成，不得拒绝接受。

第十六条　本公司从业人员均应遵守下列规定：

（一）准时上下班，对承办工作争取时效，不拖延不积压；

（二）服从上级指挥，如有不同意见，应婉转相告或以书面陈述。一经上级主管决定，应立即遵照实行；

（三）尽忠职守，保守业务上的机密；

（四）爱护本公司财物，不浪费，不损公为私；

（五）遵守公司一切规章及工作守则；

（六）维护公司信誉，不做任何有损公司信誉的行为；

（七）注意本身品德修养，切戒不良嗜好；

（八）不私自经营与公司业务有关的商业或兼任公司以外的职业；

（九）待人接物态度要谦和，以争取同事及顾客的合作；

（十）严谨操守，不得收受与公司业务有关人士或单位的馈赠、贿赂或向其挪借款项。

第十七条　本公司从业人员因过失或故意致公司遭受损害时，应负赔偿责任。

第十八条　本公司工作时间，每周为40小时，星期六、日及节、假日均休假。业务部门如因采用轮班制，无法于星期六、日休息者，可每7天给予两天的休息，视为例假。

第十九条　管理部门之每日上、下班时间，可依季节之变化事先制定，公告实行。业务部门之每日工作时间，应视业务需要，制定为一班制，或多班轮值制。如采用昼夜轮班制，所有班次，必须一星期调整一次。

第二十条　上、下班应亲自签到或打卡，不得委托他人代签或代打，如有代签或代打情况发生，双方均以旷工论处。

第二十一条　员工出勤管理办法另定。

第二十二条　本公司每日工作时间定为7小时，如因工作需要，可依照政府有关规定延长工作时间至10小时，所延长时数为加班。

除前项规定外，因天灾事变、季节关系，依照政策有关规定，仍可延长工作时间，但每日总工作时间不得超过12小时，其延长之总时间，每月不得超过46小时。其加班费依照公司有关规定办理。

第二十三条　每日下班后及例假日，可派人员值日值宿，其办法另定。

第二十四条　从业人员请假，应照下列规定办理：

（一）病假——因病须治疗或休养者可请病假，每年累计不得超过30天，可以未请事

假及特别休假抵充。逾期仍未痊愈的天数,即予停薪留职,但以一年为限;

(二)事假——因私事待理者,可请事假,每年累计不得超过 14 天,可以特别休假抵充;

(三)婚假——本人结婚,可请婚假 8 天;

(四)丧假——祖父母、父母或配偶丧亡者,可请丧假 8 天;外祖父母或配偶之承重祖父母、父母或子女丧亡者,可请丧假 6 天;

(五)娩假——女性从业人员分娩,可请分娩假 8 星期(假期中之星期例假均并入计算);

怀孕 3 个月至 7 个月而流产者,给假 4 星期,7 个月以上流产者,给假 6 星期,未满 3 个月流产者,给假 1 星期。

(六)公假——因参加政府举办之资格考试(不以就业为前提者)、兵役征召或集会,及参加选举者,可请公假,假期依实际需要情况决定;

(七)工伤假——因公受伤可请工伤假,假期依实际需要情况决定。

第二十五条　请假逾期,除病假依照前条第一款规定办理外,其余均以旷工论处。但因患重病非短期内所能治愈,经医师证明属实者,可视其病况与在公司资历及服务成绩,报请总经理特准延长其病假,最多 3 个月。事假逾期系因特别或意外事故经提出有力证件者可请总经理特准延长其事假,最多 15 天,逾期再按前条规定办理。

第二十六条　请假期内之薪水,依下列规定支付。

(一)请假未逾规定天数或经延长病事假者,其请假期间内薪水照发;

(二)请公假者薪水照发,但如因兵役召集在 30 天以上,且兵役机构另有薪饷者,本公司薪水停发;

(三)工伤假工资依照劳动保险条例由保险机关支付,并由公司补足其原有收入的差额。

第二十七条　从业人员请假,均应填具请假单呈核,病假在 7 日以上者,应附医师的证明,工伤假应附劳保医院或特约医院的证明,副经理以上人员请假,以及申请特准延长病事假者,应呈请总经理核准,其余人员均由直属经理核准,必要时可授权下级主管核准。凡未经请假或请假不准而未到者,以旷工论处。

第二十八条　旷工一天扣发当日薪水,不足一天照每天 7 小时比例以小时为单位扣发。

第二十九条　第二十四条第(一)、第(二)款规定可请病、事假之日数,系自每一从业人员报到之日起届满 1 年计算。全年均未请病、事假者,每年给予 1 个月之不请假奖金,每请假 1 天,即扣发该项奖金 1 天,请病事假逾 30 天者,不发该项奖金。

第三十条　本公司人员服务满 1 年者,得依下列规定,给予特别休假:

(一)工作满 1 年以上未满 3 年者,每年 7 日;

(二)工作满 3 年以上未满 5 年者,每年 10 日;

(三)工作满 5 年以上未满 10 年者,每年 14 日;

(四)工作满 10 年以上者,每满 1 年加给 1 日,但休假总日数不得超过 30 日。

第三十一条　特别休假,应在不妨碍工作之范围内,由各部门就业务情况排定每人轮流休假日期后施行。如因工作需要,得随时令其销假工作,等工作完毕公务较闲时,补足其应休假期。但如确因工作需要,至年终仍无法休假者,可按未休日数,计发其与薪水相同的奖金。

□　考核

第三十二条　各级主管人员对其直属之从业人员,负有平时工作成绩考核之责任。每 3 个月一次,应将各项人员之工作情况,逐一详列于考核表中,详细评核其工作绩效,并将结果分为优、甲、乙、丙、劣五等,凡列优等及劣等者,均应详述理由,呈上一级主管核阅及密存，作为年度考核、升迁及培训等的参考依据。

第三十三条　年度工作考核，应分别于各从业人员到职届满一年之月份办理。由人事部门每月将当月份到职满一年之人员考核名册，分别列送其直属主管，依据平时工作考核成绩及勤惰情况予以评核。评核等级，分为优、甲、乙、丙、劣五等，优等或劣等的考核，均应详细列述具体事实及理由。其在考核年度中曾受记过以上处分或请假超过规定期限或旷工累计达 3 天以上者，不得考列甲等以上。

第三十四条　凡考核列优等者，经总经理核准予以二级以上之晋级或升级，列甲等者晋升二级，列乙等者晋升一级，列丙等者留任原级，劣等者免职，均以各从业人员任职期满一年考核核定后的次月起执行。但在考核年度内曾经核准升职或升级者，该年度考核不再晋级。

第三十五条　总经理、副总经理之考核由董事长评核。科长以上人员及优等的考核，由直属主管层转总经理核定，其他人员均由各部门层转经理核定。

□　奖惩

第三十六条　从业人员之奖励，分为嘉奖、记功、奖金及升迁或晋级四种，其处理范围如下：

（一）有下列情形之一者，应予嘉奖：

1. 品德良好，足为同事表率，有具体事迹的；

2. 其他有利于本公司或公众利益之行为，且有事迹者。

（二）有下列情形之一者，视情节轻重应予记功或记大功：

1. 细心维护公司财物及设备，致节省费用有显著成效者；

2. 担任临时重要任务，能如期完成，并达成预期目标者；

3. 及时制止了重大意外事件或变故的发生者。

（三）有下列情形之一者，应发给奖金：

1. 对业务、维护或管理有重大改善，因而提高质量或降低成本者；

2. 对公司设备维护得宜，或抢修工作提早完成，因而增加效益者；

3. 对业务、维护或管理之方法做重大改革之建议或发明，经采纳施行而成效显著者；

4. 对采购销售、会计处理、财物调度、人力运用等方法有重大改善，因而降低成本或增加收入可明确计算其价值者；

5. 对天灾、人祸或有害于公司利益之事件，能奋勇救护，或预先防止，使公司免受损失有事实为证者。

以上奖金之数额，各视实际贡献之价值决定。

（四）有下列情形之一者，应予升迁或晋级：

1. 一年内曾记功两次以上者；

2. 对本身主管业务表现出卓越的才能，品德高尚，服务成绩特优，且有具体事迹足以为证者；

3. 工作上有特殊功绩，使公司增加收益或减少损失者。

以上晋级可视实际情况晋升一至二级。但其薪级已达本等最高级者，可改发相当级数薪水之全年份奖金。

第三十七条　从业人员之惩戒，分为警告、记过、降级及免职四种，其处理范围如下：

（一）有下列情形之一且有具体事迹者，应予警告：

1. 携带不必要物品入厂者；

2. 未经准许擅自带外人入厂参观者；

3. 擅用他人经管之工具及设备者；

4. 拒绝警卫检查其携带之物品者；

5. 涂写墙壁、机械用具有碍观瞻者；

6. 携带眷属小孩在工作场所有碍秩序者。

（二）有下列情形之一者，视情节轻重应予记过或记大过处分：

1. 未经准假，而擅离工作岗位者；

2. 无正当理由，延误公事致公司发生损失者；

3. 对上级主管之命令，有不同意见，未予婉转说明，或虽经陈述，未被采纳，而擅自违抗指挥者；

4. 行为不检，有损公司声誉者；

5. 指挥不当或监督不周，致部属发生重大错误，使公司发生损失者；

6. 在工作场所喧哗口角者；

7. 故意涂改、丢失计时卡者；

8. 对同事有胁迫、恫吓及欺骗行为者；

9. 在工作时间瞌睡者；

10. 在公司易燃场所吸烟者。

（三）有下列情形之一者，应予降级：

1. 在公司或工厂内酗酒滋事，妨碍秩序者；

2. 向外泄露公司业务机密者；

3. 在工作时间内偷懒睡觉者；

4. 对上级主管不满，不通过正当渠道陈述己见，或提供建议，而任意谩骂者；

5. 对本身职务不能胜任者；

6. 一年内记过两次者。

以上降级，应视各款实际情况降一至二级，无等级可降者，应予降等改任。

（四）有下列情形之一者，应予免职：

1. 无故继续旷工至 3 日以上，或 1 月内无故旷工累计达 6 日以上时；

2. 未经许可，擅自在外兼职，或参加经营与公司业务有关之事业者；

3. 胁迫上级主管，或蓄意违抗合理指挥，或打骂侮辱主管行为情节重大者；

4. 利用公司名义，在外招摇撞骗者；

5. 利用职权营私舞弊者；

6. 未按照规定或指示，擅自改变工作方法，致使发生错误，使公司蒙受损失者；

7. 故意损坏公司财物者；

8. 有偷窃行为，经查明属实者；

9. 在公司内赌博，或有伤风化的行为者；

10. 携带武器、凶器或违禁品，前来公司者；

11. 在公司内打人或互相打骂者；

12. 散播有损本公司之谣言，而妨碍工作秩序者；

13. 因故意或过失之行为，而引起灾害者；

14. 有煽动怠工或罢工之具体事实者；

15.触犯刑律,经判有期徒刑确定者;

16.1年内记过三次者。

第三十八条　从业人员之奖惩事项,由各部门主管列举事实,逐级核定,除嘉奖、记功、警告、记过由各部门经理核定外,其余均须呈请总经理核定。

第三十九条　其他未经列举而应予奖励或惩戒事项,可视情节轻重分别予以奖惩。

第四十条　从业人员奖惩可累计,以嘉奖三次作为记功一次,记功三次作为记大功一次,警告三次作为记过一次,记过三次作为记大过一次,同一年度功过可以互相抵消,以嘉奖抵警告,记功抵记过,记大功抵记大过。

□　离职

第四十一条　从业人员有下列情形之一者,应予停职:

(一)有违反本公司规章之嫌疑,情节重大,但尚在调查之中,未做决定者;

(二)违犯刑事案件,经司法机关起诉,判刑但未决定者。

第四十二条　前条第(一)、(二)款如经查明,无过失或判决无罪者,可申请复职,如准予复职,除因非本身过失而致停职者外,不得要求补发其停职期间之薪资。

第四十三条　在停职期间,薪资停发,并应即办理移交。

第四十四条　本公司因业务紧缩,或因不可抗力停工在1个月以上者,可随时裁遣人员,但解雇人员时,应在事前预告,其预告期间规定如下:

(一)在公司服务1年以下3个月以上者,于10日前预先通告;

(二)在公司服务3年以下1年以上者,于20日前预先通告;

(三)在公司服务3年以上者,于30日前预先通告。

从业人员对于其所承受之工作不能胜任时,本公司亦可随时解雇,并照上项规定日期预先通告。

第四十五条　从业人员在接到前项预告后,如另谋工作可以于工作时间请假外出,但每星期不得超过两日之工作时间,其请假日之薪资照发。

第四十六条　依照第四十五条规定,解雇人员时,除预告期间发给工资外,并依下列规定,加发资遣费(但如系公司发生破产情况,依破产法办理,不在此限):

在公司连续工作每满1年者,发给1个月薪资。

以上所称薪水,系以从业人员最后服务月份之薪资为准。

第四十七条　从业人员辞职,应于7天前以书面形式层转公司之主管人员核准,事后汇报总经理核准。其为副经理以上人员者,应层转总经理核准。核准辞职后,应即办妥移交,并可依其申请,发给离职证明书,但不发给任何补助或津贴。如离职未经核准,或移交不清,即擅自离职者,以免职处理。

第四十八条　职员不论依照上列任何条款暂时或永久离开本公司者,均应办妥移交,如因移交不清,致本公司发生损害者,均应依法追究其赔偿责任。

□　退休

第四十九条　从业人员有下列情形之一者,可申请退休,经核准后生效:

(一)服务满15年,男性年满55岁,女性年满45岁者;

(二)服务满25年者。

第五十条　从业人员有下列情形之一者,应责令退休:

（一）服务满 5 年，男性年满 60 岁，女性年满 50 岁者；

（二）服务满 30 年者；

（三）心神丧失或身体残废不能胜任职务，经劳保指定医院证明属实者。

第五十一条　本规则第五十条第二款应予命令退休之从业人员身心强健仍能胜任其职者，经董事会之核定，可延长其服务期限。

第五十二条　退休金的给予，以退休人员在职最后 6 个月之平均薪津（包括本薪及职务加给）为基数，于核准退休时依表 13－5 规定一次发给。但自请辞职、停职、免职者均不发给。

第五十三条　申请退休由申请人填具申请退休表，命令退休由其服务单位填具命令退休表，连同户籍及其他证明文件报核。其服务年资按到职之日起至服务最后之日计算，未满半年者以半年计，满半年者以 1 年计。年龄以户籍记载为准。

第五十四条　奉准退休之从业人员如因本公司或关系企业工作需要，可以作为约聘或定期契约人员聘用，但不得再任正式人员。

表 13－5　退休基金数参照表

退休基金数 服务年资	申请退休	责令退休	
	第四十九条	第五十条第一、二款	第五十条第三款
31 年以上		$15 + x$	$20 + x$
30 年		45	50
29 年		44	49
28 年		43	48
27 年		42	47
26 年	$15 + x$	41	46
25 年	40	40	45
24 年	39	39	44
23 年	38	38	43
22 年	37	37	42
21 年	36	36	41
20 年	35	35	40
19 年	34	34	39
18 年	33	33	38
17 年	32	32	37
16 年	31	31	36
15 年	30	30	35
14 年		27	
13 年		26	
12 年		24	
11 年		22	
10 年		20	
9 年		18	
8 年		16	
7 年		14	
6 年		12	
5 年		10	

□ 抚恤

第五十五条 从业人员在职死亡,或因执行职务而致残废或死亡,依下列标准支付抚恤金:

(一)在职死亡者,比照第五十二条规定命令退休［第五十条第(一)、第(二)款］之退休金额支付抚恤金。其服务年资不满5年者,以5年计;

(二)因执行职务而致残废失去一部分或全部工作能力必须解雇者,比照第五十二条规定命令退休(第五十条第(三)款)之退休金额支付抚恤金。其服务年资不满15年者,每年递减二基数,至最低15基数为止。情况特殊者可由总经理报请董事会加给50%以内之特别抚恤金,但经特准者不在此限;

(三)因执行职务而致死亡者,比照前款规定支给抚恤金,其情况特殊者可由总经理报请董事会加给60%以内之特别抚恤金,但经特准者不在此限。

第五十六条 从业人员因自杀或犯罪而死亡,或已在停职期间死亡者,不予支付抚恤金。

第五十七条 受领抚恤金之遗嘱,除立有遗嘱另有指定者外,应依下列顺序领受:

(一)配偶(以未改嫁者为限)及子女;

(二)父母;

(三)祖父母;

(四)孙子女;

(五)同胞兄弟姊妹(以未成年者为第一优先,未结婚者次之)。

前项顺序内之遗嘱受领人,必须提出前顺序受领人之死亡、改嫁、结婚等事实证明。在同顺序中有数人时,应共同具名承领,如愿抛弃应领部分者,应出具书面声明。

□ 保险

第五十八条 本公司从业人员,应一律参加劳动保险。

第五十九条 参加劳动保险,应于新进公司时,亲自填写保险表一式二份,交人事部代办参保手续。应纳保费,由公司补助80%,自行负担20%。自行负担部分,由发薪部门,按月在应领之薪水内代为扣缴。

第六十条 参加劳动保险后,其应享之各项权利,及应得之各种给付,应由本公司人事部门代向保险公司洽办。保险人除依法应享之给付外,不得再向本公司要求额外之赔偿或补助。

□ 出差

第六十一条 从业人员因公奉派国内出差,应依规定标准报支交通费、旅馆费、膳食费及特别费。其中除交通费可按现行费率报支,膳食费可按日计支外,其余各项费用,均应检据报销。如无法取得支出之原始凭证单据者,应申述理由,呈奉经理核准后,才能报支。

第六十二条 出差天数,应由指派之主管于事前核定,如出差公务提前完毕,应立即返回,不得借故滞留。如因公确实无法于核定天数前返回者,应列具事实理由,呈由原指派主管核准后,方得支给旅费。如出差地区可当天往返者,非特殊理由不得留宿。

第六十三条 出差前,可酌情预借旅费。

第六十四条　出差国外,应依规定标准报支交通费、旅馆费、膳杂费、特别费及手续费。其中除膳食费按实际出差日数核支外,其余均须检据核实报支。

第六十五条　出差印尼、南洋各地者,照国外出差标准八折支给。

第六十六条　出差同一地点半月以上者,旅馆费及膳食费八折支给,2个月以上者,以七折支给。

第六十七条　国外出差应按照最近路线直赴出差地点,非经许可,不得绕道或延滞非公差地区。

第六十八条　出差国外,可酌借必要旅费,办理结汇。回国后应即报销旅费,多缴少补。

第六十九条　出差国外期间,不得有危害国家民族或本公司之行为言论,并遵守出差国当地的法律及习惯,如因违反而惹是生非造成事故的,均由出差者本人负责,与公司无涉。返国后,应于一个月内提出考察或工作报告。考察报告之内容应力求充实,并对公司业务应提出具体改进意见。如未依期提出报告者,旅费暂缓核销。

□　福利及建议制度

第七十条　本公司依法提拨福利金,设立职工福利委员会,办理福利事宜。职工福利委员会之组织办法另定,并依规定向主管机关呈报。

第七十一条　本公司从业人员,可享受本公司一切之福利设施。

第七十二条　本公司为协助同事解决困难,并期沟通上下意见起见,特设立"从业人员建议制度"。

第七十三条　本公司行政部门,均设置意见箱,由高级主管亲自定期启阅。从业人员对于工作上之困难,无法由直属主管或同一部门同仁协助解决,必须由上级主管或其他部门人员协助者;或对公司某项措施未能满意提出申诉者;或发现有人营私舞弊等不法事情而有证据拟予检举者;或根据平时服务经验、学识及研究心得,对公司经营、管理等提供建设性之建议者,均可以书面列具理由、事实、内容等投入意见箱内,亦可公开呈报上级主管转呈总经理或有关部门主管核阅。如因文字表达困难,或其他原因,不便以书面说明,而须以口头报告者,可先以简略报告述明理由,投入意见箱内,等高级主管人员拆阅后,再定期约见。

第七十四条　提供意见人必须签其真名,填明服务部门,否则不予受理。如属检举性质案件,检举人应负法律责任,如查明系私怨捏造事实,恶意中伤诬告者,除被害人可依法诉办外,本公司将再依第三十七条有关之规定对检举人予以惩处。

第七十五条　本公司对提供之意见,经采纳施行后,可视其对本公司之贡献价值分别议奖。如属检举案件,经查明属实者,除对检举人酌情给予奖励外,并为其永保机密。

□　附　则

第七十六条　本办法经董事会通过后施行,修正时亦同。

五、餐饮业股份有限公司人事管理规章

□ 总则

第一条 餐饮业股份有限公司（以下简称本公司）所属员工的管理，除法令另有规定外，悉依本规则办理。

总公司员工的管理，比照办理。

第二条 本规则所称员工，以在本公司该定之员工编制名额内雇佣的无定期工作契约职员为限，其区别标准如下：

（一）职员：从事管理工作的员工；

（二）技工：具备初中毕业以上程度，并有下列技术工作 3 年以上工作经验，经技工转类考试及格或甄选提升的工人：

1. 有关生产各项设备的操作，运转、制造及装修等工作；

2. 原物料或产品的制造、检验、加工、整理及包装等工作；

3. 其他与生产有关的专业性工作。

（三）管理工：具备高中毕业以上程度，并有本业两年以上的工作经验方可胜任的事务工作，或其他程度相当的非技术性工作经管理工考试及格或甄选提升的工人；

（四）服务生：从事迎宾、托盘、擦抹等对客人直接服务的员工；

（五）普通工：担任搬运，事务或简易事务等无须特殊技能或知识的工人。

第三条 工人编制名额依据实际需要拟订，呈报本公司核定。

第四条 为配合工作及人事调度的需要，遇有临时性、短期性、季节性或特定性工作时，得依实际需要雇用定期契约工人（以下简称定期工）。其雇用及管理办法另定之。

□ 雇佣及解雇

第五条 雇佣员工应由所属主管单位填具员工采用申请书，送由主管单位签请负责人核定。

第六条 雇佣员工以考试方式录用为原则。

第七条 雇佣员工应先行试用，但试用期间不得超过 40 日，在试用期间内，由所属主管单位负责考核，期满后依据试用成绩，签请正式雇佣或解雇。

第八条 雇佣工人，得在岗位工作 3 个月以上工作成绩优良的定期工中选用。前项选用的员工，可不经考试及试用。

第九条 雇佣工人，以身体健壮、年满 18 岁以上 35 岁以下，并具有初中毕业或以上学历者为合格，但雇佣特殊性技能的工人不在此限。

第十条 不得录用有下列情形之一者为员工：

（一）曾受刑事处分或宣告禁产者；

（二）患有传染病或痼疾者；

（三）曾服务于本公司及所属单位因案开除者。

第十一条　经雇佣的工人应亲自到劳务主管单位报到，并填缴下列书表，由雇佣单位存查或核验发还：

（一）公立医院出具的肺部透视健康证明及医务室健康诊断书各一份；

（二）员工调查表两份；

（三）学历证明文件及公民身份证；

（四）保证书一份；

（五）联保具结及个人基本资料各一份；

（六）2寸半身照片7张。

劳务主管单位对于新雇员工应行填缴的前项各种书表须严加审核，其不合规定者应拒绝其到工。

第十二条　解雇员工，除依法发给预告期间工资外，并依下列规定加发资遣费：

工作每满1年者给1个月工资。

工人有下列情形之一者，不适用前项规定，即时解雇：

（一）有犯罪行为经判处有期徒刑以上刑确定而未谕知缓刑或未准易科罚金者；

（二）无故连续旷工至3日以上，或1个月内无故旷工积满6日者；

（三）1年内受记大过处分达三次经主管签署核准者；

（四）保证人退保或通知调换保人后，经2个月仍不能觅人继续为之保证者；

（五）犯有过失情节重大经会议通过者。

第十三条　员工辞雇或解雇时，应将经管及借用公物交还有关单位，并向劳务主管单位办理离工手续，否则以移交不清论。

第十四条　各业务主管单位将人事变动或工作种类变更，均应送交劳务主管单位统一登记及通知有关单位。

第十五条　各单位应按月填写员工动态月报表两份呈报本公司核备。

□　保证

第十六条　员工的保证人以在工作所在地或附近地区有固定住所、或服务机关便于查对，并具有下列条件之一为限：

（一）经当地政府登记并给有营业执照工厂或商号；

（二）现任公教人员或有正当职业之人士二人。

经办出纳、原物料保管及收发的工人，以按前项第一款的规定取具保证人为原则，由劳务主管单位签请主管核定。

第十七条　被保证人不得以其直系血亲配偶或兄弟姊叔侄及股份公司为保证人。

第十八条　员工如有盗窃财物、亏欠款项或其他不法行为致公司蒙受损失者，保证人应负完全连带赔偿责任。保证书格式另定。

第十九条　凡对经管出纳、原物料保管及收发的员工，应每半年办理对保一次，其他工人每一年办理对保一次，必要时得随时对保。

第二十条　保证人职业、住址或服务所在地有变更时，被保证人应即报告主管单位，如保证人死亡或保证人的工厂商号改组或有其他情事时，被保证人应即自动按规定另行更换保证。

有以上情节的保证人,被保证人不予呈报,事后被察知者,可视情节轻重予以议处。

第二十一条　员工因故须更换保证人者,应声明理由并另行觅妥新保证人填具保证书经缴呈核准后方予发还原保证书。

第二十二条　各单位对保证人认为有不当时,应即通知被保证人更换保证人。

第二十三条　被保证人自离工日起6个月内经查明已无未了事项时,其保证书可予注销。

□　工作时间及加工

第二十四条　每日工作时间均以8小时为原则,昼夜轮班工作者,其班次每星期更换一次,工作起止时间轮流办法,由各单位视工作需要另定并公布。

第二十五条　员工不按时到工或退工者,按下列规定处理:

(一)上班时间3分钟后至15分钟以内始行到班者为迟到,超过15分钟后到工者,除请假或公出者外,均以旷工半日论,但因偶发事件呈请准予补假者不在此限;

(二)下班时间前15分钟以内擅自离工者为早退,超出15分钟以前离工者,以旷工半日论;

(三)迟到或早退累计达3次者按旷工半日论。

第二十六条　各主管单位,对于所属员工出勤、请假务须严密考核,并随时与劳务或警卫主管单位联系。

第二十七条　工人除奉令加工或有正当理由经核准者外,夜间未到工作时间不得擅自进入工作场所,下工后不得任意滞留。

第二十八条　员工因工作需要必须延长工作时间者,得由所属业务主管经工会或劳工同意酌令加工,但每日加工时间不得超过两小时,每月加工总时间最多不得超过46小时。

第二十九条　如遇临时紧要事故,得由工作场地职员或领班先令员工加工,事后呈报所属主管备查。

第三十条　员工加工遇有特殊事故无法进行时,应即报由工作场地职员或领班缩短加工时间,不得故意稽延。

第三十一条　员工加工由工作场地之值班职员或领班负责监督进行。工作完毕后,由监督人员于加班命令单证明工作时间后,加班员工应于下工时交由稽查人员,加注出公司时间,转送劳务主管单位查核登记。

第三十二条　例假日、纪念日及政府临时规定之假日因工作需要必须员工出勤加工时,得与产业工会协商同意后由所属主管通知员工照常工作,并填具假日出勤员工名单送劳务主管单位登记。

第三十三条　员工加工时间至40小时时,劳务主管单位应即通知其所属单位调节控制。

□　差假

第三十四条　员工出差,由所属主管单位填具员工出差签派单,呈经主管核准后,交劳务主管单位登记。员工因故延长出差时间时,得于原签派单位注明理由呈请补准。

第三十五条　员工于星期例假日、固定纪念日及政府临时规定之假日,均予给假休息,工资照给。

第三十六条　员工请假依下列规定处理之:

（一）因有重要事故必须亲自处理者得请事假，每年最多不得超过 14 日，假期内不给工资；

（二）因疾病必须治疗者得出具公立医院或医务室或指定的医院证明请给病假，每年不得超过 30 日，假期内除予医疗外并给予半数工资，住院者，不得超过 1 年。超过规定病假 20 日数不再给予病假津贴；

（三）因结婚者可请婚假 8 日，假期内工资照给；

（四）承重孙的祖父母、及父母、翁姑、配偶死亡者，可给丧假 8 日，子女的丧假 6 日。假期内工资照给；

（五）女性员工分娩者可给分娩假 8 星期，流产并经公产医院或医务室证明怀孕 3 个月以上者给假 4 星期，其不足 3 个月者每少 1 月递减休假 1 星期。上列假期内工资照给，但到工不足 6 个月者，工资减半发给；

（六）全月不请假者，给予相当 1 日工资的奖工 1 日。

第三十七条　员工请假均应填写请假单，呈经所属业务主管核准后方得离工，否则以旷工论，业务主管应将员工请假单即日送交劳务主管单位办理。

第三十八条　请假逾限或确因临时紧急事故未及请假不到工而于事后补假者，均应提出确实证明，签请主管核准。

第三十九条　因工伤病经公立医院或劳保指定医院或各医务室证明必须休养者，得呈请主管给予公伤假。

前项休假期间前 3 日照给工资，第 4 日起给 30％抚恤津贴，休假治疗超过 6 个月者，超过期间给 50％抚恤津贴。

第四十条　员工有下列各款情形之一者给予公假，但应于事前呈经主管核准：

（一）参加政府举行的考试或训练；

（二）参加兵役体格检查和个人历史、社会关系调查或后备军人教育、动员演习、点名等召集；

（三）担任村里邻长民意代表的员工参加地方自治或政府机关召开的会议或训练；

（四）产业工会干事办理会务或参加依法召开的会议；

（五）参加政府或地方自治机关或民防机构的活动；

（六）应召入营服役常备兵报到前二日。

前项第（一）至第（五）款给假期间应由主管视实际需要酌定。

第四十一条　请假未满半小时以半小时计，累计 8 小时为 1 日。

第四十二条　请假期内所遗工作由直接主管指定代理人，以不另派加工为原则，工人离工前应将经管工作及有关资料、工具、钥匙等交由直接主管指定人代理。

第四十三条　因私事必须外出经业务主管核准发给出公司许可证者，在 10 分钟以内不予记录。其因病至医务室求诊经医师证明呈请主管核准者，不在此限。

第四十四条　因病逾限呈请特准给假或停薪留职期间，除房租津贴外工资一律不发，但逾限 1 年后尚未痊愈无法复工者，得依第十二条规定核给资遣费予以解雇。

第四十五条　年中到工的员工，其事病假依第三十六条规定比例核给。

第四十六条　员工请假期内不得在外工作，违者从重议处。

第四十七条　员工连续工作满一定期间者依下列规定给予特别休假：

1. 1 年以上未满 3 年者 7 日；

2. 3 年以上未满 5 年者 10 日；

3.5 年以上未满 10 年者 14 日；

4.10 年以上者每年加给 1 日,其总数不得超过 30 日。

第四十八条　员工特别休假,由业务主管拟订交由劳务主管商同所属产业工会排定。

前项特别休假,如员工不愿休假或因工作需要不能予以休假,或予以休假后因生产需要中途通知销假者,应加给该未休假期内的工资。

第四十九条　员工特别休假时效应继续累计,凡排定特别休假日程内,包括星期六、日及政府规定的纪念日均不补假。

第五十条　享有寒暑假的子弟学校及幼儿园的员工不予特别休假。

第五十一条　员工应征入伍未及休假者,其特别休假未休日程应予撤销,俟返回公司复工后,再依下列公式计给返回公司当年特别休假:

（入伍年原应给假日数＋退伍年原应给假日数）×［（入伍年在公司工作月数＋退伍年在公司工作月数）÷24 个月］－入伍年已休假日数＝退伍年应给休假日数

□　工资

第五十二条　员工工资均按日给制支付,工资等支付标准依国家规定办理。

第五十三条　新进员工工资,由所属主管单位按教育、经验、智识、责任、技能、体能、环境、危害及所担任的工作拟订,送由劳务主管单位签请主管核定。前项工资不得高于同一单位具有相当资格条件的原有员工的现支工资。

第五十四条　员工工作未满一日应按实际工作时间比例计算工资。

第五十五条　员工加班,得按每小时计给工资。

□　奖惩

第五十六条　员工有下列情形之一者应予嘉奖:

（一）全年请假（包括与公司无直接关系的公假）积计未超过 3 日而工作勤奋者;

（二）工作勤慎、效率优良而有具体事实者;

（三）调解较大纠纷因而宁人息事,或劝同事守法堪为表率者。

第五十七条　员工有下列情形之一者,应予记功:

（一）全年从未迟到、早退、请假而工作勤奋者;

（二）技术精湛对本位工作有重大贡献者;

（三）爱护公物,卓有成绩者;

（四）尽忠职守、工作努力、有事实举证者;

（五）遇有重大灾害,救护出力者。

（六）检举员工舞弊盗窃,减少或防止公司损失,其价值相当平均日给工资 100 倍以下者。

第五十八条　员工有下列情形之一者应予记大功:

（一）消灭临时的重大灾害,减少公司损失者;

（二）防止未发生的重大灾害,减免公司损失者;

（三）爱护公物,效果显著者;

（四）对于增产及技术的改进有重大贡献者;

（五）检举员工舞弊盗窃,因而减少重大损失,其价值超过平均日给工资 100 倍以上者。

第五十九条　员工有下列情形之一从优晋级,优先转类并报本公司给予奖励:

(一)记大功累计三次者;

(二)合于第五十八条各项情形之一并经会议评议,认为特具功劳者。

第六十条　员工有下列情形之一者应予申诫:

(一)在公司内口角、叫嚣、吵闹不听制止者;

(二)因过失损坏公物,情节轻微其价值在平均日给工资 50 倍以下者;

(三)在工作时间内偷闲、瞌睡、精神萎靡者;

(四)在工作时间内擅离职守,或集众谈天、嬉笑者。

第六十一条　员工有下列情形之一者应予记过:

(一)在公司内斗殴者;

(二)因过失致损坏公物,其价值超过平均日给工资 50 倍以上者;

(三)故意拖延工作时间者;

(四)工作疏忽贻误工作,致公司遭受损失者;

(五)不爱惜公物,浪费原物料者;

(六)工作时间内睡觉者;

(七)在指定吸烟处以外之处所吸烟者;

(八)不注重环境卫生随地便溺者。

第六十二条　员工有下列情形之一者,应予记大过:

(一)在公司内斗殴、赌博或饮酒者;

(二)不服从指挥情节重大者;

(三)发现机件损坏,既不修理也不报告者;

(四)侮辱主管负责职员或领班者;

(五)疏忽职务致损坏公物,或伤害他人身体者;

(六)破坏团体名誉或散布谣言,影响工作秩序者;

(七)利用职务之便利私自用公司材料,制造或修理私人物件者;

(八)捏造罪名诬控同事者;

(九)疏于检查或管理不善,致公物失窃者。

第六十三条　员工有下列情形之一者,经会议推派代表调查属实者应予开除:

(一)借端聚众罢工、怠工煽动工潮者;

(二)故意损坏公物经查明属实者;

(三)工作疏忽贻误要务,致使公司蒙受重大损失者;

(四)违抗命令情节重大者;

(五)窃取公物者;

(六)见灾不救,酿成大祸者;

(七)有舞弊情形经查明属实者;

(八)在公司内殴人成伤,情节重大者;

(九)威胁主管及负责职员或领班者。

第六十四条　未经列举而与第五十六条至第六十三条各条情节相当者,比照予以奖励或惩罚,但比照第六十三条规定应予开除者,应提经会议通过。

第六十五条　员工奖惩应由业务主管或警卫主管单位签拟意见,送经劳务主管单位呈请主管核定。

第六十六条　员工犯有过失情节重大者,在未确定惩罚前得先行予以停职。

第六十七条　检举舞弊及盗窃案件,得向公司安全组长告之。并负责为检举人保守秘密。

第六十八条　员工功过的累计,均以同 1 年度者为限,在同 1 年度内功过相当者,得互相抵消。

□　考绩

第六十九条　员工考绩应于每年年终举行一次,其在当年 6 月底以前到工者均得参加。

第七十条　年终考绩应由所属主管单位按员工工作、品行、学识三项秉公考评,送经劳务主管单位呈请主管核定。考评项目内以工作 60 分、品行 25 分、学识 15 分,合计 100 分为满分。

第七十一条　员工年终考绩等级、分数,规定如下:

(一)特等:90 分以上者;

(二)甲等:80 分以上未满 90 分者;

(三)乙等:70 分以上未满 80 分者;

(四)丙等:60 分以上未满 70 分者;

(五)丁等:50 分以上未满 60 分者;

(六)戊等:未满 50 分者。

前项列特等人数不得超过参加考绩总人数的 2%,列甲等以上人数不得超过参加考绩总人数的 30%。

第七十二条　员工在考绩年度内,从未请假、迟到、早退者,增加其考绩总分数 5 分;请假在 3 日内者增加其总分数 2 分;全年请假积计超过 15 日未满 30 日者,减总分数 2 分;30 日以上未满 60 日者,减总分数 5 分;60 日以上者考绩列特等时,得晋一级,列其余等级者均不得晋级。

第七十三条　员工在考绩年度内旷工半日以上者,每满半日减考绩总分数 2 分。超过二日者不得晋级。

第七十四条　员工在考绩年度内曾受奖惩者,依下列规定加减其考绩总分数,但依第七十二条、第七十三条规定按其功过事实加减分数者,不在此限:

(一)记大功一次加 15 分,记大过一次减 15 分;

(二)记功一次加 5 分,记过一次减 5 分;

(三)嘉奖一次加 2 分,申诫一次减 2 分。

第七十五条　员工在考绩年度内曾受惩戒处分而经奖励抵消后,仍留存记过一次以上的处分者,不得晋级。

第七十六条　员工年终考绩奖惩标准规定如下,但依第七十二条、第七十三条及第七十五条规定应予限制奖励者,从其规定。

(一)特等:晋三级,晋级跨及上一等者照升等级,但原支一等工资的员工,晋级跨及年功级者,晋至一等一级,晋至年功级者,以晋一级为限,其未晋足之一级数或已至最高年功级而无级可晋者,其应晋级数,均予改发相当该晋级数全年收入之一次奖金。

(二)甲等:晋二级,晋级跨及上一等者,照升等级,但原支一等工资的员工,晋级跨及年功级者,晋至一等一级,晋至年功级者以晋一级为限,其未晋足的级数或已至最高年功级而无级可晋者,其应晋级数,均予改发相当该晋级数全年收入之一次奖金。

（三）乙等：晋一级，但已至最高年功级者，改发相当晋一级全年收入之一次奖金。

（四）丙等：仍支原级。

（五）丁等：降一级。

（六）戊等：降二级或提工厂会议通过予以开除。

第七十七条　员工考绩列甲等以上，其晋级后已达最高年功级，或现任领班职务，已达一等一级工资者，遇高一类有缺的举办转类考试，就考试成绩70分上者，按成绩依序录取转类至额满为止。

第七十八条　前条所列员工至当年年终考绩连续3年成绩列特等者，得免参加转类考试，并优先予以转类。

第七十九条　员工经转类后，依照原支工资变更转升工类的等级。

第八十条　员工年终考绩分数，转类考试成绩分数，或免除参加转类的考试之资格条件相等，而编制工级不敷分配时，以年资较深者为优先。

第八十一条　转类考试于每年年终考绩完毕后，视实际需要举办。

第八十二条　举办员工转类考试由主管指定5~7人为委员，组织员工转类考选委员会，负责办理。

第八十三条　举办员工转类考试，应将考试日期、参加考试员工姓名、考试科目及有关规定事项于考试10日前公告。

第八十四条　员工参加转类考试的顺序另定。

第八十五条　员工转类考试科目如下：

（一）一般学科30分：分为语文、数学、常识（各占10分）；

（二）本业智能70分。

前项考试程度，职员按高中毕业，其余按毕业程度为准，但遇有特殊情形时得酌情提高或降低。

第八十六条　转类考试试题，由员工转类考试委员会确定。

第八十七条　转类考试成绩，由员工转类考试委员会评定呈经主管核定后公布。

第八十八条　员工应征入伍，全年未在公司工作者，其年终考绩俟退伍返公司复职后补行办理。

第八十九条　员工年终考绩与转类考试成绩以及其奖惩情形，最迟应于次年3月15日前呈报本公司核备，并于当（次）年1月1日起生效。

□　福利及卫生

第九十条　为增进员工技能及知识水准，得视实际需要，在不妨碍工作的原则下，举办各种讲习及教育，员工无故不得拒绝参加。

第九十一条　为增进员工福利及提倡员工正当娱乐，公司由员工福利委员会举办各项福利设施及康乐活动。

第九十二条　本公司应随时注意工作环境安全与卫生设施，以维护员工健康。

第九十三条　为增进员工健康，公司应设医务室为员工治疗疾病。

第九十四条　员工患传染病者，应予停止工作，依照规定给假治疗，经医师证明确已痊愈后方准复职。

□　抚恤退休及保险

第九十五条　员工伤亡抚恤，依劳动法的规定办理。

第九十六条　员工退休,依劳动法的规定办理。

第九十七条　员工保险,依劳工保险条例及有关法令规定办理。

□　附则

第九十八条　为适应实际需要各部门得另定单行补充办法,呈报本公司及主管机构核准后施行。

第九十九条　本规则自呈奉核准后施行,修改时亦同。

六、广告业股份有限公司人事管理规章

□　总则

第一条　本公司员工之甄选、报到、保证、试用、任用、服务准则、加班、出差、公出、休假、请假、薪资、考绩、奖惩、迁调、解职、福利等,除法令另有规定外,悉依本规章之规定办理。

第二条　本公司如有临时性、短期性、季节性或特定性之工作,得雇用定期契约人员。

第三条　关于试用、练习生、新进员工及临时人员之管理,比照本规章之规则办理。

□　甄选

第四条　本公司员工之甄选,以学识、品德、能力、体格及适合工作所需条件为准。采用考试及甄试两种方式,依实际需要,任择其中一种实施或两种并用。

第五条　应征人员之甄选以笔试、口试及性向测验各项中选择测验之,必要时可经信用调查。

□　报到

第六条　应征人员经核定录用后,由人事单位通知录用人员报到,除任用通知单外,并寄扶养亲属申请表、保证书,录用人应照规定日期报到,于报到前办妥下列手续,并于报到时缴交,无故不在期限内办妥者,即取消其录用资格。

(一)缴验学、经历及兵役证件,2寸半身相片一张,身份证复印件;

(二)办理保证事宜;

(三)填妥扶养亲属申请表;

(四)经医院或卫生院(所)检查合格之体检表一份;

(五)须定工作契约者,应即办理聘雇契约手续。

□　保证

第七条　本公司员工,除总经理、副总经理、经理外,均须办理保证手续,并经审核后方得报到。

前项保证手续及保证人责任以保证书规定之。

第八条　本公司员工需觅保证人至少一名。

保证人必须有下列资格：

（一）本国公民有正当职业；

（二）现职武官少校以上或文职荐任者。

第九条　凡为本公司员工或与被保的员工有配偶或直系亲属之关系者，不得作为保证人。

第十条　被保证人如有下列情形之一者，保证人应负赔偿责任并抛弃先诉抗辩权：

（一）亏空公款或借用财物不归还者；

（二）偷窃本公司资料、器材、工具及物品者；

（三）假冒本公司名义向外诈骗、招摇有确证者；

（四）故意毁损本公司之设备或其他物品者；

（五）营私舞弊或其他不法行为致本公司受损者；

（六）移交不清或弃职潜逃致本公司受损害者。

第十一条　保证人有下列情形之一者，应即换保：

（一）保证人死亡；

（二）保证人住所不明；

（三）保证人退休；

（四）保证人丧失保证资格。

保证人有前项各款情形之一者，被保证人应即通知本公司。其怠于通知者，应予议处。

第十二条　保证人因故退保，应以书面通知本公司，俟本公司交由被保人另行觅保，办妥换保手续，接获本公司同意退保通知后，始得解除保证责任，如以登报或宣告退保者，概不生效。员工换保应于一星期内办妥新保证手续，逾期未办，视情节轻重，予以议处或免职。

第十三条　保证人在保证书上盖有印章，如有作废或更改时应具函通知本公司，并将新印章之印模挂号邮寄存查，同时声明继续保证，但在本公司未接到通知以前，仍认原印章为有效。

第十四条　保证人所负之一切保证责任，决不因被保证人之工作地点有所不同，而借口推诿。

第十五条　保证人应于员工离职半年后，而无发生未了结事项时，始得解除保证责任，保证书自动失效。

第十六条　本公司于每年定期对保并于认为必要时可随时办理对保。

□　试用

第十七条　试用期间：新进员工到职后40天为试用时间，试用期满，由各部门主管签请总经理核准为正式员工。

第十八条　试用期间成绩欠佳者，公司可随时予以解雇。

□　任用

第十九条　有下列情形之一者，不得为本公司之员工：

（一）曾犯内乱、外患或经通缉、判刑有案、剥夺公民权尚未复权者；

（二）吸食毒品或有其他不良嗜好者；

（三）思想不良或品性顽劣，经公私机关开除者；

（四）亏空公款或贪污有案者；

（五）参加帮会、营私、声名狼藉者；

（六）受禁治产宣告尚未撤销者；

（七）年龄未满 18 岁者；

（八）患有神经病或传染病者；

（九）欠缺语言机能，行为不便影响工作者。

第二十条　员工经任用分派工作后，应即赴所派定单位工作，不得借故推诿。

□　服务准则

第二十一条　员工应遵守本公司一切规章与主管之指示。

第二十二条　员工应尽忠职守，努力工作，不得泄露业务上之机密。

第二十三条　员工对未经明示事项之处理，应请示上级，遵照指示办理。

第二十四条　员工应珍惜公司信誉，凡个人之意见涉及公司者，非经上级许可，不得对外发表。

第二十五条　员工不得兼任本公司以外之职务，但本公司投资之事业经总经理特准者，不在此限。

第二十六条　员工对于一切公物应倍加爱惜珍用，非经许可不得私自携出。

第二十七条　员工不得违抗上级命令，如有正当意见，应于事前陈述。如遇同事工作繁忙，必须协同办理，应遵从上级指挥，予以协助。

第二十八条　员工除星期例假、因公出差或请假者外应按时办公，不得旷职或迟到早退。

第二十九条　员工星期一到星期五之上班时间为上午 8 时 30 分，下班时间为下午 5 时 30 分，中午休息时间自 12 时至下午 1 时 30 分；

第三十条　练习生之上下班时间如下：

（一）白天：练习生星期一到星期五上班时间为上午 8 时，下班时间为下午 4 时 30 分，中午休息时间自 12 时至下午 1 时 30 分；

（二）晚上：练习生星期一到星期五上班时间为下午 5 时 30 分到晚上 10 时。

第三十一条　除总经理、副总经理外，本公司员工应依规定之上、下班时间打卡。任何人不得代他人打卡，违者双方概以旷职两天论处，但因特殊情形未能打卡时，应由直属主管证明之。

第三十二条　员工于上、下班时间逾时或提早者视为迟到或早退，迟到或早退 15 分钟以内，三次以旷职半天计，迟到或早退 15 分钟以上，1 小时以内者，每次均以旷职半天计。迟到或早退 1 小时以上者，以旷职 1 天计。其迟到、早退之统计在每月底结算。因天灾人祸或其他人力不可抗拒之情形而迟到，经提出报告而查明确实者，或报经核准后而迟到者，可免按迟到计算。

第三十三条　本公司员工于上班时间内，因公外出时，应以口头方式向直属主管报请核准，报备时应说明事由、欲往何处、与何人接洽、及预定返回时间，未经核准擅自外出，情况严重者概以旷职论处。

第三十四条　当公司在晚间举办训练开班时，除经理级以上干部外，本公司员工均应轮值，时间轮值之职责如下：

（一）处理上课学员的各项事宜（包括点名、收款、麦克风、桌椅、黑板、投影机等准备工作）；

（二）督导练习生处理清洁卫生、冷气、茶点等事项；

（三）禁止上课学员进入办公室；

（四）随时注意学员上课之反应与意见，以报告上级；

（五）禁止旁听；

（六）预防火灾及其他危险事件。

□　加班

第三十五条　由于业务上的需要，需于工作时间以外工作者为加班，加班得支付加班费。

第三十六条　加班时间之计算，以每半小时为计算之单位，并按出勤卡时间为准。下午下班后应打下班卡，加班前应打加班卡。

第三十七条　员工加班除每晚讲座之轮值外，事前须填妥"加班申请单"报请主管核准，否则不予计算加班。

第三十八条　经理级以上干部营业及外出，一律不支付加班费。

□　出差

第三十九条　职员出差，分长程出差与短程出差两种，需1天以上才能往返者，称为长程出差，凡能于当天往返者，称为短程出差，因公务需要外出本市者称为公出。

第四十条　长程出差：

（一）出差人员于出差前，应填具"长程出差申请单"，送请单位主管核签后，转呈副经理以上主管核准；

（二）出差人员可凭核准后之"长程出差申请单"向会计科预支差旅费；

（三）出差人员公毕返回后，应按实际支出之住宿费、交通费（以上须有单据）、膳食费填具"出差旅费清单"，连同"长程出差申请单"，送单位主管核签后，转呈副总经理以上主管核准，再送会计科报销；

（四）员工长程出差旅费支付标准如表13－6所示。

表13－6　员工长程出差补助标准

职等	交通费	膳食费（元）	住宿费（元）
一	实支	300	实支
二	实支	300	400
三	二等客列车以下实支	300	320
四	二等客列车以下实支	300	280
五	三等客列车	300	250
六	四等客列车以下实支	300	200

注：膳食费说明：

每天300元（早餐60，中、晚餐各120）。

早晨于7:30以前出发者发给早餐费。

上午11:00以前出发或下午1:00以后返回者发给中餐费。

下午5:00以前出发或下午7:00以后返回者发给晚餐费。

第四十一条　短程出差:

（一）出差人员于出差前应向单位主管口头报备;

（二）出差人员公毕返回后,应按实际支用之交通费与其他费用,填具"出差旅费清单",呈报单位主管核签后,转呈副总经理以上主管核准后再行支付。

第四十二条　员工国外出差,依下列标准支付:

（一）若能取得收据,则实支实销;

（二）若未能取得收据,则除交通费外,每日以 400 元报支。

□　休假

第四十三条　星期日与假日均给假休息,由于天灾事变或突发业务上之需要,本公司可临时变更休假日或于休假日照常上班。

第四十四条　假日如下:

（一）春节;

（二）妇女节（限女性）;

（三）国庆日;

（四）新年;

（五）劳动节;

（六）其他由政府机关指定之假日。

第四十五条　特别休假规定如下:

（一）员工于公司内服务满 1 年以上未满 3 年者,每年 7 天;

（二）员工于公司内服务满 3 年以上未满 5 年者,每年 10 天;

（三）员工于公司内服务满 5 年以上未满 10 年者,每年 14 天;

（四）员工于公司内服务满 10 年以上者,每年加给 1 天,但其总数不得超过 30 天。

第四十六条　为便于计算特殊休假天数,于每年年底结算,未满 1 年者不得享有。

第四十七条　特别休假应于每个月月初选定日期提出申请,呈请经总经理核准后生效。

第四十八条　因公司整体活动之需要,可经协议定为休息日,自特别休假中扣除,假日两天后延长之日数定为整体特别休假日。

第四十九条　特别休假之有效期至次年 3 月 31 日止,未休假部分可提出申请,由公司发给不休假奖金,以本薪之 1/2 为计算标准。

□　请假

第五十条　除规定之假日及因公出差外,凡有不能上班之员工均应依本规定请假。

第五十一条　员工请假应依规定觅妥员工代理人,并填写请假单,于事先报请主管核准。

（一）请假在两天以内者,由经理核准;

（二）请假在两天以上者,由副总经理、总经理核准。

请假除因紧急不能于事前呈核时,可事后补假外,其余非经核准之缺勤,均以旷职论处。假期已满未销假,又未续假者,亦以旷职论处。

第五十二条　请假日前后,除因特殊事故外,一律不准请假。

第五十三条　请假分为事假、病假、工伤假、婚假、分娩假、丧假及公假等七种。

第五十四条 事假：

（一）一次不得超过5天，全年不得超过14天；

（二）事假一次超过4天，在请假期间，如遇例假亦以请假计算之。

第五十五条 病假：

（一）因一般疾病或受伤必须治疗时，得请病假，病假全年不得超过30天，但因疾病住院时得请病假全年不得超过1年；

（二）因患重大疾病，需要长期治疗者，经公立医院或劳保局指定之医院或本公司认可之医院证明属实者，可视其病况报请总经理核准延长其假期，每次以1年为限；

（三）病假逾第一款之规定者，可以未请事假或特别休假抵充之，再不足时，可准以留职停薪；

（四）请病假两天以上者，需备公立医院或劳保医院、诊所之证明。

第五十六条 工伤假：

请工伤假应检具劳保指定医院或公立医院之证明，期限以诊断书写明之日时为准。不得超过30天，若超过规定期限仍未痊愈者，其延长假期最多不得超过1年，并须填报"工伤报告单"办理留职停薪。

第五十七条 婚假：

婚假8天（不可分开请假，且含例假日）。

第五十八条 分娩假：

女性员工分娩，给假8星期。3个月以上妊娠之流产或小产给假4星期。

第五十九条 丧假：

（一）祖父母、父母或配偶死亡可请丧假8天；

（二）曾祖父母、祖父母、外祖父母、配偶之承重祖父母、父母及子女死亡可请丧假6天；

（三）逾期可申请以事假抵充；

（四）可分开请假，以天为单位，自丧亡日起7周内为之。

第六十条 公假：

（一）政府法令规定应给公假者，一律以公假论。但其期间不得超过30天。若超过者得申请办理留职停薪。

（二）请公假应提出合法之证明文件，其给假期限，依文件所定为准。

第六十一条 员工请假日数之计算，如系中途到职者（每年以1月1日为起算点），除分娩、婚、丧及公假仍照规定办理外，其余事、病假依比例计算递减。

第六十二条 请假未满一天者，以钟点计算，积满一天之中工作钟点为一天。

□ 薪资

第六十三条 员工之薪资分为本薪、加给、津贴、奖金。

第六十四条 员工之本薪按下列职位及职等标准核定之，共分六职等。

第六十五条 本薪以薪点计算之。按职等定最高、最低薪点，每职等并分为100级。

第六十六条 考绩与本薪调整。

第六十七条 当本薪已达该职等之最高薪点时，本薪之薪点不再调整。

第六十八条 营业部门及广告人员之本薪、津贴、奖金办法另定之。

第六十九条 职务加给如下，必要时可调整。

总经理	5 000 元
副总经理	4 000 元
经理	3 000 元
副经理	2 500 元
助理	2 000 元
主任	1 000 元
副主任	500 元

第七十条 年功俸津贴：

当本薪已达该职等之最高薪点后，本薪之薪点不再调整，而考绩列为优等者发放年功俸津贴如下：

一职等，每年增加 2 000 元

二职等，每年增加 1 200 元

三职等，每年增加 1 000 元

四职等，每年增加 800 元

五职等，每年增加 600 元

六职等，每年增加 400 元

第七十一条 年终奖金：年终奖金于每年新年前发放，其金额之核定，视前 1 年之盈余，并由总经理及各部门主管参照考绩核定。

第七十二条 年资未满 1 年之员工，其年终奖金酌量发给。

第七十三条 薪资每月发放一次，于次月 5 日发给。

第七十四条 薪资之计算自到职之日起算未满 1 个月者，按实际服务日数比例计算。离职者给付至离职日，因故停职者，即日停止薪资，该薪资均于下次发薪之日发给。

第七十五条 加班费：加班费以每小时 60 元计算。

第七十六条 请假扣薪：请假超过第十一章之规定标准者，按小时计算扣薪。旷职者之计算标准，按第七章之规定，扣薪以"本薪＋加给＋年功俸津贴"之和除以 180 为每小时薪资率。

第七十七条 代扣项目：应缴劳保费依劳保条例之规定。代扣所得税按所得税法之规定。

第七十八条 员工在停职期间，停发一切薪资，复职时不得要求补发。

□ **考绩**

第七十九条 考绩之主旨在于考核员工之工作效率、工作绩效、能力、操行及适任性，使有客观之了解，作为调薪、升迁及培训之参考依据。

第八十条 考绩按工作性质由各部门主管初考，再由总经理复考核定。

第八十一条 考核次数视工作之周期性而定，原则于每年元月底统计一次。

第八十二条 考绩等级以各项因素总得分定之。

优等：90 分以上；甲等：80 分以上，不满 90 分；乙等：70 分以上，不满 80 分；丙等：60 分以上，不满 70 分；劣等：60 分以下。

第八十三条 办理考绩人员应严守秘密，并不得徇私、舞弊、遗漏或错误，违者分别惩处。

第八十四条 考绩表如附表。（附表略）

第八十五条　员工有下列情形之一者,其考绩不得列为优等:

（一）受惩戒记过以上之处分者;

（二）迟到或早退全年累计达 20 次以上者;

（三）请事假天数超过本规则之规定期限者;

（四）旷职全年累计超过 4 天者。

第八十六条　员工考绩表由人事单位密存,除总经理、副总经理外,其他人员一概不得查阅。

□　奖惩

第八十七条　本公司员工之奖励,分为升等、晋级、记功、奖金、加薪、嘉奖等六种。

第八十八条　员工有下列情形之一者,斟酌予以升等、晋级、记功、奖金、加薪、嘉奖之奖励。

（一）对公司业务有特殊贡献者;

（二）能为公司开发新业务者;

（三）处于艰险情况,冒险执行所司职务者;

（四）遇非常事变,能奋勇出力,保全员工性命或重要文件者;

（五）对舞弊或其他有害本公司利益之事件,能见机举发,或防止其发生,使公司减免损失者;

（六）才能卓越,勤勉辛劳,奉公守法,对于应办工作均圆满达成,足资同事楷模者;

（七）其他应行奖励事项。

第八十九条　本公司员工之惩诫分为免职、停职、降级、减薪、记过、申诫等六种。

第九十条　员工有下列情形之一者,斟酌予以免职、停职、降级、减薪、记过、申诫之惩戒:

（一）营私舞弊或教唆帮助他人营私舞弊者;

（二）窃取或故意毁坏公司财物者;

（三）利用职务上之便利经营或兼营与公司类似之业务,而损及本公司利益者;

（四）泄露公司业务上之秘密及资料,或以文件账册示人者;

（五）违反公司各种规章或命令者;

（六）有渎职、失职或失察情形者;

（七）不服上级命令,而使工作不能圆满完成者;

（八）擅离职守,贻误公务者;

（九）品行不端,损及公司名誉者;

（十）伪造账册,虚报费用者。

第九十一条　员工在应受奖励或惩戒之事实发生时,该单位主管应随时将有关事实签呈总经理核定。

第九十二条　嘉奖三次作记功一次,记功三次作记大功一次,申诫三次作记过一次,记过三次作记大过一次,功过在得当状况下可互相抵消。

第九十三条　嘉奖或申诫一次,于年终考绩时分别增减 1 分,记功或记过一次于年终考绩时分别增减 3 分,记大功或记大过一次于年终考绩时分别增减 9 分。

□　调迁

第九十四条　本公司之员工基于培养人才或业务上之需要,经董事会或总经理之核定可调迁之。

第九十五条　本公司经理得签请所属人员互调工作,务使人尽其才。

第九十六条　员工接到调任通知后,应于翌日经副总经理或总经理监交办妥手续就任新职,不得无故延迟或推诿。

□　解职

第九十七条　员工解职分退休、辞职、停职、裁遣及免职等五种。

第九十八条　退休办法另订定。

第九十九条　员工因病或因事辞职时,应向公司提出申请。

第一百条　辞职申请未经总经理核准前应继续服务,不得先行离职,否则扣发该月份薪资及辞职证明书。

第一百零一条　员工有下列情形之一者应予停职:

(一)因病或因事请假,已逾规定期限者;

(二)服兵役在一个月以上者;

(三)刑事诉讼程序实施中被羁押者;

(四)触犯刑法或违反本公司规章情节重大者。

第一百零二条　依前条第一款停职之员工,其停职期间未逾一年者,经总经理之核准可予复职。依前条第(二)款停职之员工于羁押之原因消灭后,经总经理之核准,可予复职。依前条第三款停职之员工,获不起诉处分或判决确定无罪及停职期满时,经总经理之核准,可予复职。

第一百零三条　停职期间不计入服务年资内。

第一百零四条　凡停职之员工不得在其他公司任职,否则视同自动免职。

第一百零五条　本公司因业务上紧缩或因天灾人祸、其他不可抗拒之情况,可裁遣员工。

第一百零六条　员工有下列情形之一者,应予免职:

(一)连续旷职至3日以上或1个月内累计旷职达6日以上者;

(二)考绩列劣等者;

(三)全年记过达3次,未依照规定抵消者;

(四)停职之员工,判决确定处有期徒刑以上之刑罚者;

(五)触犯刑法或违反本公司规章情节重大者。

第一百零七条　经解职之员工,于接获解职通知后,应即将经办事项及经管之案卷、账目、款项、公物等全部交代清楚,向本公司人事单位办理离职手续,其应领之薪资及奖金,应于上项手续办妥后,再予发给。

第一百零八条　离职人员办妥离职手续后,可申请发给离职证明书。

□　福利

第一〇九条　本公司为安定员工生活,增进员工福利,办理各项福利业务。

第一一〇条　本公司员工应依法办理劳工保险,其保险费由本公司及员工依法分担之。

第一一一条　公司得于适当时机,办理公司旅游。

第一一二条　为酬劳全体员工之辛劳,公司于年终时举办聚餐。

第一一三条　员工可免费参加本公司所举办之各项讲座与演讲会,但须在不影响本身职务进行之情况下,并经总经理核准后始得参加。

第一一四条　正式员工结婚、丧事(指曾祖父母、父母、翁姑、配偶或子女死亡者),公司可酌发礼金。

第一一五条　正式员工均享有退休金。

□　附　则

第一一六条　本规则未尽事宜由总经理以命令规定之。

第一一七条　本规章经董事会核定后实施,修正时亦同。

七、旅游业股份有限公司人事管理规章

□　总　则

第一条　旅游业股份有限公司及所属酒店、营业所、饭店等职员(以下统称本公司职员)之任免、调迁、保证、薪给、休假、差勤、考核、出国训练、奖惩、退休等悉依本规定办理。

第二条　本规则所称之职员,系除按日按件计资之作业员及按月计资之守卫、厨司、司机、杂役等外,而且具有高中以上之程度及专业技能者,并经以职员任用者为限。

第三条　职员以外作业人员之管理规则另定之。

□　任　免

第四条　本公司主任、副主任之任免及报酬,由总经理报请董事长核定,组长、领班及一般职员由经理报请总经理核定之。

第五条　本公司职员任用除技术人员可由各单位向总经理报备,自行甄选,再行报请总经理核定外,其他职员概由公司统一甄选。

第六条　本公司职员之任免、调迁等事项,均以书面行之,并酌情另行公布。

第七条　本公司所属各部门需要人员时,应填写申请书,由各主管呈请总经理、董事长核准后,交总务部公开招募。

第八条　凡本公司新进之职员,无论公开招募或亲友介绍,均应先书写自传一份、履历表一份(贴2寸半身照片)经初选合格后,另行通知考试。

第九条　本公司新进职员之考试,依下列方式:

(一)面试:分面谈及口试;

(二)笔试:分专业及一般商业知识;

(三)测验:性格测验。

第十条　经笔试合格后,得依成绩之先后及专业之需要,通知参加面试。

第十一条　面试由申请单位主管主试,总经理或副总经理及人事主管陪试。

第十二条　面试者应注意下列各项:

(一)要尽量使应征人员感到亲切、自然轻松;

（二）要了解自己所要获知的答案及问题点；

（三）了解自己要告诉对方的问题；

（四）要尊重对方的人格；

（五）将口试结果随时记录于口试记录单内。

第十三条　本公司各级职员之任用，均以学识、品德、能力、经验及工作之需要为原则。

第十四条　凡参加口试成绩优良者，由申请单位主管决定录用后，即交由人事部门通知报到试用。

第十五条　凡经通知报到试职人员，应先办理以下各项手续：

（一）缴验学历及经历证件复印件各一份、2寸半身照片两张；

（二）填写人事资料表；

（三）填写服务志愿书一份；

（四）保证书一份；

（五）扶养亲属报告表一份。

第十六条　凡经甄选合格之人员，应按通知指定之日期至本公司报到，尚因故未能按期报到者，须申请延缓报到，否则即以弃权论处。

第十七条　本公司各级新进职员之试用期限均为40天。

第十八条　在试用期间内，如有任何一方对试用情况不满，均可随时终止试用，试用期满双方认为满意时，由人事部门签报总经理，正式通知任用。

第十九条　凡经正式任用之职员，均由公司发给任职书。

第二十条　本公司各级职员概须依本节之规定，觅具保证人。保证人应具下列资格之一，并经本公司认为适当者为限。

（一）铺保：资本充实，并经合法登记之工商店。

（二）个人保：①有正式职业，在社会上有相当信誉及地位之人士。②担任委员级以上之公务人员。

第二十一条　本公司新进职员，应于办妥保证书及服务志愿书后方得报到。

第二十二条　凡经管现金、有价证券、票据、器材、产品及仓储人员之保证，限于铺保，并经本公司认为确有保证能力者。

第二十三条　职员之保证书得由人事单位每年对保一次，如有必要时得随时对保，如有发现保证人情形变更时，须重新觅保不得异议。

第二十四条　保证人之责任，如保证书所列各项。凡被保证人有下列各款之一者，保证人应负赔偿及追偿的责任：

（一）营私舞弊或以其他不法的行为致本公司受损害者；

（二）积欠公款不清者；

（三）亏蚀公款公物者；

（四）弃职潜逃者。

第二十五条　保证人有下列情形之一者，被保证人应即以书面报告人事单位，并限于1个月之内另觅妥保证人，重填保证书。

（一）保证人死亡者；

（二）本公司认为有换保之必要时；

（三）保证人迁离国外地区者；

（四）保证人退休；

（五）保证人丧失保证能力者。

第二十六条　保证人如欲退保，应直接以书面通知本公司，经本公司同意后，被保证人应即觅新保证人，填妥保证书后，原保证人始能解除责任。

第二十七条　依规定换保时，对于换保以前之责任，仍由原保证人负责。

第二十八条　本公司职员离职时，须经一年以后，并经查明确无未了事项，始得发还保证书，在未发还保证书之前，保证人之责任仍然有效。

第二十九条　职员舞弊其应赔偿之责任，除刑事部分送司法机关办理外，应扣除其在职应得之一切利益，其不足之数由保证人赔偿。

第三十条　本公司之职员，如因公务上之需要或能力与所任职务不合时，可随时迁调其职务，或调至本公司所属其他单位服务，不得借故推诿或拒绝交接。

第三十一条　调职分升调与平调两种，在同一部门内之调职，以单位主管人员之许可行之，事后向人事部门备案，不同部门之调动须经有关部门主管的同意，由人事部门执行。

第三十二条　各级职员接到调职之通知后，应于指定期限内办妥移交手续，履行就职。

第三十三条　凡个人感到工作不适合或无法胜任时，可申请调职，但未经核准前不得擅离现职或怠工。

第三十四条　本公司各级主管人员，可由正式专业人员兼代，但免除兼代时，仍回其本职。

第三十五条　凡因调迁而变动其职务时，其薪给应由调动之日起重新核定。

第三十六条　凡因兼代职务而加发之职务加给，在免除兼代职务后，无论任何原因均应恢复原职原薪。

第三十七条　本公司职员之解职分为辞职、免职、停薪留职、资遣、退休及当然解职六种。

第三十八条　各级职员因故无法继续服务时，应填写辞职书呈请辞职，但辞职人员必须呈准并办理移交后，始得离职。

第三十九条　本公司职员辞职手续如下：

（一）一般职员之辞职须经单位主管呈经理签准；

（二）（组长级）主管之辞职，须由经理专呈总经理签准；

（三）主任级以上各级主管之辞职，须由经理、总经理专呈董事长核准；

第四十条　凡有下列情形之一者应予以免职：

（一）年终考绩不及格及1年内记大过3次者；

（二）连续旷职3日或年累计6日者；

（三）营私舞弊、挪用公款、收受贿赂、擅取佣金者；

（四）办事不力，疏忽职守有具体事实，其情节严重者；

（五）违抗命令或擅离职守者；

（六）仿效上级主管签字或盗用公司印信者；

（七）代人及托人打卡签到3次者；

（八）威胁主管及撕毁、涂改公司文书者；

（九）私营事业与公司有利益冲突者；

（十）盗窃公物者。

第四十一条　凡有下列情形之一者，得令其退职或视为自动退职：

（一）停职期限届满未再受聘请者；

（二）触犯刑法被扣押3个月以上或判刑者；

（三）身心衰弱恢复健康困难者；

（四）年满 60 岁者；

（五）因业务上之需要及紧缩业务所生之冗员。

第四十二条　凡有下列情形之一者，得照规定予以停薪留职：

（一）入伍服役者；

（二）久病不愈满 6 个月以上者；

（三）其他特殊情形经呈请核准者。

第四十三条　职员申请退休或命令退休其办法另定。

第四十四条　职员死亡为当然解职，其抚恤办法另定。

第四十五条　本公司因下列原因之一，可资遣部分职员：

（一）因业务之紧缩时；

（二）全部或部分停业时；

（三）因不可抗力之事件须停业 1 个月以上时；

（四）对本身工作不能胜任者；

（五）经医生证明有传染性疾病，或其他疾病有碍工作及公共卫生者。

第四十六条　依前条规定资遣之人员应事先预告，预告之方式如下：

（一）在本公司服务满 3 个月而未满 1 年者，应于 20 日前告知；

（二）在本公司连续服务 1 年以上而未满 3 年者，应于 30 日以前告知；

（三）在本公司连续服务 3 年以上者，应于 40 日以前告知。

第四十七条　凡接到资遣之预告者，为另谋工作，可于工作时间请假外出，但每星期不得超过两天。

第四十八条　本公司资遣之职员，除发给当月应得之薪资外，得依《劳动法》付资遣费。

第四十九条　凡因惩戒而开除，或未依规定辞职而离职者，不适用本节之规定。

□　薪资

第五十条　本公司有关薪资之订定、计算、发放，均依本章各节之规定办理。

第五十一条　本公司依实际情况由各部经理及人事主管于年终组成考评委员会，就各单位主管提出之年度总考绩做一适当评价，力求公平合理，并作为薪资与年终奖金核定之依据。

第五十二条　对于薪资之政策及计算，应使各级职员均能熟知薪资之差别，应能确切地反映其所负工作之难易、责任之轻重，借以激励各人愿意担任较重要之工作。

第五十三条　本公司薪资分下列各种：

（一）本薪：各级职员之本薪如下表所列，除非物价波动特大外，原则上不予变动；

（二）生活补助费：系本薪以外，因物价过高所给予之生活补助，每年均得随物价指数调整；

（三）职务津贴：各级职员均按其责任之轻重发给职务津贴；

（四）房屋津贴：男性职员于服务满 1 年者，婚后可发给房屋津贴；

（五）夜班津贴：系生产单位，须在夜间工作者，始得发给之。

第五十四条　本公司之职位分一般职员、领班、组长、副主任、主任、经理等职位，各职位分为四等，各等分为十级。

第五十五条　各职位等级之薪资,悉依本条之规定办理,其标准如表 13 − 7、13 − 8、13 − 9、13 − 10、13 − 11、13 − 12 所示:

表 13 − 7　旅游业股份有限公司一般职员薪资等级表

职级	等级	4	3	2	1
一般职员	10	600	1 600	2 600	3 600
	9	700	1 700	2 700	3 700
	8	800	1 800	2 800	3 800
	7	900	1 900	2 900	3 900
	6	1 000	2 000	3 000	4 000
	5	1 100	2 100	3 100	4 100
	4	1 200	2 200	3 200	4 200
	3	1 300	2 300	3 300	4 300
	2	1 400	2 400	3 400	4 400
	1	1 500	2 500	3 500	4 500

表 13 − 8　旅游业股份有限公司领班薪资等级表

职级	等级	4	3	2	1
领班	10	1 200	2 200	3 200	4 200
	9	1 300	2 300	3 300	4 300
	8	1 400	2 400	3 400	4 400
	7	1 500	2 500	3 500	4 500
	6	1 600	2 600	3 600	4 600
	5	1 700	2 700	3 700	4 700
	4	1 800	2 800	3 800	4 800
	3	1 900	2 900	3 900	4 900
	2	2 000	3 000	4 000	5 000
	1	2 100	3 100	4 100	5 100

表 13 - 9　旅游业股份有限公司组长薪资等级表

等级 职级	4	3	2	1
10	1 400	2 400	3 400	4 400
9	1 500	2 500	3 500	4 500
8	1 600	2 600	3 600	4 600
7	1 700	2 700	3 700	4 700
组 6	1 800	2 800	3 800	4 800
长 5	1 900	2 900	3 900	4 900
4	2 000	3 000	4 000	5 000
3	2 100	3 100	4 100	5 100
2	2 200	3 200	4 200	5 200
1	2 300	3 300	4 300	5 300

表 13 - 10　旅游业股份有限公司副主任薪资等级表

等级 职级	4	3	2	1
10	2 600	3 600	4 600	5 600
9	2 700	3 700	4 700	5 700
8	2 800	3 800	4 800	5 800
7	2 900	3 900	4 900	5 900
副 6	3 000	4 000	5 000	6 000
主 5	3 100	4 100	5 100	6 100
任 4	3 200	4 200	5 200	6 200
3	3 300	4 300	5 300	6 300
2	3 400	4 400	5 400	6 400
1	3 500	4 500	5 500	6 500

表 13 - 11　旅游业股份有限公司主任薪资等级表

职级＼等级	4	3	2	1
主任 10	3 300	4 300	5 300	6 300
主任 9	3 400	4 400	5 400	6 400
主任 8	3 500	4 500	5 500	6 500
主任 7	3 600	4 600	5 600	6 600
主任 6	3 700	4 700	5 700	6 700
主任 5	3 800	4 800	5 800	6 800
主任 4	3 900	4 900	5 900	6 900
主任 3	4 000	5 000	6 000	7 000
主任 2	4 100	5 100	6 100	7 100
主任 1	4 200	5 200	6 200	7 200

表 13 - 12　旅游业股份有限公司经理薪资等级表

职级＼等级	4	3	2	1
经理 10	4 300	5 300	6 300	7 300
经理 9	4 400	5 400	6 400	7 400
经理 8	4 500	5 500	6 500	7 500
经理 7	4 600	5 600	6 600	7 600
经理 6	4 700	5 700	6 700	7 700
经理 5	4 800	5 800	6 800	7 800
经理 4	4 900	5 900	6 900	7 900
经理 3	5 000	6 000	7 000	8 000
经理 2	5 100	6 100	7 100	8 100
经理 1	5 200	6 200	7 200	8 200

（一）各职位等级一律按月给予生活补助费 1 700 元,必要时得随物价指数调整之。

（二）男性职员于服务满 1 年者婚后按月加给房屋津贴 1 200 元。

（三）职务津贴：

一般职员：700 元；

领班：1 700 元；

组长：2 200 元；

副主任：3 200 元；

主任：4 200 元；

经理：4 700 元。

（四）夜班津贴：每次 50 元。

第五十六条　新进职员之薪资计算按核定之月薪除以 30 天，再乘以实际到职之天数为应得额。

第五十七条　离职职员其服务满 3 年以上者，离职之日期在当月 17 日以后者，给予全月之薪资，不满 3 年者，按日计算。

第五十八条　凡服务满 1 年后结婚者其房屋津贴之计算，结婚之日期在当月份 16 日以前者给予全额，16 日以后者，给予半额，凡已婚而服务届满 1 年者，按其到职之日期在 16 日以前全额给予，16 日以后者半额给予。

第五十九条　本公司职员在请假期内，其薪资之计算如下：

（一）事假：经主管核准者，请假期间薪资照给，但超过全年规定期限应于年终奖金内扣减薪资（标准列后），未经核准而擅离职守者，以旷职论，旷职 1 天于年终奖金内扣减 600 元；

（二）病假：病假期内薪资照给，但超过全年规定期限应于年终奖金内扣减薪资，参照第九十八条；

（三）婚假、丧假、生育假、公假在未超过期限者照发，逾限若续假，应予事先以事假申请核准，否则以旷职论；

（四）工伤假在规定之疗养期间内照发。

第六十条　本公司薪资之发放，当月 16 日发放上半月之薪资，次月 1 日发放下半月薪资，遇假日顺延。

□　服　务

第六十一条　本公司职员应遵守公司一切规章，忠心服务，接受主管之命令指挥及监督，诚实勤勉地执行职务。

第六十二条　本公司职员除因组织规程所划分之职位外，其任何部门及任何个人之工作并无贵贱之分，其人格平等，应互相尊重，不得冷言冷语中伤他人。

第六十三条　各级职员均应按规定时间签到签退，不得任意旷职、迟到或早退，但特别原因经核准者不在此限。

第六十四条　各级职员均有值夜及假日值班之责（其值夜及值班之日程表另定）。如因事不能到班者，应事先委请代理人，或与他人调班，凡无故不到者，均以旷职列入考绩，值夜及假日值班者，于翌周内分别给予轮休。

第六十五条　各级职员每日应办之事项，必须当日办理清楚，如不能于办公时间内办理完竣，仍应加班赶办，如系有时限之事项主管命令加班，不得借故推诿。

第六十六条　除办理本公司之业务外，不得对外擅用本公司之名义，凡对外传播、发表、公告等事业，非经本公司签准，任何人不得擅自发布。

第六十七条　本公司职员不得兼营其他事业，亦不得对外泄露业务机密。

第六十八条　各级职员的言行操守，应诚实、廉洁，不得有放荡奢侈的行为，对公司之财物应爱护运用，不得浪费或任意毁损。

第六十九条　各部主管就其范围内所属职员，依其工作之适应性、能力、学识等实施工作轮调，以资随时训练人才及储备人才。

第七十条　本公司职员由本公司免费供膳，单身者供宿。

第七十一条　本公司职员每天以工作 7 小时为原则，每周工作 5 天。

第七十二条　本公司各级职员之工作时间如下：上午 8 时半至 12 时，下午 2 时半至 6 时。

第七十三条　在规定之工作时间内非经许可不得擅自离开工作岗位。

第七十四条　本公司各级职员必须遵照规定，于上班前签到或打卡，下班后签退或打卡。

第七十五条　上班之时间以工作所在地之时钟及打铃为准。

第七十六条　逾规定上班时间后 15 分钟内签到或打卡者为迟到，15 分钟后为旷职，在规定下班时间提前签退或打卡者，无论时间之长短以旷职半天论。

第七十七条　凡迟到原因为交通事故者，可取具证明或同一方向共同迟到之同事签证，得签请注销迟到记录，但乘坐公司交通车者，不在此限，迟到 4 次于年终奖金内扣减300 元。

第七十八条　凡因不可抗力之灾变，阻碍无法上班有事实证据者，可以电话报备，并请同事代填请假单，则不以旷职论。

第七十九条　各级主管如因公必须外出半日以上者，应取得上级主管之同意方得离开，否则以旷职论。

第八十条　凡迟到 4 次以旷职两小时论，旷职在两小时以内者，均以两小时计算，超过两小时以半天论，上下午应分别计算。

第八十一条　除经事先报备，请假及特殊事故外，其旷职记录概不得借任何理由申请注销。

第八十二条　凡代人及委人签到或打卡者，一律以旷职 1 日论。

第八十三条　凡签到或打卡而不到勤者，记大过一次。

□　请假

第八十四条　本公司各级职员请假，均依本规定办理，并按请假之事实分为事假、病假、公假、婚假、丧假、产假及特别假七种。

第八十五条　各级职员请假均应依规定填写请假单，必要时得附有关证件，经由各单位主管签字核准后，交人事部门登记。

第八十六条　任何假别其请假时数以半小时为起讫单位，凡不足半小时者，以半小时计，超过半小时而不足 1 小时者，以 1 小时计，以此类推，并以 8 小时为 1 日计。

第八十七条　职员请假不得托人以口头为之，均应亲自先行办理请假手续，但因患疾病或特别事故不能事先请假者，应由本人或其家属于事后 3 日内办理补假手续，否则以旷职论处。

第八十八条　凡请假之前 1 日已连续工作满 5 日者，其应得之轮流公休可照休，凡轮流公休在请假期内,或在请假期之后,均列为请假日计算。

第八十九条　各级职员请假必须有职务代理人,并经职务代理人签章方可,若其职务重要,假期较长者,应请主管派人代理。

第九十条　凡因事必须亲自处理而需要请假者,得依本节之规定办理。

第九十一条　同一部门内职员请事假每天不得超过1/3。

第九十二条　职员服务满1年以上者,全年事假累积以6日为限,其超过之天数,及未达限定之天数均于年终奖金内按每天增或扣其底薪1/30,列入年终考绩计算。

第九十三条　申请事假之手续,依第一节办理,但特别事故经核属实不受此限。

第九十四条　服务未满1年者,其事假之天数,按到职之天数比率计算。

第九十五条　本公司职员因病必须治疗或休养者得请病假。

第九十六条　病假连续在3天以上者,应附医师出具之证明,否则以事假论。

第九十七条　本公司职员凡服务满1年以上,全年病假累计不得超过16天,其超过之天数及未达限定之天数均于年终奖金内按每天增或扣其底薪1/60。

第九十八条　到职未满1年者按其到职之天数比率计算。

第九十九条　凡患重大疾病需要长期疗养者,得签请总经理核准后给予特别病假,以6个月为限,薪资照发。如6个月仍未痊愈,得停薪留职6个月,期满仍未痊愈,作为自动辞职。

第一百条　凡经核准之特别病假,其假期不列入考绩记录,亦不影响年终奖金。

第一百零一条　人事管理部门对所附之医师诊断证明有疑问时,可由公司指定之医院再行检查。

第一百零二条　凡本公司职员结婚,可请婚假9日,期满不得继续以特别假或事假为之。

第一百零三条　婚假期中遇有例假,亦作婚假计算,不得请求补给假。

第一百零四条　凡合法之再婚,亦得享受本节之给假。

第一百零五条　凡经核准之婚假,均不列入考绩记录,亦不影响年终奖金。

第一百零六条　本公司职员的直系亲属承重祖父母、父母、配偶、配偶之父母、子女丧亡,可请丧假9日,唯3岁以下之子女丧亡可准丧假4日。

第一百零七条　凡本公司职务的旁系亲属外祖父母、叔伯、及胞兄弟、姐妹的丧亡得准丧假4日。

第一百零八条　凡经核准的丧假,均不列入考绩,亦不影响年终奖金。

第一百零九条　凡在本公司服务满1年以上之女性职员,因生育可准产假66天;如系小产凡在3个月以内给休养假9天,3个月以上给假30天。

第一百十条　凡经核准之产假不列入考绩记录,亦不影响年终奖金。

第一百十一条　凡本公司男性职员因兵役检查、教育召集、点阅召集,均得依规定之日期给予公假。

第一百十二条　凡因政府指派之私人劳动、证人、鉴定人之出庭需要请假者,得请私事公假。

第一百十三条　凡参加高等考试及普通考试者,得请私事公假。

第一百十四条　任何公假或私事公假,均需缴验有关证件,否则概以事假论。

第一百十五条　凡经核准之公假及私事公假,均不列入考绩,亦不影响年终奖金。

第一百十六条　本公司职员按其服务年资,每年给予一次特别休假,其休假之天数如下列规定：

（一）服务满 1 年以上，未满 3 年者给假 8 天；

（二）服务满 3 年以上，未满 5 年者给假 11 天；

（三）服务满 3 年以上，未满 10 年者给假 15 天；

（四）服务满 10 年者，每 1 年加给 1 天，但至多以 30 天为限。

第一百十七条　特别假之年资计算，以元月 1 日至 12 月 31 日为 1 年，中间到职不予计算。

第一百十八条　凡在前 1 年度内，事假、病假合计超过 26 日者或有记大过之处分者，或留职停薪者，均不予特别休假。

第一百十九条　特别休假之核给，由各单位在不妨碍工作范围内，于每年初排定，呈请总经理核准后，依次分别休假，但遇有事情需要可临时变更其休假之顺序。

第一百二十条　特别休假请准后，始得休假，如因紧急事故，主管可令其缩短或取消休假，俟后再行补假。

第一百二十一条　凡未休假或因事实需要奉令照常工作而补假者，得按其未休假之天数，按月之底薪被除以 30 于年终发给代金。

第一百二十二条　申请特别休假，如因业务上之需要而又无人代理，致无法休假者，可比照前条办理。

第一百二十三条　凡请事假、病假，超过规定日数者，可以特别休假抵充。

第一百二十四条　凡经核准之特别休假，不列入考绩记录，亦不影响年终奖金。

□　考核

第一百二十五条　本公司各级职员之考绩，除副经理级以上依公司章程办理外，其他职员分为期中考绩及期末考绩两种，期中及期末考绩之平均数为年度考绩。

第一百二十六条　本公司考核各级职员成绩之记录，作为升职、升级、调迁、退职、核薪及发放年终奖金之重要依据。

第一百二十七条　各级职员之考核成绩记录，均由人事主管秘存，公司除副总经理以上，其他任何人不得查阅。

第一百二十八条　经办考绩之人员应严守秘密，并以公正、客观之立场评议，不得泄露或徇私，违者分别惩处。

第一百二十九条　本公司编制内各级职员遇有出缺或公司扩编增加员额时，凡考绩优异人员，概应予优先递补。

第一百三十条　本公司考核工作为组长考核一般职员，主任考核组长及副组长，经理考核主任、副主任，经理级人员由副总经理考核。

第一百三十一条　期中及期末考核系各级主管对所属职员平日之工作、能力、品德、学识、服务精神随时所做之严正考核，并记录于期中及期末考绩表内，作为年度考绩计算资料。

第一百三十二条　本公司各级职员期中考绩应于当年 7 月 1 日以前完成，期末考绩应于翌年元月 1 日以前完成之。

第一百三十三条　凡有下列事迹之一者，视其原因、动机、影响程度报请升级、记大功、记功、嘉奖、晋级之奖励，并列入考绩记录：

（一）对本公司业务上或技术上有特殊贡献，并经采行而获显著绩效者；

（二）遇有特殊危急事故，冒险抢救，保全本公司重大利益者；

（三）对有危害本公司产业或设备之意图，能预先觉察，并妥为防护消灭，因而避免损害者。

第一百三十四条　凡有下列情形之一者，视其情节之轻重，报请免职、记大过、记过、申诫、降级等处罚，并列入考绩记录：

（一）行为不检，屡戒不听或破坏纪律情节重大者；

（二）遇特殊危急事变，畏难逃避或救护失时，致本公司或公众蒙受重大损害者；

（三）对可预见之灾害疏于觉察或临时措置失当，致本公司遭受不必要之损害者；

（四）对本公司之重大危害，因徇瞻顾或隐匿不报，因而耽误时机致本公司遭受损害者。

第一百三十五条　人事部门应于每年元月15日前将各级职员之勤惰及奖惩资料填妥送请总考。

第一百三十六条　下列人员不得参加年度考绩：

（一）到职未满半年者；

（二）留职停薪及复职未达半年者；

（三）已征召入伍者；

（四）曾受留职察看之处分者；

（五）中途离职者。

八、娱乐业股份有限公司人事管理规章

□　总则

第一条　本公司为树立制度、健全组织及管理，特依据有关政府法令订定本规章，凡本公司及所属职员的管理，除劳工法令另有规定外，悉依本规章行之。

第二条　本规章所称员工，系指本公司所属各被雇用的男女职员而言。

□　雇佣及解雇

第三条　本公司雇佣员工须经考试或测验合格，并经审查核定后方得雇佣。

第四条　本公司雇佣员工除特殊情形经核准免予试用者外，应一律先经试用，其期间以40天为限。

试用期结束，经考核不合格者，应无条件接受解雇，不得提出异议。

第五条　凡试用员工有下列情形之一者，不得雇佣：

（一）曾在本公司及所属单位被开除或未经奉准而擅自离职者；

（二）经本公司医务机构或指定医师，特约医院检查体格不合格者；

（三）视力非正常者；

（四）未满 18 岁者；

（五）通缉在案者；

（六）受禁产之宣告尚未撤销者；

（七）无法胜任所担任工作者。

第六条　新进员工经核准雇用后，应于期限内亲至本公司人事室办理报到手续，并缴验下列书件：

（一）保证书；

（二）公立医院或劳保指定医院的体格检查表；

（三）个人资料表；

（四）身份证及户口簿；

（五）最近 2 寸半身正面照片 3 张；

（六）其他经指定应缴验的表格。

第七条　凡有下列情形之一时，经呈准主管机关得予解雇职员，并依《劳动法》的规定发给资遣费：

（一）本公司及所属公司为全部或一部之歇业者；

（二）因不可抗力停业在 1 个月以上者；

（三）员工对于其所承担的工作不能胜任时。

第八条　本公司为前条情形解雇员工时，均于事前预告之，其预告之期间依下列规定：

（一）连续工作 3 个月以上未满 1 年者，于 10 日前预告；

（二）连续工作 1 年以上未满 3 年者，于 20 日前预告；

（三）连续工作 3 年以上者，于 30 日前预告之。

第九条　员工接到前条预告后，为另谋工作得以工作时间请假外出，但每星期不得超过两日工作时间，请假期间工资及津贴照给，如未能依前条规定预告，而即时雇用者，依前条规定预告期间工资及津贴照给，如经预告者发给预告期间工资及津贴的半数。

第十条　员工因受惩罚而开除，或自行辞职者，不以解雇论。

□　服务守则

第十一条　本公司员工，应忠勤职守，遵守本公司一切合理规章，服从各级主管人员的指挥，不得有阳奉阴违或敷衍塞责，各级主管对员工应亲切诱导，谆谆教诲。

第十二条　本公司员工对内应认真工作，爱惜公物，减少损耗，提高品质，对外应保业务或职务上的机密。

第十三条　本公司员工对于职务及公事，均应循级而上，不得越级呈报，但紧急或特殊状况不在此限。

第十四条　员工在工作时间内，未经核准不得接见亲友，或擅离工作岗位，如确因重要事情，必须会客时应在指定地点，时间不得超过 15 分钟。

第十五条　员工会客不得私带亲友进入办公场所或宿舍。

第十六条　员工不得携带违禁品（易燃、易爆等物品），及与公务无关的用品进入工作场所。

第十七条　员工未经核准，不得擅携公务外出。私有物携出公司外，应向人事室领取放行证后，方可携出。

第十八条　员工除差假外，均应依照规定时间上下班，并亲自打卡计时，不得委托或代人打卡，亦不得迟到、早退或旷工。

第十九条　本公司员工，每日工作时间一律以 8 小时为原则。

第二十条　员工工作时间以季节变化另定。

第二十一条　员工如有迟到、早退或旷工等情形，依下列规定处分：

（一）迟到：

1. 上班时间 3 分钟后至 15 分钟以内，始行打卡到工者为迟到；

2. 上班时间 15 分钟后打卡到工者，均以旷工半日论；

3. 因偶发事件，经核准补假者，以请假办理。

（二）早退：

1. 下班时间前 15 分钟以内，提前下班者为早退；

2. 下班时间前 15 分钟以前下班者，均以旷工半日论；

3. 当月内每迟到早退 3 次，作为旷工半日论。

（三）旷工：

1. 未经请假或假满未经续假，而擅自不到工者，均以旷工论；

2. 委托或代人打卡或伪造出勤记录者，一经查明双方均以旷工论处；

3. 员工旷工，应按日停发工资及津贴；

4. 无故连续旷工 3 日，或全月累计无故旷工 6 日者，即予解雇。

□　薪资及工作

第二十二条　本公司员工的薪资及津贴，采日给、月给及论件计酬三种制度，每月分两次定期发给。

第二十三条　本公司员工，每日工作时间定为 8 小时，如因工作性质需延长工作时间，得经工会或劳工同意并报请主管机关核准延长至 10 小时，所延长两小时为加班。

第二十四条　除前条的规定外因天灾事变、季节等关系，于取得工会同意后并详叙理由呈报主管机关核准后，仍得延长工作时间，但每日总工作时间不得超过 12 小时，其延长之总时间每月不得超过 46 小时。

第二十五条　工资及津贴以 8 小时为一工作日，依规定延长工作时间（简称加班），延长两小时以内，每小时照平日每小时工资加给 1/3，再延长两小时以内时，每小时以平日每小时工资加给 2/3 计给。

第二十六条　延长工作时间时，应详叙理由呈报主管机关。

第二十七条　本公司为适应生产需要，调派员工工作时，在不减少原有收入，及不变更其他原有劳动条件并对交通住宿已有妥善安排时，员工不得拒绝，如调离公司时应征得员工同意。

□　休息与休假

第二十八条　本公司员工每周（7 日）休假两日，为公休日，工资及津贴照给，如因工作需要，经征得工会同意照常工作者，应另行补假休息。其他例假应加倍发给其薪资。

第二十九条　下列政府规定应放之纪念（节）日，均予休假：

（一）元旦；

（二）妇女节（限女性）；

（三）劳动节；

（四）国庆节；

（五）春节；

（六）其他由政府明令指定休假日。

第三十条　前条休假期内工资及津贴照给，如因工作需要，征得工会同意后加班，应加倍发给工资及津贴，员工不得拒绝。

第三十一条　员工因故必须请假者，应事先填写请假单，办妥请假手续后，方可离开工作岗位，如遇急病或临时重大事故，得于1日内委托同事、家属、亲友或以电报、电话、限时信函，报告单位主管代为办理。

第三十二条　员工的请假，区分为公假、工伤假、事假、病假、婚假、丧假、分娩假等七种，给假规定如下：

（一）公假：凡合于下列规定者凭有效证件给予公假，公假期间工资及津贴照发。

1. 应征入伍服役，期间在1个月以上者，保留底薪年资，服役期间在1个月以内者，一律给予公假，其时间不满1日者，仍给1日之公假；

2. 依照政府法令参加考试、集会，及其他法令应给公假之日。

（二）工伤假：员工因执行职务受伤，凭劳保医院或特约医院证明不能上班者，核给工伤假，工资及津贴除依照劳工保险条例由保险机构给付外并由公司补足其原有收入的差额。

（三）事假：凡因事必须亲自办理确无法上班者，得申请事假，事假期间不发工资及津贴，员工请事假一次，不得超过5天，全年累计不得超过14天，逾期以特别休假抵充，再超过日数均以旷工论。

（四）病假：员工患病，经劳保医院、特约医院证明确不能工作者，得申请病假，全年合计以30天为限，住院者以1年为限，而合计不得超过一年，并得以未请事假及特别休假抵充，逾期未痊愈予以停薪留职（或可酌情给特准病假），病假全年未逾30日部分，工资折半发给，逾30日不发工资。

（五）婚假：员工本人结婚，可申请婚假8天，工资及津贴照发。

（六）丧假：祖父母、父母或配偶丧亡时，给假8天，或子女丧亡时给假6天，工资及津贴照给，或子女丧亡时给假5天，工资及津贴照给，为人养子女者，如遇本身父母、祖父母丧亡可酌给丧假，但假期内不给工资及津贴。

（七）分娩假：女性员工分娩前后，得申请分娩假8星期，妊娠3个月以上的流产者给假4星期，其入公司工作6个月以上者，假期内工资及津贴照给，不足6个月者减半发给，3个月以下的流产依病假的规定办理。

本条第（一）、（五）、（六）款的各假得按路程远近、交通状况酌情核给路程假，其工资及津贴照给。

第（三）、（四）款以特别休假抵充者，仍以特别休假论，其工资及津贴照发。

第三十三条　员工请假应填写请假卡依照下列规定方得离开岗位，否则以旷工论，但因突发事件或急病不及先行请假者，应利用电话、邮信、电报或其他方法，尽可能迅速报告。

（一）连续请假未满3日者，报请主管核准；

（二）连续请假3日以上者，报由主管转呈经理核准；

（三）员工请假经核准后，应将担任的工作明白交代后方得离开岗位。

第三十四条　事、病假累计，自每年1月1日至同年12月31日止，中途到工者，得依比例递减之。

□ 特别休假

第三十五条　凡在本公司连续工作满一定期间的员工,依下列休假天数给予特别休假。工资及津贴照发:

（一）工作 1 年以上未满 3 年者,每年给假 7 天;

（二）工作 3 年以上未满 5 年者,每年给假 10 天;

（三）工作 5 年以上未满 10 年者,每年给假 14 天;

（四）工作 10 年以上者,每年加给 1 天,但总数不得超过 30 天。

第三十六条　员工特别休假,应自届满规定工作期间后由劳资双方排定休假日实施。

第三十七条　特别休假给予时效,可层续累计,但不得意图规避事假而改请特别休假。

第三十八条　员工如合于特别休假条件而不愿休假者,本公司均依规定加假期的工资及津贴。

第三十九条　凡停薪留职期间,均不予特别休假。

□ 奖惩

第四十条　本公司员工的奖励区分为下列五种:

（一）嘉奖;

（二）记小功;

（三）记大功;

（四）奖金;

（五）晋级。

第四十一条　有下列情形之一者,可予嘉奖:

（一）品行端正,工作努力,能适时完成任务者;

（二）拾物不昧(价值 200 元以上)者;

（三）热心服务,有具体事迹者;

（四）年度考绩特优者;

（五）其他卓有功绩者。

第四十二条　有下列情形之一者,可予记小功:

（一）对于日常工作或管理制度建议改进,经采纳施行,卓有成效者;

（二）节约物料,或对废料利用卓有成效者;

（三）遇有灾变,勇于负责,措施得宜者;

（四）检举违规或损害公司利益者;

（五）其他卓有较大功绩者。

第四十三条　有下列情形之一者,可予记大功:

（一）遇有意外事件或灾变,奋不顾身,不避危难,因而减少损害者;

（二）维护员工安全,冒险执行任务,确有功绩者;

（三）维护公司重大利益,避免重大损失者;

（四）其他卓有重大功绩者。

第四十四条　有下列情形之一者,可给予奖金及晋级:

（一）研究发明,对公司确有贡献者;

（二）服务满年 10 者，考绩优良，未曾旷工或记过以上处分者；

（三）曾记大功 3 次者；

（四）对于事业有特殊贡献，足为全公司表率者；

（五）其他卓有特殊功绩者。

第四十五条　本公司员工的惩罚区分为下列五种：

（一）申诫；

（二）记过；

（三）记大过；

（四）降级；

（五）开除。

第四十六条　有下列情形之一经查证属实者，给予申诫：

（一）未经许可，携带物品入公司出售者；

（二）在 1 个月内忘带服务证两次以上者；

（三）不依规定穿着公司发给的制服，或挂规定标志，或穿拖鞋上班者。

第四十七条　有下列情形之一经查证确实或有具体事证者，给予记过：

（一）对上级指示，或有期限的命令，未申报正当理由而未如期完成或处理不当者；

（二）因疏忽致物品材料遭受损害或伤及他人者；

（三）在工作场所喧哗、嬉戏、吵闹妨害他人工作者；

（四）未经许可擅带外人入公司参观者；

（五）未经许可，不等接替，先行下班者（因而所延长的工作时间以加班论）。

第四十八条　有下列情形经查明属实，或有具体事证者给予记大过：

（一）擅离职守，致生变故，使公司蒙受重大损害者；

（二）泄露业务或事务上的机密者；

（三）在工作时酗酒滋事，影响工作秩序者；

（四）遗失经管的重要文件、物件或工具者；

（五）借故请事、病假，往他处工作或未经许可在外兼职者；

（六）违反安全规定措施致公司蒙受损失者；

（七）工余材料隐匿不报者；

（八）在工作时间内擅离岗位或偷懒睡觉者。

第四十九条　有下列情形之一，经查证属实或有具体事证者，给予开除：

（一）受刑事判决确定而无易课罚金或受缓刑之宣告者；

（二）有煽动怠工或罢工者；

（三）撕毁公司或主管人员公告或有公然侮辱上级的行为情节重大者；

（四）故意破坏重要公物者；

（五）偷窃公司物件者；

（六）在工作时间制造私人物件，或唆使他人制造私物者；

（七）利用本公司名义，在外招摇撞骗致公司名誉受重大损害者；

（八）在公司内聚赌或有伤风化行为者；

（九）在公司内打人或互殴者；

（十）散布谣言，严重影响生产秩序，或以强暴行为胁迫他人者；

（十一）无故连续旷工满 3 日，或全月旷工累计逾 3 日者；

（十二）记大过满 3 次，经呈准主管机关者；

（十三）擅自携带危险物品入公司不听制止者；

（十四）工作上有重大过失，致公司蒙受损失，或工作人员受伤害者；

（十五）不服从合理工作命令或不服从合理调遣者；

（十六）在外从事与本公司利益冲突的工作，经劝告放弃仍不听者。

第五十条　员工的降级，得参照前条各款规定酌情处分。

第五十一条　功过抵消规定如下：

（一）嘉奖可与申诫抵消；

（二）记功一次或嘉奖 3 次，抵消记过一次或申诫 3 次；

（三）记大功一次或记功 3 次，抵消大过或记过 3 次。

第五十二条　本公司依照有关法令规定，发给员工年终奖金。

□　考绩

第五十三条　员工考绩，每年一次，定期办理，考绩期间限自 1 月 1 日至 12 月 31 日止。

第五十四条　考绩项目与评分标准如下：

（一）勤务状态占 20％；

（二）工作考核占 80％。

第五十五条　考绩等级的区分及运用规定如下：

（一）优等：90 分以上至 100 分者，升三级；

（二）甲等：80 分以上未满 90 分者，升二级；

（三）乙等：70 分以上未满 80 分者，升一级；

（四）丙等：60 分以上未满 70 分者，不予升级；

（五）不满 60 分者，降一级。

第五十六条　凡有下列情形之一者，不办考绩：

（一）实际工作（含试用期）未满 6 个月者；

（二）停薪留职尚未复职者。

□　福利

第五十七条　凡本公司员工一律加入劳工保险，享受保险给付权利。

第五十八条　本公司依法提拔员工福利金组织职工福利委员会，经办各项员工福利，员工福利机构组织章程另定，并依规定向主管机关呈报。

□　其他

第五十九条　凡本公司员工年满 55 岁且在公司工作满 15 年以上，经申请核准退休，可依规定申请退休金，年满 60 岁者得命令退休，其有关退休事项，依照《劳动法》及有关法令规定办理。

第六十条　员工退休应函报有关部门核准，退休金的给予，自核准之日起 1 个月内给予并须于给予退休后一星期内检附职员收据副本函报有关部门核备。

第六十一条　本公司依照有关劳工安全卫生法令，办理本公司安全卫生工作。

第六十二条　本规则未尽事宜，悉依政府有关法令规定办理。

第六十三条　本规则订定后送请主管机关核备后公布实施，修正时亦同。

第十四章

用财务制度管人

《用制度管人》

一、财务工作的基础规范

公司财务工作以建立健全公司内部财务管理制度、规范会计基础工作为内容,保证提供及时、准确、适用的财务信息资料,保护公司财产及资源安全有效,提高公司资产及资源的效益质量。

根据统分结合的原则,公司实行统一管理分级核算的原则,实行职能部门分口管理。做到各职能部门有职、有权、有责。

树立市场经营、增收节支、时间效率观念,以预算管理为基础,合理安排调度资金,控制、考核成本费用和利润的运行,分析差异,掌握公司经营运行情况。

完善内部控制制度,严格财务程序,明确财务责任。加强财务、会计信息资料的分析处理,协助公司领导及有关部门利用财务资料,提高管理水平。

公司设财务部作为公司财务管理的职能机构,全面负责公司会计核算、财务管理工作。

(一)公司财务部的主要职责

1. 依法进行会计核算。

2. 依法实行会计监督。

3. 拟定公司办理会计事务的具体办法。

4. 参与拟订经营计划,考核、分析预算和财务计划的执行情况。

5. 为公司筹集资金、运用资金,并为利润分配提供方案。

6. 办理其他财务事务。

(二)公司财务部职位设置及任职基本条件

1. 职位设置:

● 财务部经理

● 会计主管

● 会计

● 出纳员

2. 任职条件:

(1)财务部经理任职条件

● 具有良好的职业道德,能坚持原则,做到廉洁奉公,并具备一定的组织能力。

● 具有大学本科以上学历,有会计师职称或注册会计师资格,有 5 年以上公司财务管理工作经验。

● 熟悉财务管理工作,精通公司会计核算,熟知国家的财经法律、法规、规章制度和方针政策。

● 掌握本行业业务管理的有关知识。

● 熟练操作计算机。

- 有良好的对外交际能力。

（2）主管会计岗位基本任职条件

- 坚持原则，廉洁奉公，具备良好的职业道德。
- 具有本科以上会计专业学历或会计师以上职称，有 3 年以上会计工作经验。
- 熟悉国家的财经法律、法规、规章制度和方针、政策，掌握本行业业务管理的有关知识。
- 具备一定的组织能力、协调能力、综合分析能力。
- 熟练操作计算机。

（3）会计岗位基本任职条件

- 具备大专以上学历，助理会计师以上职称，有两年以上会计工作经验。
- 具备必要的专业知识和专业技能。
- 熟悉国家有关法律、法规、规章和国家统一会计制度，遵守职业道德。
- 熟悉会计核算业务，熟练操作计算机。

（4）出纳员岗位基本任职条件

- 具有良好的职业道德，遵纪守法，认真负责，无工作过失记录。
- 具有中专以上学历，会计员以上证书，一年以上会计出纳工作经验，熟悉出纳业务。
- 服从上级工作安排。

二、财务部门的主要岗位设置

（一）出纳岗位

按国家及有关部门有关法规及公司财务制度规定办理现金收付和银行结算业务，登记现金和银行存款日记账，保管库存现金和各种有价证券，保管有关印章、空白收据发票和空白银行单据（支票等）。

（二）资金管理岗位

负责编制公司资金计划，会同有关部门核定资金使用定额。根据公司资金需求，确定筹款计划并负责具体实施。做好公司资金的调度和筹措，考核资金的使用效果，确保公司资金的安全使用。编制公司资金报表，提供有关资金使用情况。熟悉各种融资渠道及方法，为公司融资提供可行方案。

（三）固定资产核算岗位

会同有关部门拟定固定资产管理与核算的实施办法，参与核定固定资产需用量，参与编制公司固定资产购置、更新改造和修理计划，负责固定资产及其折旧的明细核算。参与固定资产的清查盘点，分析固定资产的使用效果。

（四）存货核算岗位

会同有关部门拟定存货管理与核算的实施办法，负责存货的明细核算及有关往来结算，参与存货的清查盘点，分析存货的储备情况。

（五）工资核算岗位

负责工资、奖金、福利费、保险费等的审核及明细核算，正确提取福利、保险等各项经费，代扣、代缴个人所得税。

（六）成本、费用核算岗位

拟定成本核算办法，编制成本费用计划，完善成本管理基础工作，会同有关部门制定公司成本、费用开支范围与定额，核算产品成本，编制成本报表，进行成本分析。组织有关部门、车间、班组的成本核算。

（七）销售和利润核算岗位

编制公司利润计划。办理销售款项的结算业务，负责销售业务的财务管理，负责销售和利润的预测分析。

（八）应收应付款核算岗位

建立应收应付账款的清算手续制度，办理应收应付款项的结算业务，负责应收应付款项的明细核算。及时清理债权、债务。

（九）总账报表岗位

登记总账，编制有关财务报表，管理会计凭证和账表。综合分析财务状况及经营成果，编写有关财务情况分析说明书。进行财务预测，提供有关生产经营决策和日常管理所需财务资料。

（十）稽核岗位

审查各项财务收支，审查财务成本费用计划，复核会计凭证和账簿、报表。根据公司实际情况，上述岗位可以一人一岗，一人多岗或一岗多人。

三、财务部门组织管理工作事项细化执行

（一）财务与会计机构分设原则

1. 区别对待

各企业性质及内部管理模式等方面的差别，决定了每个企业财务管理机构也不尽相同。财务与会计机构分设以利于互相监督和制约，及时发现和纠正差错，充分发挥财务管理作用。

2. 区分职能

财务与会计机构分设后，财务的主要职能是筹集资金、编制预算、参与投资决策、参与信用政策、分析与评价财务状况、分配利润及定期汇报工作；会计的主要职能是进行日常经济业务核算、控制预算和执行情况、利用账面核算资料保护资产、提供管理所需要的各种会计信息。

3. 适度分离

财务的基本功能是对财务活动进行决策。会计的基本功能是确认、计量和报告会计信息。

4. 保持地位

财务机构是进行分析决策的部门,而会计部门只能单纯地反映和控制。

5. 制度到位

企业日常财务管理水平和财务工作是通过落实各项财务制度实现的,严密的财务与会计制度不可忽视。

6. 注重实效

在具体设置财务管理机构时,应注重实效,尤其要注意培养、选拔能够胜任这一工作的人员;同时谨防机构臃肿、效率低下。

(二)财务管理模式

1. 强有力的集权

现金管理和预算管理采用强有力的集权模式。

(1)现金管理。资金是企业的血液,资金流转的起点和终点都是现金,其他资产都是资金在流转中的转化形式。因此,必须加强现金预测和筹资管理。

(2)预算管理。企业一般会根据发展规划提出总目标,据以编制企业的长期规划和年度计划,并将各项指标分解。在预算执行过程中,应根据实际情况随时调整偏差,保证预算的完成。

2. 集权与分权的适当结合

投资管理和利润分配管理应采用集权与分权适当的模式。

(1)投资管理。投资规模和投资方向在很大程度上会影响企业的发展方向。

(2)利润分配。对企业而言,所增利润要按一定比例留在企业,以便满足企业的长远发展需要,同时要建立健全对工资、奖金分配的检查和控制制度。

3. 广泛彻底的分权

母子企业财务的几种管理并不排斥子企业的独立核算,而母子企业各自平等独立的法人地位,为财务管理的分权化提供了依据,子企业在母企业审定的决策范围内,自主经营、自负盈亏,对自己的生产、销售、投资、分配等享有法定的经营权。子企业对所生产的产品进行从研究、开发、生产、销售到售后服务一条龙经营。在订立合同、业务购销、资产负债和留存收益的核算上,均体现各个子企业应有的独立核算地位;同时,制单、审查、记账和报表均由子企业按财务会计制度和有关规定办理。

(三)财务部门组织管理工作模板

财务管理机构的设置形式如图 14 – 1 所示:

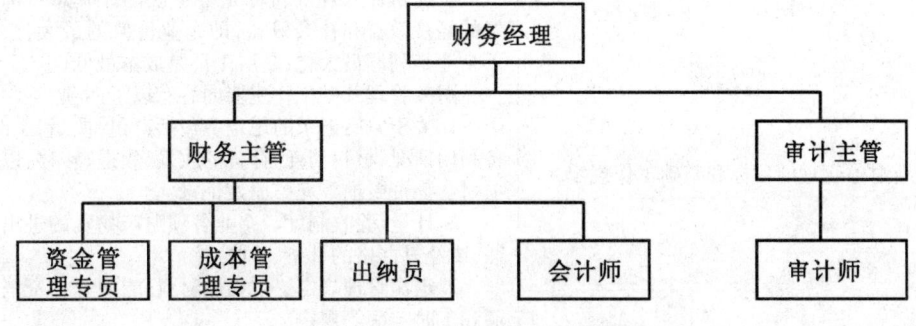

图 14 – 1　财务管理机构设置

四、财务管理制度设计工作事项细化执行

（一）财务管理制度设计的原则

1. 合理性原则

合理性原则指财务制度本身的实施过程和实施结果，不仅要符合国家有关的法律、法规，而且要满足企业财务管理的需要。

2. 目标一致性原则

财务制度设计中，应将公司最高目标、所属各部门的次高目标和基层单位的具体目标结合起来，同时将企业团队目标和个人目标结合起来，并使之协调统一。

3. 针对性原则

针对性原则指财务制度的具体内容，除了应充分体现一般会计规律性的要求外，还必须适应本企业的实际情况和业务特点。

4. 统一性原则

统一性原则指会计制度设计要与《企业会计准则》和《统一会计准则》相统一，以保证会计信息既能满足国家宏观调控和宏观管理的需要，又能反映企业经营的实际情况。

5. 稳定性原则

稳定性原则指财务制度设计必须以科学理论为指导，并经过深入的调查研究、科学的分析论证，其内容符合实际以利于执行。同时财务制度要有稳定性和连续性，在一般情况下不宜随便变动。

（二）财务管理制度设计的内容

如表 14 - 1 所示：

表 14 - 1 财务管理制度设计的内容

财务管理制度设计的内容	内容描述
企业财务管理的目标和基础工作规定	企业财务管理的目标是分层次的。其总目标是良好的经济效益和社会效益，即企业价值的最大化；所属子企业是利润最大化；基层工厂是成本最低 财务管理基础工作主要内容有以下四项 1. 关于原始记录的规定。包括产量，质量，工时，设备利用情况，材料消耗，存货的收发、领退、转移，以及各项财产物资毁损等完整原始记录 2. 计量、验收制度。企业各项财产物资的进出与消耗，要经过严格的计量、验收 3. 定额管理规定。包括原材料、能源等物资消耗定额和工时定额等规定 4. 有关财产清查的规定

企业财务管理权限的规定	主要内容是企业财务的分级管理。内部财务管理制度的制定权、修订权、解释权和财务检查监督权在企业总部；所属子企业、分企业财务主管人员的任命权在企业总部；有关财务事项的审批权限在企业总部等
企业筹资管理办法	主要包括资本管理、短期负债管理、长期负债管理等管理办法
企业资产管理办法	包括流动资产管理、无形及递延资产管理、其他资产管理等管理办法
企业对外投资管理办法	主要包括长期投资管理、短期投资管理等管理办法
企业成本管理办法	主要包括生产成本管理、各项期间费用等管理办法
企业销售收入、税金和利润管理办法	主要包括销售收入管理、其他业务收支管理、营业外收支管理、税金管理、税后利润分配管理等管理办法
企业外汇业务管理办法	主要包括外汇结算管理、外汇现汇管理等管理办法
企业资产管理办法	主要包括管理体制、管理目标、基础管理、资产经营、资产收益、资产处理等管理办法
企业产品价格管理办法	主要包括指令性产品价格管理、主要产品工艺协作价格管理、国际转移价格的管理、新产品价格管理等管理办法
企业集团控制及合并集团会计报告的规定	主要包括合并集团会计报告定义、投资者与被投资者的关系、母企业和子企业的定义、合并集团会计报告的目的、母企业对子企业控制的途径的规定（包括子企业必须提供的信息，即每月资产负债表、每月损益表、每月现金流量表、应收账款账龄分类、存货按期分类和子企业的每月财务分析等）、子企业的预算和现金控制

五、财务管理制度设计工作模板

□ 总则

第一条 为加强企业财务工作管理,发挥财务在企业经营管理和提高经济效益中的作用,特制定本规定。

第二条 本规定适用于企业、部门和员工在办理财会事务中所遇到的所有情况。

□ 财务管理工作

第三条 会计年度自1月1日起至12月31日止。

第四条 会计凭证、会计账簿、会计报表和其他会计资料必须真实、准确、完整,并符合跨机制度的规定。

第五条 财务工作人员在办理会计事项时必须填制或取得原始凭证,并根据审核的原始凭证编制记账凭证。会计、出纳员记账,都必须在记账凭证上签字。

第六条 财务工作人员应当会同总经理办公室专人定期进行财务清查,保证账簿记录与实物、款项相符。

第七条 财务工作人员应根据账簿记录编制会计报表上报总经理,并报送有关部门。会计报表每月由会计编制并上报一次。会计报表须经会计签名或盖章。

第八条 财务工作人员对本企业实行会计监督。

第九条 财务工作人员对不真实、不合法的原始凭证,不予受理;对记载不准确、不完整的原始凭证,予以退回,要求更正、补充。

第十条 财务工作人员发现账簿记录与实物、款项不符时,应及时书面报告财务经理,并请求查明原因,做出处理。

第十一条 财务工作应当建立内部稽核制度,并做好内部审计。

第十二条 出纳人员不得兼管稽核、会计档案保管,以及收入、费用、债权和债务账目的登记工作。

第十三条 财务审计每季度进行一次。审计人员根据审计事项进行审计,并做出审计报告,报送总经理。

第十四条 财务工作人员工作调动或者离职,必须与接管人员办清交接手续。

第十五条 财务工作人员办理交接手续,由总经理办公室主任监交。

□ 支票管理

第十六条 支票由出纳员或总经理制定专人保管。领用支票时须有总经理批准签字的《支票领用单》。出纳员或指定专人应将支票按批准金额封头,加盖印章,填写日期、用途,并登记号码。支票领用人要在支票领用簿上签字备查。

第十七条　支票领用人在付款后凭支票存根、发票及本人签字、会计核对（购置物品由保管员签字）、总经理审批、金额填写无误的单据交出纳人员销账。出纳员统一编制凭证号，按规定登记银行账号，原支票领用人在《支票领用单》及登记簿上注销。

第十八条　企业财务人员支付（包括公私借用）每一笔款项，无论金额大小均须总经理签字。总经理外出时应由财务人员设法通知，同意后可先付款，后补签。

□　现金管理

第十九条　企业可以在下列范围内使用现金。

1. 员工工资、津贴、奖金。

2. 个人劳务报酬。

3. 出差人员必须携带的差旅费。

4. 结算起点以下的零星支出。

5. 总经理批准的其他开支。

第二十条　除第十九条外，财务人员支付个人账款，超过使用现金限额的部分，应当以支票支付；确需全额支付现金的，经会计审核、总经理批准后支付现金。

第二十一条　企业采购固定资产、办公用品、劳保用品、福利用品及其他工作用品时必须采取转账结算方式，不得使用现金。

第二十二条　日常零星开支所需库存现金限额 2 000 元，超额部分应存入银行。

第二十三条　财务人员支付现金，可以从库存现金限额中支付或从银行存款中提取，不得从现金收入中直接支付（即坐支）。因特殊情况确需坐支的，应事先报总经理批准。

第二十四条　财务人员从银行提取现金，应当填写《现金领用单》，并写明用途和金额，由总经理批准后提取。

第二十五条　企业员工因工作需要借用现金的，须填写《借款单》，经会计审核，交总经理批准签字后方可借用，超过还款期限即转应收款，在当月工资中扣还。

第二十六条　符合本规定第十九条的，凭发票、差旅费单及企业认可的有效报销或领款凭证，经手人签字，会计审核，总经理批准后由出纳支付现金。

第二十七条　发票及报销单经总经理批准、会计审核、经手人签字，核对金额数量无误后，由财务人员填制《记账凭证》。

第二十八条　工资由财务人员依据总经理办公室及各部门每月提供的核发工资资料代理编制《员工工资表》，交总经理签字。财务人员应按时提款，按时发放工资，并填制记账凭证，进行账务处理。

第二十九条　差旅费及各种补助单（包括领款单）由部门经理签字，会计审核时间、天数无误并报送总经理签字，填制《记账凭证》，然后交出纳员付款，办理会计核算手续。

第三十条　出纳人员应当建立、健全现金账目，逐笔记载现金支付。账目应当日清月结，每日结算，使账款相符。

□　会计档案管理

第三十一条　凡是本企业的会计凭证、会计账簿、会计报表、会计文件和其他有保存价值的资料，均应归档。

第三十二条　会计凭证应按月、按序号每月装订成册，表明起止时间（年度、季度、月份及日期）、序号数、单据张数，由会计及有关人员签名盖章（包括制单、审核、记账、主管），由总经理指定专人归档保存。归档前应加以装订。

第三十三条　会计报表应分月/季/年报,并按时归档,由总经理指定专人保管,并分类填制目录。

第三十四条　会计档案不得携带外出,凡查阅、复制、摘录会计档案,须经总经理批准。

□　处罚办法

第三十五条　出现下列情况之一的,对财务人员予以警告处分,并扣发当事人当月月薪。

1. 超出规定范围、限额使用现金的,或超出规定的库存现金金额留存现金的。

2. 用不符合财务会计制度规定的凭证顶替银行存款或库存现金的。

3. 未经批准,擅自挪用或借用他人资金(包括现金)或支付款项的。

4. 利用账户替其他单位和个人套取现金的。

5. 未经批准坐支,或未按批准的坐支范围和限额坐支现金的。

6. 保留账外款项,或将企业款项以财务人员个人储蓄方式存入银行的。

第三十六条　出现下列情况之一的,应解聘财务人员。

1. 违反财务制度,造成财务工作严重混乱的。

2. 拒绝提供或提供虚假的会计凭证、账表、文件资料的。

3. 伪造、编造、谎报、毁灭或隐匿会计凭证、会计账簿的。

4. 利用职务便利,非法占用、虚报冒领或骗取企业现金的。

5. 弄虚作假、营私舞弊、非法谋私、泄露秘密及贪污挪用企业款项的。

6. 在工作范围内发生严重失误,或者由于玩忽职守致使企业利益遭受损失的。

7. 有其他渎职行为和严重错误,应当予以辞退的。

□　附则

第三十七条　本制度自发布之日起生效。

六、财务管理调查表

如表14-2、14-3所示:

表14-2　财务管理调查表(一)

区分	调查项目	主要检讨事项	记事
会计组织	1. 规格	会计组织与经营规模是否配合	
	2. 结算体系	分类账及辅助账对总结算的关系	
	3. 账簿	辅助账簿与总控制账的关系	
	4. 传票	会计单位与其他单位的联络状态	

处理手续	1.速度	结算的迅速程度 迟延的原因	
	2.传票的流动	开发、检证、出纳等记账程序及手续如何 传票的流通及内部牵制是否确立	
	3.账簿的样式	会计部门的账簿传票与其他部门的类似及重复情形 传票样式的改善与简化 传票类的样式的标准化	
	1.余额	应付账款与应收账款的差额	
		票据的利用方法是否适当	
	2.存活资产	评价存货的方法是否适当	
		账目上的存量与实际存量的差异如何处理	
		存货是否过多	
	3.固定资产	账簿记录情形	
		账面价格与实际价格的差额	
		资本支出与费用支出的区分是否适当	
	4.准备金	坏账、价格变动、退职金等准备是否提存	
	5.其他	火灾保险等的处理是否适当	

表 14 - 3　财务管理调查表(二)

区分	调查项目	主要检讨事项	记事
会计资料的利用	1. 预算	资金表的编制 综合预算的编制 实际绩效及计划的考虑 预算与绩效的比较检讨	
	2. 成本计算	成本计算的方式是否适当 标准成本的计算 各部门收支的计算	
会计资料的利用	3. 利润计划	固定费用与变动费用的区分是否适当 能量利用率的计算是否适当 各项费用的预测 适应经营条件的变化、损益平衡点的计算及经营目标的制定 能量利用率提高与成本降低的关系	
	4. 加工费用	现行加工成本是否过高 现行加工成本与人工成本的比较 加工成本变化的原因	
	5. 经营统计	经营统计的重要性的检讨 不同期间的比较 经营统计的有效应用	
税务	1. 凭证	外部凭证与内部凭证的整理	
	2. 公告	企业决算的公告与调整是否适当	
	3. 缴税	缴税计划书与资金计划书的配合 缴税准备金	

七、财务状况变动表

如表 14 - 4 所示:

表 14 - 4 财务状况变动表

编制单位:×××企业　　　　　年　月　日　　　　　单位:元　　　　（月表）

流动资金来源和运用	行次	金额	流动资金各项目的变动	行次	金额
一、流动资金来源:			一、流动资产本年增加数:		
1.本年净利润	1		1.货币资金	41	
加:不减少流动资金的费用和损失:			2.短期投资	42	
（1）固定资产折旧	2		3.应收票据	43	
（2）无形资产、递延资产及其他资产摊销			4.应收账款净额	44	
（减其他负债转销）	3		5.预付账款	45	
（3）固定资产亏（减盘盈）	4		6.应收补贴款	46	
（4）清理固定资产损失（减收益）	5		7.其他应收款	47	
（5）递延税款	6		8.存货	48	
（6）其他不减少流动资金的费用和损失	7		9.待摊费用	49	
			10.一年内到期的长期债券投资	50	
小计	12		11.待处理流动资产净损失	51	
2.其他来源			12.其他流动资产	52	
（1）固定资产清理收入（减清理费用）	13				
（2）增加长期负债	14				
（3）收回长期投资	15		流动资产增加净额	55	
（4）对外投资转出固定资产	16				
（5）对外投资转出无形资产			二、流动负债本年增加数:	56	
（6）无偿调出固定资产净损失	17		1.短期借款	57	
（7）资本净增加额	18		2.应付票据	58	
	19		3.应付账款	59	
小计	22		4.预收账款	60	
流动资金来源合计	23		5.其他应付款	61	
二、流动资金运用:			6.应付工资	62	
1.利润分配			7.应付福利费	63	

流动资金来源和运用	行次	金额	流动资金各项目的变动	行次	金额
（1）提取盈余公积	24		8. 未交税金	64	
（用盈余公积补亏"－"表示）			9. 未付利润	65	
（2）应付利润	25		10. 其他未交款	66	
（3）单项留用的利润	26		11. 预提费用	67	
			12. 一年内到期的长期负债	68	
小计	32		13. 其他流动负债	69	
2. 其他运用					
（1）固定资产和在建工程净增加额	33				
（2）增加无形资产、递延资产及其他资产	34				
（3）偿还长期负债	35				
（4）增加长期投资	36				
小计	38				
流动资金运用合计	39		流动负债增加净额	77	
流动资金净增加额	40		流动资金增加净额	78	

八、财务费用表

如表 14－5 所示：

表 14－5　财务费用表

单位：元

	行次	本月数	本期累计数	上年同期数
一、利息支出净额	1			
1. 利息支出	2			
（1）国内长期借款利息支出	3			
其中：本分子企业并表单位借款利息	4			
股份企业其他并表单位借款利息	5			
企业及所属单位借款利息	6			
其他关联单位借款利息	7			
银行借款利息	8			
其他借款利息	9			
（2）外资长期借款利息支出	10			
（3）应付债券利息	11			
其中：应付本分子企业并表单位债券利息	12			
应付股份企业其他关联单位债券利息	13			

	行次	本月数	本期累计数	上年同期数
应付集团企业及所属单位债券利息	14			
应付其他关联单位债券利息	15			
应付其他债券利息	16			
（4）短期借款利息支出	17			
其中:本分子企业并表单位借款利息	18			
股份企业其他所属单位借款利息	19			
集团企业及所属单位借款利息	20			
其他关联单位借款利息	21			
银行借款利息	22			
其他借款利息	23			
2.利息收入	24			
（1）本分子企业并表单位利息收入	25			
（2）股份企业其他并表单位利息收入	26			
（3）集团财务企业利息收入	27			
（4）其他集团企业及所属单位利息收入	28			
（5）其他关联单位利息收入	29			
（6）其他外部单位利息收入	30			
二、汇兑净损失	31			
1.汇兑损失	32			
2.汇兑收益	33			
三、其他费用	34			
1.银行手续费	35			
2.担保费	36			
3.承诺费	37			
4.现金折扣	38			
5.其他支出	39			
财务费用合计	40			
备注:资本化利息小计	41			
其中:本分子企业并表单位借款利息	42			
股份企业其他并表单位借款利息	43			
集团企业及所属单位借款利息	44			
其他关联单位借款利息	45			
银行借款利息	46			
其他借款利息	47			

九、月份财务分析表

如表 14 − 6 所示：

表 14 − 6　月份财务分析表

资产项目	上月价值	本月价值	净增加	负债净值	上月金额	本月金额	净增加	
现金				应付账款				
银行存款				应付票据				
应收账款				暂收款				
应收票据				其他				
制品库存				小计				
在制品价值				借款				
原料库存				股本				
物料库存				本期盈余				
				累积盈余				
其他				合计				
小计				存货类别	原料	物料	在制品	制成品
固定资产				上期结存				
折旧				本期进库				
存出保证金				折让				
暂存款				本期结存				
其他				本期出库				
小计				生产耗用				
合计				其他耗用				

十、财务管理制度设计流程

财务管理设计工作流程如图 14 - 2 所示：

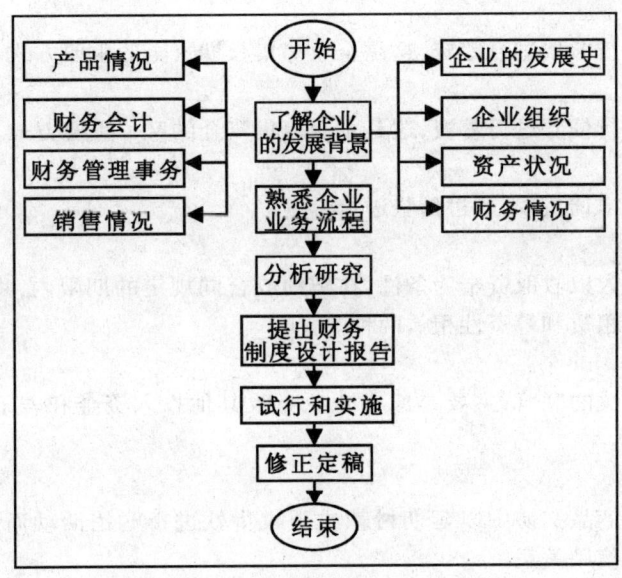

图 14 - 2　财务管理工作流程

十一、筹资管理

(一)筹资管理的内容

筹集资金的渠道是指企业取得资金的来源。筹集资金的方式是指企业取得资金的具体形式。资金从哪里来和如何取得资金既有联系，又有区别。同一渠道的资金可以用不同的方式取得，而统一筹资方式又可适用于不同的筹资渠道。所以，企业管理者必须对各种筹资渠道和筹资方式的特点加以研究，以便确定最理想的资金来源结构。

(二)筹资的渠道

1. 政府资金

政府对企业的投资是国有企业的主要资金来源。

2. 借贷资金

企业借贷资金主要是指企业向各商业银行、非银行金融机构,如信托投资企业、租赁企业、保险企业及民建金融组织借入的资金。

3. 企业之间的资金拆借

4. 利用员工资金和民间资金

5. 企业自留资金

6. 国际资本市场

(三)筹资方式

1. 发行股票

即企业通过发行股票进行筹资,这是企业筹集长期资金的重要方式。

2. 发行债券

即企业通过发行债券进行筹资,这是企业筹集资金的又一重要方式。

3. 银行借款

即企业向银行申请贷款,通过信贷进行筹资。

4. 租赁

租赁是指出租人以收取资金为条件,在契约或合同规定的期限内,将资产出让给承租人使用。有经营性租赁和筹资性租赁两种。

5. 联营

与筹资直接有关的联营,主要是原有企业吸收其他投入资金和若干企业联合出资建立的合资经营企业。

6. 商业信用

商业信用是指商品交易中以延期付款或预收货款进行购销活动而形成的借贷关系,是企业之间的直接信用关系。

7. 企业内部积累

即企业内部资金的筹资方式,主要是利用企业留存收益即盈余公积金、公益金、未分配的利润等。

十二、筹资管理工作制度

□ 总则

第一条 为规范公司经营运作中的筹资行为,降低资本成本,减少筹资风险,以提高资金运作效益,依据相关规范,结合公司具体情况,特制定本制度。

第二条 本制度适用于公司总部、各子公司及各分公司的筹资行为。

第三条 本制度所指的筹资,是指权益资本筹资和债务资本筹资。

权益资本筹资是指由公司所有者投入以及以发行股票方式筹资;债务资本筹资是指公司以负债方式借入并到期偿还的资金,包括短期借款、长期借款、应付债券、长期应付款等方式筹资。

第四条　筹资的原则:

(一)遵守国家法律、法规原则;

(二)统一筹措,分级使用原则;

(三)综合权衡,降低成本原则;

(四)适度负债,防范风险原则。

第五条　资金的筹措、管理、协调和监督工作由公司财务部统一负责。

□　权益资本筹资

第六条　权益资本筹资通过吸收直接投资和发行股票两种筹资方式取得。

(一)吸收直接投资是指公司以协议等形式吸收其他企业和个人投资的筹资方式。

(二)发行股票筹资是指公司以发行股票方式筹集资本的方式。

第七条　公司吸收直接投资程序:

(一)吸收直接投资须经公司股东大会或董事会批准。

(二)与投资者签订投资协议,约定投资金额、所占股份、投资日期以及投资收益与风险的分担等。

(三)财务部负责监督所筹集资金的到位情况和实物资产的评估工作,并请会计师事务所办理验资手续,公司据此向投资者签发出资报告。

(四)财务部在收到投资款后应及时建立股东名册。

(五)财务部负责办理工商变更登记和企业章程修改手续。

第八条　吸收投资不得吸收投资者已设有担保物权及租赁资产的出资。

第九条　筹集的资本金,在生产经营期间内,除投资者依法转让外,不得以任何方式抽走。

第十条　投资者实际缴付的出资额超出其资本金的差额(包括公司发行股票的溢价净收入)以及资本汇率折算差额等计入资本公积金。

第十一条　发行股票筹资程序:

(一)发行股票筹资必须经过股东大会批准并拟订发行新股申请报告。

(二)董事会向有关授权部门申请并经批准。

(三)公布公告招股说明书和财务会计报表及附属明细表,与证券经营机构签订承销协议。定向募集时向新股认购人发出认购公告或通知。

(四)招认股份,交纳股款。

(五)改组董事会、监事会,办理变更登记并向社会公告。

第十二条　公司财务部建立股东名册,其内容包括股东姓名、名称、住所及各股东所持股份、股票编号以及股东取得股票的日期等。

□　债务资本筹资

第十三条　债务资本的筹资工作由公司财务部统一负责。经财务部批准分支机构可以办理短期借款。

第十四条　公司短期借款筹资程序:

（一）根据财务预算和预测，公司财务部应先确定公司短期内所需资金，编制筹资计划表。

（二）按照筹资规模大小，分别由财务部经理、财务总监和总经理审批筹资计划。

（三）财务部负责签订借款合同并监督资金的到位和使用，借款合同内容包括借款人、借款金额、利息率、借款期限、利息及本金的偿还方式以及违约责任等。

（四）双方法人代表或授权人签字。

第十五条　公司短期借款审批权限：

短期借款采取限额审批制，投资限额标准如下（超过限额标准的由公司董事会批准）：

（一）财务部经理审批限额：10万元；

（二）财务总监审批限额：50万元；

（三）总经理审批限额：100万元。

第十六条　在短期借款到位当日，公司财务部应按照借款类别在短期筹资登记簿中登记。

第十七条　公司按照借款计划使用该项资金，不得随意改变资金用途，如有变动须经原审批机构批准。

第十八条　公司财务部及时计提和支付借款利息并实行岗位分离。

第十九条　公司财务部建立资金台账，以详细记录各项资金的筹集、运用和本息归还情况。财务部对于未领取利息单独列示。

第二十条　公司长期债务资本筹资包括长期借款、发行公司债券以及长期应付款等方式。

第二十一条　公司长期借款必须编制长期借款计划使用书，包括项目可行性研究报告、项目批复、公司批准文件、借款金额、用款时间与计划以及还款期限与计划等。

第二十二条　长期借款计划由公司财务部经理、财务总监和总经理依其职权范围进行审批。

第二十三条　公司财务部负责签订长期借款合同，其主要内容包括贷款种类、用途、贷款金额、利息率、贷款期限、利息及本金的偿还方式和资金来源、违约责任等。

第二十四条　长期借款利息的处理：

（一）筹资期间发生的应计利息计入开办费；

（二）生产期间发生的应计利息计入财务费用；

（三）清算期间发生的应计利息计入清算权益；

（四）购建固定资产或无形资产有关的应计利息，在资产尚未交付使用或者虽已交付使用但尚未办理竣工决算之前，计入购建资产的价值。

第二十五条　公司发行债券筹资程序：

（一）发行债券筹资应先由股东大会做出决议。

（二）向国务院证券管理部门提出申请并提交公司登记证明、公司章程、公司债券募集办法以及资产评估报告和验资报告等。

（三）制定公司债券募集办法，其主要内容包括公司名称、债券总额和票面金额、债券利率、还本付息的期限和方式、债券发行的起止日期、公司净资产、已发行尚未到期的债券总额以及公司债券的承销机构等。

（四）同债券承销机构签订债券承销协议或包销合同。

第二十六条　公司发行的债券应载明公司名称、债券票面金额、利率以及偿还期限等事项,并由董事长签名、公司盖章。

第二十七条　公司债券发行价格可以采用溢价、平价、折价三种方式,公司财务部保证债券溢价和折价采用直线法合理分摊。

第二十八条　公司对发行的债券应置备公司债券存根簿予以登记。

(一)发行记名债券的,公司债券存根簿应记明债券持有人的姓名、名称及住所、债券持有人取得债券的日期及债券编号、债券总额、票面金额、利率、还本付息的期限和方式以及债券的发行日期。

(二)发行无记名债券的,应在公司债券存根簿上登记债券的总额、利率、偿还期限和方式以及发行日期和债券的编号等。

第二十九条　公司财务部在取得债券发行收入的当日,即应将款项存入银行。

第三十条　公司财务部指派专人负责保管债券持有人明细账,并组织定期核对。

第三十一条　公司按照债券契约的规定及时支付债券利息。

第三十二条　公司债券的偿还和购回在董事会的授权下由公司财务部办理。

第三十三条　公司未发行债券必须由专人负责管理。

第三十四条　其他长期负债筹资方式还包括补充贸易引进设备价款和融资租入固定资产应付的租赁费等形成的长期应付款。

第三十五条　由公司财务部统一办理长期应付款。

□　公司筹资风险管理

第三十六条　公司应定期召开财务工作会议,并由财务部对公司的筹资风险进行评价。

公司筹资风险的评价标准则如下:

(一)以公司固定资产投资和流动资金的需要决定筹资的时机、规模和组合;

(二)筹资时应充分考虑公司的偿还能力,全面衡量收益情况和偿还能力,做到量力而行;

(三)对筹集来的资金、资产、技术具有吸收和消化的能力;

(四)筹资的期限要适当;

(五)负债率和还债率要控制在一定范围内;

(六)筹资要考虑税款减免及社会条件的制约。

第三十七条　公司筹资效益的决定性因素是筹资成本,这对于选择评价公司筹资方式有重要意义。公司财务部采用加权平均资本成本最小的筹资组合评价公司资金成本,以确定合理的资本结构。

第三十八条　筹资风险的评价方法采用财务杠杆系数法。财务杠杆系数越大,公司筹资风险也越大。

第三十九条　公司财务部应依据公司经营状况、现金流量等因素合理安排借款的偿还期以及归还借款的资金来源。

□　附　则

第四十条　本制度由财务部编制,解释权、修改权归财务部。

第四十一条　本制度经公司董事会审核批准后,自公布之日起实施。

十三、投资管理

（一）投资概念

投资是一种经济行为，它是投资主体以获取利润为目的，投入资本并获取增值的行为。投资活动是企业进行生产和再生产的前提条件，因此加强对企业的投资管理是十分重要的。

（二）投资管理制度一般应包括以下内容

1. 投资的类型；

2. 投资的风险；

3. 直接投资和间接投资中应注意的事宜。

十四、公司投资管理制度

□　总则

第一条　为加强公司投资管理，规范公司投资行为，提高资金运作效率，保证资金运营的安全性和收益性，根据外部规范与公司具体情况，特制定本制度。

第二条　本制度适用于公司总部、各子公司及各分公司的投资行为。

第三条　本制度所指投资分对外投资和对内投资两部分。

（一）对外投资指将货币资金以及经济资产评估后的房屋、机器、设备、物资等实物以及专利权、商标权和土地使用权等无形资产作价出资，进行各种形式的投资活动。

（二）对内投资指利用自有资金或从银行贷款进行基本建设、技术更新改造以及购买和建造大型机器、设备等投资活动。

第四条　投资目的。

（一）充分有效地利用闲置资金或其他资产，进行适度的资本扩张，以获取较好的收益，确保资产保值增值。

（二）改善装备水平，增强市场竞争能力，扩大经营规模，培育新的经济增长点。

第五条　投资原则。

（一）遵守国家法律、法规，符合国家产业政策；

（二）符合公司的发展战略；

（三）规模适度，量力而行，不能影响自身主营业务的发展。

□　对外投资

第六条　对外投资按投资期限可分为短期投资和长期投资。

（一）短期投资包括购买股票、企业债券、金融债券或国库券以及特种国债等。

（二）长期投资包括：

1. 出资与公司外部企业及其他经济组织成立合资或合作制法人实体；

2. 与境外公司、企业和其他经济组织开办合资、合作项目；

3. 以参股的形式参与其他法人实体的生产经营。

第七条　投资业务的职务分离。

（一）投资计划编制人员与审批人员分离。

（二）负责证券购入与出售的业务人员与会计记录人员分离。

（三）证券保管人员与会计记录人员分离。

（四）参与投资交易活动的人员与负责有价证券盘点工作的人员分离。

（五）负责利息或股利计算及会计记录的人员与支付利息或股利的人员分离，并尽可能由独立的金融机构代理支付。

第八条　公司短期投资程序。

（一）公司财务部应根据公司资金盈余情况编报资金状况表。

（二）证券资金部分分析人员根据证券市场上各种证券的情况和其他投资对象的盈利能力编报短期投资计划。

（三）公司的财务部经理、财务总监和董事会按短期投资规模大小和投资重要性，分别依照各自的职权审批该项投资计划。

第九条　公司财务部按照短期证券类别、数量、单价、应计利息以及购进日期等项目及时登记该项投资。

第十条　公司应建立严格的证券保管制度，至少由两名以上人员共同控制，不得一人单独接触有价证券，证券的存入和取出须详细记录在证券登记簿内，并由在场的经手人员签名。

第十一条　公司购入的短期有价证券须在购入当日记入公司名下。

第十二条　有价证券的盘点工作应由公司财务部和证券资金部负责组织实施。

（一）证券保管员和会计人员应在每月结束时进行月终盘点，并完成下列程序：

1. 盘点前必须将截止到当月最后一天的证券登记入账并计算出结存额；

2. 实地清点实物，核对卡片；

3. 月终编制"有价证券盘点表"。

（二）财务部根据"有价证券盘点表"，认为必要时，可以抽样核对，复核盘点表。

（三）年终时，根据公司盘点指令，组织人员，全面清点，编制"有价证券盘点表"，并由公司财务部负责人（或聘请注册会计师）参加监盘。

第十三条　公司财务部应对每一种证券设立明细账加以反映，每月还应编制证券投资和盈亏报表，对于债券应编制折、溢价摊销表。

第十四条　公司财务部应将投资收到的利息、股利及时入账。

第十五条　应由财务部经理、财务总监以及董事会按其职权批准处置公司短期投资。

第十六条　公司对外长期投资按投资项目的性质分为新项目和已有项目增资。

（一）新项目投资是指投资项目经批准立项后，按批准的投资额进行的投资。

（二）已有项目增资是指原有的投资项目根据经营需要，在原批准投资额的基础上增加投资的活动。

第十七条　对外长期投资程序。

（一）财务部协同投资部门确定投资目的并对投资环境进行考察；

（二）对外投资部门在充分调查研究的基础上编制投资意向书；

（三）对外投资部门编制项目投资可行性研究报告并上报财务部和总经理办公室；

（四）财务部协同对外投资部门编制项目合作协议书；

（五）按国家有关规定和本办法规定的程序办理报批手续；

（六）对外投资部门制定有关章程和管理制度；

（七）对外投资部门项目实施运作及其经营管理。

第十八条　对外投资权限。

（一）所有对外长期投资项目，均由总公司批准或由总公司转报董事会批准，各子公司、分公司无对外投资权，但享有投资建议权。

（二）总公司应在受理对外长期投资项目立项申请后一个月内做出投资决策。

第十九条　经批准后的对外长期投资项目，一律不得随意增加投资，如确需增资，必须重报投资意向书和可行性研究报告。

第二十条　对外长期投资兴办合营企业对合营合作方的要求：

（一）要有较好的商业信誉和经济实力；

（二）能够提供合法的资信证明；

（三）根据需要提供完整的财务状况、经营成果等相关资料。

第二十一条　对外长期投资项目必须编制投资意向书。项目投资意向书的主要内容包括：

（一）投资目的；

（二）投资项目的名称；

（三）项目的投资规模和资金来源；

（四）投资项目的经营方式；

（五）投资项目的效益预测；

（六）投资的风险预测（包括汇率风险、市场风险、经营风险、政治风险）；

（七）投资所在地（国家或地区）的市场情况、经济政策；

（八）投资所在地的外汇管理规定及税收法律、法规；

（九）投资合作方的资信情况。

第二十二条　国（境）外投资项目还应提供如下资料：

（一）有关投资所在国（地区）的现行外汇投资的法令、法规，税收规章以及外汇管理规定；

（二）投资所在国（地区）的投资环境分析、合作伙伴的资信状况；

（三）投资外汇资金来源证明及投资回收计划；

（四）本国驻外使馆对项目的审查意见；

（五）本国外汇管理部门要求提供的其他资料。

第二十三条　投资意向书（立项报告）报总公司批准后，对外投资部门应委托专业设计研究机构负责编制可行性研究报告。项目可行性研究报告的主要内容包括：

（一）总论：

1. 项目提出的背景，项目投资的必要性及其经济意义；

2. 项目投资可行性研究的依据和范围。

（二）市场预测和项目投资规模：

1. 国内外市场需求预测；

2. 国内现有类似企业的生产经营情况的统计；

3. 项目进入市场的生产经营条件及经销渠道；

4. 项目进入市场的竞争能力及前景分析。

（三）投资估算及资金筹措：

1. 项目的注册资金及其生产经营所需资金；

2. 资金的来源渠道、筹集方式及贷款的偿还办法；

3. 资金回收期的预测；

4. 现金流量计划。

（四）项目的财务分析：

1. 项目前期开办费以及建设期间各年的经营性支出；

2. 项目运营后各年的收入、成本、利润和税金测算，可利用投资收益率、净现值以及资产收益率等财务指标进行分析。

（五）项目敏感性分析及风险分析。

第二十四条　财务部和对外投资部门应在项目可行性研究报告报总公司批准后，编制项目合作协议书（合同）。项目合作协议书（合同）的主要内容包括：

（一）合作各方的名称、地址及其法定代表人；

（二）合作项目的名称、地址、经济性质、注册资金及其法定代表人；

（三）合作项目的经营范围和经营方式；

（四）合作项目的内部管理形式、管理人员的分配比例、机构设置及实行的财务会计制度；

（五）合作各方的出资数额、出资比例、出资方式及出资期限；

（六）合作各方的利润分成办法和亏损责任分担比例；

（七）合作各方违约时应承担的违约责任以及违约金的计算方法；

（八）协议（合同）的生效条件；

（九）协议（合同）的变更、解除的条件和程序；

（十）出现争议时的解决方式以及选定的仲裁机构及所适用的法律；

（十一）协议（合同）的有效期限；

（十二）合作期满时财产清算办法及债权债务的分担；

（十三）协议各方认为需要制定的其他条款。

项目合作协议书（合同）由总公司法人代表签字生效，或由总公司法人代表授权委托代理人签字生效。

第二十五条　对外长期投资协议签订后，公司协同办理出资、工商和税务登记以及银行开户等工作。

第二十六条　确定对外投资价值及投资收益的原则。

（一）以现金、存款等货币资金方式向其他单位投资的，按照实际支付的金额计价。

（二）以实物、无形资产方式向其他单位投资的，按照评估确认或者合同、协议约定的价值计价。

（三）公司认购的股票，按照实际支付款项计价。实际支付的款项中含有已宣告发放但尚未支付股利的，按照实际支付的款项扣除应收股利后的差额计价。

（四）公司认购的债券，按照实际支付的价款计价。实际支付款项中含有应计利息的，按照扣除应计利息后的差额计价。

（五）溢价或者折价购入的长期债券，其实际支付的款项（扣除应计利息）与债券面值的差额，在债券到期以前，分期计入投资收益。

（六）公司以实物、无形资产向其他单位投资的，其资产重估确认价值与其账面净值的差额计入资本公积金。公司以货币资金、实物、无形资产和股票进行长期投资，对被投资单位没有实际控制权的，应当采用成本法核算，并且不因被投资单位净资产的增加或者减少而变动；拥有实际控制权的，应当采用权益法核算，按照在被投资单位增加或者减少的净资产中所拥有或者分担的数额，作为公司的投资收益或者投资损失，同时增加或者减少公司的长期投资，并且在公司从被投资单位实际分得股利或者利润时，相应增加或减少公司的长期投资。

（七）公司对外投资分得的利润或者股利和利息，计入投资收益，按照国家规定缴纳或者补缴所得税。

（八）公司收回的对外投资与长期投资账户的账面价值的差额，计入投资收益或者投资损失。

第二十七条　对外长期投资的转让与收回。

（一）出现或发生下列情况之一时，公司可以收回对外投资：

1. 按照章程规定，该投资项目（企业）经营期满；

2. 由于投资项目（企业）经营不善，无法偿还到期债务，依法实施破产；

3. 由于发生不可抗力而使项目（企业）无法继续经营；

4. 合同规定投资终止的其他情况出现或发生时。

（二）出现或发生下列情况之一时，可以转让对外长期投资：

1. 投资项目已经明显有悖于公司经营方向的；

2. 投资项目出现连续亏损且扭亏无望没有市场前景的；

3. 由于自身经营资金不足急需补充资金时；

4. 总公司认为有必要的其他情形。

投资转让应严格按照《公司法》和企业章程有关转让投资的规定办理。

（三）对外长期投资转让应由总公司财务部会同投资业务管理部门提出投资转让书面分析报告，报总公司批准。

（四）对外长期投资收回和转让时，相关责任人员必须尽职尽责，认真做好投资收回和转让中的资产评估等项工作，防止公司资产流失。

第二十八条　公司累计对外投资不得超过公司净资产的 50％。

□　对内投资

第二十九条　公司对内投资程序。

（一）编制投资项目可行性研究报告；

（二）编制投资项目初步设计文件；

（三）编制基本建设及技术更新改造年度投资建议计划；

（四）按本制度规定的权限办理报批手续。

第三十条　公司对内投资权限。对内投资采取限额审批制，超过限额标准的由公司董事会批准。

第三十一条　可行性研究报告的编制。

（一）公司项目承办单位要在进行充分的调查研究和必要的勘察工作以及科学实验的基础上，对建设项目建设的必要性、技术的可行性和经济的合理性提出综合研究论证报告。

（二）承担可行性研究工作的单位必须是有资格的工程勘察设计单位或科研单位。

（三）建设项目可行性研究报告的编制办法和内容以及深度按国家有关规定执行。

（四）建设项目可行性研究报告由公司财务部按本办法规定的权限报批。未经批准不得擅自改变建设项目的性质和规模以及标准，如需改变必须报原审批机构审批。

第三十二条　初步设计文件的编制。

（一）公司项目承办单位根据批准的可行性研究报告委托有资格的勘察设计或科研单位进行工程初步设计。

（二）初步设计必须以批准可行性研究报告为依据，不得任意修改、变更建设内容，扩大建设规模或提高建设标准，初步设计概算总投资一般不应突破已批准的可行性研究报告投资控制数。概算总投资如超过已批准的可行性研究报告投资控制数的10％，必须重新报批可行性研究报告。

（三）经批准的初步设计文件，如确需进行设计修改和概算调整，必须由原初步设计文件编制单位提出具体修改及调整意见，经建设单位审查确认后报原批准单位批准。

第三十三条　年度计划和统计。

（一）各分支机构所有新建、续建基本建设及技术更新改造项目，必须编报基本建设及技术更新改造年度投资建议计划。

（二）年度投资建议计划于每年9月底前报总公司审批。总公司于每年1月底前下达当年基本建设及技术更新改造年度投资计划。

（三）凡列入公司基本建设及技术更新改造年度投资计划的投资项目，不需再行办理审批手续，当年新增加的基建及技改项目，必须按规定的投资限额办理报批手续，并增补列入当年投资计划。

（四）编制年度计划，除认真填报有关的计划表外，还要有必要的文字说明，数字要准确，文字要精练。

（五）各分支机构必须严格执行总公司下达的年度投资计划，无权自行调整，如确需调整，必须履行报批手续。

（六）各分支机构必须及时、准确地向总公司报送基本建设及技术更新改造统计报表。

第三十四条　竣工验收。

（一）基本建设和技术改造工程完工后，项目承办单位应及时办理竣工验收手续。一般由公司财务部协同项目承办部门组织竣工验收。

（二）工程竣工验收参照有关国家标准执行。

（三）对于工程竣工资料及验收文件，财务部和项目承办单位应及时归档。

□　投资管理机构

第三十五条　公司有关归口管理部门或分支机构为项目承办单位，具体负责投资项目的信息收集、项目建议书及可行性研究报告的编制、项目申报立项和实施过程中的监督、协调以及项目竣工后的评价工作。

第三十六条　公司财务部负责投资效益评估、技术经济可行性分析、资金筹措、办理出资手续以及对外投资资产评估结果的确认等。

第三十七条　对专业性较强或较大型投资项目,其前期工作应组成专门项目可行性调研小组来完成。

第三十八条　公司法律顾问和审计部门负责对项目的事前效益审计、协议、合同及章程的法律主审。

第三十九条　公司分支机构的对外投资活动必须报总公司批准后方可进行,各分支机构不得自行办理对外投资。

□　附　则

第四十条　本制度由财务部编制,解释权、修改权归财务部。

第四十一条　本制度经公司董事会讨论决定后,自公布之日起实施。

十五、风险管理

（一）企业风险种类

1. 市场风险

市场变数极多,因市场突变,人为分割,竞争加剧,通货膨胀或紧缩,消费者购买力下降,原料采购供应等而事先未预测到的风险,导致市场份额急剧下降,或出现反倾销,反垄断指控。

2. 产品风险

因企业新产品,服务品种开发不对路,产品有质量和缺陷问题,产品陈旧,或更新换代不及时等导致的风险。

3. 经营风险

由于企业内部管理混乱,股东撤资,资产负债率高,资金流转困难,三角债困扰,资金回笼慢,资产沉淀,造成资不抵债或亏损的困境。

4. 投资风险

各类投资项目论证不力,收益低下亏损,股东间不合作或环境变化导致项目失败。

5. 外汇风险

因外汇汇率波动而使以外币计价的企业资产与负债价值上涨或下降。

6. 人事风险

企业对董事、监事、经理和管理人员任用不当,无充分授权,或精英人才流失,无合格员工,员工大面积（集体）辞职造成损失。

7. 体制风险

企业因选择企业制度、法人治理结构、组织体系、激励机制不当而运作困难或内耗增大，或公司期限届满而面临解散清算。

8. 购并风险

企业的股权发生变化或转移，而引起善意或恶意的收购和企业间的合并。

9. 自然灾害风险

因自然环境恶化，地震、洪水、火灾、台风、暴雨、沙暴、雪暴、天气异变、交通事故、危险品泄漏、环境污染、地质(地基)变动等造成损失。

10. 公关危机

企业因多种原因，如产品质量不合格、劳资纠纷、法律纠纷、重大事故案被公众媒体曝光，而使企业公信力和美誉度急剧下降。

11. 政策风险

因政府法律、法规、政策、管理体制、规划的变动；税率、利率变化或行业专项整治；加入世贸组织，双边或多边贸易摩擦等造成的影响。

12. 外交风险

我国与其他国之间政治、外交关系的恶化，导致正常经贸和技术合作的中断或终止。

(二)风险决策类型

1. 保守型，不求大利，谨慎小心；

2. 大多数人的风险决策类型：当风险不大时，愿意冒险；当风险增大时，趋向保守；

3. 风险中立者；

4. 冒险型，谋求大利。

(三)风险处置办法

设计系列组合措施，把企业风险总损失降低到最低程度。

1. 回避风险

对一些风险过大的方案应加以回避。如：

(1)拒绝与不守信用的厂商业务往来；

(2)新产品在试制阶段发现诸多问题而果断停止试制。

2. 减少风险

对风险无法回避的，可以设法减少风险。如：

(1)决策多方案优选和相机替代；

(2)及时与政府部门沟通获取政策信息；

(3)在发展新产品前，充分进行市场调研；

(4)实行设备预防检修制度以减少设备事故；

(5)在金融、证券投资上进行品种、期限、币种多元化组合。

3. 接受风险

(1)量力而行，企业在力所能及的范围内承担风险；

(2)企业用自我保险把风险接受下来，如每月积存一笔基金用于发生事故时抵偿损失。

4. 转移风险

主要措施有：

方案 1：套期保值交易

通过在期货市场套头买卖交易，规避企业重要原材料、外汇价格波动带来的损失。

方案2：转包

企业把工程和产品零部件的生产制造转包给其他企业，把部分风险分散出去。

方案3：向保险公司投保

（四）企业保险

1. 保险种类

（1）财产和责任保险：

企业财产险。

汽车保险：责任保险、撞车保险

火灾保险。

运输保险：海上运输保险、内地运输保险（铁路、公路、航空、内河）

工人意外伤害保险。

第三者（公共）责任保险。

（2）健康保险：大病统筹、医疗保险、妇女生育保险、职业病健康保险。

（3）职工失业保险。

（4）人寿保险：员工基本养老保险、补充性养老保险。

（5）特殊保险：财产征用险。

2. 保险策略

（1）企业应当根据自身财力，权衡应投保的险种和缴纳的保费，侧重总体保费支出和受益金额。

（2）充分了解各个险种情况并精心选择。由于投保主体可能不同，大多数由企业投保，有的需企业、员工共同缴付。

（3）当企业效益较好时，可在财税政策允许范围内，为员工投家庭财产保险和补充性养老保险。

（4）有条件的企业可运用一些定量化的风险决策分析方法和工具，来精算优化保险方案。

十六、资产经营

资产经营是指运用企业全部的资产，从价值形态进行运作，其目标是提高资产质量，迅速膨胀资产总规模，控制更多社会资本，获取资产运作过程的增值效益。

（一）资产经营原则

1. 资产经营要与产业经营结合起来。两者关系是：

产业经营是资产经营的物质基础。脱离产业经营，产业经营失去依托，成为空中楼阁。

资产经营在产业经营基础上进行更高层次的运作。没有资产经营，产业经营只能自我滚动，难以超常规发展。

因此,两者相互制约,相互依存,相互促进。

2. 目前资产经营要与公司制改造结合起来,有助于增资扩股,扩大资产规模,形成多元化产权关系。

3. 与企业区域结构,企业组织结构,国内国际市场相结合。

4. 要考虑存量资产盘活,并与增量资产共同运作,优化资产质量。

5. 要合理避税,降低近期企业账面利润,转换为扩大资产规模能力。

(二)资产经营的基础条件

1. 应有资产的处置权。对国有公司来说,一般要获得国有资产授权经营。

2. 要有精于资产经营的高级专门人才。资产经营是综合性、创造性、高智力的商务活动,需要一支富有经验,又有深厚经济、法律、科技理论素养的人才团队。

3. 要获得雄厚金融资本的倾力支持。

4. 全社会的企业产权清晰。能够从资产持有者手中改变资产边界和转移资产归属。

5. 各类相关市场体系完善。要有较发达、完备的资本市场、资金市场、产权交易市场和中介服务机构(如估价师、信息咨询、资产评估、会计审计、法律验证等)。

6. 政府建立完善的游戏规则和法律、法规体系。营造统一、公开、公正的市场氛围。

以上是成熟市场经济必须具备的内外部条件。从目前国情看,上述条件远非具备,但不等于说不能搞资产经营。值得指出的是,在目前的体制改革进程中,一些有远见的精明的企业家利用非市场手段或与政府的特殊互惠关系,走出一条快速,低成本的资产经营之路,尤其在现时建立现代企业制度过程中,盘活国有资产存量,借以扩大企业规模,这个领域大有可为。

(三)资产经营方法

资产经营方案:

(1)国有资产的行政划拨。

政府部门将一些国有企业有偿或无偿划拨给企业(集团),集团可以全权管理这些企业。在取得国有资产经营授权后,集团可成为这些企业的出资人(股东)。

一般常见于将弱势企业划给强势企业。

(2)对外投资设立新公司。

通过对外投资设立新的企业,当设立的公司是股份有限公司(上市公司)且公司控股时,企业获得一条较优质的对外融资渠道(如配股、发行股票、债券、转券),企业通过合理手段统一调配上市公司所筹资金。

企业对外投资应运用杠杆原理,以小公司资本控制大量社会资本,这时应运用递阶控制企业组织结构。

(3)兼并,收购。

可分为吸引式、控股式兼并。一般是优势企业把劣势企业兼并过来,也可以通过发行垃圾股票达到小鱼吃大鱼的收购。

兼并收购一种是在股票市场对上市公司的兼并收购,另一种是行业成建制的合资性控股收购(如中策现象)。

值得指出的是,从国内外购并案实证统计分析看,大量购并是以失败而告终的。从其中看到:具有规模经济,大批量生产,资本密集型与垂直联合的购并胜算可能较大;劳动密集,技术简单,无须特别售后服务的购并胜算可能较小。

(4)股权部分转让。

企业将现有存量资产部门转让,以增资扩股方式吸纳社会、外国资本。

(5)企业分立,破产。

对企业先分立,后破产,剔除不良资产后,分立出的良性资产获得新生。当然,新企业须承担部分原有企业债务,或者对一些破产企业收购重组。

(6)企业租赁。

租赁其他企业进行经营,或将下属企业租赁出去。

(7)企业拍卖。

将优质企业(成长期,有名牌)拍卖出去,转让他方,获取靓女的增值收益。

将劣质或与主导产业无关的一般性企业拍卖,以期获得较好利益。

(8)企业托管。

受托企业与被托管企业的资产所有者进行谈判,受托管理被托管企业,并取得其经营权。

托管一般需要受托企业支付抵押金,或以其财产抵押。目前,国企改革中,国企之间托管有可能减免抵押。

企业托管常常是过渡办法,条件成熟时转入购并。

(9)企业承包经营。

公司方与其他方签订协议,承包经营一些企业。

(10)产权转债权,逐步投资入股。

先托管、承包、租赁一些企业,其产权变成为公司负债,公司逐步投资置换出资本予所有者,最终兼并这些企业。

(11)企业产权互换。

企业间股权互换,达到拥有对方企业的目的,或直接控制对方企业。

(12)借壳上市。

通过间接控制上市公司母公司或上市公司收购一些企业的办法,达到公司资本证券化的目的。

(13)产权买卖。

公司以产权交易为唯一目的,买进企业,再派遣人员,配置产品、资金、技术、设备、市场,进行结构重组,精心包装;在该企业呈成长,经营状况好转时再予卖出,获取专业重整企业买卖的效益。

(14)无形资产投资运作。

以公司品牌、商誉等作为对外投资的主要工具,共同设立企业或进行特许经营,合作。

(15)贷改投替换。

非银行金融机构对企业的贷款,拨改贷转作股权,对企业入股,建立银企关系和改善资产负债结构。

另外,社会其他企业对银行的负债,不能债权转股权。公司可以选择优质企业和兼并对象,通过向银行购买这部分债权替换出来,再由公司投股方式控股参股企业。

(四)资产经营评述

1.以上资产经营方式各有其特点:

(1)有的操作简单,有的程序复杂;

(2)有的成本低,有的成本高;

(3)有的收益高,有的收益低;

（4）有的政策、市场风险大，有的风险小；

（5）有的是行政性的，有的是过渡性的，有的适合在完全市场经济环境中运用。

2. 企业家还能不断创新资产经营方式。

3. 各个企业应根据具体情况，企业家经营理念和领导风格灵活地选用。当然，不可能一个企业涉及所有方式。

4. 资产经营是最能发挥企业家才能的领域，许多企业各有心得和绝招，运用一些办法，企业在两三年内发展迅速，达到超常规发展。

5. 目前，西方国家企业资产经营中兼并收购活动风起云涌，且往往是行业巨头间的强强联合。我国要借鉴西方企业资产经营经验和模式，尤其是中小企业要有被兼并收购的勇气。

第十五章

会议

《用制度管人》

一、会议制定程序

会议是公司讨论决定重要事宜、沟通信息的重要手段之一,是任何公司不可缺少的活动。要使各类会议顺利进行,收到较好的效果,就要规范地进行会议准备、召开、会后事务处理等项工作。

制定会议程序,首先对本公司的会议体系进行分析,确定公司日常需要召开的各种会议名称、要求,制成例行会议一览表,其次按会议的层次或性质分类,分别确定各类会议的程序和具体时间安排,如图 15 - 1 所示:

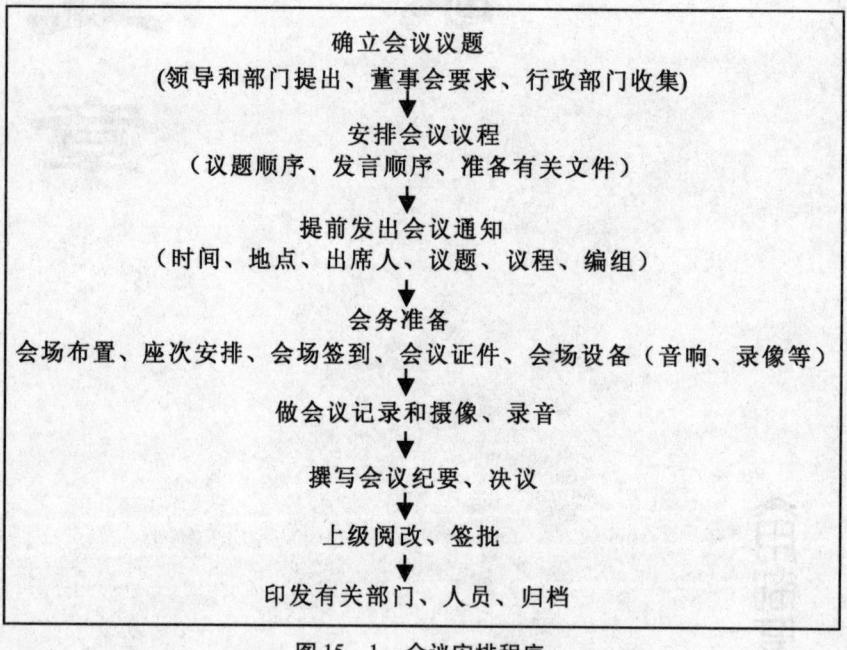

图 15 - 1　会议安排程序

各项会议的通知应在 3 天以前发出,固定日期的例会,如遇到星期日或假日,应顺延。会议的时间地点如不固定,则由主持人事先决定通知。各类例行会议的记录人应由专人负责。特殊情况或其他非例行会议的记录,由主持人负责制定。规定例会除非有重大事件,均需依照时间进行。

二、开会准备事务细则

（一）拟订会议工作方案

一般应包括以下内容：会议记录简报工作、会议经费预算、食宿安排、保卫和保密工作等。

（二）选定、安排议题

（三）拟定会议议程、日程和程序

（四）准备会议文件、报告

日常工作会议的文件、报告，主要应由各职能部门起草准备。

（五）提出与会人员名单

（六）编排分组

参加会议人员名单确定之后，要对与会人员进行编组，即按照一定的规律将全体与会人员划分若干小组，以方便讨论问题。

（七）选定、布置会场

1. 选定会场

会场的选择，要结合开会人数、会议内容等综合考虑。在有条件的情况下，主要考虑下列因素：第一，会场大小适中，以每人平均 2～3 平方米为宜。太大显得松散，过小则拥挤。第二，会场地点适中。第三，会场附属设施齐全，包括照明、通讯、卫生、服务、电话、扩音、录音等。

2. 布置会场

不同的会议，要求有不同的布置形式。座谈会会场要求和谐融洽，纪念性会议会场要求隆重典雅，日常工作会议会场要求简单实用。

（八）制发会议证件

会议证件是表明与会议直接有关人员身份权利和义务的证据。

（九）发布会议通知

各项会议准备工作基本就绪后，要尽早发出开会通知，以便与会人员提前做好准备。

（十）制定会议须知

会议须知的内容主要包括请假制度、会客制度、安全要求、作息时间和其他注意事项。

（十一）负责会议报到

（十二）会议秘书工作机构的设置和工作人员的调配

日常工作性会议、小型会议，一般由办公室或业务处室工作人员负责会议工作。规模较大且又较重要的会议，需组织精干有力的工作班子或成立大会秘书处，下设若干工作小组如秘书组、文件组、宣传报道组、交通组等，明确分工，各负其责，保证会议顺利进行。

三、会中事务处理细则

（一）会议签到。各参加会议人员在签到处签到，在会议报到表或特设的签到簿上签名。

（二）引导座次，由会议服务人员引导到相应座位上就座。

（三）安排发言，由会议主持宣布会议议程，安排发言。

（四）会议记录，由会议文书人员将会议发言状况及相关事项记入会议记录簿。

（五）会议服务，由会议服务人员主管安排会议的服务工作，具体包括茶水准备、更换、紧急事项处理。

四、会后事务处理细则

（一）资料整理归档。会议结束后及时整理相关资料，需要处理的事项，填写会议事务处理表经主管领导批示后转发有关部门处理。其他资料分类存档。

（二）会议总结，制作简报。会议形成的决议，尽快制定成文，发放到相关单位。需要制成单位简报的制成简报，需要写海报的写海报。

（三）会议秘书部门应于会后撰写该会议的会议备忘录和会议纪要。

五、会议管理细则

（一）提高会议成效的要领

1. 要严格遵守会议的开始时间。

2. 要在开头就议题的要旨做一番简洁的说明。

3. 要把会议事项的进行顺序与时间的分配预先告知与会者。

4. 在会议进行中要注意如下事项：

（1）发言内容是否偏离了议题？

（2）发言内容是否出于个人的利害？

（3）是否全体人员都专心聆听发言？

（4）是否发言者过于集中于某些人？

（5）是否有从头到尾都没有发过言的人？

（6）是否某个人的发言过于冗长？

（7）发言的内容是否朝着结论推进？

5．应当引导在预定时间内做出结论。

6．在必须延长会议时间时，应征得大家的同意，并决定延长的时间。

7．应当把整理出来的结论交给全体人员表决确认。

8．应当把决议付诸实行的程序理出，加以确认。

（二）会议禁忌事项

1．发言时不可长篇大论，滔滔不绝（原则上以3分钟为限）。

2．不能从头到尾沉默到底，一言不发。

3．不可取用不正确的资料。

4．不要尽谈些期待性的预测。

5．不可做人身攻击。

6．不可打断他人的发言。

7．不可不懂装懂，胡言乱语。

8．不要谈到抽象论或观念论。

9．不可对发言者吹毛求疵。

10．不要中途离席。

六、企业会议管理制度

□ 总则

为改进作风，减少会议，缩短会议时间，提高会议质量，特制定本制度。

□ 会议分类及组织

第一条　全厂会议归纳为四类：

（一）厂级会议：主要包括党政领导（扩大）会、全厂干部会、全厂班组长会、全厂党员大会、全厂团员大会、全厂员工大会、全厂技术人员会以及各种代表大会。应分别报请党委或厂部批准后，由党、政、工、团等办事部门分别负责组织召开。

（二）专业会议：系全厂性的技术、业务综合会（如经营活动分析会、质量分析会、生产技术准备会、生产调度会、安全工作会等），由分管厂领导批准，主管业务科室负责组织。

（三）系统和部门工作会：各车间、科室、党支部召开的工作会，如车间办工会、科务会、党支部会、车间（科室）职工大会等由各车间科室、党支部领导决定召开并负责组织。

（四）班组（小组）会：由各党、工、团小组长或行政班组长决定并主持召开。

第二条　上级或外单位在我厂召开的会议（如现场会、报告会、办公会等）或厂际业务会（如联营洽谈会、用户座谈会等）一律由厂办受理安排，有关业务对口科室协作做好会务工作。

□　会议安排

第三条　例会的安排。为避免会议过多或重复，全厂正常性的会议一律纳入例会制，原则上要按例行规定的时间、地点、内容、组织召开。例行会议安排如下。

（一）行政技术会议

1. 厂长办公会：研究、部署行政工作，讨论决定全厂行政工作重大问题。

2. 厂务会：总结评价当月生产行政工作情况，安排布置下月工作任务。

3. 班组长以上干部大会（或全厂员工大会）：总结上季（半年、全年）工作情况、部署本季（半年、新年）工作任务，表彰奖励先进集体、个人。

4. 经营活动分析会：汇报、分析工厂计划执行情况和经营活动成果，评价各方面的工作情况，肯定成绩，揭露矛盾，提出改进措施，不断提高工厂经济效益。

5. 质量分析会：汇报、总结上月产品质量情况，讨论分析质量事故（问题）、研究决定质量改进措施。

6. 安全工作会（含治安、消防工作）：汇报总结前季安全生产、治安、消防工作情况，分析处理事故，检查分析事故隐患，研究确定安全防范措施。

7. 技术工作会（含生产技术准备会）：汇报、总结当月技术改造、新产品开发、科研、技术和日常生产技术准备工作计划完成情况，布置下月技术工作任务、研究确定解决有关技术问题的措施方案。

8. 生产调度会：调度、平衡生产进度、研究解决各车间科室不能自行解决的重大问题。

9. 科务会：检查、总结、布置工作。

10. 车间办公会：检查、总结、布置工作。

11. 班组会：检查、总结、布置工作。

12. 班组（科室）班前会：对昨天工作进行讲评，布置当日工作任务和注意事项。

（二）各类代表大会

1. 员工代表大会；

2. 车间（部门）员工大会（或员工代表小组会）；

3. 党员代表大会；

4. 团员代表大会；

5. 科协会员代表大会；

6. 企协会员代表大会。

（三）民主管理会议

1. 工厂管理委员会；

2. 厂长、党委书记、工会主席联席会；

3. 生产管理委员会；

4. 生活福利委员会。

（四）论文、成果发布会

1．科协年会；

2．企协年会；

3．政治思想工作研究会年会；

4．厂QC（质量控制）成果发布会；

5．科技成果发布会；

6．信息发布会；

7．企管成果发布会。

第四条　其他会议的安排。凡涉及多个车间（科室）负责人参加的各种会议，均须于会议召开前，经部门或分管厂领导批准后，分别报两办汇总，并由厂办统一安排，方可召开。

第五条　厂办每周六应将全厂例会和各种临时会议，统一平衡编制会议计划并打印发到厂领导和各车间、科室及有关服务人员。

第六条　凡厂办已列入会计计划的会议，如需改期，或遇特殊情况需安排新的其他会议时，召集单位应提前2天报请厂办调整会议计划。未经厂办同意，任何人不得随便打乱正常会议计划。

第七条　对于准备不充分、重复性或无多大作用的会议，厂办有权拒绝安排。

第八条　对于参加人员相同、内容接近、时间相适的几个会议，厂办有权安排合并召开。

第九条　各部门会期必须服从全厂统一安排，各部门小会不应安排在全厂例会同期召开，（与会人员不发生时间上的冲突除外）应坚持小会服从大会，局部服从整体的原则。

□　会议的准备

第十条　所有会议主持人和召集单位与会人员都应分别做好有关准备工作。（包括拟好会议议程、提案、汇报总结提纲，发言要点、工作计划草案、决议决定草案、落实会场、备好座位、茶具茶水、奖品、纪念品、通知与会人员等）。

七、会议程序范例表 1

表 15 – 1　会议程序范例表

会议名称	会议步骤	时间安排
联谊会	提前通知相关客户,发出会议拟定议程、会务安排、邀请函及回执	
	根据回执情况,安排会议服务有关事项	
	选择会议形式,是座谈会还是茶话会等	
	冷餐会(茶点、宴会)	
	安排参观,听取客户的宝贵意见和意向	
	赠送纪念品,留存来宾资料	
总经理办公会	部门子公司有无情况报告	
	各部门协调需交总经理办公讨论会的事项	
	上次议案追踪	
	未决议事项复议	
	重要事宜表决	
	主持人结论	
年终、半年工作会	宣布会议开始、奏国歌(大型、庄严会议)	
	由主持人宣读会议程序	
	行政第一负责人做工作报告,各主管领导做专业报告讨论工作报告	
	专题发言	
	公司领导总结讲话	
	会议结束	

八、会议程序范例表 2

表 15-2　会议程序范例表

会议名称	讨论事项	召集人	列席表	固定参加人员	不固定参加人员	会议日期	备注

九、会议程序范例表 3

表 15-3　会议程序范例表

会议名称	召集单位	地点	日期	时间	议题	与会人数	备注
1							
2							
3							
4							
5							
6							
7							
8							
9							
10							
11							
12							

十、会议室使用申请表

表 15 - 4 会议室使用申请表

会议名称	日期	时间	地点	人数	备注
	申请使用单位		管理单位		
单位名称	填表人	主管	管理人	主任	副经理

十一、会议用品及设备申请表

表 15 - 5 会议用品及设备申请表

	会议名称				
	召集单位		负责人		
	设备名称	单位	数量	规格	备注
一般设备	桌子				
	椅子				
	黑板				
	黑板架				
	讲台				
	茶杯				
	烟灰缸				
文具	笔				
	纸张				
电器设备	摄影机				
	投影仪				
	幻灯机				
	录音机				
	麦克风				
	放映机				
	插座				
其他设备					

十二、会议通知

部门:

    谨定于　年　月　日午　时　分召开　　　　　会议,需要以下人员参加:

请准时参加为荷。

随本通知送提案书一份,若有提案,请填写提案书后于开会前提交。

此致

敬礼

会议组委会名称

年　月　日

十三、会议报到表

表15-7 会议报到表

填表日期:　年　月　日

单位名称	应到人数	实到人数	领队签字	备注

十四、会议记录簿

表 15 - 8　会议记录簿

记录人：　　　　　　　　　　　　　　　　　　　　填写日期：　　年　　月　　日

会议名称		主持人	
开会地点		时间	
参加人员		总人数	
主持人报告摘要			
例行报告摘要			
讨论事项及结论			

十五、会议事务处理表

表 15 - 9　会议事务处理表

填写日期：　　年　　月　　日

会议名称		会议主持人	
开会地点		时间	
会议内容摘要			
会议决议事项			
事务处理方案			
事务处理结果			

十六、会议备忘录

表 15 – 10　会议备忘录

会议名称：
会议时间：　　　　年　月　日　时至　年　月　日　时
会议地点：
会议内容：
会议主持人：
会议嘉宾：
会议记录：
会议决议事项及发布方式：
会议未决议事项及原因：
其他未记录在案但需备忘的事项：
会议秘书：　　　　　　　会务负责人：
总负责人签字：

十七、会议纪要

表 15 – 11　会议纪要

会议名称：
会议时间：
会议地点：
出席人员：
列席人员：
会议主持人：
会议记录人：
纪要整理人：
会议内容：
会议决议：

第十六章

公文处理

《用制度管人》

一、公文概述

公文是传达贯彻上级指示精神、请示和答复问题,指导或商洽工作的重要工具。

(一)公文的种类

1. 请示

请上级指示和批准,用"请示"。

2. 报告

向上级机关汇报工作,反映情况,用"报告"。

3. 指示

对下级机关布置工作,阐明工作活动的指导原则,用"指示"。

4. 布告、公告、通告

对公众公布应当遵守或周知的事项,用"布告"。

向国内外宣布重大事件,用"公告"。

在一定范围内公布应当遵守或周知的事件,用"通告"。

5. 批复

答复请示事项,用"批复"。

6. 通知

传达上级的指示,要求下级办理或者需要知道的事项,批转下级的公文或转发上级、同级和不相隶属单位的公文,用"通知"。

7. 通报

表扬好人好事,批评错误,传达重要情况以及需要所属各单位知道的事项,用"通报"。

8. 决定、决议

对某些问题或者重大行动做出安排,用"决定"。

经过会议讨论通过,要求贯彻执行的事项,用"决议"。

9. 函

平行的或不相隶属的单位之间互相商洽工作,向有关主管部门请示批准等询问和答复问题,用"函"。

10. 会议纪要

传达会议议定事项和主要精神,要求有关单位共同遵守执行的,用"会议纪要"。

(二)公文格式

公文格式一般包括:标题、主送单位(部门)、正文、附件、单位印章、发文时间、抄送(抄报)单位(部门)、公文字号、主题词等。

(1)公文的标题应当准确、简要地概括公文的主要内容,并标明发文单位和公文种类。除批转法规性文件外,公文标题一般不加书名号和其他标点符号。

(2)向上级请示的公文,一般只写一个主送单位(部门);如果需要上报另一个上级单位(部门)时,可以用抄报的形式。

(3)发文时间,以领导签发日期为准;联合行文,以最后单位签发的日期为准。

(4)公文字号一般包括单位代号、年号、顺序号。几个单位联名发文,只标明主办单位(部门)的公文编号。

(5)公文如有附件,应当在正文之后、单位名称之前,注明附件的名称和件数。

(6)收、发文单(部门)位应写单位(部门)全称或规范化简称。联合发文,应将主办单位(部门)排列在前。

(7)文字一律从左至右横写横排。

8.公文纸一般用16开,在左侧装订。"通告"等用纸大小,根据实际需要确定行文关系。

二、公文处理程序

公文处理是指公司对公文及公文运行过程的管理。为了保证公文准确、迅速、安全地运转和传递,以充分地发挥公文的作用,应遵循一定的程序和规则。

(一)收文处理

一般包括登记、分办、拟办、批办、催办等程序。

1.上级发来的文件及注有密级的简报、电报、资料和平级发来的文件,均由文秘人员统一签收、开拆、登记、呈阅、分发并按不同类别进行分类处理。其中内容重要的急件,及时呈送领导阅批,如领导出差,立即送办公室领导处理。

2.承办人应根据文件规定的传阅范围或领导指示,安排传阅或办理。领导人之间不宜直接横向传递,以免积压或传失。

3.凡需办理的公文,应先送办公室主任签批意见,再分送给有关部门办理或送领导批示后办理。办公室主任在签批公文时,认为无须送领导阅批的一般性公文,可根据公文内容和性质直接批有关部门阅办。各单位收到急件时,应在3天内答复并退回文件,一般要办理的文件,一周内应办理并退回文件,最迟不能超过15天。需要研究而不能马上处理的,也要先书面或口头简要回复。

4.加强公文检查催办工作。文秘人员对有领导批示的公文及本公司发出的文件,要认真督促、催办,以防积压或漏办。各分公司、各部门对上级发出的文件,需要汇报贯彻执行情况的,要及时检查反馈。

5.领导参加重要会议带回的文件,在汇报和传达后,应将会议文件交文秘人员立卷归档。

(二)发文处理

一般包括拟稿、审稿、签发、缮印、校对、用印、封发等程序。

1.草拟公文的要求:

(1)要符合国家的方针、政策、法律、法令和上级的有关规定。如提出新的政策规定,应尽量与原来的有关政策相衔接,并加以说明;

(2)情况要确实,观点要明确,文字要精练,条理要清楚,层次要分明,标点符号要正

确,篇幅要力求简短;

（3）引用的公文要写明发文机关、公文编号、标题和发文时间;

（4）草拟公文必须使用统一格式的公文稿纸,文件字迹要清楚,文面应保持整洁,凡是文面凌乱不清的,要重新清稿;

（5）数字的写法。正式文件中,除文件编号、统计表、计划表、序号、日期、专用术语和百分比必须用阿拉伯数字书写外,其他用汉字书写;

（6）章节序数的写法。一般应按下列顺序排列:第一层为:"一",第二层为"（一）",第三层为"1",第四层为"（1）",第五层为"①";

（7）不要滥用简称。年月日、人名、地名、文件名称、事物名称等,一般不要简称。

2.公文审核。公司的文稿在送领导签发前,应由起草文件部门负责人审核后送办公室核稿。以工会、社团名义发文的,由董事会和分管领导审核。

审核的重点:

（1）是否需要行文;

（2）是否符合国家的方针、政策、法律、法令,与本单位发过的公文是否衔接;

（3）提出的要求和措施是否明确具体、切实可行;

（4）处理程序是否完备,行文关系、公文格式是否符合规定;

（5）文字叙述是否符合文法和逻辑,标点符号是否正确。

审核时如发现不妥之处,必须进行修改,属于重要的原则性的问题,应退回原承办单位修改,改动过大的,要重新抄写。

3.公文签发。公司行政文件,由分管副总经理签署意见后,由总经理签发。工会、社团的一般性文件,由分管领导签发,重要文件,由最高行政领导签发。

4.公文拟稿、改稿和签发,一律用钢笔,禁止使用铅笔和圆珠笔。

5.签发后的公文不得再做任何修改。若确需修改,必须重新送签。

6.公文签发后,由文秘室负责打印、盖章、装订、登记、分发。打印文件要美观大方,符合公文格式。装订要整齐牢固,不漏页、错页、粘页。印章盖在年、月、日的中上方,上沿不压正文,下沿略压年、月、日,如正文末页无空当,可另起一空白页注上日期盖章,并在该页的左上方标明"此页无正文"字样。

7.公文校对以原稿为准,非承办人不得擅自改动原文。校对未发现的差错,由校对人员负责;校对后,打字员没有改正的,由打字员负责。

三、文件的管理细则

（一）各单位要有专人负责文书的管理工作,建立严格的管理制度,加强对相关人员的保密纪律教育,做好文件的管理工作。严禁将秘密文件带往公共场所或家中。文件传递过程中,必须办理登记、签收、注销等手续,并按照收文簿检查归档,以防遗漏。

（二）各单位工作中形成的文书,包括文件、会议记录、决议、照片、图表、录音带、录像带等有保存价值的资料,都必须由承办人收集齐全,分类整理,移交文书或有关人员核对整理后,于次年第二季度送交档案室归档,各单位、各经办人不得越期自行留存应该归档的文件。

(三)没有存档价值和存查必要的公文,由档案室鉴别、登记后销毁。

四、企业公文实用表格——请示

表16-1 请　示
××公司

××公司/部门
关于××××的请示

××部门:

　(正文)

当否,请批复。

××公司/部门
年　月　日

抄送:

五、企业公文实用表格——报告

表16-2 报　告
××公司

××公司/部门
关于××××的××报告

××部门:

　(正文)

××公司/部门
年　月　日

抄送:

六、企业公文实用表格——决议

表16－3 决　议

××公司文件

总发办字[×]第[×]号　　　签发人

××会关于××××决议

（　年　月　日××会议通过）

××部门：

　　（正文）

年　　月　　日

主题词_____

抄送：_____

××公司

年　　月　　日

（共印××份）

七、企业公文实用表格——决定

表16－4 决　定

××公司文件

总发办字[×]第[×]号　　　签发人

关于××××决议

（正文）

年　　月　　日

主题词_____

抄送：_____

××公司

年　　月　　日

（共印××份）

八、企业公文实用表格——批复

表 16 - 5　批　　复

×× 公司文件

× 函[×]第 × 号

_____

××公司关于××××公司的批复

××××公司(部门)

　　你公司(部)于××××年×月××日×法[××]号请示收悉。现批复如下:

(正文)

　　　　　　　　　　　　　　　　　　　　　　　　年　　月　　日

主题词_____

抄送:_____

　　　　　　　　　　　　　　　　　　　　　　　　××公司

　　　　　　　　　　　　　　　　　　　　　　　　年　　月　　日

_____

(共印××份)

九、企业公文实用表格——通知

表 16 - 6　通　　知

×× 公司文件

总发办字[×]第[×]号　　　　　　签发人:

_____

关于××××的通知

总公司中心(部、室)、各分公司、子公司:

(正文)

　　　　　　　　　　　　　　　　　　　　　　　　年　　月　　日

主题词_____

抄送:_____

　　　　　　　　　　　　　　　　　　　　　　　　年　　月　　日

_____

(共印××份)

十、企业公文实用表格——通报

表 16 - 7 通　报

××公司文件

总发办字[×]第[×]号　　　　签发人：

关于××××的通报

总公司中心(部、室)、各分公司、子公司：

(正文)

年　　月　　日

主题词_____

抄送：_____

年　　月　　日

(共印××份)

十一、企业公文实用表格——公函

表 16 - 8 公　函

××公司文件

×函第[200×]第[×]号　　　　签发人：

××公司关于×××的复函

××公司：

　　××××年××月××日函收悉,关于×××一事,经我×××研究,回复如下:

(正文)

特此复函

××公司

年　　月　　日

十二、企业公文实用表格——送件登记簿

表16-9 送件登记簿

日期	发送部门\单位	发文类型	件数	文号	发件机关或收件人	收件人盖章

十三、企业公文实用表格——收文登记簿

表 16 – 10　收文登记簿

日期	收文号	文件标题	来文单位	来文号	密级	份数	处理情况

十四、企业公文实用表格——发文登记簿

表 16 – 11　发文登记簿

文件号	文件标题	签发人	拟稿部门	密级	印数	余存	登记日期	发出日期	备注

第十七章

企业提案与合理化建议

《用制度管人》

一、企业提案概述

提案与合理化建议是指任何员工个人或集体对公司生产、经营或管理的任何环节所提出的、超出其职责范围以外的、具有可操作性的改进方法和措施。

建立公司合理化建议提出、采纳和奖励程序，以确保公司的持续改进。

适用于公司任何员工或集体对公司生存和发展所提出的建议。

质量部负责合理化建议的收集整理工作，并组织相关部门及人员对合理化建议进行评审和采纳。同时质量部负责拟定对提出合理化建议人员的奖励办法，以保障员工参与公司管理的热情。其余部门负责参与合理化建议评审和实施。

工作程序：

（一）提出提案并填写合理化建议单，合理化空白建议单放置于各办公室，员工可随时领取并填写以提出对公司经营管理各方面的建议。

（二）提交、编号登记。

（三）汇总统计提案总数及提案人。

（四）提案分类处理并评审，评审可采取有关部门人员签署意见或召开合理化建议评审会进行讨论的方式进行。评审人员应对合理化建议的可行性、经济性、安全性和时效性等方面进行综合评价，做出采纳与否的结论，结论应填写于合理化建议单中并由评审人员签字认可。当合理化建议被采纳时，评审意见应有具体实施计划，以便合理化建议的落实；当合理化建议不予采纳时，评审意见应有不被采纳的具体原因解释，以便于建议者接受。

（五）采用。

（六）书面通知提案人并陈述理由。

（七）提案人申诉。

（八）指定执行单位和主办人。

（九）提案实施改进活动。

（十）跟踪进度及催办。

（十一）改进效果测算评价。

（十二）公布成果及奖励。一经确认建议符合合理化建议定义，由质量部负责对每项建议提出颁发奖励金额，报有关领导批准。

二、提案管理办法

□　　总则

第一条　为了推动我公司科学技术的发展，鼓励全体员工提出合理化建议和参与技术革新、技术开发活动,加强科技成果的管理、推广和应用,不断提高科技水平,根据上级单位有关规定,结合我公司的实际,制定本管理办法。

第二条 本办法所称合理化建议,主要是指有关改进和完善生产和经营管理等方面的办法和措施;所称技术革新、技术开发主要是指对科学技术、业务的开发和对生产设备、工具、工艺技术等方面所做的改造和挖潜。

第三条 本办法由总工室组织实施。

□ 项目的范围与来源

第四条 项目的范围:

(一)适用于市场的新产品、新技术、新工艺、新材料、新设计;

(二)对引进的先进设备和技术进行消化、吸收、改造;

(三)开拓新的生产业务;

(四)计算机技术在通信生产和管理中的应用;

(五)发展规划的理论和方法、企业经营管理、人员培训等软科学的研究;

(六)生产中急需解决的技术难题。

第五条 项目的来源:

(一)由上级单位下达的项目;

(二)由本公司有关部门下达的项目;

(三)各部门根据生产和管理需要提出的项目。

□ 项目的申报、立项和经费来源

第六条 合理化建议由建议人填写提案申报卡,交总工室。

第七条 技术革新、技术开发项目由各部填写项目申请书报总工室。若要申请经费,需填报项目经费申请表及可行性报告。

第八条 由总工室组织相关部门对所报项目进行评审筛选、汇总后报总工程师审批。

第九条 批准立项后,由总工室向相关部门下达项目计划,项目承担部门按计划实施。

第十条 需申请立项的项目,由总工室上报上级主管部门。

第十一条 为了避免项目的低水平重复开发,任何项目必须经部门同意后才能上报,经公司立项后才能实施。

第十二条 技术革新、技术开发经费列入公司管理开支。财务部每年按自有收入的1%左右做出安排,由总工室掌握使用。

□ 成果的评审、鉴定

第十三条 成果申报。项目完成后,承担部门应填写《成果鉴定申请书》,并备齐下列技术资料报总工室:

(一)研究报告;

(二)测试和实验报告;

(三)技术设计方案、数据、图表、照片;

(四)质量标准田;

(五)国内外技术水平对比分析报告;

(六)技术经济分析和效益分析报告;

（七）标准化审查报告。

第十四条　成果的评审、鉴定：

（一）总工室在接到成果鉴定申请书后一个月内进行审查、提出意见报总工程师审阅、并答复申报部门是否同意评审鉴定。

（二）在市局立项的项目成果，报市局科技处组织评审鉴定。其余项目成果由公司科技项目评审委员会负责评审鉴定。

□　成果的奖励

第十五条　成果评审鉴定后，选择优秀项目向上级主管部门申报申请专利奖。

第十六条　对获专利的项目将按专利管理有关规定进行奖励。

第十七条　未申报市专利或申报而未获的项目，由公司科技项目评审委员会评定奖励。

第十八条　公司科技项目评审委员会每年组织对成果集中评奖一次，原则上按项目经济效益的大小予以奖励，也可根据项目创造性大小、水平高低、难易程度和对生产发展贡献的大小给予客观、公正的评奖。评奖标准按有关规定执行。

□　附　则

第十九条　任何单位及个人无正当理由，不得阻止有关人员进行项目申报和奖励申请。

第二十条　对弄虚作假、骗取荣誉者，公司科技项目评审委员会有权撤销其荣誉称号，追回奖金，情节严重者，追究其行政或刑事责任。

第二十一条　本办法自颁布之日起开始执行。

三、创意提案改善制度

□　目　的

第一条　为启发全体员工的想象力，集结个人的智慧与经验，提出有利于本公司生产的改善及业务的发展，以便达到降低成本、提高质量、增进公司经营、激励员工士气，特制定本办法。

□　范　围

第二条　提案内容针对本公司生产、经营范围、具有建设性及具体可行的改善方法。

（一）各种操作方法、制造方法、生产程序、销售方法、行政效率等的改善；

（二）有关机器设备、维护保养的改善；

（三）有关提高原料的使用效率，改用替代品原料，节约能源等；

（四）新产品的设计、制造、包装及新市场的开发等；

（五）废料、废弃能源的回收利用；

（六）促进作业安全,预防灾害发生等。

第三条　提案内容如属于下列各项范围,为不适当的提案不予受理:

（一）攻击团体或个人的提案;

（二）诉苦或要求改善待遇者;

（三）与曾被提出或被采用过的提案内容相同者;

（四）与专利法抵触者。

□　提案

第四条　提案人或单位,应填写规定的提案表（如表17-2甲、乙）,必要时另加书面或图表说明,投入提案箱,每周六开箱一次。

□　审查

第五条　审查组织:

（一）各厂成立"提案审查小组"由有关主管组成。

（二）公司成立"提案审查委员会"由各厂长及公司有关部门主管组成并设执行秘书。

第六条　审查程序:

（一）各提案表均须先经各厂提案"审查小组"初审并经评分通过后,（评分表如表17-3、17-4）始可汇报"提案审查委员会"（公司各部门提案经送委员会）。

（二）"提案审查委员会"每月视提案需要,可以召开1~2次委员会,审查核定各小组汇送的提案表及评分表,必要时请提案人或有关人员列席说明。

第七条　审查准则:

（一）提案审查项目及配合:

1.动机20%;

2.创造性15%;

3.可行性25%;

4.投资回收期30%;

5.应用范围10%。

（二）成果审查项目及配合:

1.动机15%;

2.创造性20%;

3.努力程度15%;

4.投资收回期25%;

5.效益25%。

□　处理

第八条　采用的提案:交由有关部门实施,除通知原提案人外,并予列管理及实施成效检查。

第九条　不采用的提案:将原件发还原提案人。

第十条　保留的提案:须经较长时间考虑者,先将保留理由通知原提案人（一般以3个月为限,但经委员会同意可延长至6个月）。

第十一条　成果检查:

（一）实施的提案，各实施部门应认真执行，每月应填写成果报告表（如表17－5），呈直属主管核定后，转呈各厂"提案审查小组"经3个月的考核，并予评分后（如表17－6），再呈提案审查委员会。

（二）"提案审查委员会"依"审查小组"所报的成果报告表及评分表详做审查核定。

□　奖　励

第十二条　提案奖励：改善提案经"审查委员会"评定，凡采用者发给1 200～6 000元的提案奖金，未采用者发给50元的奖金。

第十三条　成果奖励："审查委员会"依提案改善成果评分表，可核给500～10 000元的奖金。

第十四条　特殊奖励：提案采用实施后，经定期追踪效益，成果显著、绩效卓越者，由委员会核计实际效益后，报请核发20 000～100 000元的奖金。

第十五条　团体特别奖：

以科为单位，6个月内，每人平均有采用四件提案以上发给前三名特别奖：

第一名：锦旗及奖金5 000元；

第二名：锦旗及奖金3 000元；

第三名：锦旗及奖金2 000元。

□　附　则

第十六条　提案内容如涉及国家专利法者，其权益属本公司所有。

第十七条　本办法经呈董事长核定后，公布实施，修改时亦同。

四、员工建议改善办法

第一条　本公司为倡导参与管理，并激励员工就其平时工作经验或研究心得，对公司业务、管理及技术，提供建设性的改善意见，借以提高经营绩效，特制定本办法。

第二条　本公司各级员工对本公司的经营，不论在技术上或管理上，如有改进或改革意见，均可向人事部索取建议书，将拟建议事项内容详细填列。如建议人缺乏良好的文字表达能力者可洽请人事部经理或单位主管协助填列之。

第三条　建议书内应列的主要项目如下：

（一）建议事由：简要说明建议改进的具体事项；

（二）原有缺失：详细说明在建议案未提出前，原有情形之未尽妥善处以及应予改革意见；

（三）改进意见或办法：详细说明建议改善之具体办法，包括方法、程序及步骤等项；

（四）预期效果：应详细说明该建议案经采纳后，可能获致的成效，包括提高效率、简化作业、增加销售、创造利润或节省开支等项目。

第四条　建议书填妥后，应以邮寄或面递方式，送交人事部经理亲收。

第五条　建议书内容如偏于批评,或无具体的改进实施办法,或不具真实姓名者,人事部经理认为内容不全,不予交付审议,其有真实姓名者,并应由人事部经理据实委婉签注理由,将原件密退还原建议人。

第六条　本公司为审议员工建议案件,设置员工建议审议委员会(以下简称审委会)由各单位主管为当然审议委员,各部门经理为召集人,必要时,人事部经理可与召集人洽商后邀请与建议案内容有关的主办单位主管出席之。

第七条　审委会的职责如下:

(一)关于员工建议案件的审议事项;

(二)关于员工建议案件评审标准的研订事项;

(三)关于建议案件奖金金额的研议事项;

(四)关于建议案件实施成果的检讨事项;

(五)其他有关建议制度的研究改进事项。

第八条　人事部收受建议书后,认为完全者,应即于收件3日内编号密封送交审委会召集人,提交审委会审议。如因案情特殊,得由审委会另行洽请与该建议案内容有关的人员先行评核,提供审委会作为审议参考。

前项审委会的审议除因案件特殊者得延长至30天外,应于审委会召集人收件日起15天内完成审议工作。

第九条　本公司员工所提建议,具有下列情形之一者,应予奖励:

(一)对于公司组织研究提出调整意见,能收精简或强化组织功能效果者;

(二)对于公司商品销售或售后服务,提出具体改进方案,具有重大价值或增进受益者;

(三)对于商品修护的技术,提出改进方法,值得实行的;

(四)对于公司各项规章、制度、办法提供具体改善建议,有助于经营效能提高者;

(五)对于公司各项作业方法、程序、报表等,提供改善意见,具有降低成本、简化作业、提高工作效率的功效者;

(六)对于公司未来经营的研究发展等事项,提出研究报告,具有采纳价值或效果者。

第十条　前条奖励的标准,由审委会各委员依员工建议案评核表各个评核项目,分别逐项研讨并评定分数后,以总平均分数依表 17 – 1 拟定等级及其奖金金额。

表 17 – 1　等级及奖金对照表

等级	奖金(元)
第一等	200
第二等	400
第三等	600
第四等	800
第五等	1 000
第六等	2 000
第七等	3 000
第八等	5 000
第九等	6 000
第十等	10 000
特等	10 000

第十一条　建议案经审委会审定认为不宜采纳施行者,应交由人事部经理据实委婉签注理由通知原建议人。

第十二条　建议案经审委会审定认为可以采纳并施行于本公司者,应由审委会召集人会同人事部经理于审委会审定后3日内,以书面详细注明建议人姓名、建议案内容及该建议案施行后对公司的可能贡献、核定等级及奖金数额与理由,连同审委会各委员的评核表,一并报请经营会议复议后由总经理核定。

唯经审委会定其等级在第四等以下者,得由审委会决议后即按等级发给奖金。经经营会议复议后认为可列为十等者,应呈请董事长核定。

第十三条　为避免审委会各委员对建议人的主观印象,影响评核结果的公平起见,人事部经理在建议案未经审委会评定前,对建议人的姓名应予保密,不得泄露。

第十四条　建议的案件如系由二人以上共同提出者,其所得的奖金,按人数平均发给。

第十五条　有下列各情形之一者,不得申请核奖:

（一）各级主管人员对其本身职掌范围内所做的建议;

（二）被指派或聘用为专门研究工作而提出与该工作有关的建议方案者;

（三）由主管指定为业务、管理、技术的改进或工作方法、程序、表报的改善或简化等作业,而获致的改进建议者;

（四）同一建议事项经他人提出并已获得奖金者。

第十六条　本公司各单位如有任何问题或困难,需求解决或改进时,经呈请总经理核准后可公开向员工征求意见,所得建议的审议与奖励,得依本办法办理。

第十七条　员工建议案的最后处理情形,应由人事部通知原建议人。员工所提建议,不论采纳与否均应由人事部负责归档。经核定给奖的建议案,并应在公司公布栏及第二部分月刊中表扬。

第十八条　本办法经呈请总经理核准后公布施行,修订时同。

五、会议提案改善方案

（一）为期各单位主管踊跃提供其有利于营运改进的意见,借此提高经营的效率,并使会议能疏通及统一与会人员的意志,避免会而不议,议而不决,决而不行的弊病,与会人员除口头提出工作报告（前月）外,特定本方案。

（二）提案建议书,其内容如下:

1. 有关管理改进事项;

2. 提案规章的修订;

3. 有关制造技术及品质的改良,操作方法或程序及机械配置的改进事项;

4. 有关设备的设计或修改事项;

5. 有关新产品的创意或包装的改良事项;

6. 有关成本的减低事项；

7. 有关物料的节省及废料的利用事项；

8. 有关工厂安全或机械、工具的保养事项；

9. 部门间的协调事项；

10. 有关业务的调整方案；

11. 其他有利于本公司的改革事项。

（三）提案手续如下：

1. 应使用规定的提案建议书用纸。

2. 提案建议书记载下列事项：

（1）提案人；

（2）所属单位；

（3）案由；

（4）具体内容说明（必要时添附改善前后的数值比较、图片或说明资料）；

（5）研议事项（由总经理填写）。

（四）为处理提案的顺利，请照规定时间送达总经理室以便汇编处理。

（五）本方案经呈准后通知实施，修改时亦同。

六、提案建议效益奖的管理条例

□　总　则

第一条　为了落实公司关于提案建议和技术革新、技术开发项目管理办法，调动广大员工的积极性、创造性，推动公司提案建议和技术革新、技术开发工作的开展，促进生产技术的进步，改善经营管理，增强企业活力，特制定本条例。

第二条　提案建议和技术革新、技术开发工作是企业管理的重要组成部分，是提高企业素质的重要手段。各部门要积极发动、支持和鼓励员工开展这项活动。

第三条　本条例由总工室和科技项目评审委员会组织实施。

□　奖励范围

第四条　本条例实施奖励的范围包括两个方面：一是被采纳取得效果的合理化建议；二是取得成果的技术革新、技术开发项目。

第五条　合同化建议和技术革新、技术开发项目应该在如下诸方面发挥效用：

（一）挖掘通信设备能力，改善通信网络，增强通信能力；

（二）改善经营管理，提高通信质量和经济效益；

（三）应用新技术、新设备、新材料、新工艺、推广新的科技成果对引进的先进设备和技术进行消化、吸收改造，取得明显的经济效益；

（四）开拓新的通信业务、增加企业收入；

（五）计算机技术的应用取得明显的经济效益；

（六）改善劳动组织，减轻劳动强度，改进设备维护、业务操作方式方法，提高劳动生产率；

（七）节约能源及其他费用开支，降低生产成本；

（八）降低工程造价，节约基建投资；

（九）解决了公司在通信生产中急需解决的重大技术难题。

□　奖励的申报和审查

第六条　成果评审鉴定后，对于需要申报奖励的项目，已在上级主管部门立项的由总工室按有关规定向上申报；未在上级主管部门立项的由公司各部门填写《邮电科学技术进步奖申请表》报总工室。

第七条　向上报奖的项目由上级主管部门审查，其余项目由公司科技项目评审委员会负责审查。

第八条　公司科技项目评审委员会将从各部门申报的项目中选择优秀项目向上申报科学技术进步奖。

第九条　未向上报奖或上报而未获奖的项目，由公司科技项目评审委员会组织评定奖励。

□　奖励标准

第十条　对符合奖励条件的合理化建议或技术革新、技术改造项目，按其产生经济效益的大小参照下列数额一次性奖励：

年节约或创造经济效益奖金数额：

10 万元以下	1 000 ~ 5 000 元
10 万 ~ 50 万元	5 000 ~ 20 000 元
50 万 ~ 100 万元	20 000 ~ 30 000 元
100 万 ~ 500 万元	30 000 ~ 50 000 元
500 万 ~ 1 000 万元	50 000 ~ 100 000 元
超过 1 000 万元	100 000 元以上

第十一条　对于经济效益不容易估算的项目，评审委员会可按其作用大小、技术难易、创新程度、推广价值，给予科学、客观、公正的评判，确定相应的奖励等级。

奖励等级奖金数额

特等	50 000 元以上
一等	10 000 元
二等	6 000 元
三等	4 000 元
四等	2 000 元
五等	1 000 元
六等	500 元

□　附则

第十二条　公司科技项目评审委员会必须公正、实事求是地对合理化建议和技术革新、技术开发项目进行评奖,评审人员及其他与项目无关人员不能在奖金中分成。

第十三条 对获奖项目及人员有争议的,须待争议解决之后才能给予奖励。

第十四条 本条例自颁布之日起开始试行。

七、提案改善提案表

表 17-2 提案改善提案表

甲表 年 月 日

单位		职称		姓名	
提案名称				编号	

1. 现状、缺点(附图)说明:

2. 提案改善内容(具体、详细、附图):

3. 估计投资额(分项估算):

4. 预计效益暨投资回收期:

续提案改善提案表

乙表 年 月 日

单位		姓名		职称		请把内容写清楚,并把你所想要实施的方法写具体
提案名称:				编号		

1. 现状(现在的做法):

2. 改善提案(我的想法):

3. 效果(其结果是):

八、提案改善评分表

表 17-3　提案改善评分表

提案名称					提案编号	

项目	评分标准	分数		项目	评分标准	分数	
		标准	得分			标准	得分
动机 20%	1. 主动发觉	14~20		应用范围 10%	1. 全事业部各单位	9~10	
	2. 原有缺陷激发	7~13			2. 部分单位	4~8	
	3. 上级指示	1~6			3. 本单位	1~3	
创造性 15%	1. 独特的发明	11~15		职务相关性加分	1. 直接相关	0	
	2. 参考科技资料,加以研究改良	6~10			2. 间接相关	1~5	
	3. 引进既有科技资料或模仿外厂	1~5			3. 不相关	6~10	
可行性 25%	1. 可依原案或稍加补充后实施	16~25		合计		100	
	2. 需进一步检查修正后实施	6~15		核定	1. 本提案应发奖金_____元整;本提案与编号_____提案相同,不发奖金;其他		
	3. 非予重大修正无法实施(必要时先退回补充资料再审)	1~5			2. 是 实施 否		
投资回收期 30%	1. 回收期半年以下			单位主管			
	2. 回收期半年至1年						
	3. 回收期1年以上						

九、提案奖金评分对照表

表 17-4　提案奖金评分对照表

	85 分以上	84~75 分	74~65 分	64~55 分	54~45 分	44 分以下
奖金(元)	6 000	4 000	3 000	2 000	1 200	50

十、提案改善成果报告表

表 17 – 5   提案改善成果报告表

年　　月　　日

提案名称		提案编号	
实施单位		提案日期	
改善动机、原因	(简单扼要叙述动机、原因)		
改善前情况	(简单扼要叙述改善前使用方法、效率、需附数据)		
改善方法	(简单扼要叙述如何改善、改善过程、投资金额)		
改善效益	[简单扼要叙述何时完成、成果(节省金额,对质量、产量的改善)回收期]		
结论	(对改善提案做简单扼要的结论)		

实施单位主管:　　　　　　　　　　　　　　　填表:

十一、提案改善实施成果评分表

表 17 - 6　提案改善实施成果评分表

						年　　月　　日	

提案名称					提案编号	

项目	评分标准	分数 标准	分数 得分	项目	评分标准	分数 标准	分数 得分
一、动机 15%	1. 主动发觉实施	10～15		四、投资回收期 25%	1. 无须投资	20～25	
	2. 原有缺陷激发实施	5～10			2. 回收期半年以下	15～20	
	3. 上级指示或旁人建议	1～5			3. 回收期半年至1年	10～15	
二、创造性 20%	1. 完全属独创、开发性	15～20			4. 回收期 1～2 年半	5～10	
	2. 参考科技资料加以研究修正改良	10～15			5. 回收期 2 年以上	1～5	
	3. 由类似科技资料联想并比照实施	5～10		五、月效益 25%	1. 10 万元以上	15～25	
	4. 经他人暗示或学习他厂	1～5			2. 5 万～10 万元	10～15	
三、努力程度 15%	1. 付出心血多少				3. 1 万～5 万元	5～10	
	2. 参与规划专案人员多少				4. 无形效益或 1 万元以下	1～5	
	3. 所需完成的工作量多少			合计		100	

实施奖金核定表	分数	80 分以上	79～75 分	74～70 分	69～65 分	64～60 分	59～51 分	50 分以下	单位主管	
	奖金（元）	10 000	8 000	6 000	4 000	2 000	1 000	500		

第十八章

企业文化和价值观

《用制度管人》

一、企业文化和价值观概述

一般说来,企业文化的构建可以分为几个方面:文化环境、价值观、英雄人物、礼仪和庆典及文化传播网络。在这几个方面中,价值观或经营理念是核心。形成和培育一个恰当的企业理念和价值观,并为员工所信奉和践行,进而为社会及其公众认同是企业文化构建成功与否的关键。

只要是企业,不管它是什么类型,都摆脱不了围绕争取最终实现企业核心价值观的逻辑范畴。企业思想是企业文化的主线,企业的战略规划受企业思想的制约,因而,企业战略的研究、规划与实施必须与企业文化的塑造和提升并重。

在企业文化体系中,不管是文化传播、组织文化、管理文化等等,都摆脱不了必然围绕最终争取实现企业价值目标的基本点——核心价值观。所以,企业思想是企业生存和发展的理念,是用于支撑和调节企业价值链并始终处于支配地位的主观有机体;企业战略——只能是企业为达成其最终价值取向并以人为方式进行的客观的刻意技术谋划。

企业文化与个体单元,以及与组成企业生产力的个体单元素质与个体单元素质之间存在着显著差异,企业赖以生存的环境及自身条件的阶段与不同阶段间的变化存在着差异。因此在塑造企业文化与理念时应该注意:

(一)组成企业生产力的个体单元之间的素质差异,是由组成企业生产力的一个个来自四面八方的个体单元组成,而这些个体单元又因其客观和主观因素差异的存在,使其在素质程度上的参差不齐,以致由此形成的人生观和价值观的必然差异。为了企业的最终价值取向的达成所建立的企业理念支撑体系,首先是为了减小和拉近个体单元价值与企业最终价值取向之间的差距,使其尽可能地接近企业的宏观整体一致性和能动性,以符合并满足企业的生存与宏观战略发展的需求。

(二)因为企业文化是服务于企业并具有鲜明指向性和可操作性的刻意行为理念,因而,与被动形成的个体单元文化具有本质上的原则区别,显然,后者的客观形成和能动因素并不比前者简单。所以,企业价值观与个体单元价值观因其诸多内外促成因素的不同使其理念存在显著的差异理所当然。因此对组成企业生产力的个体单元间进行间接或直接的素质提升和整合,促进生产力的发展,以符合和满足企业的竞争战略需求。

(三)对企业文化的自身和与周边先进文化的不断整合与创新,是为了适应和满足企业在不同时期、不同环境和不同条件下企业战略发展的过程中对企业的不同需求。

(四)不管是企业文化,还是企业战略抑或是企业一般性谋划,脱离了企业的实际,就失去了其本身存在的价值和意义。

(五)企业的培训更是如此。宏观理论的技术失误与理解的差距,追名逐利、好大喜功、不切实际和急于求成的行为动机,这就是很多企业虽经过培训但没起什么大作用的根本原因。只要是企业,不管是何种类型,自从其企业开张就必然存在价值取向和经营谋划,成功与否的区别在于其对时序、大小、理念、层次和方式等多方面的不理解、不明晰造成非常严重的决策失误和行为偏离，最终导致企业走入颓败。所以，企业的决策者和主要管理者必须首先加强学习，扭转主观逻辑错误。

（六）关于企业战略的规划和实施，并不是任何规模的企业均能适用或死搬硬套的；而战略思想和战略方式方法的应用，却不受任何条件的限制和约束，是任何规模和条件下的企业均可以因地制宜、根据自身条件加以灵活运用和在此基础上创新发展的。

二、企业文化框架

塑造企业文化，首先应提出一个明确的价值观，在此基础上形成涵盖企业各个方面的管理准则和思想体系。

（一）企业文化层次

1. 精神文化

2. 制度文化

经营规模：如通过规模经营迅速扩张，扩大市场占有率，降低成本。

运作方式：如通过上与母公司，或下与子公司组成的群体，优势互补，增加市场竞争力和规模效益。

治理形式：如通过企业家精英团队管理企业群体，并依法治企。

人际关系：如上下级、员工、客户间均建立信任和谐人际关系，达到沟通谅解。

管理制度：如常规与例外结合，常规管理规范化、标准化，例外管理弹性化。

激励机制：如激励与约束结合，以激励为主，约束为辅；以奖励为主，惩罚为辅。

利益分配：如企业、员工的利益求大同存小异，并趋于共存共荣。

3. 物质文化

生产或服务：如生产制造出质量可靠、性能价格比高的产品。

工作环境或厂貌：如办公环境、经营环境均整洁、明亮、舒适。

技术装备：如配置先进、适用的设备、机器。

后援服务：如为服务对象提供无微不至、主动、便利的服务。

人力资源：如通过全程、终身培训使员工均达到行业社会优秀水平，人尽其才。

福利待遇：如公司员工通过辛勤劳动获得行业和当地领先的工资、福利待遇。

（二）子公司塑造企业文化策略

1. 因袭母公司的企业文化

母公司、控股公司具有系统企业文化时，子公司遵循统一的企业文化。

优点：（1）利用母公司企业文化优势。

（2）形成统一企业文化运作成本较低。

缺点：（1）母公司文化无论好坏都得继承统一。

（2）难以发挥子公司的个性、创造性。

这适合母公司实力强、知名度大的情况。

2. 独创自己的企业文化

独创自己的企业文化模式,且可能与母公司企业文化相异。

优点:(1)根据子公司特质塑造企业文化。

(2)可发挥子公司的个性、创造性。

缺点:(1)独创文化形成时间长、成本大。

(2)可能没有新意或失败(存在风险)。

这适合于与母公司行业差异大,或子公司自身实力强的情况。

3. 建立企业文化中的亚文化

在整体企业文化模式下,建立求大同存小异的亚态文化。与母公司企业文化既有统一性又有差异性。

优点:(1)兼顾母子公司的文化利益关系。

(2)创建亚文化风险较小,运作成本低。

缺点:下级企业的合理积极性未被发挥淋漓尽致。

这适合在集团型的企业群体中、一般折中原则下采用。

三、企业文化示例

一些知名企业或有特色的企业文化如下。

(一)美国 IBM 公司

经营理念:科学,进取,卓越。

企业精神:IBM 就是最佳服务。

基本信念:尊重个人,顾客至上,追求卓越。

归纳为大家长式企业文化:

身为员工,必须全力以赴,为公司贡献。

公司对员工的努力与忠心,提供优厚薪水和福利回报员工,照顾员工。

(二)日本松下公司

经营理念:自来水哲学,即产业人的使命就是通过生产,再生产,使那些很有价值的消费品变得像自来水那样丰富、廉价,而无穷无尽地提供给社会,消除贫困,人间变成乐园。

企业精神:产业报国,光明正大,和睦团结,奋斗向上,礼貌谦让,顺应同化,感谢报恩。

员工信条:唯有本公司每一位成员亲和协力,至诚团结,才能促成进步与发展。

(三)三菱家训

小不忍则乱大谋,实乃经营大事业的方针。

一旦着手事业,必须求其成功。

绝对不得经营投机事业。

以国家观念为基础来经营事业。

任何时候,均应保有至诚服务之意念。

勤俭自持,慈善待人。

仔细鉴别人才技能,以求达到适才适用。

善待部属,事业上的利益应尽量多分给部属。

大胆创业,谨慎守成。

(四)日本丰田公司

经营理念:优良的产品,优良的思想,世界的丰田。

企业精神:从干毛巾中拧出水。

(五)日本日立公司

企业魂:和,诚,开拓精神。

(六)麦当劳公司

经营理念:QSC&V。

品质(Quality),服务(Service),清洁(Cleanness),价值(Value)。

企业精神:美在汉堡之中。

(七)美国惠普

尊重个人价值。

(八)香港金利来公司

勤,俭,诚,信。

(九)台湾宏基集团(Acer)

经营哲学:全球品牌,结合地缘。

经营方式:速食店模式(台湾生产主要组件,当地组装出售)。

组织结构:主从架构(以营销为导向的地区性事业单位,制造为导向战略性事业单位,当地合伙,股权过半)。

(十)上海家化公司

企业使命:奉献优质产品,帮助人们实现清洁、美丽、优雅的生活。

价值观:以顾客的满意、员工自我价值的实现和社会的进步为最大价值所在。

事业领域:以化妆品、个人保护用品和家庭保护用品为主要事业领域。

行动准则:务实,服务,进取。

(十一)深圳康佳集团

企业精神:团结,开拓,求实,创新。

企业风气:爱国爱厂,团结协作,遵纪守法,好学上进。

管理思想:以人为中心。

企业目标:建设一流环境,练就一流技术,创造一流产品,提供一流服务。

宗旨:质量第一,信誉为本。

(十二)中华自行车公司

经营理念:统合观念,提升实力,自强不息,回报社会。

价值体系:卓越观,职责观,绩效观,品质观,创意观,务实观。

(十三)南德集团

经营理论:一度理论(99度+1度),人才资本论(劳动价值论)。

企业信念:阳光下的利润,温和的金钱关系。

发展思路:发展第四产业,造就一代儒商。

企业口号:世界上没有办不到的事,只有想不到的事。

经营方针:风险推进,最低成本,规模经营,综合能力。

(十四)北京天安公司

企业精神:一切为了天下人的幸福,平安。

企业信条:创新,冒险,实力,道德,忧患。

经营战略:企业文化,科研群体,国际经营,耕者有其田。

管理战略:民本,均富,差异,老字号。

(十五)森迪咨询公司某企划案(为物业管理公司策划)

企业精神:以企业之"人"服务社会之"人"。

企业宗旨:通过物业与社会共同发展。

经营理念:人与物业共同增值,公司与业主共享利益。

价值观念:降低管理成本,延长物业寿命就是增加社会财富。

企业口号:让××物业联成社区大家庭。

企业文化模式概况:

以精英团队塑造企业文化。

以企业文化培养优秀员工。

以优秀员工创造管理名牌。

以管理精品推进规模发展。

以规模扩展追求企业效益。

以企业效益凝聚优秀人才。

第十九章

员工守则

《用制度管人》

一、员工守则的制定原则

员工守则作为企业内部约束员工行为的基本规则,在制定前,要遵循一定的原则。

企业内部规章制度的效力是以合法为前提的。凡是违法的内部规章制度一律无效。所以在制定员工守则时首先要对国家相关劳动人事法规进行了解和学习,不要编制出违反国家法律、法令的无效的员工守则。比如规定员工在劳动合同期间不能结婚生育,上下班要搜身检查,试用期间员工辞职不发工资,员工入职要交一笔保证金等等。这些规定严重侵犯了公民的基本权利,侵犯了员工的合法权益。

要广泛征求企业员工的意见和建议,因为员工守则是企业内部员工规范自己的言行的基本准则,以企业内部员工为主体编制出来的规则更具操作性。因此,必须发动全体员工参与,通过民主程序来制定。如通过企业工会组织、职工代表大会或选派员工代表,参与内部规章制度的制定。制定出来以后,还要向全体员工公示,并组织学习和贯彻实施。

在《劳动法》或其部门法没有规定的情况下,用人单位制定其内部规章制度时要坚持公平、合理、科学的原则,既要考虑员工的利益,又要考虑单位的利益;既要考虑对员工劳动行为的规范和制约,又要考虑对员工劳动积极性的激励。

员工守则一般包括以下内容:

(一)员工的道德规范。比如珍惜公司信誉、严谨操守、爱护公物、不得泄露公司机密等行为规范;

(二)员工的考勤制度。其中有工时制度、上下班的规定、打卡规定等等;

(三)员工加班值班制度。什么情况下加班、加班的报酬规定、值班的安排等等;

(四)休假请假制度。包括平时和法定休假、年休假、婚假、产假和生理假、病假、丧假、工伤假、私事休假等等。

二、员工守则范本一

第一条　本公司员工均应遵守下列规定:

(一)准时上下班,对所担负的工作争取时效,不拖延、不积压;

(二)服从上级指挥,如有不同意见,应婉转相告或以书面陈述,一经上级主管决定,应立即遵照执行;

(三)尽忠职守,保守业务上的秘密;

（四）爱护本公司财物，不浪费，不化公为私；

（五）遵守公司一切规章及工作守则；

（六）保持公司信誉，不做任何有损公司信誉的行为；

（七）注意本身品德修养，切戒不良嗜好；

（八）不私自经营与公司业务有关的商业或兼任公司以外的职业；

（九）待人接物要态度谦和，以争取同事及顾客的合作；

（十）严谨操守，不得收受与公司业务有关人士或行号的馈赠、贿赂或向其挪借款项。

第二条　本公司员工因过失或故意使公司遭受损害时，应负赔偿责任。

第三条　本公司工作时间，每周为 40 小时，星期六、星期天及纪念日均休假。业务部门如因采用轮班制，无法于星期六、星期天休息者，可每 7 天给予 2 天的休息，视为例假。

第四条　管理部门的每日上、下班时间，可依季节的变化事先制定，公告实行。业务部门每日工作时间，应视业务需要，制定为一班制或多班轮值制。如采用昼夜轮班制，所有班次，必须一星期调整一次。

第五条　上、下班应亲自签到或打卡，不得委托他人代签或代打，如有代签或代打情况发生，双方均以旷工论处。

第六条　员工应严格按要求出勤。

第七条　本公司每日工作时间定为 7 小时，如因工作需要，可依照政府有关规定延长工作时间至 10 小时，所延长时数为加班。

除前项规定外，因天灾事变，季节关系，依照政策有关规定，仍可延长工作时间，但每日总工作时间不得超过 12 小时，其延长之总时间，每月不得超过 46 小时。其加班费依照公司有关规定办理。

第八条　每日下班后及例假日，员工应服从安排值日值宿。

第九条　员工请假，应照下列规定办理：

（一）病假：因病须治疗或休养者可请病假，每年累计不得超过 30 天，可以未请事假及特别休假抵充逾期仍未痊愈的天数，即予停薪留职，但以 1 年为限；

（二）事假：因私事待理者，可请事假，每年累计不得超过 14 天，可以特别休假抵充；

（三）婚假：本人结婚，可请婚假 8 天；

（四）丧假：祖父母、父母或配偶丧亡者，可请丧假 8 天，外祖父母或配偶的祖父母、父母或子女丧亡者，可请丧假 6 天；

（五）产假：女性从事人员分娩，可请产假 8 星期（假期中的星期例假均并入计算）。怀孕 3 个月至 7 个月而流产者，给假 4 星期，7 个月以上流产者，给假 6 星期，未满 3 个月流产者，给假一星期；

（六）公假：因参加政府举办的资格考试（不以就业为前提者）、征兵及参加选举者，可请公假，假期依实际需要情况决定；

（七）工伤假：因公受伤可请工伤假，假期依实际需要情况决定。

第十条　请假逾期，除病假依照前条第一款规定办理外，其余均以旷工论处。但因患重病非短期内所能治愈，经医师证明属实者，可视其病况与在公司资历及服务成绩，报请总经理特准延长其病假，最多 3 个月。事假逾期系因特别或意外事故经提供有力证件者，可请总经理特准延长其事假，最多 15 天，逾期再按前规定办理。

第十一条　请假期内的薪水，依下列规定支给：

（一）请假未逾规定天数或经延长病事假者，其请假期间内薪水照发；

（二）请公假者薪资照发；

（三）工伤假工资依照劳动保险条例由保险机关支付，并由公司补足其原有收入的差额。

第十二条　从业人员请假，均应填写请假单呈核，病假在 7 日以上者，应附医师的证明，工伤假应附劳保医院或特约医院的证明，副经理以上人员请假，以及申请特准处长病事假者，应呈请总经理核准，其余人员均由其主管核准，必要时可授权下级主管核准。凡未经请假或请假不准而未到者，以旷工论处。

第十三条　旷工 1 天扣发当日薪资，不足 1 天照每天 7 小时比例以小时为单位扣发。

第十四条　第九条第（一）、第（二）款规定请病、事假的日数，系自每一从业人员报到之日起届满 1 年计算。全年均未请病、事假者，每年给予 1 个月的不请假奖金，每请假 1 天，即扣发该项奖金 1 天，请病事假逾 30 天者，不发该项奖金。

第十五条　本公司人员服务满 1 年者，可依下列规定，给予特别休假：

（一）工作满 1 年以上未满 3 年者，每年 7 日；

（二）工作满 3 年以上未满 5 年者，每年 10 日；

（三）工作满 5 年以上未满 10 年者，每年 14 日；

（四）工作满 10 年以上者，每满一年加给 1 日，但休假总数不得超过 30 日。

第十六条　特别休假，应在不妨碍工作的范围内，由各部门就业务情况排定每人轮流休假，期后施行。如因工作需要，得随时令其销假工作，等工作完毕公务较闲时，补足其应休假期。但如确因工作需要，至年终无法休假者，可按未休日数，计发其与薪水相同的奖金。

三、员工守则范本二

第一条　员工应遵守本公司一切规章、通告及公告。

第二条　员工应遵守下列事项：

（一）尽忠职守，服从领导，不得有阳奉阴违或敷衍塞责的行为；

（二）不得经营与本公司类似及职务上有关的业务，或兼任其他厂商的职务；

（三）全体员工必须时常锻炼自己的工作技能，以达到工作上精益求精，以期能提高工作效率；

（四）不得泄露业务或职务上机密，或假借职权，贪污舞弊，接受招待或以公司名义在外招摇撞骗；

（五）员工于工作时间内，未经核准不得接见亲友或与来宾参观者谈话，如确因重要事情必须会客时，应经主管人员核准在指定地点，时间不得超过 15 分钟；

（六）不得携带违禁品、危险品或与生产无关物品进入工作场所；

（七）不得私自携带公物（包括生产资料及复印件）出厂；

（八）未经主管或部门负责人的允许，严禁进入变电室、质量管理室、仓库及其他禁入

重地;工作时间中不准任意离开岗位,如需离开应向主管人员请准后始得离开;

(九)员工每日应注意保持作业地点及更衣室、宿舍环境清洁;

(十)员工在作业开始时间不得怠慢拖延,作业时间中应全神贯注,严禁看杂志、电视、报纸以及抽烟,以便增进工作效率并防止危险;

(十一)应通力合作,同舟共济,不得吵闹、斗殴、搭讪攀谈或互为聊天闲谈,或搬弄是非,扰乱秩序;

(十二)全体员工必须了解,唯有努力生产,提高质量,才能获得改善及增进福利,以达到互助合作,劳资两利的目的;

(十三)各级主管单位负责人必须注意本身涵养,领导所属员工,同舟共济,提高工作情绪,使部属精神愉快,在职业上有安全感;

(十四)在工作时间中,除主管及事务人员外,员工不得打接电话,如确为重要事项时,应经主管核准后方得使用;

(十五)按规定时间上、下班,不得无故迟到、早退。

第三条 员工每日工作时间以 8 小时为原则,生产单位或业务单位每日作息另行公布实施,但因特殊情况或工作未完成者应自动延长工作时间,唯每日延长工作时间以不超过 4 小时;每月延长总时间不超过 46 小时。

第四条 经理级(含)以下员工上、下班均应亲自打卡计时,不得托人或受托打卡,否则以双方旷工 1 日论处。

第五条 员工如有迟到、早退或旷工等情形,依下列规定处分:

(一)迟到、早退:

1.员工均须按时间上、下班,工作时间开始后 3 分钟至 15 分钟以内到班者为迟到;

2.迟到每次扣 100 元,拨入福利金;

3.工作时间终了前 15 分钟内下班者为早退;

4.超过 15 分钟后,始打卡到工者应办理请假手续,但因公外出或请假皆须报备并经主管证明者除外;

5.无故提前 15 分钟以上下班者以旷工半日论,但因公外出或请假经主管证明者除外;

6.有下班而忘记打卡者,应于次日经单位主管证明才视为不早退。

(二)旷工:

1.未经请假或假满未经续假而擅自不到职以旷工论处;

2.委托或代人打卡或伪造出勤记录者,一经查明属实,双方均以旷工论处;

3.员工旷工,不发薪资及津贴;

4.无故连续旷工 3 日或全月累计无故旷工 6 日或一年旷工达 12 日者,应予解雇,不发给资遣费。

四、员工守则范本三

第一条　本公司员工应遵守本公司一切规章命令及主管的指挥监督,忠实勤勉地执行其职务。对经办业务或工种如有建设性意见时,可以口头或书面陈述建议。

第二条　本公司员工平日的言行应诚实、谦让、廉洁、勤勉,同事间要和睦相处以争取公司荣誉。

第三条　本公司员工上下班均应按规定签到。签到均应亲自为之,不得托人代为签到或代人签到。违者依本规则的规定论处。

第四条　本公司员工除规定的放假日及因公出差或因故有其他正当事由外,均应按照规定时间上、下班,不得任意迟到或早退。如有违反者照下列规定处理:

(一)每月迟到或早退:

1. 1 次至 10 次者以旷工半天论处;

2. 11 次至 15 次者以旷工 1 天论处;

3. 16 次至 20 次者以旷工 2 天论处;

4. 超过 21 次概以旷工 3 天论处。

(二)迟到或早退除事先请准者,超过 20 分钟起至 1 小时内,未办理请假手续者以旷工半天论处。

违反这两项规定者依前面规定按日计扣薪资。

第五条　各级员工每日应办事务必须当日办清,如不能于办公时间内办妥应加班赶办。如有临时发生紧要事项奉主管人员通知时,虽非办公时间亦应遵照办理,不得借故推诿。加班发给加班费,其标准另定。

第六条　本公司员工对顾客或参观来宾应保持谦和礼貌、诚恳友善的态度。对顾客委办事项应力求周到机敏处理,不得草率敷衍或任意搁置不办。

第七条　各级主管就其监督范围以内所发命令,其属下员工有服从的义务,但对其命令有意见时可随时陈述。

第八条　各级员工对于两级主管同时所发命令或指挥,以直接主管的命令为准。

第九条　本公司员工不得有下列行为:

(一)除办理本公司业务外,不得对外擅用本公司名义;

(二)对于本公司机密无论是否经管,均不得泄露;

(三)未经批准不得擅离职守;

(四)对于所办事项不得收受任何馈赠或向往来行号挪借财物;

(五)非因职务的需要不得动用公物或支用公款;

(六)对所保管的文书财物及一切公物应善尽保管之责,不得私自携出或出借;

(七)不得私自经营与本公司业务类似的商业或兼任本公司以外职务,但经董事长特准者不在此限;

（八）不得任意翻阅不属自己负责的文件、账簿表册或函件；

（九）不得携带违禁品、引火物及非必要物品进入工作场所。

第十条　本公司各级员工有违反前条规定,应视情节轻重分别予以惩处,该主管知情不报者,亦应负连带责任而受惩处,其涉及保证事项的保证人应负与保证有关的责任。

第二十章

工作礼仪

《用制度管人》

一、仪容仪表细则

(一)着装

1. 员工上岗时,必须穿着符合工作要求的服装。

2. 任何指定穿着的服装随时保持清洁、平整。

3. 不得穿着褶皱、破损、掉扣的服装上岗。

4. 生产操作型员工上岗需着公司指定的工装。

5. 非生产型员工上岗。如由公司配备,应着公司服装;未配备的亦应该按照公司的要求穿着相应的服装。

6. 员工出席公司组织的重大活动应着西装,佩戴领带及领夹,穿皮鞋,领带长度要适中,领带要结扎得规范美观,保持皮鞋洁净亮泽。

7. 在岗时严禁卷露衣袖、裤腿等不雅穿着。

8. 员工须按公司要求佩戴、显露公司标志。非工作需要,员工一般不将公司配备的工作服装在公司以外穿着。

(二)仪容规范

1. 面带笑容,保持开朗心态,有利于营造和谐、融洽的工作气氛。

2. 保持身体清洁卫生,这不仅是健康的需要,更是文明的表现,有利于与人交往。

3. 头发梳理整齐、面部保持清洁。

4. 男员工不留长发,女员工不化浓妆。

5. 保持唇部润泽,口气清新,以适合近距离交谈。

6. 手部干净,指甲修剪整齐,男员工不留长指甲,女员工不涂抹鲜艳指甲油。

7. 宜使用清新、淡雅的香水。

8. 社交场合不宜戴墨镜(参观、旅游除外)。

9. 女员工不宜佩戴有声响的饰物。

10. 公文包(手提包)外观整洁,男士公文包以黑色为佳。

二、仪态举止规范

(一)站姿

1. 抬头、挺胸、收腹、双肩舒展,双目平视。

2. 双臂和手在身体两侧自然下垂,女员工双臂可下垂交叉放于身体前。

3. 女员工站立时,双膝和脚跟要靠紧,双脚呈"V"字形。

4. 男员工站立时,双脚可并拢呈"V"字形,也可分开。分开时双脚应与肩同宽。

5. 站立时,双手不可叉在腰间,不宜放入裤子口袋中,也不宜在胸前抱臂。

6. 站立时双腿不可不停地抖动。

(二)坐姿

1. 从容就座,动作要轻而稳,不宜用力过猛。

2. 就座时,不宜将座椅或沙发坐满,也不宜仅坐在座椅边上。

3. 就座后,上身应保持正直而微前倾,头部平正,双肩放松。

4. 男员工就座后,双手可自然放于膝上,或轻放于座椅扶手上,手心向下,注意手指不要不停地抖动。

5. 女员工就座后双手交叉放于腿上,手心向下。

6. 女员工身着裙装入座时,应先用手将裙子向双腿拢一下。要注意裙子不要被其他东西挂着。

7. 男员工就座后双腿平行分开,不宜超过肩宽;女员工就座后双腿并拢,采用小腿交叉向后或偏向一侧。注意,双腿不可向前直伸。

8. 若需要同侧边的人交谈,宜将身体稍转向对方。

9. 离座站起时要稳重,可右脚后收半步,然后从容站起。

10. 注意坐下后双腿都不可不停地抖动。

(三)走姿

1. 行走时,上身保持正直,双肩放松,目光平视,双臂自然摆动。男员工注意手不宜放在裤子口袋里。

2. 行走时应从容自然。男员工步伐矫健、有力,女员工步伐自然、优雅。

3. 行走时不宜左顾右盼,脚步不宜太沉重而发出较大声响。

(四)蹲姿

1. 在查看位置较低的事物或拾取物品时,往往需要蹲下,不宜直接弯腰进行。

2. 下蹲时,采取两脚前后交叉的蹲姿:一脚在前,一脚在后。在前面的脚应全脚着地,后脚脚尖着地,脚跟抬起,双腿下压,上身直立,置重心于后脚之上。

3. 下蹲时,女员工要两腿靠紧,如身着裙装,要用手把裙子向双腿拢一下再下蹲。

三、言行规范

一言一行,一举一动,都是个人形象的展示。员工个人形象是公司整体形象的组成部分,因此,每个员工的言行都是公司形象的体现。热情、礼貌的言行不仅体现出公司员工的整体素质,更体现出公司深厚的文化底蕴。

(一)言谈规范

1.恰当地称呼他人。在社交场合,无论新朋友还是老朋友,都应称呼对方姓氏加头衔或职称,这是对他人的尊敬。

2.使用礼貌用语。在受到对方赞扬或帮助时应表示感谢;在打扰或妨碍到别人时,应表示歉意;在指称陌生的第三者时,应使用"那位先生""那位女士"等之类称呼。

3.正式交谈前的寒暄是展开话题的重要手段,寒暄时应选取大家共同感兴趣的话题,避免涉及私人问题或某些敏感话题。

4.与他人交谈时,不宜出现插入、打断、讽刺、模仿等不礼貌行为。

5.在交谈过程中,不宜出现过激的言语或过分的玩笑。

6.在交谈过程中,应合理使用行为语言以配合表达,如:微笑、点头等。

7.交谈时不可用手指点他人。

(二)吸烟规范

1.工作时间不宜在办公室吸烟,可以到走廊、洗手间等地方吸烟。

2.如有必要,应在办公区域内适当的地方设置吸烟室。

3.若有访客欲在办公室吸烟,应向其说明办公室是禁烟区,在征得对方同意后,可到会客室或吸烟室吸烟。

4.在公共活动场合不宜吸烟。若要吸烟,看有无禁烟警示及烟缸等卫生器具,再考虑是否吸烟。

(三)引导客人规范

1.在引导的途中,引导者应走在客人的侧前方。若被引导的是一群人,引导者应灵活处理,一般应在最前面的人的侧前方。

2.指引方向时,右臂伸出,小臂与上臂略成直角,掌心向上,拇指微向内屈,四指并拢伸直,指向所要去的方向。

3.上楼梯时,引导者应走在客人的后面。

4.下楼梯时,引导者应走在客人的前面。

5.若有我方人员不认识的客人来访,引导者应相互介绍,顺序一般是先介绍我方人员给客人。

(四)电梯使用规范

1.进入电梯时,让客人或领导先入。若是人较多,应注意用手按住电梯按钮以使所有人顺利进入。

2.在电梯内尽量站成凹形,以方便后进入者。

3.电梯内空间较小,一般不宜交谈。

4.出电梯时,应让客人或领导先行,若自己站在门口而同行者又较多,则应先出电梯,按住电梯键,等候他人出来。

5.不可在电梯内丢放垃圾。

(五)介绍规范

1.介绍时,应将被介绍人的姓名、职位、单位、职称等介绍清楚。如:"某某经理,这位是某某公司某某部经理某某先生"。

2.介绍时,应先将职位低者介绍给职位高者,将主人介绍给客人,先将男士介绍给女士。

3.介绍时,应将手心向上,五指并拢,指向被介绍者。

(六)握手

1. 初次见面握手不应握满全手,仅握手指部位即可。

2. 握手时,伸出右手,上身直立微向前倾,目光平视对方,点头致意。

3. 握手力度应适中,力度太轻给人感觉无诚意,太重给人感觉过于鲁莽。

4. 握手时间一般在 3 秒钟之内,握一两下即可。

5. 如戴有手套,一定要脱掉手套再与对方握手。

6. 通常由年长者、职位高者、上级先伸手发出握手信号。年轻者、职位低者、下级再伸出手与之呼应。

7. 平级男士和女士之间,一定要女士先伸出手,男士再握其手。

8. 握手时切忌抢握,或者交叉相握。

(七)名片使用

1. 在与他人交换名片时,应双手递上,身体微向前躬,手臂高度略与胸齐。规范用语:"我叫××,这是我的名片。"

2. 若想得到对方的名片时,可使用的规范用语为:"如果您方便,请留张名片给我。"

3. 接受名片时,双手接过对方的名片仔细看一遍,慎重收好。切忌随意丢放。

4. 若发现名片上有不认识的字或不理解的内容,则应虚心求教,以避免引起误会。

四、电话规范

电话是企业与外界交往的最重要的方式之一。正确、规范地处理企业内外的电话,能够迅速、有效地树立和传播企业形象。

(一)基本使用规范

1. 电话作为办公工具,尽量避免谈论私事。因私通话时间不宜超过 3 分钟,以保持线路畅通。

2. 拨打长途电话时,须遵守公司关于使用长途电话的管理办法。

3. 通话时,听筒紧贴耳朵,话筒置于唇下约 5 公分处。

4. 通话时,不宜与第三者岔话。若有重要事情与第三者应答,须按电话"HOLD(保持)"键或用手捂住话筒。

(二)通话礼仪规范

1. 语言简洁明了,言简意赅地将要讲的事情表述出来。若有较多的内容需要表述,应事先拟好电话稿。

2. 语气温和热情,温和热情的语气有利于双方的交流和沟通。

3. 发音清晰、流利,使用标准普通话,公司需要与来自不同地区的客户交往。清晰、流利的普通话有利于双方的有效沟通。

4. 面带微笑,通话时面带微笑,可给人以亲切友好之感,利于营造融洽的谈话气氛。

(三)拨打电话规范

1. 拨打电话时,如果铃响三声以上对方没有摘机,应挂断电话,等候 1~2 分钟再拨过去。

2.电话拨通后,听到对方摘机,先做自我介绍并证实一下对方的身份。如:"您好,我是××公司的××,您这儿是××公司吗"? 这样可以使对方很快明确身份,将谈话切入正题。

3.如所打的电话需要总机接转,应对接线员说:"请转××分机。"若要找的人不在:

(1)如需留言,可说:"对不起,麻烦您转告××(职务或先生、小姐)。"

(2)如需回电,可以留下自己的电话和姓名。

(3)对于长途电话,不宜要求对方回电,可以约定时间再次通话。

4.拨错电话,应说:"对不起,我打错电话,打搅了。"

5.通话期间,应把整理的要点准确地表达出来。如果电话掉线,应立即重拨。通话完毕,道一声再见,待对方挂机时,及时挂上电话。

(四)接听电话

1.接电话规范:

(1)铃响两声接听电话,电话铃响两声摘机,如果一时腾不出时间,以致电话铃响超过两声以上,接听时须向对方表示歉意。

(2)问候来电者,并做自我介绍。

接电话时,应该先说"早上好""下午好""您好"等问候语。

及时向对方做自我介绍,让来电者知道已经同所要找的人、部门或公司联系上了,可以节省双方通话的时间。

(3)明确来电意图。

听清来电者需找的人、部门或需要解决的事情,及时进行电话转接或做好详细的记录,积极帮助来电者处理。

2.来电等待规范:

(1)当需要来电等待时,应先告诉对方等待的原因。比如"我需要查找资料"。

(2)当需要来电等待时,要说明需等待的时间。

如果是短暂的等待(最多60秒),就告诉对方:"请稍等,马上就好。"

如果是长时间的等待(1分钟~3分钟),应询问对方是否愿意等待;在重新通话时对来电者的等候表示感谢和歉意。规范用语:"对不起,让您久等了⋯⋯"

如果超过了3分钟,则应问清对方电话号码,并告诉对方,有了消息会及时与他(或她)联系。

3.接转电话规范:

(1)当来电需要转接时,及时将电话转接到要找的人或部门。

(2)若来电者要找的人不在或要找的部门没有人,询问对方可否联系其他的人或部门,或是否有事情需要转告。

4.记录留言规范。如果来电需要留言,一定要认真做好记录,记录完毕后向对方重复一遍,以确保准确无误。这些留言记录应包括:

(1)正确拼写来电人姓名。

(2)准确的联系电话,长途电话应记下区号。

(3)来电的主要内容。

(4)来电的时间以及要联系的人或部门。

5.结束通话规范:

（1）再一次向来电者询问,还需要为他(或她)提供什么帮助。

（2）当来电者表示没有其他事情后,亲切地向对方说再见。

（3）在对方挂断电话后再挂机。

（4）在尽可能短的时间内,将电话内容进行处理。

（五）移动电话使用规范

1.保持手机处于正常状态,以方便联络。

2.在办公区域内,手机铃声不宜太大,防止影响他人工作。

3.在办公区域内使用手机,不宜有过分夸张的动作和言语。

4.在与他人交谈时若需要接听手机,应先向对方表示歉意。

5.注意在有些场合不宜使用手机,如加油站、飞机上。

6.会议期间,应将手机调至振动或关停。会议期间一般不宜接听手机,对于重要的来电,应到会场外接听。

7.手机的语言、礼仪规范参照上面的内容。

8.在拨打手机时,应先向对方征询是否方便通话。

9.若自己处于不利于接听手机的场所,则可告知对方原因,并说明在方便时会打电话过去。

第二十一章

奖惩办法

《用制度管人》

一、奖惩办法制定的原则

有效、公平的奖惩办法,可以使员工心情舒畅,为员工发挥积极性和创造性提供极有利的环境条件。许多企业、组织之所以无效率、无生气,归根结底是由于它们的员工奖罚制度出了毛病。作为一个管理者,建立自己正确的(即符合企业、组织根本利益的)、明确的(即不是模棱两可、摇摆不定的)价值标准,并通过奖惩手段的具体实施明白无误地表现出来,是管理中的大事。制定奖惩办法有以下几个原则。

（一）公平原则

公平原则即物质利益分配和精神奖励,必须符合贡献与报酬相对的原则,才能使员工心理平衡,有公平感,才能激发员工多做贡献。

（二）易于执行原则

在制定奖惩制度时,尽量避免弹性条款。比如对后果和程度进行描述,最好能够做出细化和量化的规定,以便于实际操作和执行。如因为某种违纪行为给公司带来 500 元以上经济损失的可以解聘等。这样的尺度和标准明确、直接,易于企业执行。

（三）物质与精神并重原则

奖惩的方式包括物质与精神两个方面,物质方面主要有工资升降、奖金分配、福利分配、职位升降、经济处罚等;精神方面主要有职业定位、评先进、通报表扬、非正式表扬与体现成就感、社会地位等。一个公司的奖惩方式不可能只有一种手段,物质和精神对于员工同等重要。

（四）与时俱进原则

奖惩的尺度应该在不同的时期,制定不同但是却有连贯性与企业特性的方案来执行。

二、奖惩办法的内容

（一）奖惩的种类和方式

1. 奖惩的种类

奖励分为:嘉奖;授予荣誉称号;记大功;记小功等。

惩罚分为:警告;记过;记大过;开除等。

2. 奖惩的方式

奖励的方式有:通报表扬;奖金;加薪;晋级等。

惩罚的方式有:通报批评;罚金;减薪;降级等。

不同的企业依据自己的自身情况来具体地制定。

(二)奖惩的规则和标准

1.奖惩的规则

什么情况下给予什么样的奖励或惩罚即员工的哪些行为可以记大功、哪些行为记小功、哪些行为要记过。规则要清楚明白,避免模棱两可的语言,使企业便于执行。

2.奖惩的标准

当员工立了功,是采用精神奖励还是物质奖励,还是两者并用。记大功的物质奖励是多少,记小过时的罚金是多少,都要有清晰明确的规则。

三、奖惩管理部门责任

奖惩管理由人力资源总监负总体责任,人力资源部负具体责任,同时其他部门积极配合。

(一)人力资源部奖惩管理的职责

1.奖惩核实职责;

2.兑现奖惩职责;

3.被惩罚员工思想工作开展职责;

4.鼓励宣传职责、奖惩登记与考核职责。

(二)其他部室奖惩管理的职责

1.部门员工遵循规章制度的情况统计职责;

2.奖惩呈报职责;

3.被惩罚员工思想工作开展的职责;

4.奖励宣传的职责。

四、奖惩的流程

奖惩的流程如图 21 - 1 所示:

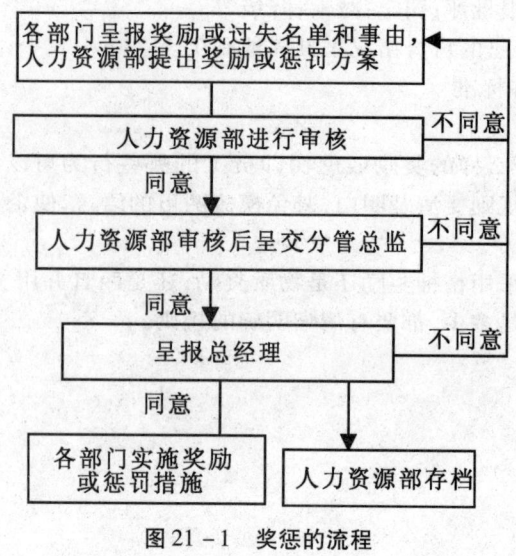

图 21 - 1　奖惩的流程

五、奖惩办法示例

某股份有限公司关于员工奖惩的规定

第一条　总则

（一）目的：为加强公司员工遵纪守法的主动性、自觉性、规范员工行为，提高员工素质，维护公司正常生产、经营、管理秩序，保障各项规章制度的贯彻执行，特制定本规定。

（二）适用范围：公司全体员工。

第二条　奖励

（一）奖励范围，有以下表现之一的员工应给予奖励：

1. 任务方面取得显著成绩和经济效益的；

2. 在技术、产品、专利方面取得重大成果或显著成绩的；

3. 对公司提出合理化建议积极、有实效的；

4. 保护公司财物，使公司利益免受重大损失的；

5. 在公司、社会见义勇为，与各种违法违纪、不良现象斗争有显著成绩的；

6. 对突发事件、事故妥善处理者；

7. 一贯忠于职守、认真负责、廉洁奉公、事迹突出的；

8. 全年出满勤的；

9. 为公司带来良好社会声望的；

10. 其他应给予奖励事项的。

（二）奖励项目及方式：

1. 奖励项目:授荣誉称号;嘉奖;记小功;记大功。

2. 奖励方式:奖金;加薪;晋级;其他(由公司另定)。

（三）奖励规则:

1. 嘉奖对象:

（1）品行优良、技术超群、工作认真、恪尽职守为公司楷模者;

（2）领导有方、业务推展有相当成效者;

（3）参与、协助事故或事件求援工作者;

（4）遵规守纪,服从领导,公司之敬业楷模;

（5）主动积极为公司工作,提出合理化建议,减少成本开支,节约资源能源的员工;

（6）拾金不昧且价值较高者;

（7）预防机械发生故障或抢修工程使生产不致中断者;

（8）全年从未迟到、早退、请假而且工作勤奋者。

2. 记小功对象:

（1）对公司有较大贡献者;

（2）对公司业务有较人发明、革新,成效优秀者;

（3）对危害公司的事件如舞弊、盗窃等,及时制止或检举,避免较大损失,其价值超过平均日给工资 100 倍者;

（4）利用废料有较大成果者;

（5）开拓公司业务,经营业绩优良者;

（6）本职岗位工作表现优异者;

（7）执行临时紧急、很重要的任务能依限完成者。

3. 记大功对象:

（1）对公司有重大贡献者;

（2）对主办业务有重大发明、革新、成效卓越者;

（3）对于舞弊或有危害公司的事件能事先举报或阻止,避免重大损失者;

（4）在恶劣环境下,冒生命危险恪尽职守者;

（5）开拓公司业务,经营业绩(利润、营业额)骄人者;

（6）获得社会重大荣誉者;

（7）研究改善生产设备,有特殊功效者;

（8）对危害公司的事件如舞弊、盗窃等,及时制止或检举,避免较大损失,其价值超过平均日给工资 200 倍者。

4. 授荣誉称号:对公司有突出贡献者,可授予荣誉称号。

（四）奖励标准:

	嘉奖	记小功	记大功	授予荣誉称号
奖金	·300 元	·500 元	·500 元	·1 000 元
加薪			·100 元/月	
晋级			☆	
其他	☆	☆	☆	☆

注:①代表固定奖励标准,☆代表机动奖励项目;②记大功者,其是否晋级除考虑其受奖的缘由外,还须综合考虑其能力、经验、知识、拟晋级职位的职务要求、编制情况等来决定;③其他:指由公司视具体情况,决定是否再给予受奖励者其他奖励的奖励方式,如有薪假期、培训机会等;④获得奖励者,各主管在当年的考核方面可适当加分。

（五）奖励程序：

1. 员工有符合奖励条件的，由所在部门及时提出申请，报人力资源部；

2. 人力资源部审核，签注意见后报公司领导层讨论决定；

3. 获奖员工由公司发给奖金与证书，并张榜公布；

4. 奖励事宜记入员工档案。

第三条　惩处

（一）惩处种类及方式：

1. 惩处项目：警告；记过；记大过；开除。

2. 惩处方式：罚金；减薪；降级。

（二）惩处规则：

1. 警告对象：

（1）工作时间未经许可擅自离岗外出者；

（2）月份内发生迟到早退次数累计7次者；

（3）不按规定请假、销假者；

（4）委托他人或受托他人出勤打卡或签到者；

（5）遇非常事故，故意回避逃离者；

（6）浪费公司财物，因过失致损坏公物价值超过其日平均工资30倍者；

（7）教育训练无故缺勤者；

（8）在公司内喧哗或发生口角，不服纠正者。

2. 记过对象：

（1）因玩忽职守、督导不力或业务疏忽发生差错，而发生较大损失者；

（2）教唆他人，造谣生事者；

（3）工作不力，屡戒不改者；

（4）服务态度恶劣，与客户争吵，影响公司声誉者；

（5）连续3次不参加公司重要活动者；

（6）连续旷工2天或全月累计旷工3天，全年累计6天者；

（7）在工作场所酗酒滋事，影响秩序者；

（8）浪费公司财物，因过失致损坏公物价值超过其日平均工资50倍者。

3. 记大过对象：

（1）主管包庇员工舞弊，或弄虚作假者；

（2）因玩忽职守、督导不力或业务疏忽导致重大损失者；

（3）泄露公司机密者；

（4）品行不正，有损风化行为或捏造诬陷同事者；

（5）故意造成重大损失者；

（6）损失或遗失公司重大物品、设备者；

（7）全月旷工累计达4天或全年累计7天者；

（8）在公司内打架，从事不良活动者。

4. 开除对象：

（1）记大过2次者；

（2）因触犯法律被劳教、管制、罚金、判刑者；

（3）盗窃财物，挪用公款者；

（4）屡次触犯公司规章制度、严重侵犯公司权益者；

（5）有重大泄密行为，致使公司受重大损失者；

（6）煽动众人不服从规定或怠工者；

（7）在公司内殴人成伤，情节重大者；

（8）利用职权谋私、受贿，以公司名义招摇撞骗者；

（9）连续旷工达 3 天或全月累计旷工 5 天、全年旷工达 8 天者；

（10）对员工暴力威胁、恐吓、妨害团体秩序者；

（11）吸食鸦片或其他毒品者；

（12）伪造、变造或盗用公司印信者；

（13）参加非法组织者；

（14）擅离职守，致使公司蒙受损害者；

（15）其他严重违反《员工行为准则》的行为，给公司造成重大损失或不良影响者。

（三）惩处标准：

项目 方式	警告	记过	记大过	辞退
罚金	·当月薪资的 15%	·当月薪资的 15%	·议定	
减薪		·100 元/月	·职务降一档，薪资按降职后职务的相应级别发放（已是最低职档按最低级别薪资发放）	
降职				

（四）惩处程序：

1. 员工违纪后，由所在部门依据具体违纪事项和本条例提出处理意见，报人力资源部；

2. 人力资源部审核后，报公司领导层决议后生效；

3. 惩处事宜记入员工档案，并予公告。

第四条　奖惩转换办法

（一）员工之奖励两年期间，以嘉奖 3 次等于记功 1 次，记功 3 次等于记大功 1 次，即第三次受相同奖励项目时，第三次奖励方式标准为高一级的奖励项目的奖励方式标准。

（二）员工之惩处两年期间，以警告 2 次等于记过 1 次，记过 2 次等于记大过 1 次，记大过 2 次应予开除。即第二次受相同惩处项目时，第二次惩处方式标准为高一级的惩处项目的惩处方式标准。

（三）员工奖惩转换，本规定所称嘉奖与警告、记功与记过、记大功与记大过在受奖惩日起一年内可以相互抵消。

（四）员工在受惩处之日起若在一定时间内表现良好的可撤销处罚，删除受惩档案记录，但原则上不恢复原来的薪资与职务，从撤销日起恢复享有加薪及晋升的权利；撤销警告处分的考察期至少为半年，记过处分至少为一年，记大过处分至少为一年半时间。

（五）惩处撤销程序类同惩处程序 1、2、3 项。

第五条　附则

（一）其他以本公司或员工有利的行为,具有事实证明者,亦可申报奖励。

（二）其他违反本公司各项规章制度,应予惩戒事项者,应分别予以惩处。

六、员工奖惩建议申请表

表 21 - 1　员工奖惩建议申请表

建议类别	奖励	记大功	记小功	嘉奖	授予荣誉称号	其他
	惩罚	记大过	记小过	警告	辞退	其他
被建议人	部门:　　　职位:　　　姓名:					
事实说明						
人事部门意见						
批示						
复核意见						
主管部门意见						

七、员工奖惩登记表

表 21-2　员工奖惩登记表

员工编号	姓名	奖惩事项及文号	统计						

八、奖惩汇总月报表

表 21-3　奖惩汇总月报表

年　　月

部门	姓名	工号	岗位	奖惩事项及序号	结果	
					惩罚	奖励

备注:责任过失和违纪过失的处理结果分为警告、记过、记大过、降职、免职、开除和经济处罚,奖励的具体情况由企业自定。

填表人/日期:　　　　　　　　　　　　　　　　　　　　　审核人/日期:

九、年度奖惩公告表

表 21 - 4　年度奖惩公告表

年度

姓名	职务	部门	奖惩事由	奖惩办法	备注

第二十二章

企业员工手册范本

《用制度管人》

一、员工手册范本一

××酒店餐厅员工手册范本

客人是酒店餐厅直接和间接交往中至关重要的人。客人不依靠我们,但我们要依靠他们。

不要把客人误认为工作中的累赘,他们是酒店工作的目的所在。我们为客人服务不是施舍恩惠,客人乐意接受服务是我们的荣幸。

□ 劳动条例

第一条 招聘

酒店以任人唯贤为基本原则,凡有志于酒店服务工作的各界人士,都可对照酒店招工简章,报名参与。酒店将通过考核、面试、体检等必要的程序择优招聘员工。被录用者需按不同工种交纳相应的工作及生活用品保证金。

第二条 试用期

员工需经过3~6个月的试用期,试用期满后经考核合格后正式聘用,不符合录用条件者将终止试用。

第三条 劳动合同

凡被正式录用者,酒店将签订聘用合同,通常为两年。

第四条 个人档案

(一)所有员工在应聘前及时交出有关简历、学历证明等。填写包括个人简历、家庭成员情况等在内的登记表。

(二)对于家庭住址、婚姻状况等情况的变更应在5天内告知人事部门。

第五条 工作时间

(一)参照有关法规,结合本地情况和酒店工作特点编排工作日和工作时间。

(二)对加班超时的员工给予合理的补偿。

第六条 发薪方式

每月末发放工资。如遇周末或法定假期,工资将提前1天发放。

第七条 岗位变更

根据工作需要,酒店有权在内部调整员工岗位。

第八条 员工辞职

员工辞职必须(试用期提前7天,正式聘任后前30天)向所在部门负责人提出书面申请,经酒店批准方可离岗。

第九条 解聘

(一)员工无任何过失而自动辞职,符合酒店规定程序,获准后,酒店将退还保证金并发给当月工资。

（二）发生下列情况之一者，酒店有权解除合同，不再退还受聘员工保证金。

1. 不遵守劳动纪律，玩忽职守，严重违反酒店规章制度。

2. 旷工 3 天以上，伪造病假、事假。

3. 服务态度恶劣，责任心不强，营私舞弊，给酒店信誉带来严重影响者。

4. 被依法追究刑事责任。

5. 违反计划生育规定，造成不良后果者。

□　有关权益

第十条　假期

（一）国定假。

按国务院规定，员工享有 10 天法定有薪假期（元旦 1 天、春节 3 天、清明节 1 天、端午节 1 天、中秋节 1 天、国庆节 3 天）。如法定假日需要员工加班，酒店将按《劳动法》规定给予假期或薪金补偿。

（二）病假。

员工生病必须在市级以上的医院就诊，凭医院出具的病情证明请假，并于当日通知所在部门主管（病情严重者，可由家属代请）方属有效。病假期间的工资按工资考勤制度执行。

（三）事假。

无充分理由，员工不得请事假。事假不发薪。如有特殊情况需要无薪请假，必须提前两天申请，经部门主管、人事部、总经理批准。

（四）店内培训。

店内培训主要有：业务技巧、工作态度、语言训练等。员工必须根据安排参加培训，课程结束时要进行考试，成绩合格，将发给结业证书，成绩在分数线以下要扣浮动工资或奖金，无故缺课，按失职处分。

第十一条　业余学校学习

（一）目的。

酒店采用报销学费的方法来鼓励员工参加外语学习或与工作有关的业余学习，以便他们提高与宾客的会话技能或为担负起更大的责任、获得更好职位做准备。

（二）执行方法：

1. 不能占用工作时间。部门主管在编制上班时间表时，在工作允许的情况下，应适当照顾员工的学习时间。

2. 申请人必须于报名前经部门经理和人事部经理批准。

3. 要求报销学费的员工应在学习结束后 3 个月内把学费收据、结业证书或有关证件呈交人事部门审核。

4. 选择课程范围：

（1）任何得到承认的电大、夜大；

（2）商校、技术学院、中等专业学校、专业团体或类似团体主办的符合本方案的文化或职业课程；

（3）培训部认可的函授学校。

（三）报销：

1. 学费报销金额最高不超过 150 元/学年。

2.考试成绩在 80 分以上的员工可报销 150 元。

3.考试成绩在 60～79 分的员工可报销 75 元。

4.考试成绩在 60 分以下的不予报销。

5.受到严重违纪处分、停职、请长病假或旷工的员工一律不予报销。

第十二条　员工餐厅

（一）每个工作日酒店负责免费供应员工一餐工作餐，只准员工本人用膳。

（二）未经部门经理许可，员工不得把工作餐食品和餐具带出餐厅。

（三）工作餐时间为半小时，用膳时间表由人事部门经理统筹制定。

（四）员工凭餐券用膳，加班加点员工将由人事部另外发给餐券。

（五）不准在员工餐厅内喝酒和浪费饭菜。

（六）餐券不得转让，不退钱，过期作废。送、借餐券给别人的，将受到失职处分。

□　员工守则

第十三条　工作态度

（一）按酒店操作规程，准确及时地完成各项工作。

（二）员工对上司的安排有不同意见但不能说服上司，一般情况下应先服从执行。

（三）员工对直属上司答复不满意时，可以越级向上一级领导反映。

（四）工作认真，待客热情，说话和气，谦虚谨慎，举止稳重。

（五）对待顾客的投诉和批评时应冷静倾听，耐心解释，任何情况下都不得与客人争论，解决不了的问题应及时告直属上司。

（六）员工应在规定上班时间的基础上适当提前到达岗位做好准备工作。工作时间不得擅离职守或早退。在下一班员工尚未接班前当班员工不得离岗。员工下班后，无公事，应在 30 分钟内离开酒店。

（七）员工不得在任何场所接待亲友来访。未经部门负责人同意，员工不得使用客用电话。外线打入私人电话不予接通，紧急事情可打电话到各部门办公室。

（八）上班时严禁串岗、闲聊、吃零食。禁止在餐厅、厨房、更衣室等公共场所吸烟，不做与本职工作无关的事。

（九）热情待客，站立服务，使用礼貌语言。

（十）未经部门经理批准，员工一律不准在餐厅做客，各级管理人员不准利用职权给亲友以各种特殊优惠。

第十四条　制服及名牌

（一）员工制服由酒店发放。员工有责任保管好自己的制服，员工除工作需要外，穿着或携带工作服离店，将受到失职处分。

（二）所有员工应佩戴作为工作服一部分的名牌。不戴名牌扣人民币 10 元，员工遗失或损坏名牌需要补发者应付人民币 20 元。

（三）员工离职时须把工作服和名牌交回到人事部，如不交回或工作服破损，须交付服装成本费。

第十五条　仪表、仪容、仪态及个人卫生

（一）员工的精神面貌应表情自然，面带微笑，端庄稳重。

（二）员工的工作衣应随时保持干净、整洁。

（三）男员工应修面，头发不能过耳和衣领。

（四）女员工应梳理好头发，使用发夹网罩。

（五）男员工应穿深色皮鞋、深色袜，禁穿拖鞋或凉鞋。女员工应穿皮鞋，肉色长筒袜其端不得露于裙外。

（六）手指应无烟熏色，女员工只能使用无色指甲油。

（七）只允许戴手表、婚戒以及无坠耳环。厨房员工上班时不得戴戒指。

（八）工作时间内，不剪指甲、抠鼻、剔牙，打哈欠、喷嚏应用手遮掩。

（九）工作时间内保持安静，禁止大声喧哗。做到说话轻、走路轻、操作轻。

第十六条　拾遗

（一）在酒店任何场所拾到钱或遗留物品应立即上缴保安部做好详细的记录。

（二）如物品保管3个月无人认领，则由酒店最高管理当局决定处理方法。

（三）拾遗不报将被视为偷窃处理。

第十七条　酒店财产

酒店物品（包括发给员工使用的物品）均为酒店财产，无论疏忽或有意损坏，当事人都必须酌情赔偿。员工如犯有盗窃行为，酒店将立即予以开除，并视情节轻重交由公安部门处理。

第十八条　出勤

（一）员工必须依照部门主管安排的班次上班，需要变更班次，须先征得部门主管允许。

（二）除4级以上管理人员外，所有员工上、下班都要打工卡。

（三）员工上班下班忘记打卡，但确实能证明上班的，将视情节，每次扣除不超过当月5%效益工资。

（四）严禁替他人打卡，如有违反，代打卡者及持卡本人将受到纪律处分。

（五）员工如有急事不能按时上班，应征得部门主管认可，补请假手续，否则，按旷工处理。

（六）如因工作需要加班，则应由部门主管报总经理批准。

（七）工卡遗失，立即报告人事部，经部门主管批准后补发新卡。

（八）员工在工作时间未经批准不得离店。

第十九条　员工衣柜

（一）员工衣柜的配给由人事部负责，必要时，可两个或两个以上的员工合用一个衣柜。员工衣柜不能私自转让，如有违反，将受纪律处分。

（二）员工须经常保持衣柜的清洁与整齐，柜内不准存放食物、饮料或危险品。

（三）人事部配给衣柜时，免费发给一把钥匙。如遗失钥匙，须赔人民币10元。

（四）如有紧急情况或员工忘带钥匙，可向人事部借用备用钥匙，但须经部门主管同意，故意损坏衣柜，则须赔偿，并予纪律处分。

（五）不准在衣柜上擅自装锁或配钥匙，人事部和保安部可随时检查衣柜，检查时两个以上人员在场。

（六）不准在更衣室内睡觉或无事逗留，不准在更衣室吐痰、抽烟、扔垃圾。

（七）员工离店时，必须清理衣柜，并把钥匙交回人事部，不及时交还衣柜，酒店有权清理。

第二十条　员工通道

（一）员工上下班从指定的员工通道入店，不负重情况下不得使用服务电梯，禁止使用客用电梯。

（二）后台员工非工作关系不得任意进入店内客用公共场所、餐厅、客房，使用酒店内客用设施。

（三）员工在工作时间要离开酒店时，应填写出门单，经部门主管签字后方能离店。

第二十一条　酒店安全

（一）员工进出酒店，保安人员保留随时检查随带物品的权利。

（二）员工不得携带行李、包裹离店，特殊情况必须部门主管签发出门许可证，离店时主动将出门许可单呈交门卫，由保安部存案。

第二十二条　电梯故障

当电梯出故障，客人关在梯内时，一般来说，里面的客人会按警铃。当前厅主管/行李员听到铃声时，应采取下列措施：

（一）通知工程部，立即采取应急措施，设法解救电梯内客人。

（二）和关在里面的客人谈话，问清楚以下事项：

1. 电梯里关有多少人；

2. 如可能，问一下姓名；

3. 有无消息要带给（领队/队里的成员）同伴；

4. 值班人员无法解救客人，立即通知总工程师。

□　消防安全

酒店配有标准的消防控制和报警系统。每一位员工都必须熟悉并了解正确使用灭火器和消防设备，熟记酒店消防楼梯和疏散通道。

第二十三条　火灾预防

1. 遵守有关场所"禁止吸烟"的规定。

2. 严禁把烟蒂或其他燃烧物留在电梯内、棉织品运送处或字纸篓里。

3. 酒店内任何地方都不得堆积废纸、脏毯、脏棉织品或其他易燃物品，以杜绝易燃源。

4. 不准在灶台或高瓦数电灯附近放置易燃、易爆物品。

5. 盛有易燃、易爆物的容器，不得存放在大楼内。

6. 任何员工发现还在冒烟的烟头都应该立即把它熄灭。

7. 如果发现电线松动、磨损、折断、电源插座和电器破损等情况，应立即报告工程部，以便及时修复。

8. 厨师上班前必须检查燃油管道、燃烧器、开关等设施的安全状况。发现泄漏，应该关闭阀门，报告工程部。

9. 厨师下班前必须检查所有厨房设备，关掉所有阀门的开关。

第二十四条　志愿消防委员会

包括下列人员：

（一）副总经理；

（二）安全部经理；

（三）行政管家；

（四）消防主管；

（五）工程部经理；

（六）前厅部经理；

（七）餐饮部经理。

消防委员会要定期召开会议专项检查消防设备,确保消防工作落实。

第二十五条　火警程序

（一）当消控室火警报警时,消控中心值班员要立即查明火警指示方位板,并采取下列措施:

1. 通知巡逻安全员找出起火位置,并立即报告安全部经理和值班经理;

2. 与楼面服务员保持紧密联系,随时准备提供帮助。

（二）楼面服务员将采取下列措施:

1. 检查楼面指示板,确定哪一间房发出火警;

2. 检查有没有起火,起火时,通知接线员拨"119"报火警;

3. 如查明是假火警,巡逻安全员要立即报告安全部经理（白天）、值班经理（晚间）,以便找出原因及时复位,解除警报。

第二十六条　灭火程序

发生火灾后,在立即通知"119"的同时,由总工程师/安全部经理指挥灭火。

酒店参与灭火的有关员工须按以下程序进行:

（一）水工到维修中心报到,密切注意消防泵和供水系统工作。

（二）电工到大厅报到,按指令切断电源。

（三）安全部人员到大厅报到,并接受总工程师/安全部经理的指示,协助灭火和人员疏散工作。

（四）电梯将停止使用,消防队来到后,由他们接替指挥灭火,直到火灭。

第二十七条　疏散

由酒店总经理发布决定疏散,总工程师、安全部经理（白天）、值班经理（晚间）组织实施。

（一）客房服务员要敲门通知所有的客人并进行检查,通知客人立即离开房间。

（二）阻止任何人使用电梯。

（三）客房服务员带领客人从楼梯疏散、撤离建筑物,到指定地点集合。

（四）楼层主管/员工要快速检查并关掉所有客房的门、窗、走廊门、边门,然后离开现场。

□　**奖惩条例**

第二十八条　优秀员工

酒店每月按照各员工的岗位职责进行考核,年终进行评比,被评为优秀员工者,将受到酒店的荣誉及物质奖励。

第二十九条　嘉奖、晋升

酒店对改进管理,提高服务质量和经济效益有突出贡献,或者在酒店日常的工作中,创造出优异成绩者将进行嘉奖或晋升。

第三十条　纪律处分/失职的种类

（一）纪律处分分为口头警告、纠正面谈、书面警告、辞退警告、停职停薪、辞退、解除合同或开除。纪律处分由部门经理发失职表,失职表交失职的员工签收,副本送人事部归档。

（二）失职行为分为甲、乙、丙三类,犯有其中任何一条都要填写职工失职表,并据此扣发浮动工资。

（三）凡第四次发生甲类失职时将会受到 3 天停职停薪的处分，受到 2 次以上停职停薪处分时将被辞退。每次失职将扣除 10％的浮动工资。

（四）凡第三次发生乙类失职时会受到 3～5 天停职停薪的处分，受到 2 次停职停薪处分将会被辞退。

（五）凡犯丙类失职，将视情节轻重，分别给予停职停薪、辞职警告直到辞退。

（六）员工违反酒店规章制度受停职停薪处分时，其当月 50％的效益工资将被扣除，另按日扣除部分底薪。

（七）因违反酒店规章制度受停职处分的员工在停职期间不得进入酒店，对员工的停职、解除合同、开除处分，应由部门主管或人事部提出，经总经理批准。

甲类失职：

1. 上班迟到；

2. 不使用指定的员工通道；

3. 仪表不整洁；

4. 留长发；

5. 手脏；

6. 站立姿势不正；

7. 手插口袋；

8. 衣袖、裤脚卷起；

9. 不符合仪表仪容规定；

10. 擅离工作岗位或到其他部门闲荡；

11. 不遵守打电话的规定；

12. 损坏工作服或把工作服穿出酒店之外；

13. 培训课旷课；

14. 违反员工餐厅规定；

15. 进入酒店舞厅、酒吧或其他客用公共场所；

16. 工作时听收音机、录音机或看电视（培训或工作需要例外）；

17. 上班做私事，看书报或杂志；

18. 不经许可带妻子、丈夫、男女朋友等进入酒店；

19. 使用客用公共休息室和厕所；

20. 穿工作服进入商店（为客人买东西例外）；

21. 使用客用电梯（经同意例外）、客用设备；

22. 将酒店文具用于私人之事；

23. 在公共场所大声喧哗或在客人可以看到和听到的地方做不雅的习惯动作；

24. 在公共场所和酒店其他地方聚众讨论个人事情；

25. 违反更衣室规定。

乙类失职：

1. 上下班不打卡或唆使别人为自己打卡和替别人打卡；

2. 对客人和同事不礼貌；

3. 因粗心大意损坏酒店财产；

4. 隐瞒事故；

5. 拒绝安全检查包裹、手提包或员工身份证；

6. 拒绝执行管理员/部门主管的指示；

7. 上班时打瞌睡；

8. 涂改工卡；

9. 违反安全规定；

10. 在酒店内喝酒；

11. 进入客房(工作例外)；

12. 说辱骂性和无礼的话；

13. 未经同意改换班次、休息天或休息时间；

14. 超过工作范围与客人过分亲近；

15. 在除了员工食堂指定位置以外的其他场所吸烟；

16. 不报告财产短缺；

17. 在酒店内乱丢东西；

18. 不遵守消防规定；

19. 损坏公物；

20. 工作表现差或工作效能差；

21. 不服从主管或上司的合理合法命令；

22. 擅自配置酒店范围内任何钥匙；

23. 发表虚假或诽谤言论，影响酒店、客人或其他员工的声誉。

丙类失职：

1. 在酒店内危害任何人员；

2. 殴打他人或互相打架；

3. 向顾客索取小费或其他报酬；

4. 做不道德交易；

5. 泄露酒店机密情况；

6. 私换外汇；

7. 调戏或欺侮他人；

8. 行贿受贿；

9. 偷窃酒店、客人或其他人的财物或拿用酒店、客人的食物、饮料；

10. 违反店规，造成重大影响或损失；

11. 在酒店内赌博或观看赌博；

12. 故意损坏消防设备；

13. 触犯国家法律的刑事犯罪；

14. 故意损坏告示栏或公共财物或他人物品；

15. 遗失、复制、未经许可使用总钥匙；

16. 旷工。

□　其他

第三十一条　员工告示栏

各部门在显著的位置集中设有告示栏，在告示栏上将张贴大家感兴趣的最新信息、酒店新闻和通知、体育活动、规章制度、安全事项和备忘录等。告示栏是传播信息的重要媒介,员工应经常观看。一般情况下,酒店只授权人事部、安全部签发、张贴。

第三十二条　员工建议

员工如有任何有助于改善服务,加强安全,增加收入,降低成本,改进员工和公共关系的意见或建议请以书面形式递交给人事部。人事部欢迎员工的建议,并会对建议进行仔细研究。一旦采纳,有关员工将会得到酒店的奖励。

□　修订

酒店员工手册的修订可按照业务需要,修订或更新内容。

如果本手册中有任何与酒店正式公告相异之处,以酒店正式公告为准。

二、员工手册范本二

某软件公司员工手册

□　总则

第一条　目的

为使本公司业绩蒸蒸日上,从而造就机会给每一位员工有所发展,严格的纪律和有效的规章制度是必要的。本手册将公司的员工规范、奖惩规定集一册,希望公司全体员工认真学习、自觉遵守,以为我们共同的事业取得成功的保证。

第二条　公司信念

(一)热情——以热情的态度对待本职工作、对待客户及同事。

(二)勤勉——对于本职工作应勤恳、努力、负责、恪尽职守。

(三)诚实——作风诚实,反对文过饰非、反对虚假和浮夸作风。

(四)服从——员工应服从上级主管人员的指示及工作安排,按时完成本职工作。

(五)整洁——员工应时刻注意保持自己良好的职业形象,保持工作环境的整洁与美观。

第三条　生效与解释

(一)本员工手册自公布之日起生效,由公司管理部门负责解释。

(二)公司的管理部门有权对本员工手册进行修改和补充。修改和补充应通过布告栏内张贴通知的方式进行公布。

(三)本员工手册印制成册,作为劳动合同的附件,并与劳动合同具有同等效力。

□　录用

第四条　录用原则

(一)员工的招聘将根据公司的需要进行。

(二)本公司采用公平、公正、公开的原则,招聘优秀、适用之人才,无种族、宗教、性别、年龄及残疾等区别。

（三）本公司的招聘以面试方式为主。

第五条　录用条件

（一）新聘员工一般实行试用期制度,试用期限按地方政府和劳动合同的有关规定予以确定。

（二）试用期满考核:

1.新聘人员试用期满前,由各部门主管进行考核,考核合格者正式录用。试用期内如发现不符合录用条件的,可随时依法解除劳动合同。

2.试用人员试用合格,其工龄自试用起始之日起计算。

3.以下情况均将被视为不符合录用条件:

（1）曾经被本公司开除或未经批准擅自离职者;

（2）判处有期徒刑,尚在服刑者;

（3）被剥夺公民权利者;

（4）通缉在案者;

（5）经公司指定医院体检不合格者;

（6）未满16周岁者;

（7）有欺骗、隐瞒行为者;

（8）患有精神病或传染病者;

（9）酗酒、吸毒者;

（10）不具备政府规定的就业手续者;

（11）亏空、拖欠公款尚未清偿者;

（12）工作能力不符合要求者;

（13）曾担任课长及以上职务因任何原因离开本公司者（经中国区总裁特批除外）。

第六条　录用程序

（一）各部门主管可以根据本部门发展或职位空缺情况,协同人力资源部进行招聘。

（二）公司指定应聘人员,实行体检制度。

1.公司指定应聘人员在试用期开始以前都必须在公司指定的医院进行指定项目的体检,并向人力资源部出示体检证明。只有经证明其健康状况适合工作者,才可依照劳动合同被公司录用。

2.公司指定的员工应当进行年度体检,以保证公司的全面卫生质量。如员工患传染病,将被调任其他职位或在治疗期间暂停工作。

3.公司指定体检的员工,可凭医院体检原始发票在试用期满后向公司报销其体检费。

（三）新录用人员报到应先到人力资源部办理下列手续:

1.如实填写相关人事资料表格;

2.递交体检合格证明书原件;

3.核对并递交学历证书原件;

4.核对并递交身份证原件、当地政府规定的各类就业证件原件,各项社会保障的转移手续;

5.交一寸的半身照片3张;

6.需要办理的其他手续。

（四）新录用员工报到后,公司凭其提供的合法用工证明与其签署劳动合同书。

（五）条款所规定手续仍无法齐备的，将被视为不符合录用条件，依照政府相关规定，公司与其解除劳动关系，并不支付经济赔偿。

（六）所有员工个人情况如住址、婚姻状况、生育状况、紧急情况通知人发生变化时，应于7日内通知人力资源部。

第七条　录用禁忌

（一）本公司实行亲属回避制度。

1. 凡在本公司有亲属关系的应当如实申报，否则将视为欺骗行为。

2. 一般情况下员工的亲属（如父母、配偶、子女、兄弟姐妹等）不得被公司雇用，但在特殊情况下，经店长或区经理批准可以雇用。

3. 如员工与公司另一名员工结婚，则管理部门可以调动任何一方的工作部门或工作地点。

（二）公司是员工唯一的雇主。

1. 员工在为公司服务期间不得在其他任何公司或机构从事兼职或专职工作；未经批准，员工不得为其他任何公司或机构从事商业活动，即使是无偿的。

2. 员工希望为其他个人、企业、各类机构临时工作，应该获得公司事先书面批准。公司有权随时撤销上述批准。

3. 未经批准，员工首次接受其他报酬时，亦将被视为其主动向公司提出辞职。

服务

第八条　服务原则

（一）恪尽职守，勤奋工作，高质量地完成工作任务。

（二）不仅从语言上，更从行动上向客户（公司外部及内部）表明：客户的需求就是我们的需求。

（三）认真听从上级主管人员的工作指示和教导。对于职务报告，应遵循逐级上报的原则，不宜越级呈报，但在紧急或特殊情况下不在此限。上下级之间应诚意相待，彼此尊重。

（四）正确、有效、及时地与同事及其他部门沟通意见看法。遇到问题不推卸责任，共同建立互信互助的团队合作关系。

（五）专精业务知识和技能，开发自身潜力，表现出主动参与、积极进取的精神。

第九条　遵循商业道德

（一）公司永续健康的经营发展，取决于每位员工的态度和行为符合公司的期望。每位员工谨记自己代表公司，在任何地点、时间都注意维护公司的形象和声誉。

（二）不论是销售公司产品或提供服务，或是向供应商购买产品或服务，应完全以品质、价格与服务为决策的依据，不得给予或接受个别客户或客户代表相关的报酬、赠品或其他特殊待遇。

第十条　日常行为规范

（一）员工应礼貌待客、举止得体：

1. 礼貌地对待客户及来访者；

2. 与客人交谈应态度和蔼，注意使用礼貌用语，禁止工作时言语粗鲁；

3. 对客人提出的询问和要求要耐心地解答，解答不了的问题，应及时请示汇报；

4. 与客人相遇，要主动让路；与客人同行，应礼让客人先行。

（二）员工应注重仪表整洁：

1. 员工必须身着制服进入工作现场，制服必须保持清洁，熨烫平整；

2. 员工的指甲必须修理好并保持清洁，女性涂淡色指甲油；

3. 男员工不得留胡须；

4. 男员工不得佩戴耳环，女员工佩戴的耳环两侧须一致；

5. 仪表不整的员工，不得进入工作现场，并做缺勤处理。

（三）员工上班时必须佩戴姓名卡：

1. 姓名卡被视为制服的一部分，上班时必须佩戴在制服的左上方；

2. 如员工丢失姓名卡，必须立即向人力资源部报告；

3. 员工不得佩戴他人的姓名卡，否则立即受到违纪处分；

4. 姓名卡是公司的财产，员工在结束雇用时，必须交还人力资源部，否则将赔偿 50 元人民币。

□　工时

第十一条　标准工时

（一）员工平均每周工作 40 小时。标准工作时间不包括用餐时间和加班时间。

（二）由于公司的经营性质，周六和周日为正常工作日：

1. 员工每周的休息日由部门主管根据本部门排班情况确定；

2. 部门主管应提前安排员工的休息日并通知员工。

（三）员工应当按照部门主管制定的工作时间表进行工作和轮休，拒不遵守的员工将做旷职处理。

第十二条　特殊工时

符合国家规定的，公司还可实行综合计算工时制和不定时工时制。

第十三条　加班

（一）根据《劳动法》有关规定，在不损害员工利益的前提下，公司有权根据工作和经营需要安排员工加班：

1. 员工是否加班及加班时数须经由部门主管在"加班审核表"上签字后方可确认；

2. 申报加班的最小单位为 1 小时。

（二）员工加班，享受以下待遇：

1. 普通工作日员工加班的，公司安排调休或支付不低于工资 150% 的工资报酬；

2. 休息日员工加班的，公司安排调休或支付不低于工资 200% 的工资报酬；

3. 法定休假日员工加班的，支付不低于工资 300% 的工资报酬；

4. 员工本月加班的，公司应于下月月底前安排调休；如遇特殊情况无法调休的，将在 3 个月内安排调休。

（三）实行不定时工时制的员工，不再执行加班制度。

（四）以下情况不视为加班：

1. 公司在节假日组织的郊游及其他娱乐活动；

2. 公司在非节假日组织的下班后的娱乐活动；

3. 出差时路途所花费的时间；

4. 在非工作时间组织的培训；

5. 办公室管理人员，未经上司指派或同意的日工作时间的延长。

□ 考核

第十四条　考核的类型

（一）本公司员工的考核可分为考勤与考绩。

（二）考绩分为试用考核、年终考核。

（三）员工考核记录将作为转正、升迁、调薪、核发年终奖金及惩处的依据。

第十五条　考勤制度

（一）员工应每天打卡以记录出勤时间；

1. 员工在到达公司后或离开岗位前应着制服打卡；

2. 员工如果未按规定打卡，将视为缺勤，并扣除相应工资；

3. 任何员工不得代为其他员工打卡，否则将被视为较重违纪行为；

4. 员工应对考勤卡妥善保管，如有遗失，应立即前往人力资源部申请补办；

5. 员工因公司业务需要外出办事而不能进公司的，应该事先填写"外出工作时间表"并由部门主管签字，回公司后应即将"外出工作时间表"交人力资源部确认。

（二）员工应准时上班，不得迟到、早退、旷职：

1. 工作时间开始后 15 分钟内到班者为迟到；

2. 工作时间终了前 15 分钟内下班者为早退；

3. 工作时间开始后或结束前 15 分钟到 4 小时内到班或下班者，以旷职半天论；4 个小时之外到班或下班者以旷职 1 天论；

4. 员工当月内迟到、早退合计 3 次，即使累计时间不超过 15 分钟，也以旷职半天论；

5. 未经请假或假满未经续假而擅自不到职，根据实际缺勤天数按旷职处理；

6. 擅离工作岗位，按旷职处理；

7. 旷职期间，工资不发。

（三）公司将根据考勤纪录实行奖惩，具体办法参考第十三章。

（四）员工在年内的考勤记录将作为年终考核的依据。

第十六条　考绩制度

（一）考绩分为试用考核、年终考核。

1. 试用考核：由部门主管考核试用人员，经评估合格后，报人力资源部审核予以正式录用。

2. 年终考核：每年年底执行。由部门主管对部门员工先行考核后，呈人力资源部总评。

（二）考绩内容包括（但不限于）员工的工作态度、工作能力、工作业绩、团队精神、遵纪情况等等。

（三）考绩可分为以下等级：

1. 杰出，工作成绩优异卓越，对组织、公司做出较大贡献；

2. 优秀，全面完成工作成绩且在大多方面超出标准；

3. 胜任，工作完成合乎要求，达到标准；

4. 需改善，尚有未达标准方面，但经努力可改进；

5. 不合格、工作差等，经过提醒教导后仍未改善。

（四）考绩结果为"需改善"或"不合格"的，均属"不能胜任工作"。

（五）考绩工作由主管、经理根据员工的工作绩效、专业技能、工作态度以及全年的功过记录等以客观的态度予以评定。

☐ 薪资

第十七条　薪资构成

（一）员工的薪资总额由基本薪资、奖金（其中出勤、表现、效益奖各占 1/3）、津贴构成。

（二）公司根据员工的职位性质、职责范围和个人表现确定员工的薪资，员工的平均小时薪资为其月基本薪资除以 167.4（员工平均每月工时）。

（三）如果员工按时出勤，并能履行其工作职责，完成工作任务，遵守主管人员或其他上级的指示，则公司每年将根据公司当年效益情况，给予员工一定数额的奖金，是否给予奖金及奖金的具体数额将由部门主管决定。

第十八条　薪资支付

（一）公司以货币形式按月支付员工的劳动报酬。

1. 薪资发放实行先做后付制度，即当月薪资次月发放。

2. 公司发薪日为每月 5 日~7 日，如遇公众假期，发薪日可提前或推后。

（二）公司按规定从员工当月薪资收入中扣除个人所得税，并代员工向政府税务部门缴纳。

（三）本公司员工不得向他人泄露自己月薪所得，亦不得询问本公司其他员工的月薪所得，违反此规定的员工应受到相应的警告处分，情节严重者将导致解聘。

☐ 福利

第十九条　社会保险

公司依照国家和地方有关社会保险的规定为员工办理各项社会保险。

第二十条　医疗福利

（一）员工因工负伤或患职业病，患病或非因工负伤和在职期间因工、非因工死亡的待遇按国家和地方的有关规定执行。

（二）员工患病或非因工负伤，公司可视具体情况，按当地有关政策执行。

（三）员工享受国家规定的医疗待遇。

（四）女员工在孕期、产期、哺乳期的待遇，按国家和地方有关规定执行。

（五）员工应享受的其他保险福利待遇按国家和地方有关规定执行。

☐ 假期

第二十一条　假期类别

（一）公司的假期分为法定节假、婚假、丧假、年休假、补休假、病假、产假和事假。

（二）除长病假外，公司给假以"工作日"计。

第二十二条　请假规则

（一）所有休假应事先获得直接上级主管批准。

（二）所有假别均应事先填写请假单，按请假核准权限获批准后，统一交人力资源部备存。

（三）所有员工必须在休假完毕后立即至人力资源部办理销假手续。

第二十三条　法定节假日

（一）员工每年享有共计 10 个工作日的法定休假：

1. 元旦 1 天；

2. 春节 3 天；

3. 清明节 1 天；

4. 劳动节 1 天；

5. 端午节 1 天；

6. 中秋节 1 天；7. 国庆节 3 天。

（二）公司可要求员工于法定节假日进行工作，并按照有关法律、本员工手册与劳动合同的规定支付报酬。

第二十四条　婚、丧假

（一）员工结婚给假 3 个工作日。符合计划生育晚婚的（男员工晚于 25 岁，女员工晚于 23 岁，或晚于政府规定的年龄）员工向公司提出申请，经批准后按当地政府有关规定执行。

1. 婚假工资照发，但须提前 10 个工作日向人力资源部提出书面申请并提供结婚证明。

2. 婚假只能在结婚日前或后一个月内使用。如遇特殊情况，须经店长或区经理特批。

（二）如员工的父母、配偶或子女去世，凭医院《死亡通知书》，公司将给予员工最长 3 天的丧假。

1. 员工如需请丧假，须提前通知人力资源部。

2. 丧假期间工资照发。

第二十五条　年休假、补休假

（一）公司实行带薪年休假制度：

1. 员工为公司连续工作满 1 年以后，每年享有一次连续 6 个工作日的带薪年休假，年休假期间将支付基本工资、奖金和补贴。年休假允许拆零休假，年休假的休假时间按天计算，不足 1 天的按 1 天计算。

2. 普通员工需要年休假，应当提前一周，向部门主管提出申请，获得 2 级批准后，方可休假；管理人员需年休，应当提前 2 周，向上级主管提出申请，获得 2 级批准后，方可休假。

3. 年休假需在 1 年内休完，它不予累计享用，也不折发酬金。

4. 为保证公司的日常有效运营，部门主管将提前为每位员工计划和安排休假日程。

5. 员工在未得到公司事先同意的情况下，不得以年休假为理由离开工作岗位。

（二）公司实行补休假制度：

1. 员工为公司连续工作满 1 年以后，每年享有 6 个工作日的补休假。

2. 员工请补休假需提前一周书面申请。

3. 补休假需在 1 年之内休完，它不予累计享用，也不折发酬金。补休假的休假时间按天计算，不足 1 天的按 1 天计算。

第二十六条　病假

（一）员工每月可以享有 1 个工作日带薪病假。如果员工该月未休病假，则既不能累计，也无任何补偿。

1. 1 个日历月中，员工请病假 2 个工作日及以上，自第 2 个工作日起，在扣除当月出勤奖后，按各地方政府规定计发病假工资。

2. 凡因重大病必须住院、手术者，工资按各地方政府规定发放，但须出具市级医院住院诊断证明。

（二）凡请病假,应在病假当天亲自或电话通知部门主管。并在病假结束返岗当天出具公司指定医院（急诊除外）的病假证明,由公司人力资源部予以审核归档。

第二十七条　产假

（一）女员工生育享有产假。

1. 单胎顺产休产假90天,从预产期前15天至预产期后75天。配偶分娩给假1天。

2. 24岁以上分娩头胎者,增加15天,其初婚配偶给假3天。

3. 难产多胎等根据各地方政府规定给假。

（二）所有女员工必须于孕后一个季度之内通知部门主管其怀孕状况。

1. 休产假必须于预产期前10周向人力资源部申请,并出示医院出具的妊娠证明。

2. 产假工资按各地方政府规定计发。

第二十八条　事假

（一）员工请事假应事先由部门主管批准,人力资源部审核,事先未得到批准而缺席的,按旷职处理。

（二）事假期间工资不发。

□　培训

第二十九条　培训目的

通过培训,使员工达到并保持在本职工作岗位上进行规范服务的要求。

第三十条　上岗培训

（一）上岗培训是指员工到岗后至试用期满前的业务培训。

（二）上岗培训内容主要包括:

1. 部门职能与工作目标;

2. 部门岗位结构和岗位职责;

3. 岗位应知应会;

4. 操作技能和工作程序;

5. 本公司和本部门规章制度。

（三）上岗培训由各业务部门组织实施。

（四）上岗培训的考核结果与员工转正评定相结合。

第三十一条　在岗培训

（一）在岗员工业务培训由各部门按照年度培训计划实施。凡公司出资培训的,培训前员工应根据公司要求签订培训协议。

1. 在岗培训由各部门组织实施,人力资源部配合。必要时可委托有关单位来公司培训或组织有关员工参加公司外培训。

2. 在岗培训可采取岗位交叉培训、业务提高培训、新规范新技术培训等多种方式。

（二）公司每年根据具体情况由人力资源部对现有主管以上人员进行培训。

1. 对管理人员的统一培训由人力资源部安排,组织实施。

2. 管理人员统一培训的内容包括管理理论、管理能力、管理技巧、新知识、新技能等等。

3. 对管理人员的专项培训,由本部门或人力资源部提出专项申请,报店长或区经理批准执行。

（三）培训考核的资料应归档保存，作为晋升和奖惩的依据。

第三十二条　待岗培训

（一）待岗培训是指员工离开原岗位，列入编外，由人力资源部会同有关部门进行培训。

1. 待岗培训的内容为员工手册、规章制度、法律法规、业务技能等等。

2. 待岗培训期限一般为 3 个月，延长期限不得超过 3 个月。

（二）员工有下列行为之一，经教育无效，可列入待岗培训：

1. 多次违反员工手册及公司和部门的规章制度，尚不足以辞退；

2. 员工不能胜任本职工作，部门认为应待岗培训；

3. 绩效考核中评定为不合格的。

（三）员工待岗培训按下列程序办理：

1. 所在部门负责办理呈批手续；

2. 由所在部门主管和人力资源部主管集体讨论决定；

3. 店长或区经理批准执行。

（四）员工待岗培训期间待遇如下：

1. 待岗期内，发基本工资，停发任何形式的奖金和津贴、补贴；

2. 对延长待岗期 3 个月的，从延长期的当月起其基本工资逐月递减 20％，但最低额不得低于地方政府规定的最低生活费标准；

3. 待岗培训员工不享有当年年休假；

4. 员工待岗培训考核合格，原则上安排回原部门，若原部门无法接收，公司将另行安排岗位，员工工资按新岗位重新确定，若员工不服从分配，公司可与员工终止合同；

5. 待岗员工重新上岗后，若再次被列为待岗对象，可劝其辞职或做辞退处理。

四　调动

第三十三条　调动种类与程序

（一）调动是指在劳动合同规定的范围内的工作地点和职位级别的调整。

1. 员工调动分为平行调动、晋升调动、降职调动和临时调动。

2. 普通员工的调动主要是店内调动；管理人员的调动，除店内调动外也可以是店与店之间的调动。

3. 员工没有不可接受的理由，不得拒绝公司对其职位、工作地点的调动，否则以终止合同论。

4. 任何调动都必须按照规定的程序进行。

（1）所有调动，都须经部门主管批准，交人力资源部备案，管理人员调动视级别不同须经店长或区经理批准。

（2）公司对于进行内部转移的员工，给予相当于该员工在转出单位当月月工资 2 倍的搬家津贴，由转入单位承担。

第三十四条　平行调动

（一）平行调动是指在职位级别、薪酬不变情况下的职位变动。

（二）员工的调动取决于以下（但不限于）情况：

1. 部门工作量的增减；

2. 为员工职业生涯发展的需要，进行的职位轮换；

3. 员工不能胜任现任职位；

4. 工作急需；

5. 新店开张；

6. 其他原因。

第三十五条　晋升调动

（一）晋升调动是指在职位级别或薪酬向上调整的职位变动。

（二）员工同时具备下列条件的，有资格晋升到高职位：

1. 员工在原职位表现优秀；

2. 有担任高一级职位的能力和潜力；

3. 完成晋升职位所必需的教育与培训；

4. 诚实、正直、态度积极。

（三）晋升调动可通过自荐或直接主管推荐，经2级批准，由人力资源部审核实施。

第三十六条　降职调动

降职调动是指在职位级别或薪酬向下调整的职位变动。

（一）员工符合下列条件之一时，由上级主管建议，人力资源部批准，方可以降职：

1. 不能胜任本职工作；

2. 由于组织结构调整，相应职位被取消，没有合适的职位空缺。

（二）降职人员从降职的次月起执行新职位的工资与福利标准。

（三）降职调动应当从严掌握。

（四）员工有权对降职调动提出异议，但公司一经决定，员工应当服从。

第三十七条　临时调动

（一）如果一个部门的人员临时紧缺，经店长或区经理同意后，可以从其他部门临时调动人员。被临时调动的人员仍执行原职位的工资福利标准。

（二）临时调动最长不超过一个月，否则该员工必须办理正式调转手续，工资福利按新职位标准执行。

□ 安全

第三十八条　安全规则

（一）禁止在仓库、卖场及其他工作场所吸烟。

（二）禁止将任何东西堆放在安全门及安全通道前，以免阻塞。

（三）不经保安部门允许，不得将非公司人员带入办公室或仓库。

（四）所有员工必须保证自己及同事的安全，对任何可能引起危险的操作和事件要提出警告，严重的应报告部门主管。

（五）员工必须熟悉本工作区内灭火装置的位置以及应急设备的使用方法。

（六）员工在进行危险性工作或在危险地区工作，应佩戴公司提供的防护服、防护工具。

（七）员工应遵守工具的安全操作说明，非工作执掌范围，不得擅自使用机器设备或机动车（叉车）。

（八）公司禁止员工移动或拆除设备上的安全标识，禁止改装现有设备。

（九）员工在各自的岗位区域内应积极参与处理意外事故，并服从统一调度。

（十）员工有义务将任何安全事故上报。

第三十九条　火情处理

（一）火警发生时,应采取如下措施:

1.保持镇静,不要惊慌失措;

2.按动最近之火警报警器并通知值班人员和安全部门主管;

3.通知总机,说出火警发生的地点及火势大小;

4.呼唤最近的同事援助;

5.在安全的情况下,利用最近的灭火器材尽力将火扑灭;

6.切勿用水或泡沫灭火机扑灭因漏电而引起的火情;

7.把火警现场所有的门窗关闭,并关闭所有的电器开关。

（二）如火势蔓延,应及时采取如下疏散措施:

1.疏散区按照防火区隔进行划分,由专人负责其所在区域的疏散工作;

2.听到广播后应立即组织撤离火警现场;

3.撤离火警现场时,切勿搭乘电梯,必须从消防梯疏散;

4.员工应参加火警演习,熟记火警讯号、火警通道、出入位置及灭火器具使用方法。

第四十条　意外紧急事故

（一）在紧急或意外情况下注意:

1.保持镇静,立即通知上级领导和保安部门;

2.协助维护现场;

3.与同事鼎力合作,务使公司业务保持正常进行。

（二）如果员工在公司内受伤或发生事故,应当注意:

1.在场的员工应立即通知部门主管或值班经理;

2.协助救护伤病者;

3.自觉维护现场秩序。

（三）如有人被关在电梯内,员工应立即电话通知安全部门和维修部门,由其操作电梯紧急程序。

第四十一条　及时汇报

（一）为了保障安全操作,员工应当向部门主管或安全部门汇报所有不安全的实际操作或事故隐患。

（二）员工如果在公司内发现任何可疑人员,应当立即向保安人员汇报,以便将其驱逐出商场。

保密

第四十二条　商业秘密的范围

凡在本公司就职而产生的,包括获取的文件、资料、稿件、表格等业务信息,如有关客户名单、合作目的、价格、营业额、营销、员工薪酬,无论是口头、书面的或是电脑文件形式的,无论是客户的或是本公司的均属商业秘密。

第四十三条　保密规则

（一）公司员工务必遵守以下规则,否则视具体情况予以违纪处理:

1.所有机密文件必须妥善保管;

2.不得将公司文件用于不属于公司业务之用途;

3.客户的情况,公司的业务不可作为闲谈话题;

4. 应在接待处或会议室接待来访,严格禁止客户、亲友进入各部门办公区,如遇客户参观,须事先经公司批准,由人力资源部事先通知员工将室内及桌面的机密文件收好;

5. 下班后,桌面、影印机、打印机、公用电脑等处不得留有客户资料,尤其是有关策略、推广、媒介计划、收款、报价等文件,包括草稿,不再有用时要用碎纸机销毁;

6. 特别机密文件必须在文件上加以注明。特别机密文件不再使用时,应归还客户或予以销毁。特别机密文件之传送,须事前通知收件方,事后向收件方确认其确已收到;

7. 任何业务信息的透露与公布都必须由店长或区经理决定;

8. 不打听同事的考绩结果和薪酬收入。

□ 违纪

第四十四条 为维护公司纪律及保证任务的完成,并强化员工敬业精神,特制定本奖惩办法。

第四十五条 一般违纪行为

(一)以下行为为一般违纪行为:

1. 无故迟到、早退一次;

2. 在工作时间内擅离工作岗位,情节较轻;

3. 浪费公物,情节轻微者;

4. 检查或监督人员未认真履行职责;

5. 携带公司规定不得带入工作场所之物品进入工作场所情节轻微;

6. 因个人过失致工作发生错误,情节轻微;

7. 不服从主管人员合理指导,情节轻微;

8. 在公司上班时间内串岗、戏闹、干私活情节较轻;

9. 上、下班无故不打考勤卡;

10. 未经允许在工作时间内吃饭、洗澡;

11. 随便吐痰、乱扔杂物破坏环境卫生;

12. 未经批准使用不属自己使用之机器设备;

13. 工作态度不认真,发生轻微责任事故;

14. 下班后不按规定切断电源;

15. 着装、仪表、礼仪、言行不符合员工行为规范;

16. 不保持更衣柜内整洁;

17. 不按工作时间表或分派的任务进行工作;

18. 对客户或其他员工无礼;

19. 违反公司其他规章制度,情节较轻的其他行为。

(二)员工如犯有一般违纪行为一次,将受到口头警告,并要求其签收口头警告记录。

第四十六条 较重违纪行为

(一)以下行为为较重违纪行为:

1. 无故连续迟到、早退两次以上;

2. 未经许可旷职半天;

3. 托人打卡或代人打卡;

4. 在公司上班时间内串岗、戏闹、干私活情节严重;

5. 对上级指示或有期限的命令,未如期完成或处理严重不当且未申报正当理由;

6. 因疏忽致使机器设备或物品材料遭受损害、伤及他人或造成其他损失；

7. 在工作时间内未经主管许可,擅离工作岗位,情节较重；

8. 未经申请许可擅自安排外人进入仓库或办公区；

9. 故意不服从上级的指示；

10. 在严禁吸烟地区吸烟者；

11. 投机取巧隐瞒蒙蔽谋取非分利益者；

12. 遗失经管的重要文件、物品或工具；

13. 拒绝听从主管人员合理指挥监督,经劝导仍不听从；

14. 未经上级主管同意,擅自换班、调班；

15. 工作时间喝酒；

16. 未经允许,动用公司机器设备及材料；

17. 未经批准,无证启动、驾驶公司机动车辆；

18. 动用公司车辆办私事；

19. 违反生产操作规程,造成产品质量事故或损坏机器设备；

20. 阳奉阴违,故意消极怠工；

21. 擅配或私配公司的各种钥匙,即使未造成损失；

22. 因个人原因被客户投诉并经查实；

23. 向客户索取物品及小费；

24. 未经许可将任何商品带出公司,即使是破碎的、损坏的或过期的；

25. 未经许可私自更换工衣柜或私自撬开工衣柜的；

26. 提供虚假的医疗证明；

27. 在工作时间持有或企图带入公司烈性酒或麻醉剂；

28. 未经许可在布告栏内张贴或移动通知；

29. 在一年内,员工如犯有两次一般违纪行为。

(二)员工如犯有较重违纪行为将受到书面警告,并要求其签收书面警告记录。

第四十七条　严重违纪行为

(一)下列行为为严重违纪行为：

1. 散布谣言,对公司造成严重不利的情况而有事证者；

2. 全月累计或连续旷职一日者；

3. 1年内累计旷工超过10天的；

4. 为了自己购买而遮掩促销条款或私自改动价格；

5. 制造谣言、恶言中伤其他员工、在公司范围内骂人、吵架的；

6. 拒绝主管人员合理调遣、指挥并有严重侮辱或恐吓之行为者；

7. 违反重大安全卫生规定致使公司蒙受严重损失者；

8. 聚众闹事,在公司范围内动手打人或互相殴斗的；

9. 在公司内聚赌者；

10. 无故毁损重要公物或携带违禁品如凶器进入公司者；

11. 利用本公司名义,在外招摇撞骗者；

12. 泄露或偷窃公司的机密,情节严重者；

13. 在明示禁烟区内吸烟引起火灾,致使公司蒙受损失者；

14. 工作时饮酒滋事,携带毒品者；

15. 在公司内有伤风化行为情节严重者；

16. 营私舞弊，侵吞公有财物者；

17. 其他重大过失或不当行为影响公司声誉或利益，或导致严重不良后果者；

18. 擅离工作岗位，滋生变故，使公司蒙受重大损害者；

19. 隐瞒或伪造履历者，致公司误信而受损者；

20. 对公司同事暴力威胁、恐吓、扰乱秩序者；

21. 触犯法律嫌疑重大，被公安司法部门拘留审查有罪或被判有期徒刑者；

22. 伪造、编造或盗用公司印章者；

23. 在外从事与公司利益冲突工作者；

24. 严重违反公司规章制度或做任何有损公司权益，情节严重者；

25. 有贪污、挪用公款或收受贿赂，经查明属实者；

26. 散播有损本公司的谣言或挑拨劳资双方感情者；

27. 蓄意策划及参与罢工的；

28. 把公司财物私藏于更衣柜内；

29. 偷窃或非法占有客户、公司或其他员工的财物，无论价值多少；

30. 向公司的竞争者或其他任何机构泄露保密信息；

31. 未经许可在公司内携带枪支、炸药或其他危险物品；

32. 未通过计算机跟踪而变动价格标签；

33. 偷窃、涂改、伪造公司档案、资料、各种原始凭证、原始记录及重要文件；

34. 污辱、袭击顾客，工作态度恶劣；

35. 污辱、诽谤、殴打、恐吓、威胁、危害上级、同事；

36. 故意损坏公司财物、客人财物或他人财物；

37. 聚众怠工、造谣生事、影响公司正常工作秩序，情节严重者；

38. 在社会上违法乱纪，被收容审查或追究刑事责任；

39. 在一年内员工如犯有一次一般违纪行为和一次以上较重违纪行为；

40. 在一年内员工犯有两次以上较重违纪行为。

（二）如犯有严重违纪行为，员工将被勒令暂停工作二日，在此期间工资不发，公司将于调查后做出最终决定。

（三）如经过公司调查，员工的严重违纪行为无正当理由，公司将立即辞退员工，并不支付任何赔偿金。

第四十八条　失职行为

（一）以下行为构成一般失职行为：

1. 在工作时间内谈天、擅离工作岗位、躺卧睡觉或其他玩忽职守，而致使生产工作受到损失者；

2. 擅自变更工作方法和程序致使公司蒙受较大损失者；

3. 泄露商业秘密；

4. 丢失公司重要资料及物品或找回物品而未及时汇报；

5. 在售货区、实验室、仓库、洗手间、更衣室或接待室吃任何食物；

6. 未经许可启动或操作公司的车辆、机器或设备；

7. 员工损坏或遗失公司财物，拾到物品不处理、不上交，据为己有；

8. 上班时服装或制服不整洁；

9. 管理人员的失职行为(如对下属的过失行为不处理、不报告被检举揭发);

10. 当班睡觉、下棋、玩牌、玩电脑游戏;

11. 重要岗位工作时违反岗位职责、工作程序,即使尚未酿成事故;

12. 无故脱岗达一小时以上;

13. 与上述条款性质类似的其他过失;

14. 员工违反从业常识造成损失或违反财务制度、人事制度、岗位职责造成公司成本、利润、资金财产等损失;

15. 其他因过失而损失公司财产的行为。

(二)以下行为构成严重失职行为:

1. 凡上述(一)失职行为造成公司损失额达到1 000元或以上,构成重大损失;

2. 凡营私舞弊或个人过失造成公司财产遭受重大损失的。

(三)一般失职行为给予口头警告或书面警告。

(四)严重失职造成公司财产遭受重大损失的,公司可以予以辞退,并保留进一步追究责任和要求赔偿的权利。

第四十九条　惩处程序

(一)任何违纪处分,都必须按以下规定的程序进行:

1. 口头警告,由部门主管决定,并填写"违章违纪单",交人力资源部留存;

2. 书面警告,部门主管及人力资源部决定;

3. 辞退决定,由部门主管及人力资源部做出,由店长或区经理批准;

4. 如对员工进行书面警告以上纪律处分,应及时将所有的证据材料交人力资源部审核;

5. 如对本员工手册中未做直接规定的违纪行为进行处分,不论该行为的严重性如何,应事先征求人力资源部的意见。

(二)员工在受到第一次违纪处分后,12个月内如再有处分,则受到累计升级的处分如下:

1. 一般违纪 + 一般违纪 = 较严重违纪;

2. 一般违纪 + 较严重违纪 = 严重违纪;可立即辞退员工,并不支付任何赔偿金;

3. 较严重违纪 + 较严重违纪 = 严重违纪;可立即辞退员工,并不支付任何赔偿金。

(三)每项违纪处分都应当通知受处分员工,并要求该员工签收,员工有权对处分提出意见:

1. 如员工对工作不满意或对上级的任何指示、决定不服,可按照本条规定提出意见,但是员工不得以此为理由停止进行工作或履行职责;

2. 员工应首先将其意见告知其直接上级;

3. 如直接上级无法解决或员工对该上级的意见仍不满意,则应将其意见书面递交二级主管,并抄送人力资源部主管;

4. 如果员工觉得未充分听取其意见或未采取有效措施,则有权将问题直接提交人力资源部主管,人力资源部主管将协调各方解决;

5. 最终处分决定一旦做出,员工必须在处分决定上签字确认,如员工不签字,部门主管及人力资源部人员将以挂号信或其他法定形式送达员工,处分自送达之日起生效。

(四)任何处分决定均须归入员工在企业的内部档案中,并可根据员工的表现决定是否归入人事档案。

□ 解聘

第五十条 终止合同

（一）劳动合同期满或双方约定的劳动合同终止条件出现，劳动合同即行终止。

（二）劳动合同临近期满，公司提前30天通知，欲继续录用者，双方商谈续订合同。未接到公司通知者，其劳动合同按期终止。本合同期满前30日内，若任何一方未提出续定意向，合同期满时自动终止。

（三）除双方在劳动合同中另有约定外，以下条件为劳动合同终止条件：

1. 不符合录用条件者，通过隐瞒实情获得转正；

2. 政府规定持证上岗的工种如司机、财务人员等其持证资格丧失；

3. 本公司合营期满；

4. 员工有下列情形之一的，公司可以终止合同，但应以书面形式提前30天通知员工：

（1）被证明不符合任职资格的；

（2）绩效考核连续两次不合格的；

（3）有重大隐瞒及虚假申报的；

（4）不能或不愿服从公司正常调动的；

（5）公司调动员工的工作地点，员工难以接受的。

第五十一条 协商解聘

（一）经劳动合同当事人双方协商一致，劳动合同可以解除。

（二）如员工首先提出解除劳动合同，公司不给予经济补偿；如公司首先提出解除劳动合同，公司将根据地方政府的有关规定给予员工经济补偿。

第五十二条 辞退性解聘

（一）员工有如下情形之一的，公司有权单方解除与其签订的劳动合同，并且不向其支付经济补偿金：

1. 在试用期间被证明不符合录用条件的；

2. 严重违反劳动纪律或公司规章制度的；

3. 严重失职，营私舞弊，对公司利益造成重大损害的；

4. 被依法追究刑事责任或者劳动教养的。

（二）有下列情形之一的，公司在提前30日以书面形式通知员工本人后，可以解除与其签订的劳动合同并按国家有关规定向其支付经济补偿金：

1. 员工患病或非因工负伤，医疗期满后，不能从事原工作也不能从事由用人单位另行安排的工作的；

2. 员工不能胜任工作，经过培训或者调整工作岗位，仍不能胜任工作的；

3. 劳动合同订立时所依据的客观情况发生重大变化，致使原劳动合同无法履行，经双方协商不能就变更劳动合同达成协议的。

（三）因公司缩减业务范围或因公司经营条件或管理方针变化而产生冗员，公司有权依法裁减员工人数。

第五十三条 辞职性解聘

（一）在下列任何情况下，员工可提出辞职并解除劳动合同：

1. 在试用期内的；

2. 员工被公司以暴力、威胁或非法限制人身自由的手段强迫工作的；

3. 公司未按照薪酬政策支付员工薪金或提供劳动条件的。

（二）员工提前30日以书面形式通知公司，可以解除劳动合同。

1. 对负有保守公司商业秘密的员工，如其提出解除劳动合同，应提前6个月通知公司。

2. 不遵守以上程序的员工，赔偿公司本人离职当月一个月工资。情节严重的属"未经批准擅自离职"，公司将其行为记入其人事档案。

3. 凡员工未办理完毕离职手续者，该月合同工资暂不发给，待离职手续完成后予以补发。

（三）辞呈一经提出，除当年年休假之外，公司不再有其他给假。当年年休假视提辞者当年工作时间长短酌情考虑。提辞者如已休满合同规定的年休假，应将多休的天数的工资退还公司；如未休够截至准辞日应休的年休假，则公司用工资予以补足。

（四）员工有以下情形之一的，不得解除劳动合同，否则公司将以旷职处理，并保留依法追究法律责任的权利：

1. 给公司造成经济损失尚未处理完毕的；

2. 在劳动合同中与公司就出资培训、分配住房等有服务期的约定，且服务期未满的；

3. 被有关国家机关依法审查尚未结案的。

第五十四条　退休解聘

员工男60岁、女55岁，无论合同是否到期，均按国家规定办理退休，并按国家规定享受退休待遇。年龄已到，但仍可胜任工作，经店长或区经理特别批准者例外。

第五十五条　移交手续

（一）员工无论何种原因与公司解除劳动合同时均应办理移交手续。

1. 员工在离职前应就下列事项分别造册办理移交，并填写"离职手续表"交人力资源部：

（1）所经营的公司财物（含公司发给个人的装备和工具等）；

（2）向公司借取的个人预支款；

（3）应办未办及已办未了的事项；

（4）所经办业务项目之办事细则；

（5）所经办业务之各项资料（包括公文、图书、技术资料等）。

2. 移交应亲自办理，如有特别原因，经核准可指定他人代为办理移交，所有一切责任仍由原移交人负责。

3. 员工之移交注册应一式三份，由交接双方及监交人各执一份。

（二）逾期不移交或移交不清导致公司财物缺少、损坏，以及使公司蒙受其他损失者应负赔偿责任及违纪责任。

□　争议

第五十六条　争议处理的原则

（一）员工因劳动权利和劳动义务与公司发生的劳动争议必须以合法的形式予以解决。员工不得借故闹事、破坏正常的工作秩序、停止进行工作或履行职责。

（二）如果员工以劳动争议为理由停止进行工作或履行职责的，将视为严重违纪。

（三）如果员工以劳动争议为理由借故闹事或者破坏正常的工作秩序的，公司有权将其立即辞退。

第五十七条　争议解决途径

（一）争议发生后，员工应首先同其直接上级主管人员进行口头或书面沟通，以促进争议的协商解决。

1. 如直接上级主管人员无法解决或员工对该上级主管人员的意见仍不满意或者争议涉及该直接上级主管人员，员工有权将争议直接提交人力资源部主管，人力资源部主管将协调各方予以解决。

2. 如果员工不满意人力资源部主管的处理结果，可要求公司工会代表员工与店长或区经理协商。

（二）如果争议通过上述方式仍不能得到解决的，员工可在争议发生之日起60日内向公司所在地劳动争议仲裁委员会申请仲裁。

三、员工手册范本三

华为集团员工手册

□　公司简介

（略）

□　员工守则

1. 热爱祖国，热爱人民，热爱华为。
2. 遵纪守法，服从公司管理。
3. 顾全大局，善于合作。
4. 努力学习，踏踏实实做好本职工作，不断提高业务水平。
5. 一切为用户着想，减少人为差错，努力提供优质的产品与服务。
6. 团结互助，尊重他人，树立集体奋斗的良好风尚。
7. 严守公司机密，自觉维护公司安全。
8. 待客热情礼貌，服务周全，维护公司形象。
9. 谦虚谨慎，戒骄戒躁，勇于批评与自我批评。
10. 坚持真理，坚持原则，不做有损公理道德之事。
11. 爱护公司财物，坚持反贪污、反腐败、反盗窃、反浪费。
12. 保持环境整洁，注意仪表、仪容。
13. 加强品德修养，倡导精神文明。

□　总则

第一条　为使本公司人事作业规范化、制度化和统一化，使公司员工的管理有章可循，提高工作效率和责任感、归属感，特制定本制度。

第二条　适用范围。

（一）本公司员工的管理，除遵照国家和地方有关法令外，都应依据本制度办理。

（二）本制度所称员工，系指本公司聘用的全体从业人员。

（三）本公司如有临时性、短期性、季节性或特定性工作，可聘用临时员工，临时员工的管理依照合同或其他相应规定，或参照本规定办理。

（四）关于试用、实习人员，新进员工的管理参照本规定办理或另定之。

□　录　用

第三条　本公司各部门如因工作需要，必须增加人员时，应先依据人员甄选流程提出申请，经本系统总经理或主管副总裁批准后，由人事部门统一纳入招聘计划并办理甄选事宜。

第四条　本公司员工的甄选，以学识、能力、品德、体格及适合工作所需要条件为准。采用考试和面试两种，依实际需要任择其中一种实施或两种并用。

第五条　新进人员经考试或面试合格和审查批准后，由人事部门办理试用手续。原则上员工试用期3个月，期满合格后，方得正式录用，但成绩优秀者，可适当缩短其试用时间。

第六条　试用人员报到时，应向人事部送交以下证件：

（一）毕业证书、学位证书原件及复印件；

（二）技术职务任职资格证书原件及复印件；

（三）身份证原件及复印件；

（四）一寸半身免冠照片两张；

（五）试用同意书；

（六）其他必要的证件。

第七条　凡有下列情形者，不得录用：

（一）剥夺政治权利尚未恢复者；

（二）被判有期徒刑或被通缉，尚未结案者；

（三）吸食毒品或有其他严重不良嗜好者；

（四）贪污、拖欠公款，有记录在案者；

（五）患有精神病或传染病者；

（六）因品行恶劣，曾被政府行政机关惩罚者；

（七）体格检查不合格者。经总裁特许者不在此列；

（八）其他经本公司认定不适合者。

第八条　员工如系临时性、短期性、季节性或特定性工作，视情况与本公司签订"定期工作协议书"，双方共同遵守。

第九条　试用人员如因品行不良、工作欠佳或无故旷职者，可随时停止试用，予以辞退。

第十条　员工录用分派工作后，应立即赴所分配的单位工作，不得无故拖延推诿。

□　工　作

第十一条　员工应遵守本公司一切规章、通告及公告。

第十二条　员工应遵守下列事项：

（一）忠于职守，服从领导，不得有敷衍塞责的行为；

（二）不得经营与本公司类似或职务上有关的业务，不得兼任其他公司的职务；

（三）全体员工必须不断提高自己的工作技能，强化品质意识，圆满完成各级领导交付的工作任务；

（四）不得携带违禁品、危险品或公司规定其他不得带入生产、工作场所的物品进入公司工作场所；

（五）爱护公物，未经许可不得私自将公司财物携出公司；

（六）工作时间不得中途任意离开岗位，如需离开应向主管人员请准后方可离开；

（七）员工应随时注意保持作业地点、宿舍及公司其他场所的环境卫生；

（八）员工在作业时不得怠慢拖延，不得干与本职工作无关的事情；

（九）员工应团结协作，同舟共济，不得有吵闹、斗殴、搭讪攀谈、搬弄是非或其他扰乱公共秩序的行为；

（十）不得假借职权贪污舞弊，收受贿赂，或以公司名义在外招摇撞骗；

（十一）员工对外接洽业务，应坚持有理、有利、有节的原则，不得有损害本公司名誉的行为；

（十二）各级主管应加强自身修养，领导所属员工，同舟共济，提高工作情绪和满意程度，加强员工的安全感和归属感；

（十三）按规定时间上、下班，不得无故迟到早退。

第十三条　公司实行每日 7 小时工作制

公司总部：上午：8：00～11：45

下午：2：15～5：30

生产总部：上午：8：30～12：00

下午：2：00～5：30

以后如有调整，以新公布的工作时间为准。

第十四条　部门经理级以下员工应亲自打卡计时，不得由别人替代打卡或代人打卡，否则双方均按旷工一日处理。

第十五条　实行弹性工作制的，采取由各部门主管记录工作人员的工作时间（含加班时间），本人确认，部门备案的考勤方法。

第十六条　员工如有迟到、早退或旷工等情形，依下列规定处理：

（一）迟到、早退：

1. 员工均需按时上、下班，工作时间开始后 15 分钟内到班者为迟到；

2. 工作时间终了前 15 分钟内下班者为早退；

3. 员工当月内迟到、早退合计每 3 次以旷职（工）半日论；

4. 超过 15 分钟后才打卡者以旷职（工）半日论，因公外出或请假经主管在卡上签字或书面说明者除外；

5. 无故提前 15 分钟以上下班者，以旷职（工）半日论。因公外出或请假者需经主管签字证明；

6. 上、下班而忘打卡者，应由部门在卡上或有效工作时间考核表上签字。

（二）旷职（工）：

1. 未经请假或假满未经续假而擅自不到职以旷职（工）论处；

2. 委托或代人打卡或伪造出勤记录者，一经查明属实，双方均以旷职（工）论处；

3. 员工旷职（工），不发薪资及奖金；

4. 连续旷职 3 日或全月累计旷职 6 日或一年累计旷职达 12 日者，予以除名，不发给资遣费。

□　待遇

第十七条　本公司依照兼顾企业的维持与发展和工作人员生活安定及逐步改善的原则，以贡献定报酬、凭责任定待遇，给予员工合理的报酬和待遇。

第十八条　员工的基本待遇有工资、奖金和伙食补贴、季节补贴。员工成为责任人员后可享有安全退休基金和购房减让基金等待遇。

第十九条　薪资在每月底前发给员工或存入员工在内部银行的账户。新进人员从报到之日起计薪，离职人员自离职之日停薪，按日计算。

□　休假

第二十条　按国家规定，员工除星期六、星期日休息外，还享有以下有薪假日：

1. 元旦：1 天（元月一日）；

2. 春节：3 天（农历初一、初二、初三）；

3. 劳动节：1 天（五月一日）；

4. 国庆节：3 天（十月一、二、三日）。

由于业务需要，公司可临时安排员工于法定的公休日、休假日照常上班。

第二十一条　一般员工连续工龄满一年时间，每年可获得探亲假，假期为 15 天。员工探亲假期间，原待遇不变。

第二十二条　成为责任人员的员工实行休假制度，不享受探亲假一次，假期每年为 15 天，可以累计使用，不能提前支用。责任人员休假的路费及食宿费用自理。

第二十三条　探亲可以报销单程飞机经济舱、回程硬座票及长途汽车票，或者是硬卧票，此外超支由本人负责。未婚员工探亲只能探父母，已婚员工探亲只能探配偶。

第二十四条　夫妻在同一城市工作的员工不能享受探亲的路费报销，可以享受假期。连续工龄每满 4 年可报销一次探望父母的路费，不另给探亲假。

第二十五条　员工探亲或休期一般不报销医药费，但经批准带有疗养性的休假的员工和因患重病或传染病经县医院证明的，可适当报销医药费。

第二十六条　春节休假或探亲的员工，不在 15 天休假以外再增加春节假，在公司工作的员工按国家法定假日安排休息。需安排加班或值班的按规定发给加班工资或值班补贴，如安排补休，则不计发加班工资和值班补贴。

第二十七条　对于放弃休假或探亲假的员工，公司给予其应休假当月全部收入的奖励。

□　请假

第二十八条　员工请假和休假可分为八种，其分类、审批及薪资规定另附。

□　加班

第二十九条　公司在生产需要时可于工作时间以外，指定员工加班；被指定的员工，除因特殊事由经主管批准者外，不得拒绝。

第三十条　生产系统人员加班,事先由主管人员填写"加班申请表",经部门经理级人员批准后加班,每人每月加班不得超过44小时。

第三十一条　加班费的计算:一般员工加班工作时间记为员工的有效工作时间,以半小时为计算单位,加班工资按原工资标准的100%计算。在国家法定节假日加班,有效工作时间按实际加班工作时间的两倍计算,加班工资按原标准的200%计算。

第三十二条　责任人员平时加班工作时间,经部门经理认为有效工作时间,不计发加班工资,在考核月度奖金中加以考虑,但在法定节假日加班时,按原工资的200%计发加班工资。

第三十三条　员工如在加班时间内擅离职守,除不计有效工作时间外,就其加班时间按旷职(工)论处。

□　出差

第三十四条　公司要根据需要安排员工出差,受派遣的员工,无特殊理由应服从安排。

第三十五条　员工出差在外,应注意人身及财物安全,遵章守法,按公司规定的标准和使用交通工具,合理降低出差费用。

第三十六条　公司对出差的员工按规定标准给报销住宿费用和交通费用。并给予一定的生活补贴,具体标准按公司的规定办理。

第三十七条　出差人员返回公司后,应及时向主管叙职,并按规定报销或核销相关费用。

□　培训

第三十八条　为提高公司员工的知识技能及发挥其潜在智能,使公司人力资源能适应本公司日益迅速发展的需要,公司将举行各种教育培训活动,被指定员工,不得无故缺席,确有特殊原因,应按有关请假制度执行。

第三十九条　新员工进入公司后,须接受公司概况与发展的培训以及不同层次、不同类别的岗前专业培训,培训时间应不少于20小时,合格者方可上岗。新员工培训由公司根据人员录用的情况安排,在新员工进入公司后的前3个月内进行,培训不合格者不再继续留用。

第四十条　员工调职前,必须接受将要调往岗位的岗前专业性培训,直到能满足该岗位的上岗要求。特殊情况经将调往部门的主管副总裁同意,可在适当的时间另行安排培训。

第四十一条　对于培训中成绩优秀者,除通报表彰外,可根据情况给予适当的物质奖励,未能达到者,可适当延长其培训期。

第四十二条　公司所有员工的培训情况均应登记在相应的《员工培训登记卡》上,《员工培训登记卡》由人事部保存在员工档案内。

第四十三条　公司对员工在业余时间(不影响本职工作和任务的完成)内,在公司外接受教育和培训予以鼓励,并视不同情况给予全额报销学杂费、部分报销学杂费、承认其教育和培训后的学历等资格。

□　调职

第四十四条　公司基于业务上的需要,可随时调动员工的职务或工作地点,被调员工不得借故拖延或拒不到职。

第四十五条 各部门主管在调动员工时,应充分考虑其个性、学识、能力,务使"人尽其才,才尽其用,才职相称"。

第四十六条 员工接到调动通知书后,限在一月内办妥移交手续,前往新职单位报到。

第四十七条 员工调动,如驻地远者,按出差规定支给差旅费。

□ 保密

第四十八条 员工所掌握的有关公司的信息、资料和成果,应对系统上级领导全部公开,但不得向其他任何个人公开或透露。

第四十九条 员工不得泄露业务或职务上的机密,凡有意见涉及公司的,未经上级领导许可,不得对外发表。

第五十条 明确职责,对于非本人工作职权范围内的机密,做到不打听、不猜测,不参加小道消息的传播。

第五十一条 非经发放部门或文件管理部门允许,员工不得私自复印和拷贝有关文件。

第五十二条 树立保密意识,涉及公司机密的书籍、资料、信息和成果,员工应妥善保管,若有遗失或失窃,应立即向上级主管汇报。

第五十三条 发现其他员工有泄密行为或非本公司人员有窃取机密的行为和动机,应及时阻止并向上级领导汇报。

□ 考核

第五十四条 员工考核分为:

(一)试用考绩:员工试用期间(3 个月)由试用部门主管负责考核,期满考核合格者,填具"录用人员考核表",经总经理或主管副总裁批准后正式录用。

(二)平时考核:由各部门依照通用的考核标准和具体的工作指标考核标准进行,通用的考核标准和考核表由人事部与总裁办共同拟制及修订,具体的工作指标考核标准由部门经理负责拟制及修订。部门经理及其以上人员每 6 个月考核一次,其他人员每 3 个月考核一次,特殊人员可由主管和副总裁决定其考核的密度。

第五十五条 部门经理以下人员的考核结果由各部门保存,作为确定薪酬、培养晋升的重要依据。部门经理及其以上人员的考核结果由总裁办保存,作为确定部门业绩、对公司的评价、薪酬及奖励、调职的依据。

第五十六条 考核人员,应严守秘密,不得有营私舞弊或贻误行为。

□ 奖惩

第五十七条 员工的奖励分为以下三种:

(一)嘉奖:由员工的直属主管书面提出,部门经理批准,奖给不超过 200 元的现金或纪念品;

(二)表彰:由员工所在部门经理书面提出,主管副总裁批准,奖给不超过 1 000 元的现金或纪念品,同时由主管副总裁签署表彰证书;

(三)特别奖:由员工所在部门的经理书面提出,主管副总裁,相关委员会评议后,总裁批准,并由人事部备案,每年公布一次,员工除奖给一定额度的奖金和发给由公司总裁签署的证书外,还可根据实际情况晋升 1～3 级工资。

第五十八条 有下列情形之一者,给予嘉奖:

(一)品行端正,工作努力,及时完成重大或特殊事务者;

(二)培训考核,成绩优秀者;

(三)热心服务,有具体事实者;

(四)有显著的善行佳话,足为公司荣誉者;

(五)在艰苦条件下工作,足为楷模者;

(六)节约物料或对废料利用,卓有成效者;

(七)检举违规或损害公司利益者;

(八)发现职责外的故障,予以速报或妥善处理防止损害者。

第五十九条 有下列情形之一者,予以表彰:

(一)对生产或管理制度提出改进建议,经采纳实施,卓有成效者;

(二)遇有灾难,勇于负责,处理得当者;

(三)遇有意外或灾害,奋不顾身,不避危难,因而减少损害者;

(四)维护员工安全,冒险执行任务,确有功绩者;

(五)维护公司或工厂重大利益,避免重大损失者;

(六)有其他重大功绩者。

六十条 有下列情形之一者,授予特别奖:

(一)研究发明,对公司有贡献,并使综合成本降低,利润增加较大者;

(二)兢兢业业,不断改进工作,业绩突出者;

(三)热情为用户服务,经常得到用户书面表扬,为公司赢得很高信誉,成绩突出者;

(四)开发新客户,市场销售成绩显著者;

(五)做出其他特殊贡献,足为全公司表率者。

第六十一条 员工的惩罚分为以下五种:

(一)罚款:由主管或有关部门负责人书面提出,员工所属部门经理批准后执行;

(二)批评:由员工的主管或有关人员书面提出,报部门备案;

(三)记过:由员工所属经理书面提出,主管副总裁审核、批准,报人事部执行,并下达通知,受记过者同时扣发当月奖金;

(四)降级:由员工所属部门经理书面提出,主管副总裁审核批准后报人事部执行;

(五)除名:由员工所属部门经理书面提出,主管副总裁批准后执行。

第六十二条 有下列情形之一者,予以罚款或批评:

(一)工作时间,擅自在公司推销非本公司产品者。职责所需,经批准者不在此限;

(二)上班时间,躺卧休息,擅离岗位,怠慢工作者;

(三)因个人过失致发生错误,情节轻微者;

(四)妨害工作或团体秩序,情节轻微者;

(五)不服从主管人的合理指导,情节轻微者;

(六)不按规定穿着或佩戴规定上班者;

(七)不能按时完成重大或特殊交办任务者;

(八)对上级指示或有期限的命令,无故未能如期完成;

(九)在工作场所喧哗、吵闹,妨碍他人工作而不听劝告者;

（十）对同事恶意辱骂或诬害、伪证，制造事端者；

（十一）工作中酗酒以致影响自己和他人工作者；

（十二）因疏忽导致机器设备、物品、材料遭受损失或伤及他人，情节较轻者；

（十三）未经许可携带外人到生产和科研场所参观者；

（十四）公司另文规定其他应处罚条款或批评的行为。

第六十三条 有下列情形之一者，予以记过：

（一）擅离职守，致公司受较大损失者；

（二）损毁公司财物，造成较大损失者；

（三）怠慢工作擅自变更作业方法，使公司蒙受较大损失者；

（四）一个月内受到批评超过 3 次者；

（五）一个月内旷职（工）累计达 2 日者；

（六）仪器、设备、车辆等和安全性要求较高的工具，未经使用人同意或违反使用制度，擅自操作者；

（七）道德行为不合社会规范，影响公司声誉者；

（八）其他重大违反规定者。

第六十四条 有下列情形之一者，予以降级：

（一）未经许可，兼营与本公司同类业务或在其他单位兼职者，或在外兼营事务，影响本公司公务者；

（二）1 年中记过两次者；

（三）散播不利于公司的谣言或挑拨公司与员工的感情，实际影响较轻者；

（四）在工作场所制造私人物件或指使他人制造私人物件者。

第六十五条 有下列情形之一者，予以除名：

（一）对同事暴力威胁、恐吓，影响团体秩序者；

（二）殴打同事，或相互斗殴者；

（三）在公司内赌博者；

（四）偷窃公司或同事财物经查证属实者；

（五）无故损毁公司财物，损失重大，或毁、涂改公司重要文件者；

（六）在公司服务期间，受刑事处分者；

（七）一年中已降级两次者；

（八）无故旷职 3 日或全月累计旷职 6 日或一年旷职累计达 12 日者；

（九）煽动怠工或罢工者；

（十）吸食毒品或有其他严重不良嗜好者；

（十一）伪造或盗用公司印章者；

（十二）故意泄露公司技术、营业上的机密，致使公司蒙受重大损失者；

（十三）营私舞弊，挪用公款，收受贿赂者；

（十四）利用公司名义在外招摇撞骗，使公司名誉受损害者；

（十五）参加非法组织者；

（十六）有不良行为，道德败坏，严重影响公司声誉或在公司内造成严重不良影响者；

（十七）其他违反法令、规则或规定情节严重者。

□ 福利

第六十六条 试用人员试用期间不享受医疗保险，其医药费自理。

第六十七条　公司为一般员工办理医疗保险(含治疗费、药品费、手术费、住院费等医疗费用),其费用由公司支付。

第六十八条　责任人员在责任岗位工作期间除享受上述医疗保险费用外,还可报销护理费、疗养费、保健费用。有重大贡献的特别责任人员必要时可去国外治疗,费用全部由公司承担。

第六十九条　公司负责组织新员工进行体检,费用由公司承担。

第七十条　员工服从公司住房安排者,公司予以一定的住房补贴。

第七十一条　本公司依据有关《劳动法》的规定,发给员工年终奖金,年终奖金的评定方法及额度由公司根据经营情况确定。

□　资遣

第七十二条　若有下列情形之一,公司可对员工予以资遣:

(一)停业或转让时;

(二)业务紧缩时;

(三)不可抗力暂停工作在 1 个月以上时;

(四)业务性质变更,有减少员工的必要,又无适当工作可安置时;

(五)员工对所担任的工作确不能胜任,且无法在公司内部调整时。

第七十三条　员工资遣的先后顺序:

(一)历年平均考绩较低者;

(二)工作效率较低者;

(三)在公司服务时间较短,且工作能力较差者;

第七十四条　员工资遣通知日期如下:

(一)在公司工作 3 个月以内(含 3 个月)者,随时通知;

(二)在公司工作 3 个月以上未满 1 年者,于 10 日前通知;

(三)在公司工作一年以上未满 3 年者,于 20 日前通知;

(四)在公司工作 3 年以上者,于 30 日前通知。

第七十五条　员工自行辞职或受处罚被除名者,不按资遣处理。

第七十六条　员工资遣,按下列规定发给资遣费:

(一)在公司工作 3 个月以内(含 3 个月)者,按当月实际工作天数计发工资并发给路费 300 元;

(二)在公司连续工作 3 个月以上未满 1 年者,发给其资遣当月的工资,另发给 500 元路费和 150 元礼品费。

□　辞职

第七十七条　员工因故不能继续工作时,应填具"辞职申请"经主管报公司批准后,办理手续。并视需要,开给《离职证明》。

第七十八条　一般员工辞职,需提前 1 月提出申请;责任人员辞职,根据密级的不同,需提前 2~6 个月提出辞职申请。

第七十九条　辞职的手续和费用结算,按华为司字(1994)36 号、83 号文件和其他公司有关规定办理。

□ 生活与娱乐

第八十条 公司向员工提供部分生活和娱乐用具,并有组织地开展一些娱乐活动,以满足员工的基本需要。

第八十一条 公司鼓励员工自己解决住房问题,并向新员工提供一定的房租补贴以减轻员工的实际困难。

第八十二条 员工租用公司住房时按实际价格交纳房租、水电费、管理费及其他费用。

第八十三条 向员工提供膳食服务,并按实际价格向员工收取就餐费。

第八十四条 公司设立生活协调委员会来统筹安排和组织员工的文娱活动,各部门也可按生活委员会的安排自行组织员工进行健康的文娱活动,活动经费由生活协调委员会适当补贴。

第八十五条 公司反对员工生活上的腐化,禁止员工参加打麻将之类的消磨意志的活动和违反国家法律、法令、法规的活动。

□ 安全与卫生

第八十六条 本公司各单位应随时注意工作环境安全与卫生设施,以维护员工身体健康。

第八十七条 员工应遵守公司有关安全及卫生各项规定,以保护公司和个人的安全。

□ 附则

第八十八条 有关办法的制定:有关本公司员工的①国外出差;②考核;③职位职级晋升;④年终奖发放;⑤荣誉;⑥退休;⑦抚恤;⑧各种津贴给付;⑨派赴港澳、国外人员管理等,其方法另行定之。

第八十九条 本制度解释权、修改权归公司总裁办。

第九十条 本制度自颁布之日起生效。

四、员工手册范本四

金地集团员工手册

□ 总则

本手册根据金地公司章程,依据公司人事、行政、财务等规章制度而制定,它能指导您了解任职期间的有关准则和政策,提供您在金地可享受的权利、所应承担的责任和义务等资料。熟悉了这些内容后,您将对公司工作和管理风格有一个更清楚的认识,包括您对我们的期望和我们对您的期望。

此版员工手册系试用版,由于公司的发展与经营环境的不断变化,本手册中规定的政策都有可能随之相应地修订,不过,任何政策的变动我们都将及时通知您。您有不明确的地方,请提出自己的疑问。我们希望您作为金地公司的一员感到愉快。本手册的解释权属于集团公司人力资源部。

金地的每一位在岗员工都应遵循本手册的规定。

入职指引

(一)报到

人力资源部是具体负责办理报到手续的职能部门,报到时您须出示以下有效证件原件并留复印件:①身份证;②学历证书、学位证书;③职称证书、资格证书;④婚姻状况证明、计划生育证明、独生子女证明;⑤近期体检报告、免冠一寸近照10张。

当个人资料有以下更改或补充时,请您在1个月内到人力资源部出示相关证明的原件并留下复印件,以确保与您有关的各项权益:①姓名或身份证号码;②户籍;③婚姻状况;④职称、从业资格;⑤培训结业或进修毕业。

您在报到时,请按以下程序进行:

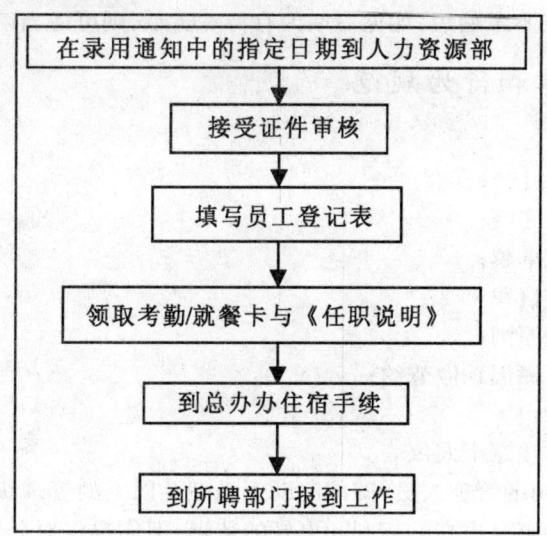

(二)工作时间

公司实行每周5天工作制。

工作时间为:周一至周五上午8:30~12:30,下午2:00~5:30。

如有紧急事务或临时突发任务,应服从公司的工作安排。

(三)办公及生活安排

1. 入职指引

您进入公司后,部门都会指定一名员工作为您的入职指引人。入职指引人除了向您介绍公司、部门的基本情况和您的工作任务外,还会指导您如何领取办公用品、使用办公设备、用餐、搭乘班车等有关工作的具体事务。同时,公司将及时为您安排脱产的入司培训。

2. 用餐

公司为您提供一定的午餐补助。集团公司员工可凭餐卡到公司餐厅就用自助午餐,子公司员工则享受各公司具体的午餐补助规定。

3. 班车

公司上、下班时间都有班车接送员工。如果你需要乘车上、下班,可到总办车队咨询班车路线,联系是否能约定乘车地点和时间搭乘。

(四)试用与转正

1. 社会聘用员工的试用与转正

你入公司后,一般头 3 个月为试用期。在试用期间你应尽快融入到公司的工作氛围中去,充分展示你的才干。这是你与公司互相了解互相适应的时期。如果在试用期内的任何时候,你认为金地公司对你不合适,你可以完全自由地提出辞职。同样的,如果你的工作无法达到要求,公司也会终止对你的试用。试用期满后,你须提出书面申请并填写《转正审批表》,经所在部门和人力资源部审核,通过主管业务的副总审批后,你就成为公司的正式员工了。在试用期间,如果你表现突出,经过人力资源部考核后,可缩短试用期,提前转正。

2. 应届毕业生的见习与转正

应届本科生入公司后见习期(试用期)为一年;应届硕士研究生(考取研究生前工作经历未满两年的)见习期为半年;有两年以上工作经历的应届硕士研究生及博士生试用期为 3 个月。见习期原则上不予缩短,如见习期内有特殊贡献,则可适当缩短见习期。

员工纪律和行为规范

(一)员工守则

1. 热爱公司,服务社会;

2. 尊重他人,诚实守信;

3. 用心做事,追求卓越;

4. 不断进步,完善自我;

5. 团结合作,坚持原则;

6. 爱护公司财务,提倡勤俭节约;

7. 严守公司机密;

8. 保持环境卫生,注意个人仪表。

同时如果你是公司的管理人员,即部门助理经理及以上的管理级别,或被聘为副主任及以上专业级别,你会享有更高的权利和更好的待遇,但你也将对公司的发展与部属的成长承担更大的责任,公司要求你要拥有以下所列的价值取向和行为原则:

1. 充满理想、富有激情、具有高度的责任感和使命感;

2. 开拓创新、高度务实、诚实守信;

3. 不懈努力,精通本行业的知识;

4. 对下级善于激励,合理授权,营造良好的沟通氛围;

5. 积极培养下属,科学管理,果断决策;

6. 胸怀坦荡,勇于"批评与自我批评";

7. 严于律己,守法廉洁,堪为员工之表率;

8. 作风踏实,追求长远目标和效益,不急功近利。

(二)考勤制度

作为公司的员工,你有义务按公司规定的工作时间出勤。

1. 你每天须在上午 8:30 以前,中午 12:30 至 2:00 期间,下午 5:30 以后共刷卡 3 次。

2. 因公外出或出差不能按时刷卡或忘记刷卡,请你在月底的刷卡记录中写明原因并由部门负责人签字。未刷卡,又未请部门负责人签字的,你将被视作旷工。

3. 不得代他人刷卡。发现一次,代人刷卡者将被扣除当月浮动工资的100%,被刷卡者按事假半天处理。如果月度内部门员工被发现代刷卡两次,部门负责人将被扣除浮动工资的10%。

4. 迟到(早退)10分钟以内,按事假2小时处理;迟到(早退)10分钟以上1小时以内,按事假半天处理;迟到1小时以上,按事假1天处理。

5. 连续旷工1日或连续旷工3日,公司将会解除与你的劳动合同。

6. 因工作需要,不能执行公司正常作息时间的员工,部门负责人应及时安排轮休。

7. 一般不得请事假,特殊情况下,可填写请假单请部门负责人审批,审批后的请假单交人力资源部备案。事假超过3天的,还应经主管领导审批。事假获准后,你应在离开工作岗位之前安排好工作。

8. 请病假须于上班前或不迟于上班后30分钟内通知你所在部门的负责人,并于病假后上班的第一天补办正式的请假手续:填写请假单,并附区(县)级以上医院出具的病休证明。

9. 事假、病假期间,你的工资与奖金按当月实际出勤率计算。在1个月之内,如果你的事假超过3天或病假超过5天,你将不能参与当月奖金的分配。1年之内,事假累计20天以上或病假累计40天以上者不能参与当年年终奖金的分配。

10. 上班期间如需外出办理公务,应事先向你的直接上级请示。

(三)工作风纪

1. 公司鼓励员工间积极沟通交流,但不能因此妨碍工作。因此办公期间,你应该坚守岗位,不要随意串岗聊天。需要暂时离开时,应知会同事。

2. 保持办公室的整齐、干净、卫生是每一位员工的责任。请不要在办公区域进食,如要吸烟请到吸烟室。

3. 办公室是公司办公场所,保有对公司来说很重要的财物和信息资料。所有来访的客人必须由邀请人陪同才可进入;接待来访、业务洽谈应在洽谈室或会议室进行。

(四)礼仪仪表

从进入公司上班的第一天起,你的一言一行就代表着公司。因此,你工作时保持整洁的外表是十分重要的,你应注意遵守下列要求:

1. 工作期间,你应保持精神振作、彬彬有礼、高效敏捷。

2. 上班时,你应注意衣着整洁、大方、得体。男员工不可留长发,蓄胡须,女职员不可浓妆艳抹。周一至周四,男员工着衬衫、西裤、皮鞋;女员工着有袖套装、皮鞋;周五可着便装,但短裤、无袖装、超短裙、凉鞋、拖鞋不在此列。公司另有统一着装要求的,按具体着装规定执行。

3. 同事间应相互尊重,互帮互爱,语言文明。

4. 对外交往应有礼有节,不卑不亢,礼貌大方,简朴务实。

(五)保密

由于竞争的存在以及你对公司的责任,每个员工都有保守公司秘密的义务。这种保密的义务,不仅限于你在公司工作的合同期内,而且还应注意无论你是退休或离职后,你都将承担这种义务。

1. 你务必保管好你持有的公司涉密文件。

2. 未经授权或批准,你不得对外提供有机密的公司文件或其他未公开的经营状况、财务数据等。

3. 对非本人职权范围内的公司机密,应做到不打听、不猜测、不传播。

4. 发现了有可能涉密的现象应立即向有关上级报告。

□ 薪资

为了吸引和留住最优秀的人才,我们提供在同行业中具有竞争力的薪酬福利待遇。同时在公司内部我们有科学与公正的机制,令表现优秀的员工得到相应的回报。

(一)薪资系列

1. 在公司,你的薪资收入由月工资、月奖金以及年奖金组成。

2. 当你进入公司时,人力资源部会根据你被聘的职位,你的经验评定你的薪级。薪级表明你在公司所承担的责任和义务,它确定你的月工资,并是你的月奖和年奖的基础。

3. 你试用期的第二个月开始可以参与月奖的分配;你如果在第四季度以前进入公司,则可以参与当年年终奖的分配。

(二)分配

1. 发薪日期:每月工资的发放日为次月15日,月奖金的发放日为次月30日,逢节假日则顺延。

2. 年终奖会在旧历年春节假期之前发放。

(三)薪资调整

公司坚持员工以自己的工作表现和绩效来获得收入增加的做法。月度与年度对员工的考核以改进我们的工作为目标,也是客观地调整员工薪资的基础。

1. 月奖金和年终奖将根据期间你的考核成绩和公司的业绩来确定。

2. 当你的年度考核成绩表现为优异或是极差时,你的职位会发生变动,你的薪级也将相应进行调整。

3. 每年3月份,公司会进行工资的年度普调。司龄是薪资普调的重要参照因素。

□ 福利

凡试用期满并已转正的员工,可以享受公司提供的以下福利。

(一)福利津贴

1. 交通津贴

住处距离公司3公里以外,并且上、下班不使用公司交通工具的员工,公司将每月补以交通补贴。

2. 通讯费用津贴

公司按你所被聘的职位给你提供相应的通讯费用津贴。

3. 节日津贴

每年中秋节、国庆、元旦以及春节,每位员工都会得到此项津贴。

4. 劳保津贴

在公司服务满1年后,公司每2个月会以购物卡的形式向你发放劳保津贴。

5. 康乐津贴

每2个月公司以康乐卡的形式向员工提供价值400元的康乐津贴,你可持卡到公司所开发物业的会所或俱乐部进行健身、娱乐、美容美发等消费。

6. 书报津贴

每年公司会为员工统一征订报刊杂志,你会得到与你的职务相应的书报补贴。

7. 防暑降温费

3 月份到 10 月份期间,公司每月会给员工发放固定的防暑降温津贴。

(二)社会保险

公司为员工缴存了养老保险、工伤保险、医疗保险、住房公积金、失业保险等社会保险项目。

(三)假期

1. 国家法定假日

所有员工可以按国家规定享受以下带薪假日:

(1)元旦(1 天);

(2)春节(3 天),但为了方便员工回乡过年,公司会根据具体的情况安排春节假期;

(3)清明节(1 天);(3)劳动节(1 天);

(4)端午节(1 天);

(5)中秋节(1 天);(4)国庆节(3 天)。

其中女员工还可以享有 3 月 8 日的半天假期,青年员工可以享有 5 月 4 日的半天假期。

2. 年休假

公司鼓励你在安排好工作的前提下休假以调节和振奋自己,为此,公司给予员工每年最少 5 天的全薪年休假。

你可参考以下的标准休假:

服务满 1 年可享受 5 个工作日的年休假,此后每增加 1 年的司龄年休假也相应增加 1 个工作日,但最高不能超过 10 个工作日。1 年实行一次性休假。休假年度以旧历年为准。

3. 探亲假

你请参考以下标准休假:

探亲假日	司龄要求	休假时间/次	休假周期
未婚探父母假	1 年	20 天/次	1 年
已婚探父母假	两年	20 天/次	四年
已婚探配偶假	1 年	30 天/次	1 年

以上探亲假不能在 1 年内重复使用,而且均实行一次性休假。

注:你在同 1 年中只可享受年休假或探亲假。

4. 婚假

婚假一般为 3 天,晚婚者(男满 25 周岁,女满 23 周岁)可享受 13 天假期。

你应在依法履行结婚注册手续后提请休假。

5. 丧假

如直系亲属(配偶、父母、子女)不幸亡故,公司给予 3 天的假期。

注:探亲假、婚假、丧假的休假期限不包括路途时间。

6. 女员工产假与计划生育假

女员工产假的取假标准:

晚育 105 天　　35 天　　140 天

如果女员工非顺产,增加产假 15 天;若为多胞胎生育,每增加一胎,增加产假 15 天。产假以产前产后休假累计。

以上产假规定中,男 26 周岁、女 24 周岁以上初育为晚育。

计划生育假按《深圳经济特区计划生育管理办法》有关规定执行。

7.探亲假、婚假、丧假、产假与计划生育假期间,公司会全额发放你的工资,但是你会被扣除以员工实际工作绩效为参照的奖金收入。

(四)住房

根据深圳政府保障员工住房基本需要的要求,公司为深籍员工在社保局缴存了住房公积金,对非深籍员工补以相同金额的住房津贴。除此以外,公司还提供以下福利帮助员工减缓住房压力。

1.公司实行住房改革。对符合公司房改条件的员工,公司将提供购房按揭借款和一定房改房补的办法,为员工购买或租赁住房提供财力资助。

2.对暂不能享受公司房改房补的员工,公司会提供员工宿舍和过渡套房,按优惠价格收取房租。

培训、考核与发展

公司尊崇以人为本的宗旨,我们把人视为公司的第一资本,是公司最宝贵的财富。重视人才并重视培养和发展人才是我们公司不断进步的原因,也是我们未来事业成功的关键。公司不断完善考核体系以更有效地帮助员工改进工作,同时员工还会得到大量的不遗余力的培训,这些都是致力于为每一位员工提供个人成长的规划。

(一)培训

1.新员工入司培训

你加入公司后,你所在的部门会为你指派一位入司指引人,帮助你了解公司并顺利开展工作。人力资源部还会组织新员工接受短期的入职培训,让新员工了解公司的宗旨、企业文化、政策等。

2.部门业务培训

你的经理会根据部门所负责的业务或职能制订每年的培训计划,为你进行专业技术的培训。这些培训或是在职的或是短期脱产的,与你的工作实践结合在一起,将会帮助你发展成为本部门或本领域的专家能手。

3.工作技能培训

根据工作的需要或部门的申请,公司不定时地组织语言、计算机等工作技能培训,每位员工都可以参加。

4.职业经理人培训

公司努力使员工有更全面的发展,每位员工都有机会参加职业经理人培训,此项培训提供完备的工商管理课程,帮助员工在短期内提高管理技能、管理水平和商业知识。

5.专业证书培训

你入司满一年后,如果因工作的需要,脱产、半脱产和业余地参加本职专业技术职称或任职资格证书的培训,公司给予你 80% 的培训费用报销以表示支持。

6.自学考试培训

你入司后所参加的自学考试培训,公司也将为你报销 80% 的培训费用。

7.攻读学位培训

公司根据工作的需要,选送各部门表现优秀的员工到国内、外院校脱产攻读学位或定向进修。

8.外出考察

为了拓展视野,有效地借鉴与学习,管理人员和专业人员会适时被组织到境内外优秀的企业或机构参观和考察。

9.其他培训

培训中心邀请知名经理人、学者、培训或咨询机构的专家来公司举办讲座,以便公司的管理者和员工及时了解先进的管理技术和信息,确保员工学习并了解他们所需要的管理策略或技术。

(二)考核

我们拥有科学规范的考核体系,它不仅有效地帮助员工实现管理目标和任务,而且通过增进沟通进行价值和业绩评价,实现共同的改善和进步。

1.月度考核

每月初,你须制订出本月的工作计划,经过与你的直接上级讨论后确定你本月正式的工作任务与绩效目标。在这一个月的工作中,你应该以此为工作指导,按质按量按时完成工作目标。同时你应就你的主要工作的过程或进度与你的上级或经理进行及时沟通。到了次月初,你所在的部门将对你在上一月绩效目标的完成情况进行详尽的评估。如果你对最终的评估结果有异议,可以与你的经理或人力资源部进行沟通,甚至可以按规定的程序申诉。

2.季度考核

公司注重团队的力量,通过考核引导团队的价值取向。我们的季度考核是针对部门业绩的考核。每一季度第一个月初,以总经理为首的公司考核小组根据上一季度各部门的绩效目标完成情况,对每个部门的工作、管理、协作等进行全面的评估。因此你须有团队协作的精神,你的工作目标致力于部门的工作目标,部门的工作目标才能致力于完成公司的经营目标。

3.年终考核

每年元月份,公司将对所有员工进行公正、公开年度考核。在年终考核时,你的上级将与你面谈,对你全年的工作表现做出具体的评价,并讨论你下一年的工作指导和绩效目标。你会参与对其他同事的评价,相应的,你也得到他们对你的看法。如果作为管理人员或中层及以上专业技术人员,你还要接受一个很重要的考核,即来自你下级的民主评议。如果对年终的考核结果有异议,你可以与部门经理、人力资源部沟通或按规定程序申诉。

4.考核结果

由于坚持公平公正的原则,考核结果被用于影响你当年的月奖金、年终奖金收入与职务晋升。公司对员工全年的考核结果按各级别排位,并实行甲 A 甲 B 升降制。你如果在本级别中考核成绩优异,将有机会被晋升,但如果排名末位,就被降级甚至淘汰。

(三)晋升与发展

1.晋升

你个人的成长和进步对于公司是很重要的,因为公司的未来取决于每一位员工的成功。公司规划了管理系列和专业职务系列,提供给员工畅通的发展渠道和可持续的发展空间。

公司提倡科学高效的管理,致力于扁平化的管理队伍。我们重视员工在本职工作中的专业技术能力,并以此为中心规划员工的职业发展,建设专家型的团队。

公司以任人唯贤、唯能、唯绩为原则。不论你得到薪酬增加还是获得提升,都以你的考核成绩为依据,所有的奖励与肯定都反映了你的能力、工作进展和工作表现水平。但公司也鼓励"赛马",出现职位空缺的前提下,公司会在一定程度执行竞争上岗的做法。

2.职业发展规划

你的事业和公司的事业互相结合是我们一起赢得成功的关键。公司根据你的工作总结和个人发展意愿为你制订职业发展规划。除了对你的跟踪培养,公司还提供轮岗和自我择岗的机会帮助你实施个人发展规划。

公司建设自己的人才后备系统和人才梯队,候选者将被重点培训和培养,以发展成为公司的高级经理人或高级专业人士。我们尊重每一位员工并珍惜他对公司所做的贡献,你个人的发展快慢归根结底取决于你的能力和所取得的成绩。

□　人事与劳动关系

(一)人事行政关系

你的人事行政关系要调入或调出公司,需你本人提出申请,经公司领导办公会讨论后确定。

(二)劳动关系

1.劳动合同的签订和延续

你加入公司后,为了明确你和公司彼此的权利和义务,同时又根据《劳动法》的规定,公司将与你签订劳动合同。

每年4月份,公司根据上一年考核结果和公司业务发展的需要,与员工续签劳动合同,续签的劳动合同一般以1年为期限。

2.劳动合同的解除

劳动合同有效期内,如果员工提出辞职或公司对员工予以资遣或辞退,双方按有关规定解除劳动合同。

(三)辞职

如果你因某种原因须离开公司时,应提前提出辞职申请。部门负责人及相应专业职位员工辞职须提前3个月申请;其他管理职位和副主任以上专业职位员工辞职须提前一个月申请;其他员工须提前15天申请。

有下列情况之一者,公司给予资遣:

1.因病或因伤医疗期满后,不能从事原工作也不能从事公司另行安排的工作;

2.考核不合格者;

3.不能胜任本岗位工作,经过培训或调整工作岗位,仍不能胜任工作;

4.机构调整无适当工作安置;

公司根据《劳动法》的有关规定给被资遣的员工发放资遣费。

(四)辞退

严重违反公司规章制度的员工,人力资源部经过调查并核实后,公司将予以辞退,这方面的规定将在下一章《奖惩》中叙述。

辞职、资遣和辞退经过审批后,离职者须在离职之前完备离职手续。离职手续包括:

1.交接工作;

2. 交还所有公司资料、文件、员工卡及其他公物;

3. 退还公司宿舍及房内公物;

4. 报销公司账目,归还公司欠款;

5. 如果与公司签有其他协议,按其他协议约定办理。

离职手续完备后,公司向员工支付最后结算工资。

（五）劳动合同的终止

合同期满后,如果员工考核不合格;工作表现不能适应公司的发展或因人员调整;或因个人的意愿离开公司,公司给予终止双方的劳动合同。

（六）纠纷处理

合同过程中的任何劳动纠纷,你可以通过规定的程序向上级负责人或人力资源部申诉,公司会根据你的意愿安排人力资源部或你的部门负责人与你进行面谈。

奖惩

（一）奖励

公司设有"杰出员工""优秀管理者""先进员工""十佳风貌员工",在每个工作年度结束后,我们组织评选活动,对全年工作中表现优秀的员工给予奖励,感谢他们对公司付出的热情和有创造性的工作。你有以下之一的优秀表现,将得到及时的褒扬并有机会参加表彰先进的评选:

1. 品德端正,工作努力,有出色或超常表现;

2. 热心服务,有显著善行佳话;

3. 检举违规或损害公司利益者;

4. 发现职责以外的故障,予以上报或妥善处理;

5. 对经营业务或管理制度提出有效合理化建议,得到采纳实施,并取得重大成果和显著成绩;

6. 为公司取得重大社会荣誉,或其他特殊贡献,足为员工表率;

7. 忠于职守,积极负责,不断改进工作,业绩突出。

我们倡导团队共同进取和友好协作。评选每一工作年度的"业绩优秀团队""管理创新团队"也是我们隆重的奖励活动。业绩卓著或积极创造有效管理,并具有团结奋进精神的部门将被公司授以优秀团队的荣誉。

（二）惩罚

我们相信每一位都能有条理地、高水平地从事自己的工作,规章制度不能完全概括或代替员工们的良好判断和合作。但是获得一流的管理,纪律也是不可少的保证。出于对公司和员工利益的需要,公司制定了规则和规定。如果你违反了规定,产生有损于公司、客户和其他员工利益的行为,公司将对你进行处罚。

惩罚包括批评、记过、降级或降职、辞退。

1. 批评

员工有下列情形之一者,予以批评:

（1）工作时间未经批准离岗或串岗闲谈;

（2）因个人过失发生工作错误,情节轻微;

（3）妨碍工作或公司秩序,情节轻微;

（4）不按规定着装;

（5）在非吸烟区吸烟、工作时间吃零食以及任何时间在办公区从事娱乐活动；

（6）对上级有指示或有期限的命令，无故未能如期完成；

（7）工作时间外出办私事或长时间接打私人电话。

2. 记过

员工有下列情形之一者，予以记过：

（1）玩忽职守，致使公司蒙受较大损失；

（2）损毁公司财物，造成较大损失；

（3）考核不公正，经查明属实；

（4）故意不服从上级主管的工作安排；

（5）累计受批评3次；

（6）道德行为不合社会规范，影响公司声誉；

（7）其他违反公司规定，情节严重。

3. 降级或降职

员工有以下情形之一者，予以降级或降职：

（1）年度考核列末等；

（2）有较大工作失误，给公司造成重大损失；

（3）1年以上记过两次；

（4）被确认不能胜任工作。

4. 辞退

员工有以下情形之一者，予以辞退：

（1）连续旷工1日或累计旷工3日以上；

（2）盗窃公司或同事财物，经查明属实；

（3）无故损毁公司财物，损失重大或损毁公司重要文件；

（4）对同事暴力威胁，影响公司秩序；

（5）散播不利于公司的谣言或挑拨公司与员工之间的感情，情节严重；

（6）未经许可兼营与本公司同类业务或在其他公司兼职；

（7）1年中受"降级或降职"处分两次；

（8）未经公司授权而泄露公司机密，致使公司蒙受重大损失；

（9）营私舞弊，挪用公款，收受贿赂；

（10）利用公司名义在外招摇撞骗，使公司名誉受损；

（11）其他违反国家任何形式的刑事法律、法规。

□ 沟通与交流

公司鼓励员工与员工、上级与下级之间保持平等的对话。这种良好、融洽、坦诚的人际关系与交流沟通，保持了我们和谐、相互信任、共同进步的工作氛围，是我们高效协作的基础，而且使我们及时了解自己工作的得失，不断得到改进。

（一）沟通渠道

公司建立了顺畅的沟通渠道，你的直接上级和部门经理、人力资源部将为你在工作满意度提升、劳动保障、职业心理辅导与申诉处理等方面提供帮助。如果你在工作中有任何无法解决的障碍，请不要犹豫，积极与你的上级沟通。

（二）投诉和合理化建议

当你认为你个人的利益受到不应有的侵犯，或对公司的经营管理措施有不同的意见，或发现有违反公司各项规定的行为时，可以向相关当事人或部门提出投诉。如果被投诉人或被投诉部门无法提供给你满意的解决意见，你的投诉会被逐级提交，保证有明确的反馈。

公司鼓励员工对公司提出合理化的建议，如果你对公司的发展、管理等问题有自己的看法和观点，无论是大的问题、小的细节公司都希望得到你的建议。总裁办公室负责收集员工的合理化建议，并负责它们得到准确的传递。

（三）信息管理与沟通平台

公司完善的信息管理系统基本实现了无纸化办公，为我们及时与充分的信息交流提供了良好的平台。公司因工作需要为你配备的计算机，须按有关规定安全使用，请注意防范病毒并严禁随意删除系统文件和工作性文件。

（四）公司内部网站

公司的内部网站是我们信息传递与交流的最为丰富和频繁的地方，在这里你可以查阅工资单、工作传签单、ISO9000 工作程序等等，在异彩纷呈的网络咖啡屋发表高见。同时内部网站还提供了行业最新的论文导读，我们可以实现充分的信息资源共享。

（五）邮件

每位员工在 Outlook 系统上都有自己的电子邮箱，你可以通过它收发任何与你工作有关的文件信函，这是最及时的信息传递渠道。

（六）《金地月刊》

《金地月刊》是建设和宣传我们企业文化的第一阵地，它积极关注公司的经营管理、员工的工作生活，集中了公司最有代表的思想、观点。同时因为《金地月刊》优秀的内容与办刊风格，对外它成为了公司形象与动向的窗口。

（七）员工活动

公司时刻关心你的健康，提倡在紧张的工作之余获得积极的休息。公司每年为你安排一次体检，并在员工俱乐部和各花园会所提供体育活动的场所。公司和部门都积极地为员工组织旅游和文体活动，这也是我们增进交流的好机会。

□ 安全及其他

公司以为你提供安全的工作环境为己任。

（一）防暴雨、防台风的安全措施

深圳地处沿海，每到夏季常有暴雨和台风，如遇这样的天气，按深圳市政府规定，你应注意以下几点：

1. 电台每 30 分钟或 1 小时会重新确认或更新一次预警信号，公司也会及时通告有关情况，请你随时留意，并按公司的要求做好相应的防暴、防台准备。

2. 在正常上班之前显示蓝色暴雨信号或台风 4 号以上风球时，除非你接到公司要求上班的通知，否则不用上班。若暴雨信号取消或转为红色暴雨信号，或台风信号解除或转为 3 号以下风球，你应立即返回工作岗位。

3. 在出现蓝色暴雨信号或台风 4 号以上风球信号时，你应避免在大街上行走或乘车，立即前往安全地带暂避，以免发生意外。其他坚守在工作岗位的员工，当人身安全面临危险时，应首先确保自己的人身安全。

（二）其他

本手册未尽事宜可参照政府或公司的有关规定执行。

参考文献

1. 罗瑞韧.哈佛管理制度全集[M].北京:中华工商联合出版社,1998.
2. 余凯成,程文文,陈维政.人力资源管理[M].大连:大连理工大学出版社,2004.
3. 许强.公司规范化管理事务[M].长沙:中南大学出版社,2004.
4. 周卫民.企业进阶管理手册[M].上海:上海财经大学出版社,1999.
5. 邱庆剑.人力资源管理工具箱[M].北京:机械工业出版社,2005.
6. 颜爱民,宋夏伟,袁凌.人力资源管理与实务[M].长沙:中南大学出版社,2005.
7. 现代企业管理标准化研究中心.最新人力资源经历任职资格与工作规范[M].北京:中国经济出版社,2005.
8. 孙健,纪建悦.人力资源开发与管理[M].北京:企业管理出版社,2004.
9. 王兰会,邵芳.财务管理职位工作手册[M].北京:人民邮电出版社,2005.
10. 宁俊.企业人力资源管理培训纲要与表格[M].北京:机械工业出版社,2003.

 读书笔记：

 读书笔记：

 读书笔记：